HOSPICES D'ALIÉNÉS

DE L'ANGLETERRE, DE LA FRANCE ET DE L'ALLEMAGNE.

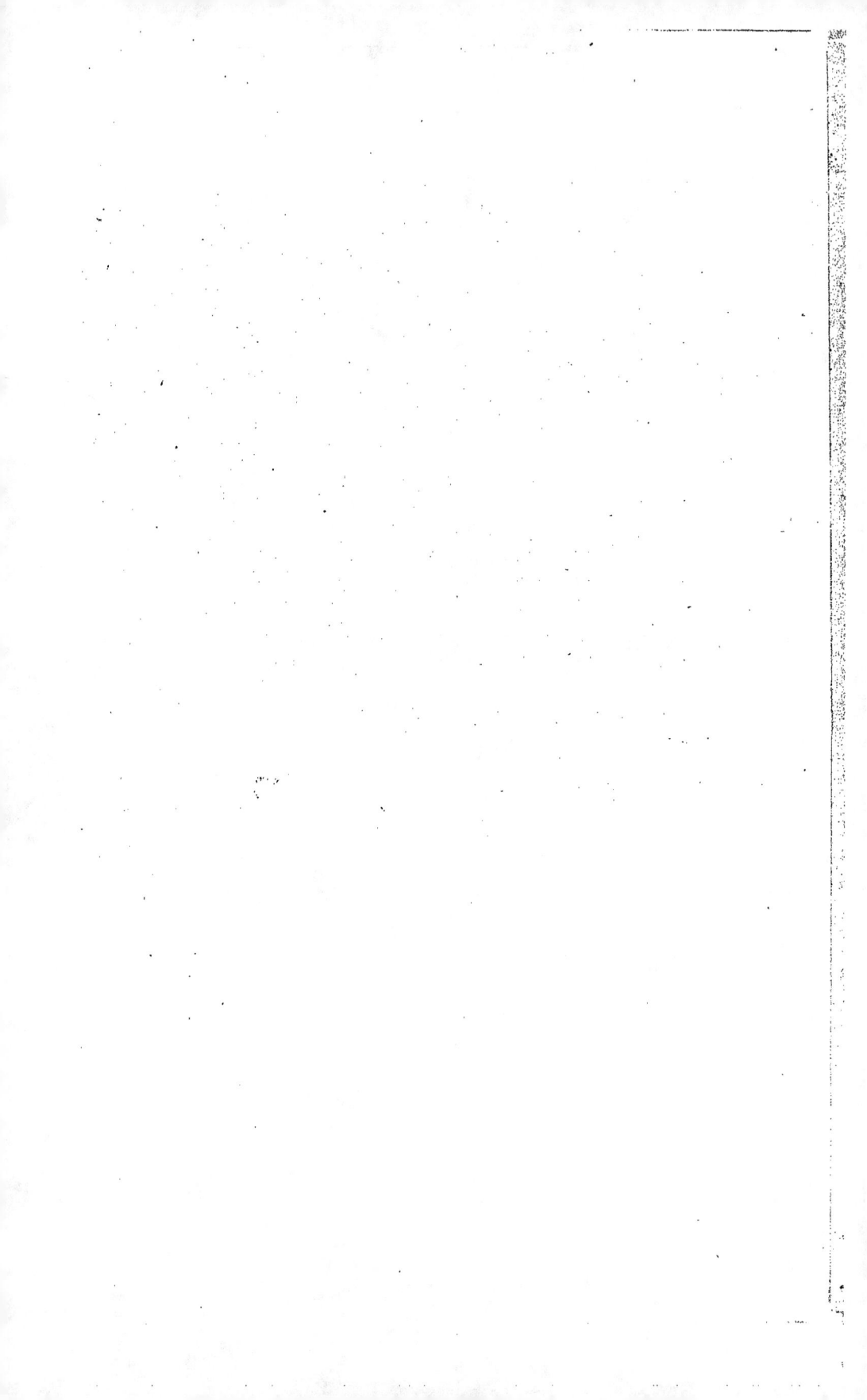

RAPPORT

sur les

HOSPICES D'ALIÉNÉS

DE

L'ANGLETERRE, DE LA FRANCE ET DE L'ALLEMAGNE,

ADRESSÉ

A Monsieur Nothomb,

MINISTRE DE L'INTÉRIEUR, A BRUXELLES,

PAR LE DOCTEUR C. CROMMELINCK.

AVEC UN ATLAS DE 14 PLANCHES.

COURTRAI,

IMPRIMERIE DE JASPIN, RUE DE LA CHAUSSÉE.

—

1842.

Les formalités voulues par la loi ont été remplies.

INTRODUCTION.

Monsieur le Ministre,

Ce travail ne réclame sérieusement aucune introduction ; l'auteur ose seulement se permettre de faire un appel à votre attention particulière, parce que le titre de RAPPORT SUR LES HOSPICES D'ALIÉNÉS pouvant vous faire supposer qu'il y est question d'un objet qui n'est point de votre ressort, il craint que vous ne croyiez devoir le faire examiner par une commission spéciale. D'avance, Monsieur le Ministre, il a l'honneur de vous dire qu'il ne redoute le jugement d'aucune personne, quelle que soit sa position ou sa profession ; il ne réclame de l'indulgence sous aucun point de vue, au contraire, il fait un appel à la plus grande sévérité possible, et ne demande qu'une chose, c'est que vous daigniez lire cet ouvrage vous-même, et ne vous en rapportiez à personne pour l'opinion que vous vous en formerez. A cet effet, d'un bout à l'autre de ce rapport, comme s'il lui avait été permis de supposer que vous étiez entièrement étranger à toute notion sur l'art de guérir, il n'y est point sérieusement question de science purement académique, si l'auteur peut s'exprimer ainsi, et vous n'aurez aucunement besoin d'avoir recours aux lumières d'un médecin pour le comprendre parfaitement. Il a soulevé dans cet ouvrage de graves questions de morale, de religion, de philosophie, de politique, qui toutes peut-être, mériteront votre attention, parce qu'il y a fait sévèrement abstraction de toute hypothèse : des faits consommés, évidents, palpables, voilà ce dont il aura l'honneur, Monsieur le Ministre, de vous entretenir, car vos nobles antécédents lui donnent la conviction que vous daignerez lire vous-même son ouvrage, de même qu'il a l'heureux pressentiment qu'en s'adressant à un Ministre tel que vous, et en lui exposant sans fard les maux et les remèdes, il aura sous peu le bonheur de voir disparaître les uns et surgir les autres.

Veuillez, Monsieur le Ministre, agréer l'hommage de son profond respect et de sa vive reconnaissance.

C. CROMMELINCK.

Bruges, le 1er Mai, 1842.

*** Ce rapport étant simultanément imprimé, et en brochure séparée, et dans les *Annales Médico-Légales Belges*, dont il est rédacteur en chef et éditeur, l'auteur a cru, Monsieur le Ministre, vous devoir donner ici en guise de note ce qu'il a publié sur les hospices d'aliénés de la Belgique dans la 1re livraison de ces Annales.

Parmi les maisons pour aliénés connues en Belgique, celles de la ville de Bruges, chef-lieu de la province de la Flandre Occidentale, jouissent depuis longtemps d'une très grande renommée. Cette ville possède deux établissements celui de *St-Julien*, appartenant aux hospices, et l'établissement dit *St-Dominique*, exploité par un particulier. L'un et l'autre devraient subir une grande réforme, quoique, en somme, ils vaillent les autres établissements du pays. Dans aucun des deux, le médecin ne s'occupe de l'aliénation ; les maladies accidentelles seules paraissent être de son ressort, et quand même il voudrait s'occuper des premières, les locaux ne s'y prêtent d'aucune façon. Les deux sexes sont admis dans l'un comme dans l'autre. Les hospices projettent de si grandes dépenses et une réforme si complète que certes l'établissement St-Julien se mettra au premier rang, si on mène les projets à bonne fin. Une corporation religieuse en ferait le service. Quoi qu'on fasse, l'établissement St-Dominique ne saura jamais être approprié qu'à un sexe ; le terrain est trop restreint pour espérer davantage. Toutefois sous le rapport de la situation, de la propreté, des soins matériels, de la nourriture et du système de couchage, ni l'un ni l'autre ne laissent que peu de choses à désirer.

Il y a à Gand, chef-lieu de la province de la Flandre Orientale, un établissement dirigé par une corporation de sœurs de charité, où on ne reçoit que des femmes. Il suffit de dire que c'est M. le docteur *Guislain* qui est le médecin traitant de cet hospice pour être convaincu, que si quelque part on peut espérer une guérison ou un traitement basé sur une longue expérience, de profondes connaissances spéciales, susceptible de conduire à une amélioration graduelle dans l'état physique et moral du malade, c'est à l'établissement dirigé par ce savant professeur qu'il faut donner la préférence. Cet honorable médecin y passe régulièrement au moins deux heures par jour ; il n'y a aucune malade qui ne le connaisse, qui ne l'aime ; mais quoi qu'il fasse, qu'elle que soit sa science, quelque approfondis que soient ses talents en cette matière, mon savant confrère y perd en grande partie le fruit de son expérience et de ses efforts : le terrain de cet établissement est si restreint, que la division des aliénés en différentes catégories y est physiquement impossible. Quoi qu'il en soit, et en dépit de la localité, M. *Guislain* soigne avec une sollicitude toute paternelle les malades confiées à ses soins ; et si la perte de la raison est une grande infortune, la pensée que le malheureux est là, sous l'égide sacrée d'un homme d'honneur, d'un savant médecin qui les protège de sa science profonde et de son pacifique ascendant, cette pensée, dis-je, doit grandement adoucir l'amertume de ce malheur.

Je dois m'abstenir de parler de l'établissement de Courtrai, dirigé par mon ami et co-rédacteur M. Dejaeghere. Mais ce que je puis dire, et ce que personne n'ignore dans cette ville, c'est que M. Dejaeghere passe sa vie avec ses soins desquels il semble vouloir consacrer le reste de son existence. Le matin, le soir, la nuit, toujours enfin, cet infatigable médecin se trouve au milieu de ses fous, étudiant leurs maux, leurs aberrations, leurs caprices, leurs manières, leurs gestes ; cherchant à deviner leurs pensées, et se faisant aimer et respecter d'eux comme un père ; aussi tous ses aliénés sont ses enfants et il s'occupe constamment de leur bien-être. C'est seulement dans son établissement et dans celui de M. Guislain, que dans notre pays, il est permis aux malades d'espérer encore une guérison, si elle est possible à la science.

Froidmont est un petit village à une lieue de Tournai, où il y a un hospice d'aliénés, dirigé par une corporation religieuse, et appartenant, si je ne me trompe, aux hospices de cette dernière ville. Il surpasse tous les autres établissements d'aliénés du pays, quant aux soins matériels que l'on peut y donner et qu'on y donne effectivement aux aliénés ; les agrandissements que l'on y projette et qui ont déjà reçu un commencement d'exécution, en feront bientôt un établissement-modèle pour tout le pays. Il est à espérer qu'*alors*, on y introduira le traitement médical ; car la science jusqu'à ce jour n'y a jamais fait la moindre tentative contre l'aliénation. Tous les aliénés sont pêle-mêle ; il n'y a que deux corps de logis, l'un pour les indigents, l'autre pour les pensionnaires ; l'un comme l'autre n'a qu'une cour où les malades puissent se promener. Je ne puis oublier de dire cependant que les aliénés calmes ou convalescents, font parfois des promenades lointaines dans les campagnes environnantes en compagnie de quelques religieux.

Ce serait un bienfait inappréciable pour cet établissement que de voir le savant docteur Boucquelle, si profondément versé dans cette matière, s'occuper de ses aliénés avec tout le soin, et tout le dévouement qu'exige une pareille mission. Aujourd'hui M. Boucquelle (1) domicilié à Tournai, ne va guères qu'une fois par semaine à Froidmont, à moins que des maladies accidentelles ne réclament de plus fréquentes visites ; dans tous les cas, comme je viens de le dire, il n'y a que deux divisions dans les quartiers de cet établissement, et de ce chef tout traitement actif devient impossible.

A St-Anne-lez-Courtrai, j'ai trouvé un établissement pour aliénés, occupant un des sites les plus agréables du pays ; il est dirigé par une corporation religieuse ; les agrandissements projetés et sur le point d'y être mis en exécution ne laisseront bientôt rien à désirer sous le rapport de la localité. Quoiqu'on n'y admette guère que des malades de la classe aisée, et que de ce chef on pourrait d'autant plus facilement le mettre à la hauteur voulue, il n'y est cependant aucunement question de l'intervention du médecin ; sous ce rapport donc il exige une réforme complète.

J'ai dit, en commençant ce travail, qu'il y avait en Belgique un grand nombre d'établissements pour aliénés qu'on pouvait traiter d'iniques repaires et que je ne voulais pas même nommer, laissant au gouvernement le soin de les contrôler. J'excepterai celui de Mons, connu sous le nom de *St-Julien*, non pas que je veuille le désigner comme répondant au but de son institution, loin de moi cette pensée, mais au moins, quelque petit qu'il soit, quoiqu'il n'y ait aucun pensionnaire de la classe aisée, que le prix de la pension pour les indigents y soit infiniment petit et le nombre des malades (des deux sexes) très borné, et qu'en somme le bâtiment ne soit susceptible d'aucune amélioration, et que le terrain y soit irrévocable-

_____

(1) *Je sais qu'il ne dépend pas de M. Boucquelle, que les choses n'aillent autrement.*

ment circonscrit dans de trop étroites limites, il n'en est pas moins vrai de dire qu'on y rencontre plus d'ordre, plus de propreté et surtout plus de douceur et d'humanité que dans aucun autre établissement de cette catégorie.

A un quart de lieue de St-Nicolas, sont deux établissements pour aliénés; l'un est tenu par un *cabaretier*, l'autre par un *paysan*. Dans le premier, j'attendis vainement pendant deux heures le retour de l'hôte, ou celui de l'unique gardien; le premier était allé faire des commissions en ville; le second travaillait à la moisson à une lieue de là. Une femme, vieille, infirme et boiteuse, disait qu'elle n'osait m'introduire, parce qu'il y avait plusieurs furieux et *furieuses*, mais que je pouvais y pénétrer, si je voulais le risquer et me tenir ser mes gardes. Elle me disait qu'elle logeait constamment de 40 à 60 malades, et qu'elle pouvait en tenir 100. En réponse à la demande que je lui fis concernant le médecin de l'établissement, elle me témoigna le plus vif étonnement, car elle ne savait ce qu'un médecin pouvait avoir à démêler avec des fous. Fatigué d'attendre et ayant la mesure de ce que pouvait être l'intérieur de l'établissement, je me rendis chez le paysan; j'y eus presque le même sort. Cet homme, tout à la fois médecin, gardien, infirmier et directeur, vaquait à son occupation ordinaire. Il était à la moisson à un grand quart de lieue de son établissement. Je ne voulais point partir sans le voir et j'attendis à peu près une heure. Je fis bien, car j'ai vu là le malheur à son comble. Non, certes, il ne peut pas exister en Belgique une étable à cochons aussi infecte que ce hideux repaire, où *quarante infortunés sont enterrés vivants!*

Deux cachots ayant chacun une cour pavée, séparée par une muraille de huit pieds de hauteur, et percée d'une porte unique fermée par un verrou du côté du logis des femmes (il faut toujours traverser ce dernier pour se rendre dans celui des hommes), constituent cet infame taudis, offrant à peine une superficie de cinquante mètres carrés, et où logent néanmoins quarante infortunés de l'un et de l'autre sexe. Quand nous fumes dans le quartier des hommes, une aliénée avait fermé la porte sur nous, et resta bien longtemps avant de la vouloir rouvrir. Dans chacun de ces cachots, où un homme d'une taille ordinaire peut à peine se tenir debout, l'air ne peut entrer que par la porte; la lumière du jour n'y pénètre jamais, car les deux croisées, ayant seulement deux pieds carrés, sont hermétiquement bouchées avec de la paille, « moyen auquel enfin j'ai dû recourir, fit le paysan, car ces misérables semblaient trouver du plaisir à me casser chaque jour des carreaux de vitre. » Que faites-vous, lui demandai-je, lorsque vous avez des furieux? — Oh ça, c'est bientôt fait; vous voyez-là un Napoleon (il désignait ainsi un aliéné qui se figure être l'Empereur) retenu des deux jambes par une bonne chaîne, et s'il n'est pas coi, il y a deux solides anneaux de fer à son lit (ou plutôt à son simulacre de lit), et avec une bonne corde, ça ne manque jamais son effet.

J'avais la poitrine oppressée; je m'estimai heureux quand je me retrouvai au grand air, car on m'y aurait pu enterrer vivant, sans qu'on fût jamais parvenu à constater qu'on y eût commis un meurtre de plus. Le procureur du roi, dit-on, est tenu d'y faire une visite de temps à autre. Je dis, moi, qu'aucun magistrat n'y a jamais mis le pied, car je ne puis croire qu'il y ait des officiers de justice assez oublieux de leurs devoirs, comme magistrats ou comme hommes, pour souffrir que de malheureux citoyens, qu'aucun crime n'a flétris, gémissent longtemps dans une aussi infame prison. Si je n'avais déjà su qu'il était question de nommer une commission chargée de visiter tous ces établissements, si je n'avais eu la conviction que cette commission ferait tout ce qui serait en son pouvoir pour provoquer le transfert immédiat de ces malheureux, appartenant tous à la classe indigente, j'aurais remué ciel et terre, je serais allé me jeter aux pieds de notre auguste souverain, pour qu'il apportât immédiatement, de manière ou d'autre, un remède à cet affreux malheur.

Quoique ce dernier établissement soit le plus mauvais de tout le pays, il n'en est pas moins vrai que si je parlais des autres que j'ai vus dans différentes localités, et spécialement à *Gheel près d'Anvers*, il n'en est pas moins vrai dis-je que je serais forcé de répéter, à peu de choses près, ce que je viens de dire dans le précédent paragraphe.

A MONSIEUR LE MINISTRE DE L'INTÉRIEUR.

Monsieur le Ministre,

Conformément à l'article 2 de l'arrêté royal, en date du 1er Septembre dernier, qui m'alloue un subside de mille francs pour me mettre à même d'entreprendre un voyage scientifique à l'étranger, j'ai l'honneur de vous adresser mon rapport sur les résultats de mon voyage en Angleterre, en France et en Allemagne.

Ainsi que j'ai eu l'honneur de vous le dire, Monsieur le Ministre, avant de me rendre à l'étranger, j'ai cru qu'il ne me fallait rien ignorer sur mon propre pays, et c'est dans cette opinion que j'ai visité la plupart des hôpitaux et des hospices de la Belgique. J'ai publié un rapport sur les résultats de ce voyage, et j'ai eu l'honneur de vous en communiquer en guise d'introduction, la partie qui concerne les établissements d'aliénés, en vous priant de vouloir en prendre connaissance pour bien comprendre le sens et le but du présent travail. Vous serez peut-être étonné, Monsieur le Ministre, en comparant les deux rapports, de voir le second contredire ce que signalait le premier relativement aux hospices d'aliénés de la Belgique; mais, pour excuse à ces erreurs apparentes, j'oserai dire, et la suite de ce rapport vous le prouvera, je l'espère, que l'expérience acquise par un voyage de cette nature, ne laisse pas que de modifier certaines idées.

Encore un mot, Monsieur le Ministre, et je commencerai. Je dirai la vérité et la vérité tout entière; car je crois que le seul moyen de remédier aux maux dont je vais vous donner la description, c'est de les faire connaître à ceux qui, seuls, peuvent y remédier,

2

et si aujourd'hui, la Belgique gémit sous une horrible calamité, je n'en accuse point les gouvernants, mais je crois pouvoir en faire retomber la faute sur ceux qui devaient les en instruire.

Dans la revue que j'ai faite des hôpitaux et des hospices de la Belgique, j'ai démontré, Monsieur le Ministre, que notre pays est loin de mériter le nom sonore de terre hospitalière, où la charité va au-devant de toutes les infortunes. J'ai dû constater, le contraire, à mon plus grand regret. En cédant au premier mouvement de nationalité, on se dit que ceux qui ont entonné sur ce sujet la trompette de notre propre gloire, ont indubitablement visité les pays étrangers, et n'ont proclamé notre supériorité, qu'après s'être incontestablement assurés qu'aucune nation ne pouvait sous ce rapport rivaliser avec la nôtre. C'était au moins ce que je me disais, Monsieur le Ministre, en parcourant nos institutions de bienfaisance, dont je déplorais la misère et le triste abandon. Du premier pas que je fis sur une terre étrangère, je fus complètement désillusionné. Il me serait impossible de vous dépeindre l'étonnement que je ressentis à la vue des monuments élevés par la *philanthropie* anglaise au soulagement des misères humaines. Les hôpitaux et les hospices d'aliénés (1) de l'Angleterre et surtout ces derniers, sont de magnifiques palais, et tels que la Belgique n'en possède point. Si dans notre beau pays, la religion inspire quelques actes de bienfaisance, où très souvent tout trahit la parcimonie la plus ingénieuse, en Angleterre, l'esprit de philanthropie fait naître des associations qui fondent des édifices à même de rivaliser avec les plus élégants palais des rois.

L'Angleterre est justement célèbre pour son esprit de nationalité ; l'Anglais ne parle de son pays qu'avec un saint respect ; il en parle comme d'une planète, dont l'éclat doit éclairer tous les autres peuples de la terre dans la voie de la civilisation ; s'il connaissait A. de Lamartine, il dirait avec Jocelyn en parlant de Laurence, ou plutôt de la plus belle moitié du genre humain en général, il faut considérer notre pays,

> Comme un être éthéré tombé du firmament
> Dont l'émanation éclaire la lumière
> Et dont le pied céleste honore la poussière ;

s'il vous montre quelque gravure représentant l'un ou l'autre de ses somptueux monuments, l'orgueil et la vanité brillent dans tous ses traits : le monde entier ne lui inspire qu'une généreuse pitié. Aussi, au premier abord, comme je l'ai déjà dit, on cède au désir de pouvoir établir la supériorité de son propre pays, ou du moins de pouvoir y croire, et on se sent tenté d'imaginer que par

(1) On les appelle : *Lunatic Asylum.*

esprit de vanité et d'ostentation, l'Anglais ne recule devant aucun sacrifice pour prodiguer à l'extérieur de ses établissements tout le luxe que peuvent déployer l'architecture et la sculpture. Sous l'empire de ce sentiment, on se hâte de pénétrer à l'intérieur, mais aussitôt on doit s'avouer que la beauté de l'extérieur n'est rien encore en comparaison du luxe et du confort de l'intérieur. Rien n'est trop cher, ni trop beau, du moment qu'il s'agit de contribuer au bien-être physique ou au bien-être moral de l'indigent ou du malade.

A la vue de cette magnificence et de ce luxe extérieurs les réflexions suivantes doivent, Monsieur le Ministre, se présenter à l'esprit de tout homme qui n'a point fait un examen approfondi de ce sujet. Quels que soient les sacrifices, se dit-il, que s'impose la philanthropie ; quelque nombreuses que soient les institutions élevées au soulagement des misères humaines, jamais, il n'y aura équilibre parfait entre les unes et les autres : les ressources créées par la charité la plus généreuse, seront toujours débordées par le torrent des infortunes. Pourquoi donc, se dit-il, les deniers consacrés au pauvre et au malheureux, sont-ils sacrifiés à un extérieur riche et brillant ? Ne vaudrait-il pas mieux se contenter du strict nécessaire, de la riche simplicité, pour pouvoir agrandir les ressources intérieures ? Ne suffit-il pas, qu'habitué aux privations de tout genre, le pauvre puisse trouver dans un asyle de bienfaisance tout ce qui est indispensablement requis pour remédier au mal qui l'afflige ? Pourquoi vouloir lui prodiguer un bien-être dont il n'a jamais joui, et qu'il ne retrouvera pas en rentrant chez lui ? Ne lui susciterez-vous point d'inutiles regrets ? Ne lui ferez-vous point haïr le bien que vous venez de lui prodiguer si inconsidérément ? N'est-ce point réveiller l'ingratitude innée chez lui ? N'est-ce point lui faire maudire sa pauvreté ?

Ceux qui tiennent un pareil langage, Monsieur le Ministre, sont des riches dégoûtés des jouissances multipliées par le luxe et l'opulence ; ce sont des riches qui n'ont jamais vu de près le pauvre et l'asile où il va s'abriter dans l'espoir de recouvrer le bien qu'il estime au-dessus de tous les autres biens du monde ; ce sont des riches que la misère et la souffrance n'ont jamais forcés de quitter femme, enfants et famille, pour rétablir une santé qui doit rendre la vie et le bonheur à des malheureux dont ils sont l'unique soutien ; ce sont des riches qui, pour de légères indispositions, souvent le fruit d'une imagination exaltée, sont accablés de soins par des proches, par des amis, et voient courir au-devant de leurs moindres caprices de nombreux serviteurs trop bien payés pour manquer de zèle et d'ardeur ; ce sont des riches qui, au moindre mal réel, peuvent remuer la science jusque dans ses plus profondes entrailles ; ce sont des riches enfin qui , tranquillement étendus sur le moëlleux édredon, n'ont à s'occuper que du rétablissement d'une santé que souvent ils n'ont perdue que parce qu'ils en ont abusé, tandis que , malade. à force de privations et de pénibles travaux , et ne recevant que des secours dont le nombre est taxé d'avance et dont le prix a été arrêté après une adjudication au rabais , l'indigent voit autour de lui une misère toujours croissante, et meurt vingt fois, si au fond d'une coupe amère et dégoûtante , il n'a le bonheur de retrouver une vie pour lui et pour ceux qui ne vivent que par lui.

Qui oserait me contester que malade, l'indigent ne soit mille fois plus malheureux que l'homme opulent ? Ce n'est qu'épuisé par la souffrance et la misère , ce n'est qu'aux prières incessantes de ses proches et de ses enfants , qu'il se décide à quitter ceux qu'il aime autant que la vie, pour demander à une main étrangère et mercenaire des soins que ni l'attachement le plus vif, ni l'amour le plus tendre , ni l'amitié la plus sincère ne peuvent lui rendre dans sa misérable demeure où tout manque à la fois ? Me niera-t-on cela, ou bien osera-t-on me dire qu'un plus grand bien-être matériel, une couche moins dure, des médecins plus attentifs, des serviteurs dévoués et infatigables (choses dont la plupart sont à désirer en Belgique) peuvent compenser les tendres soins d'une épouse adorée, les caresses d'un enfant chéri, les consolations toujours éloquentes d'un ami dévoué ? Me contestera-t-on que quelque préférable que soit le bien-être dont le malade jouisse à l'hôpital, il cesse jamais de languir après le jour où il pourra rentrer dans sa cabane ? Eh bien! donnez aux hôpitaux et aux asiles du malheur et de la misère, l'aspect de sales prisons; assujettissez y vos protégés à des réglements ou à des formalités qui leur rappellent sans cesse leur misère , qui leur crient à chaque minute : tous vos mouvements sont comptés, ils nous sont dûs, c'est à notre commisération que vous les devez; affichez-les par un uniforme, comme des paria de la société ; appelez sur eux le mépris de leurs égaux en pauvreté mais jouissant de la liberté à laquelle tout homme a droit en naissant; mettez au rabais tous les secours que vous leur donnez; criez sans cesse que vous vous épuisez en sacrifices tout en augmentant le revenu de vos hospices ; répétez leur à toute heure du jour qu'ils ne valent pas le mal que vous vous donnez; dansez, amusez-vous à leur bénéfice , et voyez que des malheureux ne préfèreront pas de plus longues souffrances, une mort imminente, une misère perpétuelle, à une guérison plus rapide presque assurée, à un séjour où les besoins matériels ne se feront jamais sentir. Parcourez la Belgique , consultez le pauvre, demandez-lui, lorsqu'il sera malade , s'il ira sans répugnance à votre hôpital, *qui lui sera plus ou moins facilement ouvert;* voyez surtout l'honnête ouvrier, demandez-lui pourquoi il ne cherche pas son refuge à l'hôpital, au lieu d'épuiser jusqu'au dernier liard de ses rudes épargnes; demandez à cette honnête femme pourquoi ses petits bijoux et ses robes de Dimanche prennent le chemin du Mont-de-Piété (encore un de ces mots sonores que la bienfaisance, par une amère dérision, a donné à une institution où se fait le plus honteux des trafics)? Tous vous répondront : nous n'irons dans ces prisons que lorsque nous serons épuisés par la souffrance et la misère.

Parcourez l'Angleterre, et là, Monsieur le Ministre, vous trouverez la question entièrement changée de face. Un lit n'est pas plutôt vacant dans un hôpital ou dans un asylum, que cent malades à la fois briguent à bras ouverts la faveur de l'occuper. Ne croyez pas toutefois que ce n'est que par des pauvres poussés à bout par la misère : loin de là, vous y verrez l'honnête artisan, celui que nous appelons le petit bourgeois et qui chez nous a l'hôpital en horreur, vous le verrez, dis-je, s'empresser d'abandonner femme et enfants, pour ménager ses petites épargnes, afin de ne point les laisser sans moyens d'existence pendant le temps qu'il ne pourrra subvenir à leurs besoins par le travail de ses mains. (1)

Vous m'objecterez peut-être, Monsieur le Ministre, qu'en Belgique nous avons la *table des pauvres* distribuant des secours à domicile et subsidiant des hommes de l'art pour y visiter les malades. Le moment n'est pas encore venu pour moi, Monsieur le Ministre, de vous parler des limites resserrées, ou plutôt inhumaines, qui sont imposées à ces secours à domicile; je vous dirai seulement que quant à la partie médicale, c'est là encore une de ces amères dérisions qui se jouent de l'indigence, insultent à la misère, et donnent à ceux qui en usent le droit de se poser en bienfaiteurs de l'humanité souffrante, méconnus par le pauvre. Par anticipation, car j'aurai occasion d'y revenir, Monsieur le Ministre, je vous dirai aussi que sous le rapport du secours à domicile, l'Angleterre a sur nous une supériorité, que jamais nous ne pourrons effacer, tant qu'une bonne et sévère loi ne se pose entre le pauvre et les hospices.

Deux motifs bien puissants, Monsieur le Ministre, concourent à opérer en Angleterre cette salutaire influence, cette favorable opinion du pauvre concernant les hôpitaux et les hospices.

(1) Il y a en Angleterre, Monsieur le Ministre, une institution philanthropique du plus noble caractère, et qui prouve combien l'Anglais désire vraiment venir au secours du malheureux. Cette institution procure des comestibles et des combustibles en hiver aux familles indigentes dont le chef, c'est-à-dire dont le soutien gît à l'hôpital.

Dans la Belgique, Monsieur le Ministre, aucun hôpital ne présente au visiteur l'idée d'un établissement, je ne dirai pas, d'un monument public. Dans le rapport auquel j'ai fait allusion plus haut, j'ai fait voir ce qu'ils sont à l'intérieur, et malheureusement nous avons vu que presque tous les premiers, et tous les hospices d'aliénés sans exception, présentent au contraire tant à l'intérieur qu'à l'extérieur, l'aspect d'une prison. Dans ce même rapport, j'ai admis quelques exceptions ; je croyais que quelques-uns de nos hospices étaient susceptibles de subir les améliorations réclamées par la science, exigées par l'humanité souffrante, mais aujourd'hui, Monsieur le Ministre, que j'ai vu l'Angleterre, la France et l'Allemagne, que j'ai vu comment on y traite les aliénés, je n'ai qu'un vœu à former, celui de vous voir provoquer une loi qui les fasse raser tous de fond en comble, qui ne laisse point l'une sur l'autre deux briques de ces établissements, dont la plupart sont d'horribles et infâmes repaires, où chaque minute est témoin d'un crime commis par la nation sur la nation elle-même. Si vous daignez, Monsieur le Ministre, lire mon rapport jusqu'à la fin, j'ai la conviction qu'il ne vous restera pas le moindre doute sur ce que j'avance : ceux qui vous ont parlé autrement, ou bien, ils ont mal observé, ou bien, ils n'ont point osé dire la vérité.

Vous voyez, Monsieur le Ministre, qu'en homme de science, je vais droit au but, sans m'inquiéter par où il faut passer ; pour exécuter mes vues il faudrait d'immenses sacrifices, je le sais, mais cela ne me regarde pas, c'est là l'affaire du gouvernement. Toutefois je ne prétends point me poser en homme qui *exige tout ou rien ;* mais en vertu de ce principe, je vous engagerai toujours, si force nous est de devoir conserver quelques-uns de nos établissements, de ne conserver que ceux qui sont en état de rendre de vrais services à l'humanité, après leur avoir fait subir le plus d'améliorations locales possible, et une réforme complète (telle que je l'indiquerai plus loin) dans la direction médicale. La loi supprimera sans miséricorde les établissements dont les localités sont au-dessus de toutes les ressources. Ainsi que j'ai eu l'honneur de vous le dire, Monsieur le Ministre, j'irai constamment droit au but, et vous dénoncerai le mal là où il est. Donc si la Belgique doit se cramponner à quelques-uns de ses établissements d'aliénés, ce ne sera qu'à ceux de Gand (pour les femmes), de Froidmont, de St-Julien et de St-Dominique à Bruges, de Ste-Anne lez-Courtrai, des Récollets à Courtrai et à la maison de santé de Mc Delroche à Liége, (1) que la loi accordera l'autorisation *condi-*

---

(1) Par le plus singulier hasard, avant et pendant mon séjour à Liége, je ne fus jamais informé de l'existence de cette maison de santé ; et cependant les renseignements que j'ai recueillis me portent à croire qu'il est un des moins mauvais du pays.

tionnelle, c'est-à-dire: améliorations dans les localités et réforme complète dans le traitement médical. C'est eu vue de ces principes, Monsieur le Ministre, qu'à mon projet de plan pour un nouvel établissement, j'ai joint le plan des principaux établissements que j'ai visités, parce que dans l'un ou l'autre on trouvera quelque chose de bon et d'applicable à ceux de nos établissements qu'on voudra améliorer.

Dans l'Angleterre, Monsieur le Ministre, chaque hôpital, et surtout chaque hospice d'aliénés, présentent au voyageur l'aspect d'un vaste et magnifique palais; qu'on vous présente à Londres le palais St-James habité par la Reine pour Bethlem renfermant 316 aliénés, ou *vice-versâ*, et sans arrière-pensée aucune, vous croirez aussi facilement à l'une qu'à l'autre version. Je ne sais si vous ne préférerez pas Bethlem à St-James.

Déjà, Monsieur le Ministre, je vous ai fait entrevoir la répugnance que généralement nos pauvres ressentent pour nos hôpipaux, et j'ai fait entrevoir en même temps les graves inconvénients qui en résultent pour eux (mais non pas pour les bureaux des hospices; au contraire plus il y a des pauvres qui meurent de faim, de froid, d'air empoisonné d'habitations infectes et de misère, et plus ils augmentent leurs revenus); mais ces inconvénients (pour le pauvre, bien entendu), sont bien légers en comparaison de ceux qui résultent de la répugnance bien plus grande encore qu'ils éprouvent pour nos hospices d'aliénés, et du refus opiniâtre qu'ils font d'y chercher un asile. Un des plus grands obstacles à la guérison des maladies mentales, c'est la durée plus ou moins longue d'un traitement antérieur aussi bien que l'absence plus ou moins complète de tout traitement, (1) et soit dit en passant, ce n'est que dans des cas très exceptionnels et partant très rares, que l'aliénation mentale peut être traitée avec succès dans la pratique privée; et aujourd'hui, il est excessivement rare en Belgique (et aucun des pays que j'ai visités n'est encore tout-à-fait à l'abri de cette grave faute), qu'un aliéné soit confié à un établissement spécial, avant que son médecin et quelquefois une foule d'autres n'aient épuisé infructueusement toutes les ressources de leur art? Et pourquoi? Bien des malades ont des parents qui ont le plus grand intérêt à ce que leur proche soit traité avec tous les égards dûs à son rang et à son malheur, et tous envisagent et non sans raison, nos hospices d'aliénés comme des prisons où l'on ne voit dans les malades que des êtres dangereux, et qu'il suffit de les séquestrer pour remplir tous les devoirs qu'impose le bien-

(1) Je vous prouverai plus loin, Monsieur le Ministre, au moyen de tables statistiques, les deux faits que j'avance ici; elles vous prouveront en même temps la fausse économie, ou plutôt l'ignorance sur ces faits de nos bureaux des hospices.

être de la société (2). Ce n'est que lorsque les parents ont épuisé toutes les ressources, ce n'est que lorsque l'incurabilité est avouée par leurs médecins, (et Dieu sait, comme ces derniers sont longs à avouer leur impuissance !) et que d'un autre côté ils se sont endurcis au malheur, que l'âme brisée de douleur, et sans aucun espoir dans l'avenir, ils confient leur trop malheureux ami à nos hospices ; ce n'est que lorsque depuis longtemps ils se sont idenfiés avec l'idée mère de ces établissements, qu'ils se décident à s'imposer le sacrifice d'y enterrer leur ami *moralement* mort pour eux et pour le monde, et j'ajouterai, moi, *matériellement mort*, lorsqu'ils sont séquestrés dans les hospices de la Belgique (aux deux susdits près). A quelles tristes réflexions ne vous mènera point cet état de choses, lorsque vous verrez plus loin, Monsieur le Ministre, dans les tableaux statistiques, que j'aurai l'honneur de vous exposer, qu'en Angleterre, où le traitement médical laisse même tant à désirer, on guérit six aliénés sur dix (rien que par l'effet des bonnes localités), lorsqu'ils rentrent à l'hospice endéans les trois mois de la première attaque de leur maladie (cette propor - tion diminue à mesure qu'on s'éloigne de l'époque de la pre · mière attaque, et ne donne que l'*incurabilité* pour résultat, sitôt qu'elle a dépassé les *deux ans*).

S'il y a en Belgique des établissements d'aliénés, à extérieur sale, mesquin, et avec de lourds barreaux de fer à toutes les croisées, mais où ces barreaux de fer ne sont que des témoins infidèles sur ce qui se passe intra- muros ; s'il y a des établissements où malgré toutes les apparences trompeuses la force brutale n'y existe plus que dans le souvenir, cela est-il connu de ceux qui ont le plus d'intérêt à le connaître ? En admettant qu'il est trois ou quatre institutions où le malheureux aliéné jouit de *quelque bien-être physique* (mais seulement *relatif* au bien-être des autres repaires), en est-il d'autres que les directeurs et le médecin (s'il y en a un, ce qui n'est pas commun) qui sont instruits de ce petit bien-être intérieur ? S'est-il vu jusqu'à ce jour qu'un aliéné guéri où même ses parents ou ses amis soient allés indiscrètement se vanter des soins qu'ils ont reçus dans ces établissements ? D'ailleurs, Monsieur le Ministre, rassurera-t-on le monde ; extirpera-t-on des opinions naguères fondées (en supposant qu'il y ait de ces établissements à bien-être intérieur), lorsque chaque jour il passe devant des murailles noircies, crevassées, percées de lucarnes profondément cachées derrière d'énormes barreaux de fer, défendues par des portes roulant lourdement sur des gonds

(2) Ceux de Gand et de Courtrai, l'un sous la direction de M. GUISLAIN, et l'autre sous celle de M .DEJAEGHERE sont à l'abri de ce grave mais juste reproche, c'est-à-dire que ces deux médecins s'occupent de l'aliénation proprement dite.

rouillés et qui retombent plus lourdement encore, et presque toujours pour ne plus s'ouvrir, derrière celui qui les franchit dans l'espoir d'y trouver un remède à ses maux ?

Mais lorsqu'il est donné à tout passant de laisser planer chaque jour ses regards étonnés sur une magnifique façade ; que chaque jour il s'extasie devant l'extérieur pompeux et brillant d'un établissement destiné à rendre le bonheur au malheureux, son imagination ne finira-t-elle pas par se créer un intérieur non moins pompeux et brillant ? Que dis-je, l'imagination ne surenchérit-elle pas toujours de ce qu'on voit sur ce qu'on va voir ? Et dès lors ce passant ne finira-t-il point par s'identifier avec cette salutaire idée que nulle autre part on ne doit chercher refuge contre un mal à l'abri duquel nul ne peut se flatter de se trouver toujours ? Et si l'intérieur est en tout propre à réaliser le bonheur matériel et moral que son imagination lui avait fait entrevoir, pourra-t-il conserver la moindre répugnance à confier à ces établissements la tâche de rendre au bonheur et à la santé des infortunés, lui fussent-ils attachés par tous les liens de l'amour, du sang ou de l'amitié ?

Ne croyez pas, Monsieur le Ministre, que je me laisse aller à l'enthousiasme d'une imagination exaltée, ce qui existe en Belgique, et ce que j'ai vu en Angleterre, en France et en Allemagne, me permet d'avancer ces assertions et de défier qui que ce soit d'en diminuer la valeur par des assertions contraires. D'ailleurs, Monsieur le Ministre, quoique je me sois épris du grandiose et du bien-être intérieur physique et moral des institutions de bienfaisance de l'Angleterre et spécialement de ses maisons d'aliénés, je n'ai pas besoin, pour plaider *irréfutablement* ma cause, d'invoquer pour arguments des mots plus ou moins sonores, j'aurai des *faits incontestables*, des *chiffres authentiques* (1) à vous exposer, et certes ces *arguments* prouveront plus que le raisonnement le plus savant, ou l'éloquence la plus passionnée, la plus persuasive.

Avant que d'entrer en matière, permettez-moi, Monsieur le Ministre, d'appeler votre attention sur les considérations suivantes, en tout nécessaires pour vous expliquer la marche que j'ai suivie et motiver les opinions que je vais avoir l'honneur de vous soumettre.

Dans ses *Lettres Médicales sur l'Italie*, mon savant confrère, M. Guislain de Gand, s'est longuement étendu sur la constitution médicale de ce pays. Il n'est point d'auteur ancien ou moderne qu'il n'ait mis à contribution sur ce sujet; il n'est aucune asser-

(1) Voir les *Tableaux Statistiques* officiels.

3

tion qu'il n'ait tâché de vérifier sur les lieux mêmes, soit en y consultant les médecins les plus célèbres, soit en y faisant lui-même des recherches, autant que pouvait le lui permettre son court séjour dans chaque endroit. Sous ce point de vue, les lettres médicales de M. GUISLAIN sont d'une valeur inappréciable : jamais auteur n'a mieux saisi l'opportunité de son sujet; sans ces préliminaires, ses écrits ne pouvaient avoir aucune valeur pour les médecins d'un pays tel que le nôtre, où un air pur, un ciel serein et la vie uniforme de ses habitants, opposent aux maladies pestilentielles ou contagieuses une barrière difficile à franchir. Ce n'est qu'à des époques bien éloignées qu'il pèse sur nous de ces fléaux qui éteignent une population, et où

Les hôpitaux sont pleins d'infirmes qu'on entasse

Et les morts aux mourants ne font pas assez de place (1);

nos pieds ne foulent point de ces terres qui vomissent des fleuves de feu engloutissant des villes entières; nous ne connaissons point de ces commotions qui renversent sur leurs fondements les plus vastes édifices; il ne darde point sur notre tête un soleil qui consume l'essence de l'organe qui nous élève au sommet de la création (2); elles sont loin de nous ces brises dont le souffle perfide envenime le sang; ce n'est pas dans les gorges étroites de nos montagnes que végètent de ces populations entières, qui n'ont de la forme humaine qu'une monstrueuse apparence, et dont l'intelligence semble même ne pouvoir rivaliser avec celle des brutes au milieu desquelles elles croupissent; c'est l'Italie, ce pays féérique et romantique, qui semble être sur le continent, la terre de prédilection pour tous ces ennemis du genre humain, et indubitablement tout ce qui a rapport aux mesures sanitaires ou à l'art de guérir, doit s'en ressentir. La nécessité de quelques préliminaires sur la constitution médicale de ce pays ne pouvait échapper à mon judicieux confrère : la question était difficile à traiter, mais quiconque a lu les lettres médicales sur l'Italie, a pu se convaincre que l'auteur s'est toujours montré au-dessus de son sujet.

Quant à moi, Monsieur le Ministre, je suis plus heureux que mon confrère, les pays que j'ai parcourus ne m'imposent point cette tâche difficile. A quelques légères différences près, que j'aurai soin de faire ressortir en temps et lieu, l'Angleterre offre la même

(1) De Lamartine.
(2) Dans l'antique Grèce les spectacles se donnaient en plein air, et l'histoire nous rapporte que plus d'une fois au milieu ou immédiatement après une représentation, des individus qui y avaient assisté nu-tête et étaient par conséquent restés plus ou moins longtemps exposés à l'ardeur du soleil, avaient été subitement frappés d'aliénation mentale. On a eu lieu d'observer que ce funeste accident se manifestait de préférence chez les individus à tête chauve.

constitution médicale que notre pays; elle présente à peu près les même conditions topographiques; elles a ses provinces méridionales, septentrionales et ses provinces de transition. Les changements de température y sont fréquents, que dis-je, ils y sont instantanés, mais il n'en est point comme en Italie où le thermomètre franchit instantanément la distance entre les deux extrémités, au-delà ou au-deçà desquelles il ne va guères (1). A Londres et dans une foule d'autres endroits de l'Angleterre, il est des brouillards qui interceptent complètement en plein midi les rayons du soleil; en hiver et particulièrement en Novembre et en Décembre, il n'est pas rare d'y voir le gaz allumé toute la journée, bien plus, il n'est guères que deux mois par an, Juillet et Août, où la plus grande partie de l'Angleterre ne soit presque constamment ensevelie dans une toile nébuleuse, au milieu de laquelle tous les objets un peu éloignés, semblent à l'état naissant et se confondent avec les nuages. Ces paysages ont un charme tout particulier pour l'imagination de celui qui les contemple pour la première fois; c'est une vraie fantasmagorie dont la nature est l'artificier : les brouillards s'élèvent et se dissipent comme par enchantement, et réellement capricieux dans leur marche comme dans leur développement, ils plongent dans les ténèbres la moitié d'une plaine, d'une ville, d'un village, d'une place publique, d'une rue, et respectent l'autre moitié, comme si entre l'une et l'autre, il existait une barrière qu'ils ne peuvent franchir : c'est ainsi que sur les chemins de fer vous fendez tour à tour et avec la rapidité de l'éclair, des espaces où l'horizon n'a point de limites et d'autres où l'œil ne peut distinguer la main placée devant lui. Pas plus que les brouillards, la pluie n'est jamais hors de saison en Angleterre, et partant rien n'y est moins constant que le temps. C'est là une légère différence qu'elle présente avec la Belgique, celle-ci ayant parfois des périodes de froid et de chaleur très longues et aussi plus intenses qu'en Angleterre, mais de cette différence il n'en résulte pour ce dernier pays qu'un seul inconvénient, une plus grande humidité, et j'ai hâte de dire qu'il n'a guères d'influence fâcheuse sur la santé des Anglais : ils s'en garantissent par les moyens les plus efficaces, et dont les principaux consistent dans l'absence de dalles pavées dans les maisons privées et dans la plupart des établissements publics; en chaussures à semelles très épaisses ou en bois dans les établissements de bienfaisance ; en bas de laine et en vêtements de la même étoffe en toute saison. Il est rare qu'un Anglais sorte sans manteau, qu'il porte sous le bras, lorsqu'il fait trop chaud ou qu'il se promène dans un quar-

(1) Voir sur ce sujet les lettres médicales sur l'Italie, par J. GUISLAIN.

tier où l'absence momentanée du brouillard lui permet de jouir des rayons du soleil. Dans aucune saison de l'année on ne néglige de faire du feu dans les appartements; l'usage de poëles ou de foyers fermés leur est complètement inconnu. Il est presque passé en loi d'avoir des tuyaux calorifères dans toutes les allées et tous les corridors des établissements publics, qui présentent ainsi constamment une température uniforme de 50° à 60° degrés (Fahrenheit) : cette précaution est presque de rigueur dans toutes les bonnes maisons.

La constitution médicale de l'Allemagne et de la France, pour les parties au moins que j'ai visitées, ne m'ont offert aucune particularité digne de remarque.

Ce que je vais avoir l'honneur de vous exposer maintenant, Monsieur le Ministre, est moins une critique qu'une opinion toute personnelle, et j'ignore si elle aura l'avantage de trouver en vous un écho sympathique. Je veux parler *du peu d'utilité pratique* qu'on peut retirer des écrits des savants qui, après une pérégrination scientifique, ont publié les résultats de leurs observations. Selon moi, une grande partie de ces auteurs ont *seuls* profité de leurs recherches à l'étranger, et selon moi encore, plusieurs n'ont point retiré de leurs voyages tout le fruit qu'ils auraient dû ou pu en retirer. Trois motifs bien puissants militent en faveur de mon opinion : le premier se retrouve dans les circonstances; le second et le troisième sont tout-à-fait personnels et en partie les conséquences de l'autre.

L'homme qui a vu du pays, comme on dit, a, toutes choses égales d'ailleurs, une supériorité morale incontestable sur son égal : on a pour lui une *déférence* bien méritée, car en voyageant à l'étranger, il achète bien durement la science qu'il acquiert, et il n'est presque aucun objet sur lequel il n'ait dû réformer ses idées; c'est-à-dire, qu'il y a mille choses, qu'avant d'avoir quitté ses pénates, il envisageait pour bonnes et qu'après un voyage il reconnaît pour absurdes ou erronées. Bien des personnes visant à cette *déférence*, cherchent tout bonnement à voir beaucoup de pays, ou plutôt n'en effleurent que la surface, et pour peu qu'elles aient vu de quoi se graver quelques particularités dans la mémoire, elles sont satisfaites, et plusieurs ont assez peu de scrupule qu'elles placent des observations, dues à leur seule imagination, là où elles ne se sont point donné le temps d'acquérir des notions exactes et précises sur l'état réel des choses. De là, le voyageur est fortement surpris de trouver le plus souvent tout autre chose que ce qu'il a lu dans les impressions de voyage de celui qui l'a devancé dans les endroits qu'il visite. Dans l'espèce, cette méthode d'explorer un pays (scientifiquement) a, selon moi, un inconvénient bien plus grave, en ce qu'elle empêche d'*observer judicieusement*, et en ce qu'elle doit graver dans l'esprit du voyageur des notions le plus souvent erronées, je dirai même absurdes et ridicules. Je m'explique. Dans les préliminaires de mon Manuel d'Anatomie, j'ai donné quelques lignes sur la nécessité d'étudier tout objet venu d'après un plan unique, uniforme et qui sera toujours le même, car c'est la nature qui nous l'enseigne. C'est surtout dans l'*étude d'observation*, si Monsieur le Ministre me permet de m'expliquer ainsi, que cette méthode est la plus nécessaire, devient indispensable *sine quâ non*. Ainsi j'ai dit dans ces préliminaires, que dès qu'un objet présente la moindre complication, l'esprit peut rarement l'embrasser d'un seul examen. Il faut d'abord acquérir une idée parfaite de l'ensemble, et dès qu'elle est acquise, on s'arrêtera aux divisions principales qui, à leur tour, deviendront l'objet d'un examen pareil au premier, mais ici chaque idée nouvelle aura un double rapport, et à la division où on la rencontre et à l'ensemble de l'objet, c'est-à-dire que chaque idée nouvelle se coordonne avec l'idée acquise. Or, ainsi que je viens d'avoir eu l'honneur de vous le dire, Monsieur le Ministre, je prétends que dans aucune autre matière, la nécessité de suivre cette méthode, appelée *naturelle* par Buffon et Broc, *analytique* par Condillac, n'est plus urgente, n'est plus indispensable, que dans une visite scientifique dans les hôpitaux, et *particulièrement dans ceux consacrés au traitement des maladies mentales*. Selon moi, il n'est aucun grand établissement où, comme dans ces derniers, les plus petites particularités doivent davantage se coordonner avec les grandes divisions comme avec l'ensemble, où les *riens* peuvent être moins considérés comme *non importants* pour l'opinion qu'on s'en formera. Ainsi, qui se bornera à sonner à un hospice d'aliénés, et à le parcourir d'un bout à l'autre et dans tous ses coins et recoins, dût-il consacrer à cette visite plusieurs heures, celui-là, dis-je, *saura moins en sortant qu'avant d'y être entré*, et cela se conçoit aisément. Son attention sera inévitablement distraite par des détails, des minuties, et inévitablement il portera sur chacun d'eux un faux jugement, parce qu'en les considérant *isolément*, il les envisagera comme *principes* alors que ce ne sont que des *conséquences*, et ce qui, à une première visite, lui aura paru bon ou mauvais, ne le serait plus, s'il faisait plusieurs visites et s'il étudiait *naturellement* les lieux et les choses, ce qui veut dire, s'il cherchait à acquérir d'abord la connaissance du plan général, puis des divisions, subdivisions, etc. D'un autre côté, on ne pourra prétendre que l'esprit ait ou tout au plus ait constamment la possibilité de se porter sur tous les objets à la fois, ou puisse observer ou étudier tous les détails d'un objet l'un après l'autre mais dans un seul et même examen, quelque *méthodiquement* qu'on ait pu le faire. De là on est fort surpris, si on se livre à un second examen, de trouver des détails qu'on n'a point remarqués dans le premier examen, quoique ces détails semblent si bien exposés, qu'on ne conçoit pas qu'ils aient pu échapper à l'observation.

De ce qui précède, je crois pouvoir conclure, Monsieur le Ministre, que pour acquérir des notions exactes et précises sur un grand établissement et dans l'espèce sur un hospice pour aliénés, il faut le *visiter* et le *revisiter*, et ne procéder à l'examen des détails, qu'après avoir acquis la connaissance exacte de l'ensemble et puis des divisions principales. En dehors de cette méthode, il n'est aucune instruction positive pour soi-même possible, bien moins le sera-t-elle pour ceux qui devront acquérir d'après vos renseignements. C'est là, Monsieur le Ministre, le système que j'ai suivi ; *je n'ai pas voulu voir beaucoup, mais j'ai voulu bien voir*, et en traçant mon plan de route pour parcourir l'Angleterre, la France et l'Allemagne, j'ai fait choix des meilleurs établissements avec l'intention bien formelle de m'y arrêter plusieurs jours. Il n'est aucun de ces établissements où des médecins étrangers ne m'aient devancé, et à infiniment peu d'exceptions près, tous se sont bornés à une seule visite plus ou moins rapide : ne doit-on pas conclure de là avec Condillac, qu'ainsi on peut voir beaucoup de choses, et ne rien apprendre ?

Voilà, Monsieur le Ministre, ce que je considère comme un motif, dépendant des *circonstances*, et pour lequel les savants explorant scientifiquement un pays ne retirent point de leur voyage tout le fruit qu'ils devraient en retirer, et d'un autre côté en profitent *seuls*, si tant est qu'ils en profitent. Le second motif, ai-je dit, est tout *personnel*, mais on conçoit que quel qu'il soit, il est devenu hors de propos chez ceux qui ont péché d'après le premier, car quoi qu'ils écrivent, les publications sur les résultats de leur voyage ne peuvent inspirer aucune confiance. Toujours est-il cependant qu'ils pèchent plus souvent encore que toute autre personne, par le second défaut dont je vais avoir l'honneur de vous entretenir dans les lignes suivantes :

La plupart des visiteurs ne semblent qu'aller à la recherche de choses à critiquer, passent légèrement et rapidement sur celles qui n'offrent point de prise sous ce rapport, et s'étendent au contraire très longuement sur ce qu'ils *croient* pouvoir blâmer ; je dis, sur ce qu'ils *croient pouvoir blâmer*, parce qu'il arrive fréquemment que s'ils avaient fait des investigations un peu minutieuses, ils auraient trouvé des deux choses l'une : ou bien, l'objet avait des coïncidences avec d'autres objets éloignés, et s'ils s'étaient instruits de ces coïncidences (chose à laquelle ils seraient toujours

parvenus, s'ils avaient dûment interrogé sur ce sujet la personne
intéressée), ils auraient pu constater que l'objet, *au premier abord
sujet à critique*, ne l'est plus lorsqu'on est informé de toutes les
circonstances, de toutes les particularités qui le touchent de loin
ou de près; ou bien, l'objet, est vraiment sujet à critique, mais
la personne intéressée ne l'ignore point, elle est presque toujours
la première à vous le dire, et elle n'a rien tant à cœur que d'y
porter remède, mais telle ou telle chose s'oppose à l'accomplissement de ses désirs. De là, Monsieur le Ministre, découle cette
conséquence que les ouvrages de cette catégorie de savants sont
une critique qui tend seulement à prouver que leur établissement, si telle est leur position, n'a rien à envier à ceux qu'ils visitent, bien plus il les laisse loin derrière lui; ou bien, s'ils ont
une mission gouvernementale, ils ont préconçu mieux que tout
ce qu'ils ont vu, et c'est *à leur seul génie* que le gouvernement
doit s'en rapporter pour les décisions qu'il prendra sur la question qu'il *croyait à l'étude* ou *en litige*.

Le troisième défaut que nous retrouvons dans plusieurs ouvrages auxquels je fais ici allusion, consiste en ce que les auteurs
ont fréquemment parlé, là où ils auraient dû laisser parler les
autres, c'est-à-dire que dans le premier cas, ils ont fait des observations là où leur position ne les mettait pas à même d'en faire,
ce qui signifie que, dans un grand établissement, il est une infinité
de choses sur lesquelles celui-là *seul* qui a longtemps vécu au
milieu d'elles, est à même de faire des observations exactes, de
donner des renseignements positifs : dans le second cas je range
les auteurs qui n'ont point fait de scrupule de relater des observations comme étant les *leurs*, alors qu'elles étaient faites par
d'autres, et qu'ils les avaient saisies au vol en conversant avec
eux ; je puis ajouter une troisième catégorie aux deux précédentes,
celle des auteurs qui traduisent constamment en précepte pratique ce qui bien souvent n'est qu'un fait isolé. Je crois inutile,
Monsieur le Ministre, de faire des objections aux écrits qui sont
entachés de ces deux premiers défauts, je n'ose me permettre de
vous en dénoncer les auteurs, mais en vous désignant les défauts, c'est vous dire que j'ai tâché de les éviter. Vous jugerez,
Monsieur le Ministre, si j'y aurai réussi.

J'ai déjà eu l'honneur de vous dire, Monsieur le Ministre,
comment j'ai évité le premier défaut de mes confrères, celui qui
consiste à ne pas consacrer à chaque établissement qu'on visite le
temps nécessaire pour pouvoir y acquérir des notions exactes et
précises.

Quand même j'aurais voulu, Monsieur le Ministre, je ne pouvais tomber dans le second défaut : tout ce qui existe en Belgique,

en fait d'établissement d'aliénés est malheureusement si mauvais, que je ne conçois pas trop comment ils seraient susceptibles d'améliorations. Par conséquent je n'avais aucun point de départ pour comparaison, je n'avais rien à trouver de moins bien que ce qui était chez nous; je n'avais qu'à recueillir tout ce qu'il y avait de meilleur, et à m'occuper des objets sujets à critique, que pour autant qu'il fût nécessaire de les connaître pour les éviter.

Pour bien vous faire comprendre comment j'ai cherché à éviter le troisième défaut, il faut me permettre, Monsieur le Ministre, d'entrer dans quelques courtes considérations sur les maladies mentales.

Dans aucune autre maladie, il n'est plus difficile de donner une vraie théorie, il n'en est aucune où la théorie, quelle qu'elle soit, soit plus difficilement applicable à la pratique, et partant, il n'est aucune maladie où l'empirisme, basé sur l'expérience, soit plus admissible; il n'est aucune maladie où le médecin doive mieux savoir saisir l'à propos ou agir plus souvent par inspiration; et enfin il n'est aucune maladie où les *agents physiques* aient une influence aussi grande sur les *agents moraux*, c'est-à-dire que dans aucun établissement le succès du traitement dépend davantage de la localité (1). Plusieurs motifs également puissants plaident en faveur de cette opinion : je ne ferai ici que vous les énoncer succinctement, car j'aurai l'avantage, Monsieur le Ministre, de vous les exposer longuement dans le cours de ce travail, autant par le raisonnement que par des documents officiels de la part des hommes les plus versés et les plus expérimentés dans la matière.

La nécessité d'un empirisme plus ou moins raisonné, reconnaît pour motifs la nature, le siège, la marche, les causes, etc., des maladies mentales, ou en d'autres mots, cet empirisme devient inévitable, parce que nous ne connaissons encore rien de précis, ou mieux, pour mettre de côté toute fausse prétention, que nous ne connaissons encore rien que ce soit sur l'altération organique *in se* qui les détermine, et partant nous manquons de toute donnée certaine, ou d'un point de départ fixe sur lequel nous puissions baser notre traitement. Tout ce qui est du ressort de l'intelligence est aussi impalpable dans son essence que la pensée qui en émane; l'homme en aperçoit les effets, Dieu seul les comprend et en sait le nom. La nature déjoue trop souvent les calculs et les prédictions des Gall, des Spurzheim, etc., etc., pour

(1) Dans le cours de ce rapport vous aurez plus d'une fois occasion, Monsieur le Ministre, de remarquer l'immense influence de la localité sur le succès du traitement, ce qui veut dire, que le médecin le plus instruit est presque réduit à l'impuissance, à l'inaction, si la localité est vicieuse. L'*Asylum de Lancaster* entre autres vous en fournira plus loin une des preuves les plus frappantes.

qu'on puisse compter sur leur système, aussi défectueux que tout ce qui est bâti sur des conjectures. Les recherches pratiques m'ont aujourd'hui conduit à cette doctrine ; loin de moi cependant l'idée de vouloir la rendre exclusive, mais je prétends que la phrénologie doit se renfermer dans la nécessité de n'user qu'avec une extrême réserve des données qu'elle croit pouvoir fournir.

Enseigner les autres est un désir, je dirai, inné chez l'homme, et de là on le voit continuellement traduire en précepte ce qui ne devrait être qu'un simple fait d'observation. Cette tendance à généraliser n'a peut-être nulle part de plus mauvais résultats que dans l'exposé des doctrines sur les maladies mentales. Aussi je ne crains pas de dire, Monsieur le Ministre, que beaucoup de traités sur les maladies mentales sont loin d'avoir toute l'utilité réellement pratique qu'ils pourraient ou mieux qu'ils devraient avoir. Les préceptes de pratique qui s'y trouvent consignés ne sont le plus souvent applicables qu'en imagination, et très souvent encore cette dernière en a seule fait tous les frais.

La plupart des malades ne sont qu'en *apparence* atteints de la même espèce de maladie (1) ; tout en ayant la même forme, chaque maladie est plus ou moins accompagnée de circonstances extraordinaires qui en font une exception, et malheureusement pour la pratique, ces cas exceptionnels sont plus nombreux que ceux qui semblent obéir à une loi pathologique générale. Dès lors, si un praticien, qui a guéri une de ces maladies, je suppose une manie, traduit en précepte le moyen qu'il a employé, et maint praticien a cet inconvénient, chaque fois que le néophyte se présentera armé de ce précepte, pour ainsi dire codifié, devant un malade atteint de manie, chaque fois il se trouvera pris au dépourvu, et dans l'impossibilité d'agir ou d'appliquer le moyen qu'il aura étudié dans son *traité pratique*.

Que faire donc ? Le médecin ne pourra-t-il que se repaître de théorie ? Devra-t-il toujours s'instruire par sa propre expérience, c'est-à-dire aux dépens des malheureux qu'on confiera à ses soins ? L'expérience des autres ne pourra-t-elle lui servir ? Devra-t-il acquérir toutes ses connaissances par la seule pratique ? Non certes, Monsieur le Ministre ; il est des moyens par lesquels le jeune médecin pourra bientôt être aussi expérimenté, que dis-je, aussi vieux que le plus vieux médecin, et *trois conditions* bien faciles à remplir sont seulement nécessaires.

Pour que la première soit remplie il ne manque qu'une statistique pratique conçue telle que je l'exposerai ici. Ainsi que j'ai eu l'honneur de vous le rappeler plus haut, Monsieur le

(1) J'entends ici, Monsieur le Ministre, parler de la classification des maladies mentales en manie, monomanie, lypémanie, etc., etc.

4

Ministre, les cas exceptionnels sont les plus nombreux : donc, à mesure qu'un cas exceptionnel se présente au praticien, qu'il soit décrit et publié avec toutes ses circonstances, en même temps qu'on expose minutieusement le moyen par lequel on sera parvenu à enrayer le mal, mais que surtout on ne traduise point ce moyen en précepte, qu'on le donne seulement comme applicable dans un fait identique, et le livre qui contiendra le plus de ces faits exceptionnels, sera le livre le plus instructif, comme le médecin qui aura le plus de ces faits présents à la mémoire, sera le médecin le plus instruit et le plus expérimenté dans la matière ; si toutefois il joint à cette étude pratique une étude théorique préalable des meilleurs ouvrages connus (1).

Pour étayer ma doctrine de preuves irréfutables, permettez-moi, Monsieur le Ministre, de vous relater brièvement quelques-uns de ces faits, je dis *brièvement*, car ce genre d'ouvrage appartient de fait et de droit à une publication périodique (2), attendu que de nouveaux faits se présentent chaque jour, et Dieu sait si même on peut en concevoir la fin, tant ces maladies sont capricieuses, dans leurs effets comme dans les symptômes qui trahissent leur présence. Notez, Monsieur le Ministre, que je ne vous donnerai que le moyen (empirique) employé, sans m'arrêter au moindre détail (3).

E. M. était dans l'asylum de Wakefield depuis plusieurs mois ; rien n'avait réussi à calmer sa fureur. Un soir que le Dr Corsellis se promenait dans le jardin au-dessous de la fenêtre de l'appartement qu'occupait cette maniaque, il lui entendit dire distinctement : O Seigneur, que ferai-je ? *Be quiet* (calme-toi, sois sage) s'écria le docteur, en grossissant la voix autant que possible. Au même instant *E. M.* se tût, et depuis lors elle marcha rapidement vers la guérison. Plus tard elle raconta au docteur qu'elle avait cru entendre la voix du Seigneur.

Marie Dodson a attenté à ses jours par tout moyen imaginable : on la séquestra dans l'asylum de Wakefield, où tout avait échoué pour la détourner du fatal dessein de se détruire. Échappant à la vigilance des gardiens, elle s'était fait plus d'une blessure à la tête en se la frappant contre la muraille ou contre le bois de lit. Le Dr Corsellis s'imagina de la coucher dans un

(1) Je citerai à la tête de tous (et je suis fier que nous puissions mettre ce fleuret national sur notre couronne) celui de M. Guislain.

(2) Si vous daignez jeter les yeux sur les premières livraisons des ANNALES MEDICO-LÉGALES BELGES, vous pourrez vous convaincre, Monsieur le Ministre, que j'ai déjà commencé la tâche.

(3) Je dois vous prévenir, Monsieur le Ministre, que j'admets quatre périodes bien distinctes dans l'aliénation mentale, et c'est à la seconde période, que je fais ici allusion. Pour comprendre ce que j'explique en ce moment, je ne crois pas nécessaire, Monsieur le Ministre, que vous sachiez comment ces périodes se dessinent : j'exposerai ma doctrine plus loin.

hamac, lit en toile forte, ressemblant à une barquette, et qu'on fixe par ses deux extrémités à un anneau scellé dans deux murs opposés, de telle sorte que cette toile se balance librement dans la chambre. A la vue de ces préparatifs, *Marie D.* demanda ce qu'on allait faire? sur la réponse que fit le docteur, elle se jeta instantanément à ses pieds et le supplia dans les termes les plus pressants de ne point la faire entrer dans cette horrible couche. Il y mit une condition : celle de se tenir tranquille et de tâcher de dormir, bienfait dont elle n'avait joui depuis plusieurs semaines. Le hamac resta suspendu dans sa chambre jusqu'à ce qu'elle eut recouvré la raison, et cet heureux évènement ne tarda pas de s'effectuer.

John Allen était le plus grand tapageur de l'asylum de Wakefield ; c'est surtout la nuit qu'il semblait préférer pour l'exercice de ses immenses poumons. Tout avait échoué pour le réduire au silence. Un soir que le Dr Corsellis entra seul dans son appartement, il déposa sa lanterne devant la lucarne qui se trouve au-dessus de la porte, de telle sorte que la lumière donna en plein dans l'appartement du malade. Quelle est cette clarté, reprit celui-ci tout effrayé? Le docteur remarquant l'effet qu'avait produit cette vue, se garda de lui en donner l'explication, et depuis lors ce simple moyen, répété tous les deux à trois semaines, suffit pour le réduire au silence le plus absolu.

L'encombrement força un jour le Dr Pritchard de Northampton de faire coucher deux malades dans la même chambre : un homme, incurable depuis longtemps, recouvra rapidement la raison sitôt qu'il eût un compagnon de chambre, et interrogé sur cet heureux changement, il répondit qu'il s'était senti devenir fou de peur de dormir seul, et que jamais il n'avait osé l'avouer, tandis que de l'autre côté il avait dans le principe inutilement tâché de braver cette peur d'enfant.

A Nottingham, une fille n'était entrée dans le lit depuis dix ans; elle s'était constamment refusée à coucher sur autre chose que sur de la paille. On apprit qu'elle raffolait de sucre, on en mit sur un oreiller de lit, et croyant que cela était une conséquence chaque fois amenée par le coucher sur un oreiller, elle y prit goût, et finit par entrer dans le lit sans le moindre inconvénient.

E. W.... était parvenue à déjouer tous les moyens imaginés pour lui faire porter des bas et des souliers. Le Dr Powell de Nottingham lui avait mis le pantalon de force. Elle fit de si belles promesses qu'on le lui ôta au bout de deux heures, et depuis lors elle a toujours porté des bas et des souliers, et tout promet une prochaine guérison.

John H. à Nottingham, mord tous ses commensaux. Le Dr Powell rentre un jour dans son appartement avec quatre infirmiers et feint de vouloir lui arracher toutes les dents. A la vue de ces préparatifs, John est si effrayé, qu'il promet solennellement de ne plus mordre ses commensaux. Il n'a jamais failli à sa promesse, et probablement il reviendra de sa maladie.

Rien n'avait réussi à tempérer la turbulence et la loquacité de *Jeanie N.* Sir William Ellis disait qu'on la transporterait le soir dans la cave où étaient les serpents et les tigres. *Jeanie N.* se calma si bien qu'elle fut bientôt guérie.

Il y a sept ans le Dr Corsellis reçut le même jour deux jeunes femmes qui s'imaginèrent chacune de son côté être la Reine d'Angleterre. Il les mit ensemble dans le même appartement : elles se disputèrent vivement ce titre de Reine ; elles tirèrent finalement et simultanément cette conséquence : mais si elle est la Reine, je ne puis l'être, et l'une et l'autre guérirent de leur folie. Je pourrais, Monsieur le Ministre, vous donner un plus grand nombre de ces échantillons, si je le croyais nécessaire pour vous faire comprendre l'avantage de ma doctrine.

Il est un autre genre de statistique pratique qui préoccupe aujourd'hui fortement la plupart des praticiens qui se trouvent à la tête de grands établissements. On les voit sacrifier une grande partie de leurs temps à additionner, à soustraire, à multiplier et à diviser des colonnes de chiffres, pour en déduire la moyenne, le summum ou le minimum. Je suis loin de vouloir rejeter complètement cette méthode, mais je me demande, Monsieur le Ministre, si elle produit tout le bien qu'on en attend ? A-t-elle réellement une portée pratique pour ce qui concerne le traitement des maladies mentales ? Je ne le crois pas ou du moins elle est fort bornée. Rien n'est plus aride que les chiffres ; rien ne frappe moins l'esprit du lecteur, je dirai même de l'observateur, et partant, rien ne s'oublie plus vite. En déduisant, par exemple, d'une ou de plusieurs colonnes de chiffres, que les femmes sont plus souvent atteintes de folie que les hommes, que dans tel mois et dans l'espace de vingt ans, il est entré plus de malades que dans tel autre, que dans tel mois il est plus femmes qui ont fait des tentatives de suicide que des hommes, etc., etc., je me demande qu'elle doit être la portée pratique de ces recherches ? Ceci est encore une fois de la théorie qui, comme les bons ouvrages que nous avons sur la matière, demande un livre purement pratique, tel que celui dont j'ai eu l'honneur de vous exposer le plan.

Pour remplir la deuxième condition, il faudrait un exposé complet de l'état actuel de la science : mais par là, Monsieur le

Ministre, j'entends un exposé purement *pratique*. J'ose me flatter
de pouvoir remplir cette condition, et voici comment : il est impossible que ce travail soit exécuté par un seul auteur et qui expose ses propres vues ; d'un côté le sujet est trop vaste, tandis que
de l'autre, cet auteur, dût-il se trouver à la tête d'un établissement des plus considérables, tourne presque infailliblement
dans le même cercle. Je m'explique : il finit par se tracer une
ligne de conduite ou mieux un système de traitement, d'où rien
ne le fait ni même ne le fera dévier. Si par hasard ou de propos
délibéré, il parcourt un autre établissement, j'ai déjà dit ce qu'il
fait : il cherche à prouver sa propre supériorité ou du moins il
cherche à s'en convaincre, et il se gardera bien de rien modifier
à son système infaillible. Aussi, lorsqu'on parcourt soigneusement
et sans aucun préjugé un grand nombre d'établissements, on est
frappé de la diversité des mesures adoptées dans la même maladie : et cependant, toutes choses égales d'ailleurs, une d'elles
doit être la meilleure ; de là, on ne conçoit pas pourquoi l'on voit
guérir telle espèce de maladie dans tel établissement, alors que
dans un autre établissement, on voit le malade atteint du même
mal abandonné à lui-même, et réputé incurable.

N'appartenant à aucune institution, je ne puis faillir de ce
côté, et voici, Monsieur le Ministre, le plan que j'ai adopté pour
vous donner un exposé large et libéral de l'état actuel de la science
(*pratique* bien entendu). J'ai déjà eu l'honneur de vous dire,
Monsieur le Ministre, que l'Angleterre est un pays où la question
des maladies mentales est parvenue à un très haut degré de perfection : pour les localités surtout, c'est un pays vraiment classique, et je ne crois pas que dans aucun autre je puisse mieux trouver
sous ce rapport. Cependant, je ne suis point exclusif, et c'est
ce que je me fais un devoir de vous prouver dans le rapport que
j'ai l'honneur de vous présenter sur les résultats de mon voyage
en France et en Allemagne.

En Angleterre le médecin en chef demeure dans l'établissement
même : chaque année il adresse un rapport aux membres du
comité-directeur, et dans ce rapport il expose sa gestion, sa doctrine, son traitement et ses résultats. Je vous ai déjà dit, Monsieur
le Ministre, que chaque médecin se crée un système à lui ; de là
chaque rapport a un cachet particulier qui lui donne sous un
certain point de vue une incontestable supériorité sur celui d'un
autre médecin. Pris *individuellement*, chacun de ces rapports,
ne donne qu'une idée fort incomplète de l'état de la science :
pris *collectivement*, et en retranchant ce qu'ils ont de commun,
on embrasse la pratique des maladies mentales dans toute son
étendue, surtout si celui, qui s'occupe de cette tâche, a été à

même de contrôler, d'examiner et de comparer de point en point et sur les lieux mêmes chacun de ces rapports : les conclusions qu'il pourra déduire seront en tout point au-dessus de toute solide objection. Or, Monsieur le Ministre, c'est ce que j'ai fait. En visitant un établissement, je me suis fait, avant tout, donner le plan et les deux ou trois derniers rapports, et après avoir étudié l'un et l'autre, je me suis mis à observer, à étudier l'établissement, si je puis m'exprimer ainsi : j'ai comparé ce que je voyais avec ce que j'avais vu, et pour résultat final, je crois avoir à vous exposer des préceptes pratiques irréfutables. C'est d'après ce plan que j'ai étudié, Monsieur le Ministre, et c'est le même que j'ai adopté pour la rédaction de ce rapport. Je vous donnerai le plan des meilleurs établissements, et la traduction des rapports de chacun d'eux. Je donnerai à la suite de chacune des traductions, les observations que j'aurai été à même de faire, et pour résultat j'aurai l'honneur de vous exposer un plan d'hôpital pour aliénés et les conditions indispensables pour la construction d'un pareil établissement ; en même temps que j'aurai l'honneur de vous exposer ma doctrine pour ce qui concerne le traitement. Ce faisant, je crois pouvoir me flatter également, que j'aurai évité le troisième défaut dont j'accuse quelques-uns de mes confrères.

J'ai déjà eu l'honneur, Monsieur le Ministre, de vous faire entrevoir quelle est la troisième condition pour former le médecin praticien des maladies mentales. Depuis trois années, je m'étais de préférence adonné à l'étude des maladies mentales. J'en savais avant cette époque autant qu'en sait tout médecin qui n'a jamais traité des maladies de cette espèce, avant de venir en Angleterre, j'avais visité tous les établissements de la Belgique, et alors, je puis l'avouer, je ne savais encore rien. Le meilleur élève lorsqu'il quitte les bancs de l'université est un pauvre praticien, et le meilleur praticien, lorsqu'il ne s'est point fait à la pratique des maladies mentales, se trouve être un grand imbécile lorsqu'on le met face à face avec un aliéné. Je ne crois pas devoir vous dire, Monsieur le Ministre, comment un médecin peut acquérir cette pratique ; la nature de ce travail l'indique suffisamment.

BETHLEM A LONDRES.

En commençant ce rapport, Monsieur le Ministre, j'ai fait allusion à la répugnance que dans le monde on éprouve presque sans exception, pour les hospices d'aliénés : j'ai assigné pour principal motif l'état misérable de ces établissements dans notre pays; mais il en est un bien plus grand, le préjugé qui existe dans le monde, *car on s'imagine qu'un hospice d'aliénés n'est qu'une maison de réclusion, une prison, où l'on doit tout espérer du hasard, attendu que la médecine n'a rien à démêler avec ces maladies.* Malheureusement bien des médecins ont assez peu de bon sens pour entretenir ces préjugés parmi le peuple : ces préjugés ont également existé en Angleterre; depuis bien longtemps le gouvernement, les hommes éclairés et philanthropes, ont rivalisé d'efforts pour répandre des idées plus saines, plus bienveillantes, des idées qui en germant augmentent le bonheur moral du peuple en général, et celui d'une classe de malheureux en particulier. Je ne crois pas pouvoir mieux vous donner une idée des efforts qu'à faits la philanthropie anglaise pour parvenir à son noble but, qu'en vous rapportant la cérémonie qui eut lieu à Londres, lors de l'agrandissement de l'hospice de Bethlem. Puisse ce digne exemple trouver prochainement un écho dans notre belle patrie !

« CÉRÉMONIE A L'OCCASION DE LA POSE DE LA PREMIÈRE PIERRE DES NOUVEAUX CORPS DE BATIMENTS AJOUTÉS A L'HÔPITAL DE *Bethlem* A LONDRES. (1)

» Le nombre de malheureux aliénés sollicitant leur admission à l'hôpital de Bethlem, allant constamment en augmentant, les directeurs (dits *governors*) portèrent spécialement leur attention sur les moyens d'agrandir les bâtiments, dès que l'état des finances l'aurait permis. Vers la fin de l'année 1837, il fut constaté dans le rapport que le comité-général adressa à la cour, qu'il y avait un boni si considérable dans la caisse, qu'il

---

(1) Le récit de cette cérémonie est imprimé en tête du rapport annuel que firent les médecins en 1838; il est accompagné d'une vue du bâtiment agrandi et du plan de l'hôpital tel qu'il existe aujourd'hui. Monsieur le Ministre trouvera ces deux derniers objets ci-joints, et j'ai l'honneur de le prévenir que les rapports de tous les asylums sont imprimés et que c'est la traduction que j'ai faite de chacun d'eux (traduction toutefois où j'ai supprimé ce qu'ils offraient de commun), que j'ai exposée dans ce rapport. Pour distinguer encore mieux, j'ai sans exception intercalé entre des *guillemets* ce qui n'est que traduction, et partant n'est pas directement de moi.

fut permis de mettre à exécution les agrandissements projetés.
La Cour approuva les propositions et le comité-général fut prié
de les conduire à bonne fin.

» En dehors d'un plus grand nombre de malades qu'on aurait
pu recevoir, la construction de nouveaux locaux présentait
encore d'autres avantages : la classification des malades deviendrait plus facile; on pourrait mieux s'assurer des progrès
de la maladie vers la convalescence; et on n'aurait plus été
dans la nécessité de faire coucher plusieurs malades dans la
même chambre. On pouvait encore noter comme avantages
fort importants parmi les améliorations projetées, une plus
grande commodité dans la distribution des salles de bains;
une lavanderie plus spacieuse, où un plus grand nombre d'a-
liénées pourraient trouver de l'occupation; une nouvelle infirmerie pour chaque sexe; des chambres pour les infirmiers,
construites au premier étage au centre du bâtiment; et enfin
un troisième préau pour le corps de bâtiment destiné aux criminels. Pour surcroît d'améliorations, une vaste cour aurait
été affectée aux incurables de chaque sexe; et celle qui serait
destinée aux hommes serait rendue propre à toute espèce de
plantation ou de culture, afin que les malades pussent s'y occuper en guise de distraction. Il y avait encore des améliorations d'une importance secondaire; telles que des magasins à
charbons, de larges réservoirs d'eau chaude et d'eau froide, et
une foule de menus objets devant contribuer au bien-être des
malades.

» Le commencement d'agrandissements aussi considérables
que ceux qui devaient ajouter des locaux pour loger 166 malades, à un bâtiment primitivement construit pour n'en contenir que 198, paraissait au comité d'une importance assez
grande pour mériter quelques formalités et des cérémonies
qui devaient avoir une influence favorable aussi bien sur l'institution elle-même que sur les résultats de la nouvelle entreprise. On décida que la première pierre serait posée par le
président en présence des directeurs, et que cette cérémonie
serait suivie d'un déjeûner servi sous une tente, dressée *ad hoc*
dans la plaine. Une commission spéciale fut désignée pour
prendre les arrangements nécessaires pour cette fête, qui fut
fixée au Jeudi, 26 Juillet 1838.

» La commission s'empressa de faire les préparatifs nécessaires.
Des lettres d'invitation furent distribuées à la famille de chaque
directeur, et il fut permis à chaque invité d'amener deux
dames ou un cavalier et une dame. M. Smirke, architecte de
l'hôpital, fut prié de faire élever une plate-forme pour les di-

recteurs, d'où ils pourraient dominer toute la cérémonie. Afin de n'avoir rien à craindre du mauvais temps, on avait dressé une large et solide tente, sur laquelle flotta le drapeau royal. On avait en outre élevé une seconde tente bariolée de mille couleurs, et ornée de drapeaux nationaux et étrangers.

» Le Jeudi, jour fixé pour la fête, le président et le trésorier se joignirent à la commission-directrice, pour inspecter les préparatifs, et tous se retirèrent ensuite dans la grande salle d'assemblée pour y recevoir les directeurs et leurs amis. Deux heures de l'après-dîner avaient à peine sonné, qu'on vit arriver les invités : on n'en attendait plus qu'il n'était pas encore trois heures. Tous les invités se dirigèrent aussitôt processionnellement vers la plate-forme, dans l'ordre qui avait été indiqué par les maîtres de cérémonie (1).

» Le président, *Pierre Laurie*, revêtu des insignes de la haute place qu'il occupait, était accompagné de l'archevêque de Canterbury, de Lord John Russell, du marquis de Dalmatie (fils du maréchal Soult), et de la plupart des personnes les plus éminentes de la métropole (suivent les noms). La musique du 1er régiment des gardes-du-corps, placée sur la plate-forme, joua la marche maçonnique à l'arrivée du cortège. Des sièges étaient élevés pour l'archevêque de Canterbury et pour le président; les autres invités se rangèrent autour de l'endroit où la pierre devait être posée. Les instruments pour le maçonnage étaient déposés sur une table. Le psaume 100 fut chanté en chœur par les enfants de la *maison d'occupation* (2); ce fut le début de la cérémonie. Aussitôt après, le révérend John Garrett, chapelain de l'hôpital de Bethlem, appela sur l'entreprise la bénédiction du Ciel, par la prière suivante :

« A moins que ce ne soit toi qui bâtisses cet édifice, ô Dieu de charité, ceux qui le construiront, y perdront leurs peines! A moins que tu ne répandes la bénédiction sur les projets de ton peuple, ils travaillent sans fruit ceux même qui le font jour et nuit aux dépens de leur sommeil! Impuissant est le pouvoir du plus fort, si tu t'opposes à ses desseins! Le précieux, le saint livre, que dans ta miséricorde, tu as donné à l'homme errant, comme un guide, comme un avis salutaire, comme une consolation, nous dit cette agréable vérité : Dieu est tout amour! Tu

(1) Tous ces détails sont rapportés avec une minutie presque puérile, mais notez, Monsieur le Ministre, que ce récit est imprimé et répandu à foison parmi le peuple, et en lui montrant qu'on attache de l'importance même aux moindres choses qui touchent de loin ou de près son bonheur physique et moral, on est sûr d'agir favorablement sur son esprit. C'est ce que les philanthropes anglais ont bien compris dans cette circonstance ainsi que dans mille autres, que j'aurai occasion de vous relater.
(2) Espèce d'établissement pour orphelins.

5

nous as manifesté cette vérité, si chère à nous, ô Seigneur, non seulement par des actes de miséricorde aussi nombreux que peu mérités par nous, mais en envoyant ton fils bien aimé dans ce monde corrompu et criminel, en mission pour nous enseigner notre devoir, mourir pour nos péchés, ressusciter pour notre justification, nous laisser un exemple de conduite, et *nous montrer, ô Seigneur, qu'aucun de nos actes n'a quelque mérite, s'il n'est empreint de charité!* Ton fils devint un admirable exemple pour nous apprendre à faire le bien en toute circonstance! Par un *mot*, il guérit le malade, par un *attouchement*, il rendit la vue à l'aveugle; le maniaque se prosterna devant lui, et sur son *ordre*, il se releva pacifique et plein de raison; il prononça ces mots : va, je ne te condamne pas, mais garde-toi de commettre encore des péchés; et le pécheur s'en alla le cœur rempli de joie. Quoiqu'à une humble distance, Seigneur, nous désirons ardemment de marcher sur les pas du Christ! Ce qu'*il fit, nous* ne pouvons le faire; mais si toi, Dieu tout-puissant, tu remplis nos cœurs de la plus belle des vertus, la *charité*, sans laquelle nous ressemblons à un instrument de cuivre ou à des cymbales, qui ne font que beaucoup de bruit, si tu répands la sagesse sur tes humbles serviteurs, tu trouveras en nous de fidèles desservants. O toi, qui es le Dieu du pauvre, de l'incurable, de l'orphelin, nous t'en supplions, jette sur nous un regard de pitié, et bénis, oui bénis les actes de charité que tu as inspirés en ce jour aux directeurs de cette institution royale. Tu leur as confié la haute et solennelle mission, tu as fait peser sur eux la responsabilité des deux plus grandes grâces que l'homme puisse rendre à son semblable : répandre la lumière de la raison dans un esprit égaré! — répandre la lumière de l'Évangile dans une âme égarée! O puisse la majesté du Seigneur, notre Dieu, planer sur eux! Puissent leurs désirs d'augmenter leurs moyens de faire le bien, recevoir ta bénédiction! Laisse prospérer l'œuvre de leurs mains! Puissent-ils ne jamais être fatigués de faire le bien! Et toi, puissant Seigneur, encourage leurs œuvres d'amour pour le prochain, en jetant le bonheur sur leurs entreprises, afin que nous puissions toujours nous réjouir du fruit des peines et des inquiétudes qu'ils éprouvent comme vrais chrétiens! Permets-leur de jouir jusqu'à la fin du fruit de leurs peines incessantes pour ce grand nombre de malheureux, auxquels ils ont rendu la raison, et pour lesquels ils ont été le bienheureux instrument qui les rendit à leur famille et à la société. Enfin, cède à nos prières, et accorde un long et bienheureux règne à notre jeune Reine, un règne où nous verrons planer au-dessus de toute chose : paix, vertu, religion! remplis son cœur de la grâce du St-Esprit! que

ses œuvres commencent, continuent et finissent en toi! que la
sagesse et la vérité soient ses guides et ses conseils! que la justice
et la miséricorde lui soient familières! Alors brilleront notre
église et notre constitution; alors brillera notre charité. Permets,
Seigneur, que son jeune et royal cœur soit toujours lié à ses fidèles sujets par un lien indissoluble de paix et de vertu, et personne ne médira de ce bienheureux pays! Fais nous la grâce, Père
céleste, d'écouter favorablement nos prières, par ton bien aimé
fils unique, Jésus Christ, notre seigneur et notre sauveur!

« Notre père, etc. »

» Après la prière, M. Price, trésorier, s'adressa au président en
ces termes :

« Monsieur le président, pour autant que la mémoire me soit
fidèle, je n'ai de ma vie éprouvé des sentiments plus agréables
qu'en ce moment, où je vois une si nombreuse réunion de directeurs et de visiteurs assister à cette intéressante cérémonie, laquelle précède l'extension d'une œuvre, dont la sphère d'utilité
a déjà été si largement étendue par vous au profit de l'humanité
souffrante. Je me sens infiniment flatté de l'honneur qui m'échoit
aujourd'hui en partage, de pouvoir vous prier au nom du gouvernement, de poser la première pierre des nouvelles bâtisses qu'on va
ajouter à un des établissements les plus considérables de ce pays et
de l'étranger; je ne saurais vous exprimer le plaisir que j'éprouve
de pouvoir vous présenter la truelle et de pouvoir me présenter
comme votre aide dans l'accomplissement de cette cérémonie. Permettez-moi de vous exprimer mes sincères souhaits, afin que le
Tout-Puissant vous octroye longue vie et bonne santé, pour que
vous puissiez longtemps encore nous présider, et afin qu'il m'octroye aussi longue vie, pour que je puisse vous assister dans cette
mission si chère à vous, d'exécuter les intentions du royal fondateur et des généreux bienfaiteurs de ce magnifique établissement.

» M. Price présenta aussitôt au président une truelle en ver-
meil, sur laquelle étaient dorés les armoiries de l'hôpital, le mil-
lésime et le but de la cérémonie. Le président, s'adressa alors à
l'assemblée dans les termes suivants :

« Monseigneur l'Archevêque, Milords et Messieurs, je me réjouis
de tout mon cœur de pouvoir saisir cette intéressante occasion,
pour adresser mes félicitations et mes remercîments aux directeurs. Quoique l'historique de cet établissement royal soit fami-
lier à la plupart de vous, je me flatte néanmoins, qu'en vue de
l'honneur que nous ont fait tant d'étrangers de distinction d'assister à cette cérémonie, vous me permettrez de le rappeler brièvement, en faisant ressortir les progrès qu'il a faits depuis son
érection.

» Le prieuré de Bethlehem fut fondé en 1247, par Simon Fitz Mary, shériff de Londres à Bishopsgate (porte de l'Évêque, aujourd'hui rue de Liverpool). A la dissolution des communautés religieuses, Henri VIII s'en empara, et en 1547, il en fit don avec tous ses revenus à la corporation de Londres. C'est de ce moment là, qu'il devint un hôpital pour la guérison des aliénés. Quels qu'aient pu être à cette époque les revenus de cette institution, ils étaient loin de pouvoir suffire aux dépenses nécessitées pour le nombre d'aliénés auxquels on y donnait asile. En 1552, des lettres-patentes furent octroyées pour un an, à Jean Whitehead, comptable de l'établissement de Bethlem, pour quêter des donations dans les comtés de Lincoln et Cambridge, la cité de Londres et l'île d'Eloi. Sous de tels auspices, l'hôpital était fort restreint dans ses moyens ; ce n'est qu'en 1675, grâce à la générosité et à la libéralité de quelques individus, que les directeurs furent à même de poser la première pierre, dans Moorfield, d'un magnifique édifice, où on aurait pu loger 152 malades. Il y avait 17,000 livres sterlings (425,000 francs) en caisse (1). Malgré cet agrandissement, l'établissement fut bientôt trop petit, vu les nombreuses demandes d'admission que l'on reçut chaque jour, et en 1812, la première pierre du superbe établissement qui est devant vous, fut posée par mon vénérable prédécesseur, le président, Sir Richard Carr Glyn, en présence du Lord-Maire, mon respectable ami, Sir Claude Hunter, que j'ai le bonheur de voir présent à cette cérémonie. Le bâtiment devait contenir 198 malades, et à ce nombre il faut ajouter les aliénés criminels (2) que le gouvernement séquestre dans notre hôpital, et pour lesquels le Parlement a voté une rétribution annuelle. Il est flatteur pour nous de pouvoir dire que le gouvernement a été si satisfait de nos procédés, qu'il vient de porter sur le budget un nombre double de pension-

(1) On dit que le plan de l'édifice avait été pris d'après le palais des Tuileries à Paris, ce qui irrita tellement Louis XIV, d'apprendre que son palais avait été pris comme modèle pour un hôpital d'aliénés, qu'il ordonna aussitôt de prendre le plan de St-James (aujourd'hui encore le palais de la Reine à Londres) pour en construire un pareil à l'usage de choses très vulgaires (*for offices of the meanest nature*). Deux statues furent placées au-dessus de la porte d'entrée ; l'une représente un mélancolique, l'autre un furieux ; elles se trouvent maintenant dans le vestibule de l'hôpital actuel. Ces statues sont de vrais chefs-d'œuvre : il y a dans la physionomie du furieux une expression qui vous fait reculer d'horreur ; on voudrait au contraire mêler ses larmes à celles que répand le mélancolique. Ces statues coulées en métal, font l'admiration de tous ceux qui visitent Bethlem. Les directeurs les montrent avec beaucoup d'ostentation ; on les a placées dans le vestibule de telle manière, qu'entourées de leur rideau rouge, elles doivent inévitablement frapper les regards de tout entrant. Elles furent faites par Caius Gabriel Gibber, le père de Colley Gibber, le lauréat.

(2) Ceux qui ont commis un crime sous l'empire d'une aliénation mentale (comme *Oxford*, qui, l'an dernier, voulut assassiner la Reine), ou les criminels qui sont devenus fous sont séquestrés à Bethlem. La salle qu'ils occupent s'appelle *criminal room* (chambre criminelle). Le gouvernement accorde annuellement pour chaque criminel environ 900 francs, indépendamment de la rétribution pour payer leur surveillance.

naires de cette catégorie, de telle sorte que nous comptons annuellement 65 criminels pour les deux sexes. Je suis d'autant plus
enchanté de pouvoir faire cette remarque, que nous sommes ho-
norés de la présence de Lord John Russell (secrétaire d'état au
ministère de l'intérieur et plus tard ministre lui-même).

» Depuis qu'on m'a fait l'honneur de m'élire pour président
de cet hôpital, je me suis toujours efforcé de marcher sur les
traces de mon vénérable prédécesseur, auquel on ne connaissait
d'autre désir, que celui d'étendre la sphère d'utilité de cette institution. Je dois avouer toutefois que je n'avais jamais osé espérer de voir mes vœux se réaliser dans le court espace de cinq
ans, mais les soins que nous avons apportés dans l'administration
des finances, nous permettent aujourd'hui de doubler nos moyens
d'être utiles à l'humanité, car nous doublerons nos locaux en y
ajoutant des logements pour 166 malades. S'il est triste et pénible
de devoir reconnaître la nécessité de donner une extension aussi
considérable à un établissement de ce genre, nous avons au moins
la douce satisfaction de pouvoir nous dire que les nombreuses
demandes d'admission qui nous arrivent de toutes parts, de l'Angleterre comme de l'étranger, sont dues à la célébrité que nous
nous sommes justement acquise. Les portes de notre établissement
sont ouvertes à toutes les nations du monde; nous ne consultons
ni opinions ni religion; *le seul titre que réclame notre charité,
est celui de l'infortune; c'est le seul passeport devant lequel s'ouvrent toutes nos portes.*

» Nul de vous n'ignore qu'il y a dans la cité de Londres quatre
hôpitaux royaux, à l'instar de celui de Bethlem. *L'hôpital du
Christ,* pour l'éducation de la jeunesse; les *hôpitaux St-Thomas
et St-Bartholomée,* pour recevoir des malades de toute espèce, et
le *Bridewell,* ou maison de correction pour les fainéants, les va-
gabonds et les individus à mœurs dépravées : ce dernier, situé sur
la place dite Bridewell, était autrefois une résidence royale, qui
nous fut octroyée par Edouard VI, et fut ainsi soumise à la même
direction que Bethlem. Un autre établissement dans le genre des
asylums (1) et nommé *maison d'occupation,* est également sous le
patronage de la direction de Bethlem. On y reçoit des jeunes
gens des deux sexes, pour leur enseigner quelque métier utile.
Pour le moment nous y avons 67 garçons et 62 filles, que vous
voyez ici présents; non seulement nous les éloignons du chemin
du vice et du crime, mais de bonne heure nous les habituons aux

---

(1) En Angleterre, on appelle *asylum* (asile), toute maison de santé, de correction, pour
orphelins, etc., etc. Quelques-uns sont établis en partie ou en entier aux frais du gouvernement; le plus grand nombre est entretenu par des souscriptions et des dons volontaires,
de manière que plusieurs d'entre eux ont reçu et reçoivent encore journellement des legs
très considérables et parviennent ainsi à se créer d'immenses revenus.

bonnes mœurs. Nos efforts ont été couronnés de plein succès ; plusieurs sont devenus des membres utiles à la société, alors qu'autrefois ils n'avaient en perspective que la misère ou l'expatriation.

» Parmi toutes les nobles institutions qui constituent le type en même temps que la gloire de notre métropole, parmi toutes ces institutions, dis-je, qui rivalisent entre elles pour apporter le remède le plus efficace aux nombreux maux qui affligent l'humanité à tout âge et à toute époque, je le répète, parmi toutes ces institutions, je réclame la priorité pour celle qui a pour but de remédier à la calamité, qui doit malheureusement occuper le premier rang parmi toutes celles qui peuvent affliger la pauvre nature humaine ; vous m'avez déjà deviné, je veux parler de la *folie*. L'homme peut lutter contre la fièvre du corps, il peut se supporter avec elle, mais la fièvre de l'esprit le précipite du rang qu'il tenait dans l'échelle de la création ; les liens de la société comme ceux de sa propre famille se brisent autour de lui jusqu'au dernier ; une barrière infranchissable, une éternité, se place entre lui et son semblable. Lorsque l'ennemi du genre humain dirige ses batteries contre l'*esprit*, lorsque la raison a été violemment précipitée de son trône ; lorsque l'homme est devenu dangereux pour sa personne comme pour celles qui l'entourent ou qui vivent avec lui ; je puis dire sans craindre aucune objection, aucune charité n'est supérieure à celle qui va au-devant d'une telle infortune, se constitue l'ange-gardien d'une pareille infirmité, radoucit la fureur, et rend à la société un être doué de raison. Voilà les fruits que nous pouvons attendre ici de nos efforts incessants, si Dieu nous accorde sa grâce ; et ce fruit vous pourrez l'apprécier quand je vous aurai dit que depuis plusieurs années, nous rendons au bonheur, à leur famille, à la société entière, *soixante malades sur cent* (1), n'est-ce pas une bien douce récompense pour les peines que nous nous donnons ! Les infortunés qui en font l'objet, ne peuvent nous témoigner leur reconnaissance, mais dans ces actes de charité et de philanthropie, nous avons l'approbation de notre propre conscience, et surtout nous espérons mériter la bénédiction et la miséricorde de la sublime Providence.

» Je ne puis m'empêcher de dire un mot sur le traitement aujourd'hui mis en vigueur. Les chaînes et les liens, les cellules et la paille, qui étaient autrefois l'apanage de Bethlem, ont disparu

(1) Je dois vous prévenir, Monsieur le Ministre, qu'à Bethlem on ne reçoit que des cas récents, et encore les malades ne peuvent avoir subi de traitement antérieur. Je reviendrai sur ce sujet, car la proportion des guérisons est infiniment au-dessous (d'au moins 20 %) de ce qu'elle devrait être : j'en donnerai plus loin la preuve, mais par anticipation je dirai que cela doit être attribué au mauvais système médical adopté dans cet établissement.

aujourd'hui et n'existent plus que dans l'imagination (1). La dureté et les *moyens coërcitifs* ont été remplacés par des bienfaits et un traitement rationnel. Nous avons eu récemment la visite de ces étrangers de distinction qui parcourent actuellement l'Angleterre, et tous sans exception ont demandé de voir les cachots où nous renfermions nos furieux : *nous n'en avons pas* (2), était constamment notre réponse ; nous avons rarement des malades qui exigent des moyens violents et coërcitifs. C'est là le plus beau compliment que je puisse adresser à nos deux honorables médecins, MM. Monro et Alexandre Morissen ; je ne puis également m'empêcher de hautement applaudir au zèle de Madame Forbes, qui, depuis plus de vingt ans, est notre bienveillante directrice (*matron*) du quartier des femmes. Je n'oublierai pas non plus ni notre habile pharmacien et chirurgien, M. Thomas, ni notre zélé directeur du quartier des hommes, M. Nicholls.

» Je vois ici présents plusieurs directeurs aux soins et à la munificence desquels, nous devons aujourd'hui le bonheur de pouvoir agrandir notre établissement : au nom de l'humanité je leur en témoigne ici la plus vive reconnaissance. Les vivants ne peuvent nous faire oublier les morts, nous avons aussi une large dette de reconnaissance à leur payer. C'est à un Roi que nous devons l'origine et la cession première de cet établissement, mais quant aux fonds que nous possédons aujourd'hui, nous les devons à la générosité de quelques personnes. Parmi ces bienfaiteurs je dois particulièrement citer Edouard Barkham qui, en 1732, légua par

(1) Je dois anticiper ici, Monsieur le Ministre, sur les réflexions que j'aurai l'honneur de vous exposer plus loin. Les médecins des aliénés (en Angleterre) sont divisés en deux camps. *Les uns prétendent que dans aucun cas on ne doit et même on ne peut recourir à des* MOYENS COERCITIFS (on les appelle partisans du *non-restraint*). *Les autres prétendent qu'il est des cas où le* RESTRAINT *peut être avantageux et même doit être employé, mais qu'il ne faut y recourir qu'avec prudence et réserve.* J'ai étudié la question avec impartialité, j'ai observé les uns et les autres, et j'ai été conduit à me ranger dans le camp des derniers, beaucoup plus nombreux et surtout beaucoup plus raisonnables que les premiers. Ceux-ci sont devenus de *vrais systématiques*, et comme systématiques, ils défendent leur cause en dépit du bon sens, et quelquefois de la vérité. J'en donnerai des preuves plus loin quand je m'occuperai du chef de ce camp, le Dr *Conolly* de Hanwell. Pour le moment et pour en revenir à mon sujet, je dis que le président est dans l'erreur lorsqu'il avance que tout restraint (moyen coërcitif) n'existe plus qu'en imagination à Bethlem. J'y ai vu une femme avec un gilet de force qui n'était guères commode. J'y ai vu un *maniaque furieux* renfermé dans un *cachot* où il n'y avait rien que des murailles nues, et un parquet en pierres. Ce malheureux s'était frappé contre la muraille et le sang coulait abondamment des plaies qu'il s'était faites à la tête. Le Dr Monro savait que telle chose se passait, car il pria plusieurs dames (qui avaient été admises à visiter l'établissement) de ne point nous accompagner dans cette galerie. Je n'ai pu m'empêcher d'élever la voix contre cet abus et de plaider la cause de cet infortuné. Il n'était dans l'hôpital que depuis plusieurs jours. Le sang qui inondait sa figure, ses vêtements et le parquet rendait son aspect si hideux, que le Dr Monro lui-même s'empressa de fuir ces lieux. Je garantis que ce fait est loin d'exister dans mon imagination ; il se passait le 9 Octobre 1841.

(2) Cette phrase, Monsieur le Ministre, est très équivoque, car je ne sais si M. le président voulait dire que pour le moment (ce qui est très possible) il n'y avait pas de *furieux*, car certes si on avait voulu, on pouvait leur montrer des *cachots*.

testament, tous ses biens situés dans le comté de Lincoln à l'établissement de Bethlem. Ces propriétés donnaient primitivement un revenu annuel de 12,500 francs; aujourd'hui, grâces aux soins des directeurs qui en ont dirigé l'exploitation depuis cette époque, elles donnent annuellement un revenu de 150,000 francs (6,000 livres sterlings). Je dois ici spécialement adresser des remercîments à M. Price, pour avoir, en sa qualité de trésorier, coopéré à cette œuvre d'une manière aussi désintéressée qu'efficace; toutefois je ne puis oublier les membres du comité général auquel incombe la responsabilité bien grande de toutes les opérations de l'établissement. Enfin je n'oublierai ni M. Poynder, notre cher et digne secrétaire, ni M. Adams, notre infatigable receveur.

» Pour terminer ces réflexions, que j'aurai peut-être menées trop loin, j'ai réservé l'expression de notre reconnaissance envers l'élite de la société qui, en ce jour solennel, est venue par sa présence, donner un si vif éclat à cette intéressante cérémonie. Nous ne saurions exprimer combien nous sommes sensibles à la haute approbation que vient de nous témoigner le vénérable primat de notre église. Je présente nos plus vifs remercîments aux nobles Lords et aux membres de la Maison des Communes, ici présents : je vois avec le plus grand plaisir quelques-uns de mes dignes confrères de la magistrature, mais je ne puis assez exprimer toute la satisfaction que j'éprouve à la vue de plusieurs représentants des nations étrangères; agréez-en mes remercîments, vous surtout Ministre des États-Unis, et vous marquis de Dalmatie, fils du célèbre maréchal Soult. La longue paix dont nous jouissons nous a permis de recevoir ces honorables hôtes que nous ne connaissions que pour de vaillants ennemis; mais la paix aussi bien que la guerre vise à remporter des victoires; son champ de bataille est celui des arts, des sciences et de la civilisation : tous les peuples de l'Europe y sont engagés. Nos prisons et nos hospices ont été l'objet de visites très sérieuses; c'est une fièvre qui agite l'humanité entière pour apporter les meilleurs remèdes aux souffrances du pauvre et du malheureux.

» Avant de terminer, je fais des vœux pour qu'aucun obstacle ne vienne interrompre ou ralentir la marche de notre nouvelle entreprise; que cet heureux commencement soit le gage d'une bonne fin, et que ce bel et utile établissement soit longtemps l'ornement de la métropole, l'honneur du pays, et un gage de bonheur pour la société.

» Dès que le président eut achevé son discours, il posa la première pierre, et les enfants entonnèrent en chœur le psaume : gloire, honneur, louanges, puissance à toi Seigneur! L'archevêque mit fin à la cérémonie en donnant solennellement la bénédiction à tous les assistants, pendant que la musique militaire exécuta le refrain national.

» La fête fut terminée par un élégant déjeûner offert à l'archevêque, aux ministres des puissances étrangères, aux visiteurs de distinction, au président, aux directeurs et à leurs amis. Non seulement cette fête devait laisser une profonde impression chez tous ceux qui y avaient assisté, mais elle allait avoir une portée bien plus grande pour la publicité de cette noble institution; *elle devait surtout inspirer au public une plus grande confiance dans sa profonde utilité, et un plus grand respect pour les nobles efforts que l'on y faisait pour rendre le bonheur aux malheureux* (1).

RAPPORT ET TABLEAU SYNOPTIQUE DES RÉSULTATS OBTENUS CHEZ LES ALIÉNÉS DE BETHLEM, POUR 1837, PAR ÉDOUARD THOMAS MONRO, MÉDECIN DE CET ÉTABLISSEMENT.

A Messieurs le Président et Directeurs de Bethlem.

» Conformément à l'usage annuel, j'ai l'honneur de vous exposer un tableau synoptique des résultats obtenus à Bethlem, pendant le cours de l'année qui vient de s'écouler; je me flatte que vous les trouverez très satisfaisants malgré les vives contrariétés que nous a fait éprouver l'*influenza* (grippe). Ce mémorandum étant purement statistique, il doit vous importer fort peu d'après quelle méthode il est exposé.

» 1º Vous trouverez que grâce à la plus grande célébrité que nous avons acquise et que nous acquérons chaque jour, le nombre de nos malades va de ce chef matériellement en augmentant. Dans le commencement de l'an 1837, nous avions 263 malades, et à la fin de la même année, nous en avions 286.

» 2º En 1836, 270 malades furent admis; en 1837, il y en eut 311.

» 3º Le tableau comparatif des guérisons vous prouvera que la victoire est pour la dernière année dans la proportion des malades en traitement. Nous comptons cette année 157 guérisons; en 1836, nous n'en comptions que 138; et nous osons dire qu'il n'est jamais sorti de Bethlem 157 guéris en une année.

» 4º 27 morts au lieu de 24, est une augmentation excessivement peu importante, si l'on ne perd point de vue les ravages

(1) A cette occasion, des dons de 50 liv. st. (1250 francs) furent faits par les shériffs de Londres, Sir George Carroll et Sir Moses Montefiore; John Johnson, Esq. William Evans, Esq.; et Samuel Lovegrove, le jeune, Esq. en tout 250 liv. st. ou 7250 francs.

6

qu'a exercés l'influenza, particulièrement chez nos invalides. Je dois faire remarquer que le nombre des demandes en admission a excédé de beaucoup celui des places laissées vacantes par les guéris ou les morts.

» 5° Déduction faite des cas où il est survenu une épilepsie, des paralysies ou d'autres affections incurables, le nombre de ceux qui sont demeurés en traitement est de 59 au lieu de 65 qu'il était en 1839, et cependant nous avons eu un plus grand nombre de malades à traiter. Aussi, je me flatte, Messieurs, qu'en vue de ces heureux résultats nous aurons mérité vos suffrages.

» En terminant, je crois de mon devoir, Messieurs, de vous dire que nous avons dû donner pleine approbation aux plans d'agrandissement que nous a soumis M. Smirke, et en les mettant à exécution, vous nous mettrez à même de faire une classification plus minutieuse, ce qui ne peut manquer de tourner au grand avantage de nos malades.

RAPPORT ANNUEL, 1837.

	CURABLES.			INCURABLES.			CRIMINELS			TOTAL		
	HOMMES	FEMMES	TOTAL	HOMMES	FEMMES	TOTAL	HOMMES	FEMMES	TOTAL	HOMMES	FEMMES	TOTAL
Restaient à l'hôpital au 1er Janvier 1837, y compris ceux en permission d'absence . . .	66	79	145	26	39	65	42	11	53	134	129	263
Admis en 1837.	121	176	297	0	5	5	6	3	9	127	184	311
SORTIS — Guéris	60	96	156	0	0	0	0	1	1	60	97	157
Non guéris	34	27	59	0	0	0	0	0	0	32	27	59
A la demande d'amis. .	1	1	2	0	1	1	0	0	0	1	2	3
Sujets qui n'auraient pas dû être admis . .	3 2	10	33	0	0	0	0	0	0	23	10	33
Envoyés en permission et sur l'intelligence desquels on n'a plus reçu le moindre rapport	6	3	9	0	0	0	0	0	0	6	3	9
MORTS. .	9	8	17	1	5	6	3	1	4	13	14	27
Restaient au 31 Décembre 1837 — En permission . . .	7	14	21	0	0	0	0	0	0	7	14	21
A l'hôpital	49	96	145	25	38	63	45	12	57	119	146	265
	187	255	442	26	44	70	48	14	62	261	313	574

» Les dépenses pour Bethlem en 1837 ont été de 295,080 francs, et les recettes de 459,806; donc un boni en faveur de l'hôpital d'environ 164,726 francs.

TABLEAU DES ALIMENTS DISTRIBUÉS AUX ALIÉNÉS DE BETHLEM.

Dimanche. — Déjeûner.—Gruau (le même chaque jour).

»   Dîner. — Viande bouillie 8 onces ; — pain 8 onces ; — légumes.

»   Souper. — Pain 8 onces ; fromage 2 onces ou une once de beurre.

Lundi.   Dîner.— Pudding de farine détrempée ; 4 onces de pain ; une once de fromage ou une demi-once de beurre.

»   Souper. — Pain 8 onces ; fromage 2 onces ou une once de beurre.

Mardi.   Dîner et souper comme le Dimanche.

Mercredi.   Dîner. — Soupe grasse aux petits pois avec 8 onces de pain ; en été des puddings au riz ; 4 onces de pain ; une once de fromage ou une demi-once de beurre.—Souper.—Comme les autres jours.

Jeudi.   Dîner.—Puddings gras ; 4 onces de pain ; une once de fromage ou une demi-once de beurre. Souper. — Comme les autres jours.

Vendredi.   Comme le Dimanche.

Samedi.   Dîner.— Riz au lait ; 8 onces de pain ; 2 onces de fromage ou une once de beurre.

Ils ont tous les jours de la bière au dîner et au souper.

EXTRAORDINAIRE. — Pour les malades le médecin peut ordonner tout ce qu'il juge convenable ; il ne doit aucunement consulter le prix des comestibles.

NOEL — comme le Dimanche et le jour suivant, si la Noël est un jour de viande ordinaire : chaque malade a une tarte de 75 centimes.

NOUVEL AN. On ajoute un plum-pudding au dîner ordinaire.

VENDREDI-SAINT. — Un gâteau de 15 centimes.

LUNDI DE PAQUES. —Du veau rôti, 8 onces.

Pendant la saison, au lieu de viande ordinaire, on leur sert des fruits pour le dîner. »

RÉFLEXIONS.

A la suite de chaque rapport, j'aurai l'honneur, Monsieur le Ministre, de vous exposer, sous le titre de *réflexions*, les remarques que j'aurai été à même de faire dans chacun des établissements, à la visite desquels j'ai consacré un plus ou moins grand nombre de jours, d'après l'intérêt qu'ils me présentaient sous l'un ou l'autre rapport.

Le comité-directeur de l'hôpital de Bethlem se rassemble une fois par semaine, le Vendredi : les médecins font leur rapport, présentent les malades pour lesquels ils réclament la sortie, tandis que d'un autre côté, on décide à quelles demandes en admission on pourra accéder. Ce comité est une espèce de pouvoir délégué par le comité-général, qui l'investit à peu près du même pouvoir que le font nos conseils communaux vis-à-vis des colléges de régence. C'était un Vendredi (8 Octobre 1841), que je me rendis pour la première fois à Bethlem ; un huissier annonce le monde : il porte un uniforme assez singulier mais très simple et en même temps très imposant. Ce sont là de ces choses bien petites en apparence, et cependant elles ne manquent pas d'avoir une très grande influence pour le crédit moral de l'établissement ; je me sentis saisi d'un respect involontaire qui contrastait singulièrement avec le dégoût et l'horreur dont on est saisi en pénétrant dans nos hospices. Il y avait en même temps que moi plusieurs autres visiteurs : nous fûmes introduits dans la salle du comité, où l'on nous fit inscrire nos noms et qualités sur un registre destiné *ad hoc*. Les governors ou directeurs vinrent avec nous autour des salles (ils font régulièrement une visite d'inspection générale le Vendredi ; il n'est pas rare cependant de les voir parcourir l'établissement les autres jours de la semaine : chaque membre du comité-général est investi de ce pouvoir).

Je m'aperçois, Monsieur le Ministre, que je suis obligé d'employer çà et là des qualifications de personnes ou de choses que vous ne sauriez comprendre à moins que d'ajouter chaque fois entre parenthèse ce qu'elles signifient : ces explications me paraissant interrompre le cours de mes réflexions, je crois devoir ne pas aller plus loin, sans vous donner un aperçu des lois qui régissent les *Lunatic Asylums* en Angleterre (1). Ces lois pourront peut-être avantageusement être consultées dans la création de la loi qui doit bientôt régler le sort de nos malheureux aliénés.

Art. 2. En tant qu'il sera jugé nécessaire, l'administration du comité (2) soignera l'érection d'hospices pour aliénés pour son comté ; elle pourra avoir recours à des contributions volontaires,

(1) Je vous prie, Monsieur le Ministre, de ne pas perdre de vue que je ne vous donnerai que le résumé des lois relatif aux hospices eux-mêmes (loi promulguée par un acte du Parlement le 15 Juillet 1828).

(2) Chaque comté en Angleterre est gouverné par un nombre plus ou moins considérable de *magistrats* (ayant à peu près le même pouvoir que nos conseillers provinciaux). Chacun de ces magistrats a le droit de visiter tout county asylum, quand bon lui semble.

si ses fonds ne lui permettent pas d'en soutenir les frais (il n'est question ici que des pauvres).

ART. 4. L'administration d'un comté peut s'entendre avec celle d'un comté limitrophe, soit pour construire un asylum à frais communs, soit pour placer ses aliénés dans l'asylum appartenant à l'un des deux.

ART. 5. Si un asylum est entretenu par des contributions volontaires, le comité-directeur (1) s'entendra avec l'administration du comté, si tel est leur désir réciproque.

ART. 8. Pour les comités-directeurs des *asylums* formés sous les conventions se rapportant aux art. 4 et 5, les membres seront choisis à nombre égal dans les deux parties contractantes.

ART. 13 et suivants. Les *asylums* entretenus par des contributions volontaires jouiront de la main-morte.

ART. 32. Il y aura un chapelain attaché à chaque asylum.

Les art. 31 à 39, concernent le droit, le mode et la nécessité de séquestration.

ART. 40. Chaque paroisse qui aura un aliéné colloqué dans l'asylum de son comté, est autorisée à envoyer son médecin huit fois par an pour examiner son paroissien.

ART. 50. Ne devra point être reçu dans l'asylum, un aliéné appartenant à une paroisse qui refuse de payer pour lui. Le prix de la rétribution sera réglé par le comité-directeur et approuvé par l'administration du comté dans le cas où l'asylum est entretenu par des contributions volontaires. A moins de circonstances extraordinaires, le prix de la pension ne pourra excéder quatorze shellings environ 17 francs) par semaine.

ART. 51. Lorsque la localité excèdera les besoins du comté pour la séquestration des pauvres, le comité-directeur pourra recevoir des malades payants à telles conditions que bon lui semblera, pourvu qu'en aucun cas le pauvre ne puisse en souffrir (2).

ART. 55. Tout prisonnier de l'état devenant aliéné, sera immédiatement dirigé sur l'asylum du comté où se trouve la prison.

ART. 56. Le comité-directeur de chaque asylum adressera annuellement un rapport sur l'établissement, renfermant les noms des malades etc., au secrétaire du ministre de l'intérieur et au comité-directeur général pour le royaume.

ART. 57. Le ministre de l'intérieur fera inspecter les asylums n'importe quand et par qui bon lui semble.

(1) Celui qui paye annuellement une somme de.....(dans la plupart une guinée) est de droit et de fait membre du comité-directeur, lequel s'assemble une fois par semaine dans les circonstances ordinaires.

(2) On s'élève avec véhémence contre cette mesure, de recevoir dans un même hôpital des pauvres et des riches. Il en résulte constamment des abus, sur lesquels j'aurai occasion de revenir. On espère voir abroger cet article.

FORMULE POUR LE RAPPORT ANNUEL.

N° D'ORDRE QUANT A L'ADMISSION	DATE DE L'ADMISSION. PAR QUELLE AUTORITÉ LE MALADE A-T-IL ÉTÉ ENVOYÉ ?	DATE DU CERTIFICAT CONSTATANT L'ALIÉNATION ET PAR QUI IL EST SIGNÉ.	NOM, PRÉNOMS, SEXE ET AGE DU MALADE, MARIÉ OU CÉLIBATAIRE.	PROFESSION.	LIEU DE NAISSANCE OU DOMICILE DE SECOURS.	A-T-IL ÉTÉ DÉCLARÉ ALIÉNÉ PAR L'AUTORITÉ.	CERTIFICAT ET OBSERVATIONS DU DERNIER MÉDECIN TRAITANT ET DATE DE SA DERNIÈRE VISITE.	DATE DE LA SORTIE.	EST-IL SORTI GUÉRI, AMÉLIORÉ OU INCURABLE (1).	MORT.	MÉMORANDUM SUR LES VISITES DES DIRECTEURS ET DATE DE LEURS VISITES.	MÉMORANDUM SUR LES OBSERVATIONS FAITES PAR LES VISITEURS (2).

Une nouvelle loi fut promulguée par le Parlement, le 11 Août 1832; elle concernait spécialement le *traitement* des aliénés, elle porte le nom de : *on treatment of insane persons in England*.

Les art. 1 à 8 concernent la nomination d'une commission par le Lord Chancelier pour inspecter les hospices d'aliénés soit publics soit privés dans le district de Londres. Cette commission composée de 15 à 20 membres s'assemblera quatre fois par an, pour statuer sur les demandes en érection pour les hospices privés.

L'art. 10 confère le droit prémentionné aux réunions trimestrielles des tribunaux dits justices (comme les juges-de-paix belges).

ART. 11. Les tribunaux ou justices, ont dans les autres districts de l'Angleterre le droit qu'a le Lord-Chancelier dans le district de Londres, de nommer des inspecteurs. En tout cas un tiers de ces inspecteurs seront médecins.

ART. 12. Ne pourront tenir une maison d'aliénés privée, les membres d'une commission, les médecins inspecteurs, et les médecins attachés à un hospice public. Toute personne acceptant une de ces missions prêtera serment entre les mains de qui droit.

ART. 17. Aucune maison d'aliénés ne pourra introduire un changement quelconque soit dans ses bâtiments, soit dans ses réglements, sans l'approbation de la commission-inspectrice.

ART. 22. Personne ne pourra tenir une maison privée pour aliénés (soit pour un, soit pour deux ou au-delà), sans le consentement de la commission-directrice (dans chaque district). Le plan de ces maisons, les réglements, etc., devront avoir été approuvés par la même autorité. Le consentement ne se donne que pour un cer-

(1) Dans le cas d'*amélioration* ou d'*incurabilité*, le malade peut quitter l'asylum, soit à la demande du comité-directeur, de ses amis, ou du médecin, et toujours sous la responsabilité des demandeurs.

(2) Il sera ouvert dans l'asylum un registre sur lequel chaque individu admis à visiter l'hospice, inscrira ses noms, ses qualités, etc., etc., et les observations qu'il jugera convenable de faire.

tain nombre d'années, à l'expiration desquels il devra être renouvelé. Si la personne, à ce dûment autorisée, meurt avant l'expiration de sa permission, la commission prendra telles mesures
qu'elle jugera nécessaires. La commission donnera connaissance
de tous ses actes au Ministre de l'intérieur.

ART. 26. La commission peut révoquer l'autorisation, si elle a
des motifs qui nécessitent cette sévérité.

ART. 27. Les maisons privées sont soumises aux mêmes formalités que les publics asylums, pour la réception et la sortie des
malades.

ART. 33. Toute maison (publique ou privée) contenant
cent aliénés et à ce dûment autorisée, devra avoir un médecin
ayant domicile dans l'établissement même : en deçà de ce nombre
(si le tenant n'est pas médecin) l'établissement sera visité par des
médecins au moins deux fois par semaine (1).

ART. 35. Toute maison privée pour aliénés (quel que soit le
nombre de ses pensionnaires) devra être visitée au moins quatre
fois par an par un inspecteur choisi parmi les membres de la commission-directrice.

ART. 37. La commission tiendra sévèrement la main à ce que le
service divin se fasse régulièrement dans toute espèce de maisons
d'aliénés.

ART. 40. Sera révoqué de son droit, tout tenant de maison qui
sera convaincu d'avoir caché un malade ou une partie de son
établissement au commissaire-inspecteur.

ART. 41. Le commissaire-inspecteur s'enquerra spécialement sur
la question de détention légale ou illégale de chaque aliéné.

ART. 42. Le commissaire-inspecteur visitera la maison à toute
heure du jour et de la nuit : toutes les clefs lui seront remises à
sa simple requête et dès qu'il entrera dans la maison. Il se fera
accompagner par un officier de police s'il le juge convenable.

ART. 43. Personne ne pourra tenir ou loger un aliéné dans sa
maison, s'il n'a été à ce dûment autorisé, conformément aux précédents statuts (suit la pénalité).

ART. 49. Le Lord-Chancelier ou le Ministre de l'intérieur, or-
donneront la visite d'un établissement pour aliénés quelconque
quand bon leur semblera et n'importe par qui.

Maintenant, Monsieur le Ministre, je crois pouvoir continuer
mon rapport sans devoir m'interrompre pour donner des explications sur les lois, les réglements et les usages en vigueur en Angle-

(1) On a tellement senti l'absurdité de cette dernière mesure, que tout fait espérer
qu'elle sera bientôt révoquée, et toute maison pour aliénés devra avoir un médecin à demeure.

terre. J'en étais au paragraphe relatif à des remarques sur Bethlem, c'est par là que je continuerai.

Une vue du frontispice et un plan de l'établissement complet, ci-annexés (1), me dispensent, Monsieur le Ministre, de vous donner une description de la localité. Le jardin, très étendu, comme vous le voyez, est d'une élégance et d'une propreté sans pareilles. La partie mitoyenne est occupée par les officiers supérieurs de l'établissement, le résident surgeon d'un côté et la matron ou directrice de l'autre.

Le résident surgeon, faisant également les fonctions d'apothicaire, et portant le nom de surgeon *Thomas,* fait exactement à Bethlem l'office d'un élève interne de nos hôpitaux. Deux autres médecins appelés *Monro* et *Morissen,* sont chargés du traitement des malades : ils font deux visites par semaine. Un chirurgien demeurant *extra-muros* est chargé du traitement des cas chirurgicaux un peu importants. La semaine commence le Vendredi, et tout malade qui entre endéans cette époque, appartient à l'un des médecins, et à l'autre la seconde semaine, et ainsi de suite : de telle sorte que dans la même salle il y a des malades qui sont sous la direction d'un des médecins, en restant complètement inconnus et étrangers à l'autre. J'ai vu le Dr Monro, sa liste en main, faire l'appel de ses malades, et ne pas les reconnaître au milieu de ceux qui appartiennent à son confrère. Cette méthode est si absurde et si pernicieuse pour le malade, qu'il est à espérer qu'on y remédiera bientôt, et cela est d'autant plus nécessaire que le même inconvénient existe dans plusieurs hospices de l'Angleterre. Le résident surgeon, c'est-à-dire M. Thomas, n'étant investi d'aucun pouvoir, et ayant toujours agi en subalterne, n'a jamais pu ni se mettre à la hauteur de sa mission, ni remédier par une conduite supérieure et intelligente à la lacune qu'offre l'établissement sous ce rapport, et partant sa présence est plutôt préjudiciable que favorable aux malades, avec lesquels je l'ai vu badiner et boxer, pendant que le Dr Monro, sa liste en main, appelait gravement chacun de ses malades et leur demandait invariablement *how are you? better* (2) fut aussi invariablement la réponse, comme la fin de l'interrogatoire médical. Vous pourrez encore mieux comprendre, Monsieur le Ministre, combien ce système de traitement est mauvais, lorsque je vous aurai dit, que chacun de ces médecins demeure dans Londres même, à peu près à une lieue de l'établissement, a une clientèle immense, et que d'un autre côté ils ne sont guères payés pour les soins qu'ils donnent à l'établissement de Bethlem.

(1) Planches III et IV.
(2) *Comment vous portez-vous ? mieux.*

L'hospice de Bethlem est situé au milieu de Londres et ne peut être entouré d'aucune terre à labour. La conséquence de cette situation peu favorable, ainsi que l'absence d'ateliers, est le défaut d'occupation des quatre cinquièmes des malades, et ceci est d'autant plus à regretter que le travail manuel et surtout corporel, est un moyen très puissant pour le médecin afin de parvenir à la guérison de ses malades (1).

Les nombreuses guérisons qu'on obtient à Bethlem sont toutes dues d'un côté au confort intérieur, et de l'autre en ce qu'on n'y traite que des maladies récentes; et tous les malades qui, après quelques efforts infructueux sont déclarés incurables, sont transférés sur *Hanwell* dont je parlerai plus loin (cette dernière mesure, soit dit en parenthèse et par anticipation, est inhumaine et même cruelle, car l'aliéné a toujours la conscience de ce verdict qui le condamne au malheur à perpétuité).

En dehors de ces inconvénients, bien graves sans doute, mais auxquels il est bien facile de remédier, l'hôpital de Bethlem est un des établissements les plus remarquables, quant au bien-être intérieur, de l'Angleterre.

Voici d'abord un rapport sur les formalités qui président à l'admission des madades (2).

« Tous les aliénés qui ne tombent point dans les exceptions suivantes seront admis en tout temps à l'hospice de Bethlem, où on leur fournira tout ce qui est nécessaire à leur guérison, pourvu qu'elle puisse s'effectuer endéans l'espace d'une année.

« *Ne seront point admissibles* :

» 1º Les aliénés qui posséderont les moyens de pourvoir à leur propre entretien dans un hospice privé.

» 2º Ceux qui sont malades depuis plus d'un an.

» 3º Ceux qui auront été renvoyés d'un autre établissement pour *incurabilité*.

» 4º Les femmes avec un enfant ou enceintes.

» 5º Les idiots, les paralytiques, et les épileptiques.

» 6º Les vénériens et les gâleux.

» 7º Les aveugles, les individus tellement affaiblis par l'âge ou par des maladies, qu'ils réclament l'assistance perpétuelle d'un infirmier; ceux qui sont menacés de mort imminente; et les boiteux se trouvant dans la nécessité de faire usage d'une béquille ou d'une jambe artificielle. »

(1) Ce serait le plus bel établissement possible pour des malades de la classe aisée.
(2) Je dois avant tout vous prévenir, Monsieur le Ministre, que l'hôpital de Bethlem jouit, je ne sais pourquoi, de certains priviléges qu'on ne retrouve point dans les autres asylums. Il porte également le titre d'hospice royal : c'est le seul de l'Angleterre

7

Il est entendu, Monsieur le Ministre, que la demande en admission doit être accompagnée de tous les certificats nécessaires signés par les personnes compétentes. Ce tableau est imprimé et on y trouve une formule de tous les certificats requis.

« Les intéressés dans le sort du pétitionnaire sont tenus de se trouver à l'hôpital le matin à 10 heures, le Vendredi qui suivra la remise de la pétition, afin qu'ils puissent donner aux directeurs les renseignements que ces Messieurs pourraient réclamer. Toutefois le malade ne sera admis *lui-même* qu'après la décision du comité-directeur, laquelle sera connue après la séance.

» Le malade, admis par le comité, sera soumis le Vendredi suivant à l'inspection des médecins de la maison, qui statueront en définitive si le malade sera admis ou non.

» Le jour fixé pour la rentrée du malade, (et ceci est encore une des conditions d'admission) deux personnes reconnues solvables devront signer un contrat par lequel elles se portent en garantie pour une somme de 2,500 francs, de reprendre le malade aussitôt que le comité-directeur les en aura informées, ainsi que de supporter les frais de l'enterrement, si telle chose devenait nécessaire.»

Chaque malade a une chambre à lui; chaque galerie a une salle à dîner ou réfectoire, servant en même temps de salle où le malade se tient pendant la journée (1). Quand j'ai parlé de la propreté de quelques-uns des établissements publics de la Belgique, je n'avais vu ni Bethlem, ni aucun des autres asylums de l'Angleterre, car la propreté de nos établissements peut à peine cacher la misère qui en est le triste apanage. Des murailles blanchies à la chaux par adjudication au rabais, et devant, quoi qu'il arrive, rester blanches durant une époque déterminée, est tout ce que nous pouvons offrir au pauvre aliéné, de plus riche et de plus élégant. Dans les hospices de l'Angleterre la propreté est poussée jusqu'au nec plus ultra : c'est de l'opulence, c'est du luxe; qu'il me suffise de vous dire, Monsieur le Ministre, que jusqu'aux marches des escaliers, tout est blanchi, et une empreinte de soulier n'est pas plutôt remarquée, que la pierre-ponce et la craie sont aussitôt mises à contribution pour en effacer jusqu'à la dernière trace.

En Belgique on sert à dîner à nos aliénés comme si l'on avait à faire à des chiens. Chacun a sa gamelle; j'en ai vu enchaînées au lit du malade. A Bethlem, et sans aucune exception dans tous les asylums de l'Angleterre, on couvre la table d'une nappe blanche : la même ne sert que rarement deux fois.

---

(1) Nous verrons plus loin, Monsieur le Ministre, qu'il est mauvais le système *exclusif* de loger chaque malade dans une chambre particulière.

Nous verrons plus loin, Monsieur le Ministre, que toutes ces minuties ne sont pas sans une grande influence sur le bien-être moral du malade. Pour parvenir promptement et sûrement à sa guérison, il est de toute nécessité de ne pas lui faire *dislike*, comme disent les Anglais, ce que je ne puis traduire que par *ne pas goûter*, l'asylum où il se trouve, et le meilleur moyen c'est de le faire jouir d'un *confort* auquel il ne se serait guères attendu, et de ne pas donner à votre établissement l'apparence d'une prison, ou d'un établissement où tout trahit la plus stricte et la plus in-génieuse parcimonie, et partant où le malade s'apercevra du matin au soir qu'il n'est pas aussi bien que chez lui, ce qui met son esprit dans une torture perpétuelle.

L'aliéné est autant à redouter pour les autres que pour sa propre personne : ne pas lui donner les instruments nécessaires et communément en usage pour manger, serait lui faire sentir encore une fois sa position exceptionnelle, et par là même nuire au but qu'on se propose. Voyez le modèle des fourchettes et des couteaux employés sans exception dans tous les asylums de l'An-gleterre, et que j'ai l'honneur de joindre au présent rapport, et vous aurez une preuve, Monsieur le Ministre, qu'au moyen de ces instruments, il ne peut nuire aux autres, ni à sa propre per-sonne (1). A Bethlem, la fourchette est faite en os, ce qui à mon avis vaut mieux qu'en métal (fer), quoique à Wakefield (2) on n'aît eu aucun malheur à regretter depuis vingt-deux ans, qu'on a employé les fourchettes en métal, conformément au modèle ci-joint, et provenant de l'asylum de cette dernière ville (3). Les malades mal-intentionnés ne sauraient certes porter de graves blessures avec ces ustensiles ; mais cependant il est inutile, si pas dangereux, de les laisser en leur possession. Le médecin en chef de Wakefield, M. Corsellis, a fait graver depuis longtemps le Nº de la salle sur le couteau et la fourchette : de cette manière l'in-firmier en les mettant de côté après le dîner peut aisément s'as-surer s'il en manque un; si telle chose est, il en informe aussitôt le médecin, et il n'est jamais arrivé qu'on ne soit parvenu à dé-couvrir le malade qui l'avait enlevé. Il est une autre précaution à laquelle il serait avantageux de recourir, savoir à celle de faire graver sur l'ustensile en même temps que le Nº ou le nom de la salle, le Nº du malade, et comme on assigne toujours à ce dernier la même place à table, il serait facile de lui donner chaque fois les

(1) Ces instruments sont aussi simples que peu coûteux.
(2) Vous concevez, Monsieur le Ministre, que tout en faisant des réflexions sur un *asylum*, il me sera souvent nécessaire de faire allusion à un établissement dont je n'aurai pas encore parlé, parce qu'on y aura plus ou moins avantageusement modifié l'objet en question.
(3) La forme est la même que celle des fourchettes à Wakefield.

mêmes ustensiles, et partant on saurait toujours à qui appartient le couteau enlevé; mais il est un autre principe qui devrait consacrer cet usage. L'observation a constaté que l'aliéné, depuis l'idiot jusqu'au maniaque, semble constamment conserver l'*idée de propriété*, c'est-à-dire qu'il attache plus de prix aux objets qui sont uniquement destinés à son usage et à l'exclusion de tous ses commensaux, et on a toujours vu qu'il en a un soin tout particulier. Je n'ai pas le moindre doute qu'en numérotant son couteau et sa fourchette, et en lui faisant comprendre qu'il en est responsable, on ne lui fasse exercer une active surveillance sur ces ustensiles qu'il finirait par considérer comme sa propriété. L'exemple suivant vous fera mieux comprendre, Monsieur le Ministre, toute la portée pratique de cette mesure. *Tom Stevenson* est un colosse musculaire tel que je n'en ai jamais vu : il avait la manie de rester tout nu et déchirait tous ses vêtements, quelque forts qu'ils fussent. Tous les moyens avaient échoué pour les lui faire tenir. *Tom*, lui dit un jour M. *Powell*, le médecin de Nottingham, votre ami N. désire faire une promenade avec vous si elle peut vous être agréable, mais je ne désirerais pas que vous sortissiez vêtu dans le costume de l'hôpital, je me flatte que vous accepterez ce cadeau comme un gage de l'intérêt tout particulier que je vous porte, et je ne doute aucunement que vous ne gardiez soigneusement ce souvenir dont vous ne confierez la garde à qui que ce soit. Ce cadeau n'était autre chose qu'un habillement tout neuf et au grand complet, que *Tom Stevenson* reçut avec une joie indicible. Dès ce moment, il consentit à porter dans la semaine le costume de l'hôpital, et les Dimanche on le vit affublé de sa *propriété* dont il a un soin à toute épreuve. Ce ne fut pas là le seul bienfait que M. *Powell* retira de cette ruse, car depuis ce moment *Tom* travaille comme un bœuf, dont il a la force musculaire et la stupidité en partage.

Il va sans dire, Monsieur le Ministre, qu'on ne peut donner à ces malades de la vaisselle en terre, ou en fayence : leur en donner en étain, serait encore ruineux pour l'établissement. Le bois seul peut donc être employé à cette espèce d'ustensile, et cependant il faut éviter de leur donner l'apparence de l'écuelle du chien. Les assiettes de Bethlem sont fort bien confectionnées, et excluent complètement l'idée à laquelle je viens de faire allusion : il n'en est pas cependant de plus élégantes que celles de Wakefield, dont j'ai l'honneur de vous offrir ci-joint un modèle.

Les objections applicables à la vaisselle, le sont également aux cuillères : le modèle ci-joint vous fera apprécier l'avantage de celles confectionnées en bois : du reste le pauvre et particulièrement le campagnard, ne sont guère habitués à d'autres.

En jetant les yeux sur le rapport concernant l'alimentation, vous aurez la conviction, Monsieur le Ministre, qu'à Bethlem, et il en est exactement de même dans tous les asylums de l'Angleterre, les malades ont une *nourriture abondante* et j'ajouterai *saine*, car dans chacun d'eux j'ai goûté de leurs mets, de leur pain et de leur bière, à différentes reprises et alors que je croyais mieux les prendre à l'improviste, et je puis dire, en l'honneur des Anglais, que tous les mets donnés à leurs malades sont égaux en qualité à ceux qu'on sert sur la table des chefs ou des directeurs de l'établissement. A Bethlem, le même jour où je parcourus les salles en compagnie des directeurs et de quelques dames, nous prîmes tous un *lunch* (espèce de déjeûner à la fourchette que les Anglais prennent généralement entre le déjeûner et le dîner, à une heure) dans la cuisine même de l'établissement. Mais avant d'aller plus loin je dois ajouter ici, Monsieur le Ministre, que les cuisines des établissements en Angleterre ne ressemblent guères à celles des hospices de la Belgique : il y règne une propreté si exquise que l'homme le plus délicat et le plus difficile ne saurait éprouver de la répugnance à y satisfaire la faim la plus modérée. Aussi je puis vous assurer, que nous prîmes tous ce déjeûner à la fourchette avec un plaisir inexprimable, et cependant nous enlevâmes le pain, le beurre, la bière, etc., des plats que les infirmiers se disposaient à porter dans les salles.

Pour écarter jusqu'à la moindre idée que cet asylum pût être considéré comme une prison, la philanthropie anglaise a poussé le raffinement jusqu'à ôter tous les barreaux de fer aux fenêtres des chambres ou des galeries destinées aux malades turbulents, et à remplacer les carreaux de vitre ordinaires, par des carreaux en verre si épais qu'ils peuvent impunément braver les coups de pieds, voir les coups de bâton, car les gouverneurs me permirent de les mettre à l'épreuve de mon sixpence, et je vous assure, Monsieur le Ministre, que j'y mis de la bonne volonté.

WAKEFIELD (1).

Sir *William Ellis* est le fondateur de l'asylum de Wakefield ; cet établissement compte aujourd'hui vingt-deux années d'existence et c'est un des plus beaux, des plus vastes et des mieux tenus de l'Angleterre. Il y a environ quatre cents aliénés, deux cents de chaque sexe. Comme dans tous les hospices de l'Angleterre, un médecin, du nom de *Corsellis*, demeure dans l'établissement même, et a la direction supérieure pour tout ce qui concerne le traitement des maladies mentales. La *matron* (2) ou directrice de l'établissement est l'épouse du médecin en chef.

Pour rester fidèle à ma méthode, je me bornerai pour le moment, Monsieur le Ministre, à ces quelques lignes préliminaires, pour vous exposer un sommaire du dernier rapport annuel que fit le docteur *Corsellis* au comité-directeur.

TABLEAU DES MALADES.

	H.	F.	TOTAL.
Au 1er Janvier 1840.	197	174	371
Admis en 1840	75	65	140
	272	239	511

	H.	F.	Total.			
Sortis. .	44	47	91			
Morts . .	22	19	41	66	66	132

Restaient au 31 Décembre 1840   206 | 173 | 379

Parmi les malades admis durant cette année, chez : 42, la maladie ne datait que de   3 mois
»   25   »   »   »   »   »   »   12   »
»   8   »   »   »   »   »   »   2 ans.
»   22   »   »   datait d'au-delà de   2 ans.
»   43 étant en récidives plus ou moins fréquentes.
140.

Parmi les 91 sortis guéris :
   12 avaient été admis chez lesquels la maladie comptait 3 mois d'existence.

(1) Wakefield est une petite ville de 12,000 âmes, située à 79 lieues de Londres, dans la partie occidentale du comté de York. L'hospice des aliénés porte le nom de *West-Riding of York pauper Lunatic Asylum, at Wakefield.*
(2) Je n'ai pas encore eu occasion, Monsieur le Ministre, de vous définir exactement ce que dans les établissements de l'Angleterre on entend par *matron*; comme il est assez facile d'en deviner la principale fonction, je n'ai pas cru devoir anticiper sur l'exposé de toutes ses attributions, vu qu'elles sont décrites jusques dans leurs derniers détails, dans un des rapports subséquents dont j'ai l'honneur de vous donner la traduction dans ce paragraphe.

21 avaient été admis chez lesquels la maladie comptait 2 ans.

4 » » » » » » » plus de 2 ans.

32 étaient en récidive.

22 étaient sortis incomplètement guéris ou incurables, mais à la demande de leurs parents ou des magistrats.

TABLEAU DU MOUVEMENT GÉNÉRAL DES MALADES DE WAKEFIELD DEPUIS SON ÉRECTION.

	H.	F.	TOTAL.
Admis	1463	1416	2879

	H.	F.	TOTAL.
Sortis . . .	732	859	1591
Morts . .	525	384	909 . . . 1257	1243	2500
	1257	1243	Restaient 206	173	379

» Parmi les sortis, 1262 étaient guéris, et 379 étaient en voie d'amélioration ou incurables. »

M. Corsellis me montra différents tableaux, desquels on peut retirer des préceptes d'une utilité réellement pratique : j'ai l'honneur, Monsieur le Ministre, de vous en exposer les principaux.

NOMBRE DES MALADES ADMIS DANS CHAQUE MOIS DURANT UNE PÉRIODE DE 20 ANS.

	JANV.	FÉV.	MARS.	AVRIL.	MAI.	JUIN.	JUILL.	AOUT.	SEPT.	OCTOBR.	NOVEMB	DÉCEMB.
ADMIS.	205	190	220	198	283	275	276	237	209	218	219	211
GUÉRIS .	80	87	112	116	117	105	131	129	110	145	105	165
MORTS(1)	83	90	99	68	93	69	76	56	55	74	79	66

ÂGE DES MALADES A L'ÉPOQUE DE LEUR ADMISSION.

De 5 à 10 ans. { 2 hommes / 0 femmes.

De 15 à 20 ans { 75 hommes / 69 femmes

De 20 à 30 ans { 351 hommes / 307 femmes.

De 30 à 40 ans { 390 hommes / 183 femmes.

De 40 à 50 ans { 364 hommes / 409 femmes.

De 50 à 60 ans { 162 hommes / 332 femmes.

De 60 à 70 ans { 91 hommes / 93 femmes.

De 70 à 80 ans { 23 hommes / 20 femmes.

De 80 à 90 ans { 5 hommes / 3 femmes.

(1) Pour les *morts* il y a une période de 21 *ans*.

TABLEAU DES RÉCIDIVES PENDANT 20 ANS.

Durée de la liberté.

Environ 3 mois	25 hommes 21 femmes.		
De 3 à 6 mois	23 hommes 19 femmes.		
De 6 à 9 mois	12 hommes 19 femmes.	198 hommes 193 femmes.	
De 9 à 12 mois	16 hommes 13 femmes.		
De 1 à 2 ans	41 hommes 34 femmes.	Total 391.	
De 2 à 3 ans	18 hommes 29 femmes.		
De 3 à 10 ans	63 hommes 55 femmes.		

TABLEAU GÉNÉRAL DES ADMISSIONS, DÉCÈS ET GUÉRISONS DEPUIS LE 23 NOVEMBRE 1820 JUSQU'AU 1er JANVIER 1841.

870 malades chez lesquels l'aliénation datait de 3 mois { 454 sont guéris / 219 » morts.

507 datant de 12 mois { 291 » guéris / 184 » morts.

652 datant de 1 à 30 ans { 75 » guéris / 184 » morts.

TOTAL
1591 guéris
909 morts
————
2500
370 restants
————
2879.

319 sortirent à la requête des magistrats ou d'amis.
391 sortis guéris rentrèrent pr récidive { 452 guéris
459 rentrèrent pour récidives d'autres { 182 morts
asylums.

Dans le tableau des professions qu'exerçaient les malades avant leur entrée à l'hôpital et pendant une période de dix ans, je trouve parmi celles qui ont fourni le plus grand nombre d'aliénés : « 32 cultivateurs, 5 cabaretiers, 16 bouchers, 10 libraires, 42 fripiers, 16 tailleurs, 17 couteliers, 19 charbonniers, 14 charpentiers, 8 jardiniers, 9 badigeonneurs, 13 matelots, 37 cordonniers, 13 maçons, 18 filateurs de coton, et 135 tisserands.

Parmi les femmes, les tailleuses et les fileuses de coton, ont fourni le plus grand nombre d'aliénées : il y en avait 16 de la première catégorie et 22 de la seconde.

De 710 hommes et 726 femmes admis dans l'hospice durant les dix premières années : 617 hommes et 87 femmes avaient exercé une profession quelconque avant de devenir malades ; il y avait 123 hommes dont on n'est point parvenu à connaître les antécédents, et 639 femmes qui, selon toutes les probabilités, avaient été engagées dans les soins d'un ménage.

TABLEAU DES ALIÉNÉS QUI ONT OFFERT UNE DISPOSITION AU SUICIDE, DU 18 NOVEMBRE 1818 AU 31 DÉCEMBRE 1840.

	JANV	FÉV.	MARS	AVRIL	MAI.	JUIN.	JUILL	AOUT	SEPT.	OCT.	NOV.	DÉC.	TOTAL
HOMMES.	23	25	20	16	21	21	24	16	15	14	27	22	244
FEMMES.	28	23	33	32	39	45	35	35	24	29	28	27	378
TOTAL	54	48	53	48	60	66	59	51	39	43	55	49	622

TABLEAU INDIQUANT LA MOYENNE DU POIDS DU CERVEAU DE 90 HOMMES ET 46 FEMMES, MORTS A L'ASYLUM.

HOMMES.													
De 20 à 25 ans.	25 à 30	30 à 35	35 à 40	40 à 45	45 à 50	50 à 55	55 à 60	60 à 65	65 à 70	70 à 75	75 à 80	80 à 85	85 à 90	90 à 95
3 livres et 0 onces.	2 liv. et 11 o.	3 liv. et 3 o.	3 liv. et 13 1/4	2 liv. et 10 1/4	2 liv. et 15 o.	2 liv. et 14 o.	2 liv. et 15 o.	2 liv. et 11 o.	3 liv. et 5 1/4	2 liv. et 14 o.	2 liv. et 15 1/4	2 liv. et 13 o.	2 liv. et 9 1/2	2 liv. et 6 1/4

FEMMES.

2-10	2-11	2-14	2-11 1/4	2-11	2-11 3/4	2-12 1/2	2-10 3/4	2-11 3/4	2-12 1/2	2-10 3/4	2-11 3/4

TABLEAU DES MOYENS PAR LESQUELS LES ALIÉNÉS SUICIDES AVAIENT TACHÉ D'EXÉCUTER LEUR FATAL DESSEIN.

PENDAISON.		INCONNUS.		NOYÉS.		SAUTER PAR LA FENÊTRE	
	42 hommes		86 hommes		19 hommes		8 hommes
	75 femmes		134 femmes		49 femmes		11 femmes
SE COUPER LA GORGE ET SE NOYER.	40 hommes	PENDRE ET NOYER.	3 hommes	SE BRULER.	0 hommes	SECOUPER LA GORGE ET PUIS SEPENDRE.	5 hommes
	45 femmes		8 femmes		3 femmes		5 femmes
SE COUPER LA GORGE ET SE NOYER.	0 hommes	SE PRÉCIPITER DANS UN PUITS.	2 hommes	SEPENDRE ET S'EM-POISONNER.	4 hommes	SE POIGNAR-DER.	2 h.	TENTATIVES DIVERSES.	12 h.
	8 femmes		2 femmes		1 femme		2 f.		12 f.

8

De 1830 à 1839 il y eut dans le bourg de Oltham 45 cas de suicide, dont 23 durent être attribués à l'intempérance.

Six individus s'étaient suicidés dans l'espace de 15 jours au dépôt de mendicité de Kensington ; un septième avait fait une tentative infructueuse (journal de Leeds, 1er Mai 1841 .

M. le Dr Corsellis a toujours observé qu'en dépit de toutes les précautions prises pour garder le secret, une tentative de suicide est toujours suivie d'une tentative de même nature. D'un autre côté elle a aussi la triste prééminence sur toutes les autres, de se communiquer par l'exemple, et cette funeste manie est constamment alimentée par les journaux anglais qui, n'ayant pas toujours de quoi remplir leurs immenses et nombreuses colonnes, s'emparent avec avidité de tous les cas de suicide qui se présentent chez eux ou à l'étranger et ne manquent jamais de surenchérir sur les circonstances. Si ma mémoire m'est fidèle, j'ai lu dans un journal de Londres, qu'un juge-de-paix de cette capitale prit sur lui d'envoyer à la prison tous les individus qui avaient été pris en flagrant délit d'une tentative de suicide, et il eut bientôt le bonheur de constater que le nombre des tentatives commises dans sa juridiction diminuait beaucoup. Certes ce fait, qu'il soit vrai ou non, car rien qu'un journal politique ne m'en a garanti l'authenticité, mérite de sérieuses réflexions de la part du gouvernement anglais, car le suicide est dans ce pays d'une fréquence désespérante.

« La moyenne de la vitalité chez les aliénés de l'asylum de Wakefield a été pour les hommes de 44 ans et 2 mois, et pour les femmes de 44 ans et 8 mois. Après la première attaque la moyenne de la vitalité a été chez les hommes de 4 ans et 3 mois, et chez les femmes de 4 ans et 10 mois. »

Au moyen des tableaux précédents, vous pourrez aisément vous rendre compte, Monsieur le Ministre, du rapport que fit le Dr Corsellis aux magistrats de Wakefield, le 1e Janvier 1841 , et dont voici le sommaire.

« Quoique le nombre de nos malades, dit-il, ait dépassé les *accomodations* de notre localité, l'état de leur santé n'en a pas moins laissé rien à désirer, grâces aux soins de toute espèce dont nous les avons entourés. La mortalité a été moindre d'un tiers que celle des années précédentes, mais aucune cause appréciable ne nous rend compte de cette fluctuation, que je crois devoir attribuer au hasard plutôt qu'à toute autre circonstance.

» Des 140 malades admis durant l'année qui vient de s'écouler, 24 sont devenus aliénés à la suite d'une vie déréglée, 40 manifestaient le dessein de se suicider, 40 sont morts, 69 guérirent, et 22 s'améliorèrent au point qu'ils furent mis en liberté à la requête des magistrats ou de leurs parents.

» Je continue à envisager le travail comme un des moyens les plus efficaces pour opérer la guérison de nos malades. Voilà plus de douze ans que les habillements, les linges et les draps de lit ont été entièrement fabriqués dans l'établissement même, contenant presque toujours environ 400 malades ; que six mesures de terre à jardinage et de terre à labour ont été cultivées par les malades ; et en addition à ces travaux plusieurs malades ont été occupés l'automne dernier à faucher les grains ou le foin, et en ce moment un très grand nombre brisent les pierres pour la grande route (1).

» Plusieurs femmes occupées au tissage avant leur entrée à l'hospice, avaient exprimé le désir de reprendre cette occupation ; ce vœu étant parfaitement en harmonie avec notre manière de voir, nous avons construit plusieurs métiers à tisser, et en moins de six mois elles ont confectionné plus d'étoffe en laine, qu'il n'en faudra pour une année de consommation. Ce succès nous en avait fait espérer un autre : nous construisîmes quelques métiers pour le tissage de la toile ; mais étrangères à ce genre de travail, elles ne voulurent s'y livrer dans le principe qu'avec beaucoup de peine. Quelques belles paroles et de petits cadeaux opérèrent merveille, et pour quelque temps leurs productions pouvaient rivaliser avec celles des hommes, mais nous dûmes à la fin abandonner ce projet.

» Je me plais à vous rappeler ici les heureux effets que produisit le travail sur plusieurs de nos aliénés. A. W... était turbulente et dangereuse pour ses commensales : aujourd'hui elle se borne à caqueter, tout en faisant des bobines avec une dextérité sans pareille. F. G... avait commis plusieurs tentatives de suicide et se tenait toujours assise dans un coin, morne et silencieuse : aujourd'hui elle manie la navette du matin au soir, et rien n'égale son bonheur lorsqu'elle reçoit de la part d'un visiteur quelque compliment pour sa dextérité. E. H.,. et W. B... ont des métiers qui leur appartiennent, et elles se considèrent comme des industrielles devenues indispensables à l'établissement. A. H... était une malade malpropre, turbulente et capricieuse qui ne faisait qu'errer de corridor en corridor, et aujourd'hui elle n'est heureuse que lorsqu'elle occupe sa place à son métier. En un mot, le bruit des métiers leur caresse si agréablement l'oreille, que tous les malades l'appellent : *very cheerful like* (très agréable).

(1) En Angleterre les routes sont formées par une espèce de grès provenant de grandes pierres réduites en petites du volume d'une noix.

» La fête de Noël a été régulièrement célébrée depuis plusieurs années : à cette fin, les hommes, au nombre de 140, se réunissent dans la salle N° 4, pour y être régalés de pâtés, de fromage, de bière et de tabac. Les femmes, en nombre égal, se réunissent dans la salle N° 14, qu'elles ont soin de décorer très gentillement la veille, avec des sempervirens, et nous les régalons de thé, de gâteaux et de pâtés. Parfois un amateur de musique embellit la fête par une exécution sur le violon, et toujours la salle rétentit des accords harmonieux de leurs voix réunies en chœur pour chanter les louanges du Seigneur. Plusieurs familles du voisinage trouvent un plaisir extrême à embellir cette fête de leur présence et s'empressent d'offrir assistance à nos domestiques pour servir tant d'hôtes réunis.

» Nous avons établi un bazar, où nous exposons les objets de fantaisie confectionnés par nos malades. Le produit en a été constamment affecté à une fête champêtre donnée pendant l'été (1), et excepté quelques habillements grotesques qu'on voit çà et là, on ne s'imaginerait guères assister à un groupe d'aliénés. Il faut néanmoins que je vous fasse observer que les récréations telles que la danse, la musique, le jeu du damier, ne plaisent guères qu'aux malades incurables : les autres s'en éloignent assez généralement, et dans notre grande masse d'aliénés, appartenant à la classe ouvrière, nous avons rarement observé un goût décidé pour ces plaisirs auxquels ils ne s'adonnent que par défaut d'occupation, et partant nous pouvons garantir qu'ils trouvent plus de plaisir ou mieux qu'ils goûtent plus de bonheur et obtiennent un retour plus assuré et plus permanent vers la raison dans une occupation sérieuse, que dans les occupations *récréatives,* qui les excitent sans leur donner une satisfaction réelle (2).

» Il existe dans l'esprit de la grande majorité des aliénés, quelle qu'ait été leur position sociale, un sentiment intérieur de responsabilité morale : une conviction, que les lésions de l'intellect n'abolissent que rarement, savoir que l'homme n'a que peu de jours à passer dans ce monde, et qu'ils ne lui sont dévolus que pour se préparer à une vie éternelle plus heureuse, et que son bonheur futur sera mesuré sur sa conduite dans ce monde et

(1) Depuis trois ans que ce bazar est établi, on a déjà, en dehors des dépenses pour cette ête, et des secours accordés de temps à autre, surtout pendant l'hiver lorsque des anciens malades viennent se plaindre de froid et de misère par la cessation de tout travail, on a déjà dis-je en dehors de ces dépenses, 100 liv. st. (2500 francs) à la banque d'épargne.

(2) Il ne faut point perdre de vue, Monsieur le Ministre, que le Dr Corsellis ne parle ici que des pauvres : j'aurai occasion de revenir sur les effets que produit la *musique* chez les aliénés appartenant à la classe aisée de la société. D'ailleurs de la musique qu'on fait vis-à-vis des pauvres en Angleterre, ou de celle qu'on leur fait faire et celle qu'on fait en France, il y a une distance incommensurable, et il n'est pas étonnant du tout que les malades de M. Corsellis n'éprouvent point de plaisir à l'écouter.

surtout sur les services qu'il aura rendus à son prochain. Ainsi nous voyons dans un hospice d'aliénés une foule d'exemples d'un *industrialisme* extraordinaire, d'une patience à l'épreuve de toute injure, d'une sympathie et d'une bienveillance pour les souffrances de leurs commensaux, qui feraient vraiment honneur à ceux chez lesquels la société accepte la responsabilité de leurs actes. C'est en vue des considérations précédentes que nous avons introduit les cérémonies religieuses. Nous ferons observer toutefois que les pratiques religieuses ne peuvent être *indistinctement* permises à tous les malades, car il en est où elles tendraient à alimenter leurs hallucinations.

» Se borner à dépeindre la surface d'un hospice d'aliénés, et donner à ce tableau les couleurs brillantes d'une scène charmante; parler des promenades, des jardins, de la musique, de la danse, de la gaîté des uns, du contentement des autres, et de la propreté de tous, serait une tâche aussi aisée qu'agréable. Mais en dehors de ce bien-être apparent, et ainsi que l'a dit un auteur français, il y a dans une maison d'aliénés une source profonde d'infortune, toujours en agitation, et qui se trahit tantôt par une morosité habituelle, tantôt par des accès de violence et de brutalité, ou bien par une humeur bourrue et fantasque et une irritabilité qu'on ne peut ni adoucir ni dompter. Les écarts et les vices de la nature humaine s'y mettent à nu, rejettent le voile de la prudence, de la raison ou des usages de la société, et parviennent au plus degré d'intensité parce que parfois ils sont alimentés par des malheurs imaginaires, et au moment même où le visiteur contemple autour de lui une scène de joie et de bonheur, il passe devant la porte de quelque malheureux, qui endure dans la solitude des souffrances qu'aucun pouvoir humain ne peut alléger.

» Bien des choses ont été dites et redites sur l'admission de visiteurs. Je la considère dans beaucoup de cas comme une source d'avantages pour l'aliéné, et il en serait toujours ainsi, si l'on pouvait compter sur la prudence des visiteurs; mais tous devraient apprendre à ne pas exciter le fier et l'irritable par une longue conversation, à être doux et affectueux avec le timide, et en général à avoir une démarche imposante (1). Qui n'a pas observé que sur une remarque intempestive d'un visiteur bien-intentionné, mais jugeant mal, le regard de l'aliéné se détournait et le

(1) Le Dr *Corsellis* oublie que ce sont là des qualités qu'on n'acquiert que par une longue pratique et que partant on ne rencontre que chez les médecins qui s'occupent du traitement de ces malades. Il serait étonnant l'individu qui à une première visite, laquelle n'est que trop souvent un sujet de folle curiosité, sût distinguer le caractère de tous les fous qui se présentent devant lui et sût parler à chacun le langage qui convient à la nature de sa folie.

rouge lui montait à la figure, comme s'il voulait dire : n'est-ce pas assez que je sois ici, loin de ma famille et souffrant du plus grand des malheurs; dois-je encore servir d'objet de curiosité ou d'une compassion mesurée de la part de ceux qui, demain peut-être, seront mes commensaux?

» Des visites occasionnelles et surtout imprévues de la part des autorités offrent de grands avantages, en ce sens qu'elles stimulent constamment le zèle des employés. Peu de magistrats font ces visites dans le seul but de trouver des fautes, et toute institution bien ménagée doit gagner à cette sollicitude.—*Quiconque suppose qu'il y a fort peu de choses à apprendre pour le traitement des aliénations mentales, fait preuve d'être complètement étranger à la question.* Il n'y a en effet rien dans ces terribles maladies qui ne soit en tout propre à démontrer notre puissance, mais plus nous faisons des progrès, et plus nous voyons qu'il nous en reste à faire. Aussi nous ne prétendons point à la perfection, loin de là, mais nous sommes loin de décliner notre haute puissance. Il est difficile de donner des préceptes généraux dans le traitement des maladies mentales; l'éternelle variété de ces maladies, le nombre infini des circonstances concomitantes, l'état de santé, l'éducation antérieure, les principes moraux et religieux, les habitudes privées ou sociales, influent tant sur le traitement moral ou médical, que chaque aliéné doit faire l'objet d'une étude spéciale : ce qui est calmant pour l'un, est excitant pour l'autre et désagréable pour un troisième. Le seul principe qui soit d'une application générale consiste à joindre la douceur à la fermeté.

» Qu'il me soit permis de donner ici quelques mots sur le système de traitement moral adopté dans notre établissement, et veuillez ne point perdre de vue, que s'il est vrai que le bonheur de l'homme, quelle que soit sa condition, est sous l'influence ou plutôt dépend des moindres objets qui l'environnent, il l'est mille fois plus dans un établissement tel que le nôtre, car on ne peut passer impunément sur la moindre bagatelle.

» Les malades sont partagés d'après les classifications suivantes : la manie, la monomanie, la mélancolie, la démence et l'idiotisme. Les maniaques et les idiots sont tenus dans une salle spéciale; les mélancoliques sont mêlés à d'autres malades et particulièrement à ceux qui nous semblent pouvoir les divertir, et autant qu'il est possible, nous leur donnons de l'occupation du matin au soir.

» Nous ne devons que rarement avoir recours aux moyens coërcitifs; sur 200 hommes actuellement dans l'asylum, un seul porte le gilet de force : trois femmes maniaques le portent également, et deux autres, moins violentes, sont partiellement réprimées.

» Aucun malade n'est mis en *restraint* que par mes ordres; aucun n'y est retenu au-delà du temps strictement nécessaire pour la garantie de la sûreté personnelle ou mutuelle ; j'ai vu plus d'un cas où le malade, sentant l'approche d'un accès de fureur, a demandé lui-même, qu'on lui mît le gilet de force. C'est là une preuve que parfois ils en sentent eux-mêmes l'avantage (1).

» Permettre au malade pendant son accès de fureur, de la voir s'alimenter par une action musculaire continuelle, ou exposer sa propre vie en même temps que celle des infirmiers ou des autres malades, serait une méthode de traitement qui n'aurait rien d'humain que le nom, et il ne faut que fort peu d'expérience pratique pour en reconnaître toute l'absurdité (2).

» Une attention soigneuse, impartiale et soutenue durant plusieurs années, m'a convaincu qu'un *doux* et *judicieux restraint* ne peut être remplacé par *aucune surveillance*. La seule présence d'un autre suffit bien souvent pour alimenter la fureur de l'aliéné, car il n'est malheureusement que trop vrai que le maniaque prend pour son ennemi quiconque l'entoure, s'épuise contre lui en vociférations et en essais de violence, et plus d'une

(1) Ce fait étant contesté, je ne puis passer outre, Monsieur le Ministre, sans vous relater ici un cas de cette espèce, sur l'authenticité duquel vous pouvez vous fier, d'abord parce qu'il est garanti par M. *Corsellis* allégue que personne n'a jamais connu alléguer des faits faux ou dénaturés, et ensuite parce que j'ai pu le vérifier moi-même en causant avec l'individu qui a fait le sujet. A. *Langdon*, était fils d'un curé, et avait reçu une bonne éducation. Sa maladie commença à 16 ans, et déjà à cette époque de sa vie, il avait beaucoup voyagé et fréquenté la société. Toutes ces circonstances le mettaient au-dessus du vulgaire. Il a aujourd'hui 46 ans; il est d'une force musculaire très prononcée, et il s'est toujours connu ainsi. Sa folie consistait à se croire inspiré, d'autres fois il se croyait envoyé du Ciel pour exterminer les méchants. De temps à autre il avait des accès de fureur d'une violence telle qu'on ne saurait s'en faire une idée.

Il brise tout ce qui lui tombe sous la main, rien ne peut lui résister, sa force est inimaginable, *Langdon* n'offre jamais des moments de lucidité complète ; il est cependant des intervalles où il est doux et traitable, mais chose extraordinaire, il pressent l'approche de ses accès, et prie *for God's sake* (pour l'amour de Dieu) qu'on lui mette le gilet de force. Un jour (18 Octobre 1840) l'infirmier vint prévenir le Dr Corsellis que *Langdon* avait barricadé sa porte et cherchait à se frayer un chemin par la fenêtre. Il brisa tous les carreaux de vitre et finit par réduire en pièces le châssis (fait en fer). Il descendit dans la cour en se laissant glisser à terre au moyen de ses draps de lit, et s'emparant d'un reste de barre de fer, du châssis qu'il avait brisé, il courut dans la cour de fenêtre à fenêtre et brisa 237 carreaux de vitre avant qu'on pût le saisir. Lorsque M. Corsellis lui mit le gilet de force, *Langdon* lui dit : il aurait fallu le faire lorsque je l'ai demandé et tout ceci ne serait pas arrivé. Les accès reviennent à des intervalles irréguliers, mais *Langdon* prévient toujours l'infirmier de la nécessité de lui mettre le gilet de force, comme du moment où il sent pouvoir s'en passer. M. Corsellis lui a plusieurs fois administré des calmants (l'opium) alternés avec une application de sangsues à la tête, car *Langdon* se plaint de temps à autre de céphalalgie. Il n'est pas rare de voir *Langdon* demander l'administration de l'un ou l'autre de ces moyens, et en cédant à sa préférence, on n'a jamais manqué d'en obtenir de bons résultats. M. Corsellis ayant également observé que les accès de fureur sont d'autant plus longs et plus violents qu'on a plus longtemps tardé de lui mettre le gilet de force (car on a plusieurs fois essayé de remplacer le gilet de force par une active surveillance), se demande s'il serait rationnel et humain de le proscrire dans un cas de cette espèce ?

(2) M. *Corsellis* est regardé à juste titre comme le chef du parti raisonnable et modéré, qui considère le *restraint* comme d'une nécessité absolue dans certains cas.

fois, le défaut d'équilibre entre la force brutale d'un côté et la résistance calculée de l'autre, se termine par quelque fracture de jambe ou des contusions plus ou moins graves à la tête.

» Aucun infirmier ne peut frapper un malade, ni user de brutalité envers lui, sous peine de perdre immédiatement et irrévocablement sa place : une patience et une bonne volonté à toute épreuve, est chez les premiers de toute nécessité ; et rien n'est plus important pour un établissement d'aliénés que d'avoir des serviteurs expérimentés ; rien n'est plus nuisible au bien-être du malade qu'un changement continuel dans les infirmiers.

» Les apprentis dans ce dûr métier s'offensent vite d'un langage qu'ils croient insultant, et d'un autre coté la moindre menace ou apparence de violence les intimide fortement. Il est également digne de remarque que les aliénés sont très adroits pour découvrir les bonnes ou les mauvaises qualités des infirmiers, et ils se font pour ainsi dire une étude d'abuser des unes ou de profiter des autres. »

RÉFLEXIONS.

En lisant ce rapport, Monsieur le Ministre, vous pourrez vous convaincre que l'asylum de Wakefield, doit être un des établissements les plus remarquables de l'Angleterre ; mais quelle que soit la bonne opinion que vous vous en formiez, ou qu'on puisse se former à la lecture d'un rapport plus ou moins détaillé sur cet intéressant établissement, elle restera toujours au-dessous de la réalité, c'est-à-dire qu'on le trouvera constamment meilleur encore qu'on se l'était imaginé. Je crains fort peu, Monsieur le Ministre, qu'on puisse jeter le doute sur l'opinion que j'exprime sur cette institution, car vous verrez bientôt que si j'ai donné des éloges là où ils sont dûs, j'ai également blâmé ou critiqué ce qui me paraissait mériter le blâme ou la critique. Je dois vous dire cependant que le Dr Corsellis et Madame Corsellis, sont avides de profiter des conseils que pourrait leur donner un visiteur étranger, et ils n'aiment rien tant que d'entamer une discussion dont leurs malades ou leur établissement font l'objet, car ils ont pour principe :

Du choc des opinions rejaillit la lumière.

Je crois inutile, Monsieur le Ministre, de répéter que l'asylum de Wakefield a cela de commun avec les autres établissements de l'Angleterre, qu'il ressemble beaucoup plus à une maison de campagne de quelque grand seigneur qu'à un hôpital destiné à la guérison de la classe la plus malheureuse de la société. L'objet

le plus futile, en apparence, y inspire un je ne sais quel sentiment de dignité et de respect : l'étiquette la plus raffinée et la
plus délicate préside à tous les mouvements dans la maison du
maître, je veux parler du médecin en chef, et rien cependant
n'y trahit de la gêne, de la froideur ou du calcul. Dans l'intérieur
de la maison, c'est-à-dire de l'hôpital, tout y marche avec une
précision et un ordre admirables : jamais le moindre relâchement
à la discipline n'a été toléré; par leur maintien tout à la fois doux,
sévère, digne, et imposant envers leurs employés subalternes comme
envers les malades, *Mr. et Mme Corsellis* ont toujours su inspirer
un double sentiment de respect pour leur personne et d'admiration pour leur savoir-faire. Ajoutez à cela, Monsieur le Ministre,
que les administrateurs anglais ne lésinent point sur les appointements et les font tels que leurs *officers*, comme ils les appellent,
puissent tenir le rang qui convient à l'emploi dont ils sont in-
vestis. Ainsi grace à ses beaux et superbes appartements, il
est permis au médecin en chef de recevoir la haute société des
environs, comme en vertu de son carosse à deux chevaux et de ses
deux grooms galonnés, il lui est donné de la fréquenter honorablement et avantageusement. Si, en dehors du stimulus qu'une
pareille position sociale peut avoir sur un médecin dans l'exercice de ses fonctions, on voulait me contester l'immense influence que cette même position élevée doit lui donner sur le
moral de ses malades (et chez quels malades doit-on agir plus
sur le moral que chez les aliénés?), je demanderais à cette personne qu'elle se rende compte du grand respect qu'elle sent involontairement à l'arrivée du médecin qui descend chez elle en carosse à deux chevaux, et de la quasi indifférence avec laquelle elle
reçoit un médecin qui fait humblement et pédestrement ses visites. La science et les talents fussent-ils exclusivement du côté du
dernier, le monde ne lui paiera jamais les mêmes égards qu'il paie
au premier, et en dernière analyse, il mettra bien plus de scrupule
à suivre les ordonnances de celui-là qu'à suivre celles du second.

A huit heures du matin le son de la cloche annonce la prière;
elle dure dix minutes. La chapelle peut contenir cent malades,
cinquante de chaque sexe; il ne reste jamais une place vacante.
Le docteur *Corsellis*, montre dans la chaire, et lit lui-même à
haute voix les versets du psaume; les malades répètent en chœur la
réplique, et attestent par leur silence et leur attitude toute res-
pectueuse, qu'ils se joignent de toute leur ame à la sainte lecture
que fait le docteur d'une voix émue et touchante. Sans aucun
doute, cette cérémonie doit puissamment contribuer à inspirer
au malade une confiance illimitée dans un médecin, qu'ils voient
mêler leurs prières aux leurs pour obtenir du Ciel un remède aux

9

maux qui les affligent, dans un médecin, qu'ils voient implorer le Créateur pour qu'il daigne rendre le bonheur à ceux qu'il appelle ses amis, ses enfants. La première fois que j'assistai à cette cérémonie, j'eus le cœur gros de larmes, mais cette émotion fut bien légère, en comparaison de celle que j'éprouvai au service divin, célébré le Dimanche. Jamais cérémonie religieuse ne fit sur mon âme une plus profonde, une plus sainte impression : jamais je n'ai mieux senti combien salutaire doit être sur l'esprit des aliénés, toute cérémonie qui leur rappelle les innombrables bienfaits, la clémence illimitée, la bonté infinie du Créateur. J'avais beau consulter la physionomie de ces individus qui tous portaient l'insigne de la folie (1), rien ne trahissait cette dernière; on aurait dit que pour le bénir et le louer, Dieu leur avait momentanément rendu l'usage de la raison. Je terminerai ce paragraphe, Monsieur le Ministre, en disant que la prière du soir se fait à dix heures, et comme le matin, c'est le docteur lui-même qui préside à cette cérémonie, mais dans celle-ci on ne voit guères que les gens de la maison. Je ne puis oublier que le Dimanche et les jours de fête, un curé est chargé de cette tâche ainsi que de toutes celles qui sont plus directement de son ministère.

Ce qui distingue surtout l'asylum de Wakefield de tous les autres établissements de l'Angleterre, ou plutôt ce qui lui donne une certaine prééminence sur tous sans exception, est le degré d'extension que le docteur *Corsellis* est parvenu à donner aux occupations de ses nombreux malades. Les deux tiers des aliénés sont journellement occupés in *useful business* (occupations utiles et productives); la lecture du rapport vous aura indiqué qu'elle est la nature de ces occupations, mais il ne faut point perdre de vue, Monsieur le Ministre, que tous les malades de Wakefield appartiennent à la classe indigente ou ouvrière, et partant que le travail est chez eux un besoin permanent et j'oserai dire naturel. Aussi le Dr *Corsellis* a particulièrement observé que ses malades et surtout les *monomanes*, sont misérables lorsqu'ils ne travaillent point. C'est vraiment curieux, dit-il, et j'ai été à même de vérifier le fait, avec quel plaisir, ceux qui sont occupés dans la boulangerie ou dans la brasserie, voient arriver le jour où ils peuvent se livrer à ces rudes occupations, car on brasse et on fait du pain de jour à autre : il est entendu toutefois que ce ne sont point les mêmes malades qui sont adonnés à ces deux différentes besognes. Le Dr *Corsellis* attache une grande importance à mettre chaque malade à sa profession d'enfance. Vous

(1) Les malades à Wakefield portent un uniforme, consistant en une veste et pantalon de laine grise pour les hommes, et en une espèce de robe-capote de la même étoffe et de la même couleur pour les femmes.

avez vu dans le rapport quelles mesures il a prises à cet égard, et il n'attend que l'achèvement d'autres ateliers pour étendre ce principe, car ce n'est qu'avec beaucoup de réserve qu'il met le malade à un travail auquel il n'était point habitué, et il en ordonne aussitôt la suppression s'il témoigne de la répugnance. En vertu de ce principe, on rencontre dans cet établissement des industriels de toutes les façons; en le parcourant intra comme extra-muros (car j'ai vu trente-deux individus occupés à la bêche), on se croirait réellement dans une institution où une grande exploitation se fait en communauté sous la direction d'un chef. La cloche appelle les malades au travail comme à toute espèce d'occupations. Quoiqu'avant leur entrée dans l'établissement, plusieurs de ces malades fussent dangereux à eux-mêmes ou à ceux qui vivaient autour d'eux, et que dans l'asylum ils manient des instruments de toute espèce, le D**r** *Corsellis* n'a jamais eu le moindre accident à déplorer; mais d'un côté, il n'y a aucun malade qui vaque à une occupation quelconque sans y avoir été expressément autorisé par lui, comme il n'y a aucun atelier où un infirmier ne préside aux occupations.

Il y a dans l'asylum de Wakefield une lacune dans la partie médicale qui, si elle n'est pas si grave qu'à Bethlem, n'en est pas moins entachée d'incalculables inconvénients. J'ai hâte de dire, Monsieur le Ministre, que le D**r** *Corsellis* n'y est pas seulement à l'abri de tout reproche, mais qu'il languit après le jour de la réforme, et cette *réforme*, il ne doit l'espérer que lorsque l'Angleterre entière l'aura subie, et Dieu sait quand elle sortira de ce honteux labyrinthe; je veux parler du triste état des sciences médico-chirurgicales. La masse entière de ceux qui exercent en Angleterre une branche quelconque de l'art de guérir, forme un infâme tripôt: l'on ne peut citer que quelques honorables exceptions.

Ma mission, Monsieur le Ministre, n'est point de celles dont le but est la découverte de maux, à l'abri desquels sera toujours notre pays: partant je ne croirais pas remporter votre suffrage, si j'arrêtais longuement votre attention sur des objets qui n'ont d'autre mérite que celui de prouver notre supériorité là, où la lutte n'est point soutenable par nos adversaires. Je ne dirai donc que fort peu de mots sur l'état des sciences médico-chirurgicales en Angleterre, et je joindrai mes vœux à ceux de tout ce que ce pays renferme d'honorable dans notre profession, afin d'y voir bientôt surgir une complète réforme.

En commençant ce nouveau paragraphe, je dois dire, que le seul vice, d'où résultent tous les autres, c'est l'absence de toute *méthode* dans l'enseignement des sciences médico-chirurgicales. Cependant l'Angleterre possède une incomparable richesse dans ses moyens matériels pour cet enseignement : en comparant nos hôpitaux et nos cabinets annexés à nos universités avec ceux de l'Angleterre, je dois reconnaître à cette dernière une supériorité que nous n'effacerons jamais. Mais je l'ai dit, il y a absence complète de toute méthode, de tout principe dans l'enseignement ; l'instruction s'y donne dans un labyrinthe dont il est impossible de retrouver le fil. Je tâcherai cependant de vous en donner une idée dans quelques lignes, et comme j'ai eu l'honneur de vous le dire, Monsieur le Ministre, je ne serai point long.

Je ne sais, s'il faut en accuser l'absence de méthode, une difficulté naturelle, ou l'esprit de nationalité, mais l'Anglais ne connaît guère que sa langue maternelle. Je n'en ai pas rencontré un seul qui sût le français *passablement ;* l'étude des langues anciennes est également loin d'être poussée à la perfection chez ceux qui se destinent à la carrière médicale. On envisage la profession médicale comme un métier fort lucratif ; il s'agit d'obtenir *patente* le moins cher possible. Dès que le jeune homme a acquis, non pas le degré d'instruction humanitaire nécessaire, mais l'âge de pouvoir *traiter des malades (attend patients),* il va se mettre en pension chez le médecin qui a la clientèle la plus étendue possible, et de préférence chez celui qui a la direction d'un hôpital. Il passe là deux ou trois ans à fonctionner comme le médecin de Molière sans rime ni raison. Il devient comme son maître un ennemi de tout symptôme. En véritable *Vauban*, un nouveau symptôme, ou une nouvelle douleur ne s'est pas plutôt déclarée, que vite et vite il dresse batterie contre elle, tâche de la débusquer et ne s'inquiète guères, si pour se défaire de cet ennemi, il met réellement en danger ses amis les plus précieux. Ainsi pour bien vous faire comprendre cette allégorie, permettez-moi, Monsieur le Ministre, de vous citer un court exemple entre mille. A Nottingham, une infirmière se heurte le genou ; une légère inflammation s'empare de cette partie, et peu à peu il s'y manifeste de la suppuration. Sans cause bien appréciable, cette fille, âgée de 20 ans et d'une constitution sanguine très prononcée, voit, après un jour d'apparition, ses règles se supprimer et en même temps s'aggravent les douleurs qu'elle ressentait depuis plusieurs jours à la région épigastrique. Il survient un violent mal de tête, la douleur à l'estomac devient de plus en plus violente, la soif est inextinguible, les selles se suppriment et la langue devient écarlate, et pointue comme une lance, en un mot, l'inflammation de l'estomac (gastrite) atteint le summum d'intensité, mais elle se déclare franche et marche comme telle : tous les autres symptômes sont sympathiques ou accessoires. Qu'ordonna le médecin ? *huit sangsues aux tempes, un purgatif et du bouillon !*

Je ne pus m'empêcher de plaider contre cette sentence de mort, et j'obtins un verdict : d'une *saignée de vingt onces,* un *lavement émollient* et des *boissons raffraîchissantes.* La malade se releva vite de sa gastrite, mais dès le lendemain l'inflammation du genou gagna en intensité, et en moins de trois jours, un large abcès s'y était formé. J'en conseillai l'ouverture; la malade souffrait considérablement dans cette partie, le sommeil l'avait abandonnée depuis deux jours, quoique la gastrite marchât rapidement vers la convalescence. Le chirurgien fut appelé. Il examina la tumeur, l'ouvrit, et la malade disant qu'elle n'avait pas dormi depuis deux jours, il prescrivit des *pilules d'opium* et de *calomel,* et s'en alla sans plus de façons. Quant cet habile boucher fut parti, je dissuadai le résident surgeon M. *Powell* d'administrer cette prescription, qui était à la fois *dangereuse* et *inutile; dangereuse,* parce que ces médicaments auraient pu rallumer l'inflammation de l'estomac encore mal éteinte; et *inutile,* parce que la cause de l'insomnie (les douleurs pulsatives dans le genou occasionnées par la présence du pus) étant enlevée, la malade allait indubitablement jouir de repos. M. *Powell* se rendit à mon raisonnement, et bien en arriva, car la malade dormit immédiatement après le pansement, et son sommeil dura *quatorze heures sans interruption.* Je termine cette citation en disant que l'Escupale ordonna à sa visite du lendemain *que les pilules, qui l'avaient fait si bien dormir, fussent répétées ! ! !*

Au bout de trois ans de stage chez le médecin ou le chirurgien, où l'élève a appris (et comment encore?) la physiologie avant l'anatomie, la thérapeutique avant la pathologie, et la pratique avant tout autre chose, il remonte à une école gouvernementale (1), y passe deux ans, et obtient une patente de médecin ou de chirurgien–apothicaire. (2) Ces deux ans se passent comme les trois autres, à la seule différence que toutes les branches ne sont plus enseignées par un seul et même individu, mais par cinq ou six, enseignant tous pêle-mêle, sans s'inquiéter l'un de l'autre ou sans prescrire à leur disciple aucun ordre à suivre. Ainsi l'élève commençant ou plutôt du premier jour où il va se mettre sur les bancs jusqu'à celui où il s'est entendu dire : *dignus es intrare docto nostro corpore,* assiste tour à tour ou plutôt pêle-mêle à des leçons de physiologie, d'anatomie, de thérapeutique, de pathologie, de clinique médicale et chirurgicale, d'accouchements, etc.

(1) Il peut y aller de prime-abord.
(2) Il y a en Angleterre trois catégories de praticiens : 1º le *physician* ou *médecin,* qui ne s'occupe que des maladies internes ; c'est l'honorable du métier; le *surgeon,* qui fait les grandes opérations chirurgicales, le chirurgien consultant, et les accouchements ; 3º et le *surgeon apothecary* qui fait tout, jusqu'à vendre des oranges, du café, du sucre, des pommades à la véritable graisse d'ours, etc., etc.

La méthode privée de chaque professeur vaut l'ensemble. J'ai assisté à une leçon de chaque professeur, nulle ne m'a paru plus absurde, plus ridicule, plus contraire au bon sens, que la leçon d'anatomie. Je citerai entr'autres celle que M. Macmurdson donnait à l'hôpital St-Thomas. C'était la dixième depuis l'ouverture de son cours; elle avait rapport aux *membranes muqueuses:* tous les élèves, à deux ou trois exceptions près, étaient des commençants dans toute la force du terme. Cinquante bocaux renfermant différentes altérations pathologiques ou monstrueuses des membranes muqueuses, étaient déposés sur la table. M. Macmurdson sortit un cahier de sa poche, et commença à lire *très couramment,* (car il suivait constamment du doigt le mot à lire) une longue, profonde et savante dissertation sur l'état passé, présent et futur, sain et malade, naturel et monstrueux, des membranes muqueuses chez l'homme comme chez les autres animaux; les questions les plus scabreuses de théorie comme de pratique se dissertaient dans cet in-folio; il parla typhus, inflammation, cancer, squirre hémorrhagie, saignée, sangsues, callosités, retrécissements, astringents, styptiques, mollusques, pachidermes, mammifères, glandes de Peyer, de Brunner, sais-je enfin, quel fatras d'absurdités ne sortit point de sa bouche, tout en priant sérieusement ses élèves de prêter une scrupuleuse attention aux *principes élémentaires* qui allaient se développer devant eux? Dirai-je que ce savant Diafoirus aurait fait suer sang et eau à ses élèves, s'ils avaient prétendu écouter et comprendre ses élucubrations; mais ils étaient plus malins : ils s'amusaient à couper des figures dans les bancs, ils chuchotaient entr'eux, se donnaient mutuellement des coups de pieds et terminaient la farce en applaudissant à outrance lorsque l'heure de la liberté avait sonné pour eux, comme pour les ventilateurs de M. Macmurdson. Pour complément à leur absurde système d'enseignement, ils ont une méthode de dissection plus absurde encore. Un cadavre se divise en six régions, 1° et 2° une moitié de la tête, 3° et 4° la moitié du tronc et un bras, 5° et 6° une jambe et le bassin; on le couche sur une table à dissection, et six élèves s'emparent chacun de sa partie, et chacun dissèque endéans les limites de sa quote-part comme bon lui semble. Il est entendu qu'on couche d'abord le cadavre sur le dos, et lorsque le dernier a épuisé ses dernières parties à couper et à mutiler, on le couche sur le ventre, et chacun recommence sa boucherie, jusqu'à destruction complète de la dernière fibre organique.

Les conséquences d'un pareil système d'enseignement (1) sont

(1) De l'aveu de tous les journaux anglais (mais ils n'en recherchent point la cause), la mortalité est plus grande et d'une manière effrayante, en Angleterre que dans aucun autre pays de l'Europe.

trop aisées à déduire, pour que je croie devoir vous les exposer plus longuement que je ne l'ai fait en commençant ce chapitre. Il en est une cependant, Monsieur le Ministre, dont je dois vous entretenir, c'est de l'opinion que le public lui-même a de la profession de notre art. En Angleterre, on considère l'exercice de la médecine et celui de la chirurgie aussi complètement différents l'un de l'autre que ne l'est le métier de charpentier de celui de bottier. Cette erreur va bien plus loin encore (il y aurait de quoi en rire, si en dernier ressort le pauvre malade n'en était la victime), car on s'imagine que chaque *spécialité* forme un *à parte,* qui n'a aucun rapport avec l'ensemble de l'art de guérir : ainsi dans l'asylum de Wakefield, si le docteur *Corsellis* était assez peu sensé que de se tenir dans les limites de ses devoirs ou plutôt de sa mission, il ne devrait s'inquiéter de ses malades que pour autant qu'ils ne fussent atteints que d'une aliénation mentale pure et simple : dès qu'il y a la moindre complication, c'est-à-dire, dès qu'il survient la moindre maladie accidentelle, il n'a plus que faire avec le malade, et il doit appeler le médecin de la maison qui, à son tour, traitera la *maladie occasionnelle,* sans s'inquiéter de l'aliénation et sans même requérir l'intervention médiate ou immédiate du Dr *Corsellis.* Bien plus, le malade lui échapperait toujours pour l'autopsie, vu qu'il est excessivement rare que l'aliéné ne meure point à la suite d'une complication qui ait nécessité l'intervention du médecin de la maison, et c'est le dernier traitant qui, d'après les lois de l'établissement, est chargé de l'autopsie. Vous concevez, Monsieur le Ministre, toute l'absurdité et tout le danger de ce système; mais je me plais à répéter que le Dr *Corsellis* est loin de faire ainsi volontairement une abnégation de tout bon sens, et partant il n'abandonne point ses malades à des mains étrangères au moment du plus grand danger, c'est-à-dire lorsqu'une complication vient aggraver leur pénible situation, et tous les médecins de la maison ont assez d'esprit, pour comprendre que le docteur Corsellis seul est capable de traiter avantageusement une complication ou une maladie accidentelle, et qui dans l'espèce n'est jamais que secondaire, et ils ne se constituent et cela doit être, que comme ses conseillers dans ces cas difficiles.

Je n'ai plus que fort peu d'observations à ajouter, Monsieur le Ministre, pour en finir avec Wakefield, et encore ne sont-elles que d'une importance secondaire. Ainsi, on a souvent observé que les aliénés avalent leurs aliments sans les mâcher, et la physiologie nous apprend que pendant la mastication les aliments s'imprègnent de salive et que c'est là une première modification qu'ils subissent pour être convertis en principe nutritif du sang. Plus les aliments sont mâchés et mieux ils se digèrent et vice-versâ : la même observation est à faire sur l'introduction dans l'estomac de morceaux plus ou moins considérables. Or pour éviter ce dernier inconvénient et pour imprégner artificiellement si je puis le dire ainsi, de salive, on ne leur donne que des aliments broyés. Ainsi les pommes de terre sont toujours réduites en pâte et la viande est hâchée, mais seulement pour les malades chez lesquels on a à redouter l'inconvénient dont je viens de parler.

On met chaque malade au bain une fois par semaine. Ceci n'est qu'un bain de propreté : on ne compte pas ceux qu'on donne comme moyens de traitement.

L'asylum de Wakefield est éclairé par 136 becs de gaz : la machine au gaz est établie dans un coin de l'établissement, et le relevé des dépenses a constaté que l'économie était si grande qu'en dix ans, elle couvrait les frais de premier établissement, et aujourd'hui les dépenses en tout (y compris le machiniste et les frais d'entretien de la machine et des tuyaux) ne montent qu'à un shelling par jour (fr. 1–20).

Les *airing grounds* ou cours sont très étendus : ils ont de 200 à 250 pieds de longueur sur 50 à 100 de largeur. Le docteur *Corsellis* y a fait des remblais tels que le malade domine les environs et jouit de la vue des scènes les plus pittoresques : il est entendu que ces remblais n'existent qu'au milieu des cours, et présentent une douce pente jusqu'auprès de la muraille, de telle sorte que cette dernière s'oppose de toute sa hauteur à une tentative d'évasion. Ces cours sont d'autant plus avantageuses, qu'elles font disparaître un des plus graves inconvénients d'une pareille institution, je veux parler de la *tuante monotonie,* de ce désastreux cauchemar pour le moral d'un aliéné dont l'horizon est de tous côtés borné par une muraille plus ou moins élevée. Il est plusieurs autres institutions en Angleterre, où j'ai eu le plaisir de voir des cours dont on avait banni la monotonie par des moyens plus ou moins heureux : un plan ci-annexé d'une des cours de l'asylum de Lancaster, vous donnera une parfaite idée, Monsieur le Ministre, de la grande importance que les praticiens anglais attachent à cette mesure. A Nottingham, on projette de grandes dépenses pour parvenir au même but.

Il y a des tuyaux calorifères de quatre pouces de diamètre dans tous les corridors, en vertu desquels il y règne constamment une température de 50 à 60 degrés de chaleur (Fahrenheit) ; en dehors de ce moyen de chauffage, il y a des feux-ouverts dans toutes les salles de réunion.

Je ne puis, Monsieur le Ministre, vous donner une meilleure

idée de la position du médecin en chef (super intendant) et de la matron de l'asylum de Wakefield, qu'en vous donnant un extrait du réglement (1) adopté en réunion générale des magistrats du comté (2).

« I. Il y aura un directeur ou médecin en chef, auquel tous les autres habitants ou employés de la maison seront subordonnés.

» II. Il ne pourra s'adonner à aucune autre occupation ; il sera en même temps secrétaire, trésorier, comptable (3), chirurgien et apothicaire ; il pourra, en tout cas extraordinaire, prescrire tel médicament qu'il jugera nécessaire, jusqu'à l'arrivée du médecin (d'extra-muros).

» III. Il aura 400 liv. st. (10,000 fr.) par an, la nourriture et le logement pour lui, sa famille et ses domestiques ; il jouira en outre de plusieurs autres avantages mentionnés plus loin (4).

L'art. IV concerne ses devoirs comme médecin ; l'art. V, ceux comme comptable ; l'art. VI, lui adjoint de faire chaque année un rapport, dans lequel il rend compte de tout ce qui concerne directement ou indirectement l'établissement.

» VII. Il tiendra un registre où sera consigné le cas de chaque malade, afin que lui, ses successeurs ou toute personne intéressée dans la question, sachent y puiser d'utiles renseignements.

» VIII. Il ne pourra jamais passer la nuit hors de l'établissement sans permission spéciale.

» L'art. IX est relatif aux motifs qui pourraient lui faire recevoir sa démission ; l'art. X lui adjoint de donner une garantie de 500 liv. st. (12,500 francs) pour les sommes qu'on pourrait confier en ses mains.

» Les art. XII à XV sont encore relatifs à ses devoirs comme médecin.

» L'art. XVI lui donne plein pouvoir dans la nomination ou le renvoi des serviteurs de l'établissement.

« ART. 1. La MATRON ou directrice aura 100 liv. st. (2500 fr.) par an ; elle est sous les ordres immédiats du médecin en chef ;

(1) Afin que le public soit instruit des procédés mis en usage dans les établissements pour aliénés en Angleterre, ces réglements sont imprimés, et distribués dans le public à un nombre incalculable d'exemplaires

(2) A fort peu d'exceptions près, consistant spécialement dans le montant des appointements annuels des médecins en chef, tous les établissements jouissent des mêmes avantages : il n'en est aussi que fort peu, où la matron ne soit point l'épouse du super intendant physician ou surgeon.

(3) Il y a un clerc aux écritures et deux clinical clercs, ou chirurgiens-apothicaires, nommés par le comité et logeant dans la maison ; ils y sont nourris et jouissent de 100 liv. st. (2500 francs par an).

(4) L'art. XI lui permet d'user pour lui, sa famille et ses domestiques, de tout ce qui est fourni à l'établissement par contrat.

10

dans l'exercice de ses fonctions, les mêmes réglements qui guident ce dernier, sont pour *elle* également de rigueur.

» II. Elle consacrera tous ses soins aux affaires du ménage ; ne s'absentera jamais sans la permission du médecin ; et autant que possible ils ne s'absenteront jamais ensemble pour longtemps.

» ART. III. Elle sera particulièrement chargée de la propreté de la maison ; elle surveillera spécialement la cuisine.

» ART. IV et V. Elle sera responsable de tous les objets de ménage de l'établissement.

» ART. VI. Elle visitera au moins une fois par jour toutes les parties du quartier des femmes ; elle aura soin que les médicaments soient dûment administrés.

» ART. VII. Elle fera journellement un rapport au médecin en chef.

» ART. VIII. Elle ne souffrira pas qu'on abuse d'aucune provision, pas plus qu'elle ne permettra la délivrance d'un objet impropre (livré par contrat).

» ART. IX. Sa nomination et son renvoi dépendent du comité-directeur.

» Tous les objets livrés par contrat à l'établissement seront de la meilleure qualité ; chaque contrat n'a que trois mois de durée, et il peut être cassé dans l'intervalle si le livrancier délivre de mauvaises choses ; celui-ci est en outre exposé à se voir condamner à des dommages-intérêts et à une amende. Les contrats se font par les membres du comité-directeur, ou en l'absence de l'un d'eux, le jour du contrat, le médecin en chef est autorisé à conclure le marché. »

La même brochure contenant le réglement de l'institution contient également les réglements concernant la manière de procéder aux contrats et la garantie qu'on réclame pour la délivrance des objets en bonne et due qualité ; elle prescrit également le régime des malades et les devoirs des infirmiers des deux sexes. Parmi ces derniers sont plus spécialement remarquables les articles suivants :

« Sera renvoyé immédiatement tout employé : 1° qui sera connu se livrer sous-main à des occupations en dehors de celles prescrites par sa charge dans la maison ; 2° qui aura injurié, frappé ou maltraité un malade ; 3° qui aura vendu un objet quelqconque des malades ; 4° qui se sera énivré ; 5° qui aura reçu une gratification quelconque d'un malade, d'un étranger, d'un visiteur, des amis ou parents des malades, ou des livranciers de la maison ; et 6° qui sera trouvé sans raison péremptoire dans le quartier non dévolu à son sexe. — Si un malade s'échappe, et qu'il soit prouvé qu'il y eût de la négligence de la part du gardien, celui-ci ou celle-ci payera toutes les dépenses qui auront été nécessitées pour rattraper le fugitif.

Des instructions pour les visiteurs sont également consignées dans cette brochure ; les principales sont les suivantes : *les Dames et les Messieurs de Wakefield et du voisinage sont spécialement engagés à faire de temps à autre une visite au lunatic asylum, avec prière toutefois de vouloir se conformer aux réglements (intérieurs) prescrits à cet effet* (1). Il sera peint en grandes lettres sur la porte-d'entrée de l'établissement que : tous les amis des malades seront admis, si le médecin en chef n'y voit d'inconvénient, tous les jours, excepté les Dimanches, de 11 heures du matin à midi : *on laissera le malade causer en liberté avec ses amis, afin de lui donner l'occasion de faire des plaintes, s'il y a lieu, sur la manière dont on se conduit à son égard dans l'établissement*. Il est entendu toutefois qu'un gardien sera à proximité si le médecin l'a jugé convenable ; il en est de même pour la plus ou moins grande liberté qu'il pourra lui accorder pour cet entretien en vue de son bien-être personnel — excepté entre père, mère, mari, frère, sœur ou fils, jamais deux individus de sexe différent ne seront laissés seuls dans ces entrevues. — Toute personne qui sera connue pour avoir donné rien que ce soit au malade sans en avoir été autorisée par le médecin en chef, ou qui aura offert de l'argent ou aura fait un présent quelconque à un serviteur de la maison, sera immédiatement éconduite sans jamais pouvoir revenir visiter ses parents ou amis.

»Par l'intermédiaire du médecin en chef, les malades peuvent recevoir du dehors, c'est-à-dire de leurs amis ou de leurs parents, du thé, du café et du sucre.

»Tout employé supérieur de l'état ou dans le comté, a droit de visiter l'établissement à toute époque du jour ou de l'année. Si le médecin en chef croit nuisible à son malade la visite de qui que ce soit, il pourra refuser l'autorisation de voir ce malade, mais il inscrira sur un *registre ad hoc* les motifs de ce refus. »

(1) N'est-ce pas là Monsieur le Ministre un bon moyen, de jeter dans le public une opinion favorable sur un établissement de ce genre ? En faudrait-il d'autres preuves pour témoigner qu'en Angleterre on a compris combien il importe pour le salut des malheureux, de relever ces établissements du discrédit où ils étaient tombés ?

HANWELL (1).

L'asylum de Hanwell est le plus grand établissement pour aliénés de la Grande-Bretagne ; il contient environ mille malades, et est sous la direction (médicale) du docteur *J. Conolly.* Il y a environ deux ans que ce médecin fut investi de cette importante fonction. Le Dr *Conolly*, esclave de la théorie, avait puisé, on ne sait où, l'idée de pouvoir se passer dans le *maniement des furieux aliénés de toute espèce de moyens coërcitifs* (2) : son système fut décoré du nom de NON RESTRAINT, et tout d'un coup, tous les moyens coërcitifs furent dénoncés à la vindicte publique comme *lâches, cruels, inhumains, barbares, etc. ;* les épithètes les plus sonores retentirent dans la bouche de ce philanthrope désintéressé ; il crut s'attirer les regards de l'Europe entière, mais il ne s'attira que la sympathie d'un *quidam*, qui prit feu, fait et cause, en dépit du bon sens et de la vérité, envers et contre tous, *dans ce projet de proscription d'actes inhumains et cruels :* sous les noms de *Looker-on*, de *Snap*, etc., ce dernier inonda le public de pamphlets injurieux et outrageants contre les partisants du *restraint* et bientôt enveloppa dans son absurde système quelques esprits faibles. Il se fit nommer du comité-directeur de Hanwell, et de ce chef et de concert avec le Dr *Conolly*, il pût mettre à exécution les projets les plus insensés. Avant de continuer cette accusation, je vais vous mettre à même, Monsieur le Ministre, de les juger par vous même, en vous donnant une traduction de deux rapports : l'un émane des magistrats ou visiting-justices et est adressé au comité-général, mais vous verrez plus loin, par des preuves authentiques, qu'il n'émane réellement que de deux personnes, du Dr *Conolly* lui-même et de M. *Sergeant Adams*, le membre le plus influent du comité ou plutôt celui qui constitue à lui seul tout le comité, car vous verrez que des quinze membres dont ce dernier se compose, les réunions ne sont guères composées que de trois ou quatre membres, M. *Sergeant Adams* et deux de ses affidés ou amis (3) : le second

---

(1) *Hanwell* est un petit village situé à 2 lieues de Londres, dans le comté de Middlesex et à proximité d'une station du chemin de fer de Londres à Bridgewater (appelé great Western railway).

(2) On entend par là proprement tout *moyen mécanique* employé pour maintenir l'aliéné en respect.

(3) Il est dans le cours de ce travail une foule de faits, tels que ces derniers, que j'ai cru inutile de développer, de crainte de devenir ennuyeux : s'il vous restait le moindre doute, Monsieur le Ministre, sur leur authenticité, je m'empresserais de vous adresser les différents rapports dont je les ai extraits.

rapport est du Dr *Conolly;* (1) l'un et l'autre de ces rapports vous donneront pleine connaissance de la doctrine du *non-restraint*. Cette doctrine, Monsieur le Ministre, est en tout propre à en imposer à l'ami du beau-idéal et du merveilleux ; elle doit surtout en imposer au peuple, à l'ignorant ; elle doit aussi séduire le médecin inexpérimenté. C'est un mal qui se montre sous les apparences d'un bien-être inexprimable ; la contagion passera donc inévitablement à l'étranger, si on ne la prévient en éclairant le public sur les dangers qui l'accompagnent. Je suis heureux, Monsieur le Ministre, d'avoir été à même d'étudier cette cause sous les auspices les plus favorables, et je m'estime bien plus heureux encore, qu'en faisant connaître un mal, je puis défendre mon pays contre ses funestes effets.

RAPPORT DES VISITING-JUSTICES AUX MEMBRES DU COMITÉ-DIRECTEUR

DE HANWELL.

« A la session de l'an passé du comité-général, on avait soulevé la question de savoir si la doctrine du *non-restraint,* adoptée par le médecin en chef, et *sanctionnée par le comité-directeur,* n'avait pas été *pratiquement* poussée trop loin ? Les opinions sur cette question étaient alors si diverses, que les magistrats décidèrent de confier le contrôle de l'établissement aux mêmes visiting-justices, au lieu de les remplacer par d'autres comme d'habitude, afin de leur laisser l'opportunité de mûrir leurs recherches sur ce sujet. Flattés de cette nouvelle marque de confiance, les *visiting-justices* redoublèrent d'efforts pour mener à bonne fin cette importante mission. Ils ont tâché d'y mettre autant de *zèle* que de *calme* et *d'impartialité,* pour supporter le nouveau système de tout leur pouvoir, si l'expérience lui était favorable, ou pour le *modifier,* s'il leur paraissait dangereux (2).

» Il y avait deux points sur lesquels les *visiting-justices* devaient principalement fixer leur attention : peut-on se passer *dans le maniement des aliénés de Hanwell de tout moyen mécanique* pour contenir le furieux et le violent, et également prévenir tout danger, soit pour le malade lui-même, soit pour ceux qui

---

(1) En dehors de la question du *restraint,* que je puis dire être devenue une monomanie chez lui (de même que chez tous les *systématiques*), le Dr *Conolly* est le confrère le plus aimable et le plus obligeant que je connaisse. La sévérité que vous me verrez déployer contre lui, ou plutôt contre son absurde système, devra vous convaincre, Monsieur le Ministre, que je tiens ma promesse de vous dire *toute la vérité,* sans ménagement même pour mes amis, et en maintes circonstances pour mes intérêts.

(2) Il serait vraiment aussi curieux qu'instructif de savoir comment ces quinze membres ont pu, par des visites aussi rares que peu prolongées, décider une question qui exige des années d'une expérience non interrompue et cela seulement de la part de personnes dont on ne pourrait recuser les connaissances nécessaires.

l'entourent ? ou bien les moyens institués par le système du non-
restraint, ne sont-ils pas plus cruels eux-mêmes que les moyens
coërcitifs jadis employés et consistant en gants-manchons, en
gilets de force, en liens de jambe, et en sièges coërcitifs ou con-
tentifs ?

» Il est hors de tout doute que le choix aurait été instantanément fixé, s'il avait été seulement question de décider entre des
moyens coërcitifs quelconques et des moyens coërcitifs qui devaient
immanquablement garantir de tout accident. Il est avéré que
l'aliéné est inconstant et capricieux; que par des motifs fort peu
ou même point apparents, il s'adonne à des accès de fureur; que
plusieurs ont de puissantes inclinations au suicide; et que chez
les idiots et les épileptiques, il existe une source éternelle de
dangers dans leur incurabilité : de là, *à moins que d'imposer à
ces malades l'usage éternel et non interrompu des moyens coërcitifs les plus violents, une sécurité parfaite et absolue est impossible,* et tout relâchement dans l'emploi de ces mêmes moyens,
doit être accompagné d'un *certain* degré de danger. Ceci est inévitable, et l'on doit faire abstraction de toute autre considération,
même de celles d'un intérêt majeur, pour garantir l'aliéné de tout
danger, et l'on doit revenir à ces époques de barbarie, où on en-
chaînait l'aliéné comme une bête féroce, et où on abandonnait le
malheureux idiot à son triste sort. Mais la question n'est point
placée sur ce terrain; il s'agit d'établir la *garantie comparative*
de deux systèmes, dont l'un comme l'autre est nécessairement
imparfait : l'un est imparfait en vertu de la négligence momentanée mais occasionnelle des moyens coërcitifs au moment où ils
auraient dû être mis en vigueur; et l'autre parce que la garantie
consiste *principalement* dans des moyens moraux et *nullement*
dans des moyens mécaniques. »

S'il était permis de plaisanter sur un sujet aussi grave et aussi
important, je dirais avec Bazile, *distinguo,* mes maîtres, et je demanderais aux *visiting-justices* de Hanwell, *ce qu'ils veulent, ou
ce qu'ils ne veulent pas.* Dans une lettre que j'ai adressée au
journal qui se fait à Londres, *l'écho des prolétaires* du *non-
restraint,* je les ai accusés d'avoir pour principe de divaguer sur
les mots, pour cacher leur ignorance sur la chose elle-même; et
en lisant ceci je dois dire que ce principe y est développé avec la
tactique d'un habile avocat chicaneur. En effet que veulent-ils ?
Dans la première partie du précédent paragraphe, que j'ai sou-
lignée à dessein, il semble que l'emploi de moyens coërcitifs soit
illusoire au point de vue de la garantie du malade, ou bien, si
tant est qu'il offre quelque garantie, celle-ci n'est que relative, et
ils insinuent qu'elle ne saurait souffrir la *comparaison,* avec la

garantie consistant PRINCIPALEMENT *en moyens moraux* et NULLEMENT
en *moyens mécaniques*. Mais que signifie cette dernière phrase ?
est-ce qu'en dehors des *moyens moraux,* employés comme *moyens
principaux,* il y en aurait d'*accessoires* qui, quoique *nullement mécaniques,* sont néanmoins tels qu'on n'ose les faire connaître au
public ? C'est ce que je ferai voir plus loin, Monsieur le Ministre,
et si nous ne les retrouvons point exposés dans le rapport, j'ai été
à même de puiser à des sources authentiques où les résultats de
ces moyens *accessoires* sont consignés.

« Mais, les moyens actuellement employés à Hanwell offrent-
ils une garantie égale contre les dangers qui sont inhérents à tout
grand établissement de ce genre ? Sont-ils capables de préserver
de tout danger non pas *avec une certitude absolue, mais* avec un
espoir raisonnable et équivalent à celui que donnait le système
qu'il a remplacé ? Les visiting-justices sont heureux de pouvoir
répondre *affirmativement* à cette question, et vous assurer que ce
système présente des avantages supérieurs à tous ceux qu'a jamais
obtenus aucun effort humain. »

Les *visiting-justices* de Hanwell, ont parfaitement raison,
Monsieur le Ministre, lorsqu'ils disent que le moindre relâchement dans l'emploi des moyens coërcitifs peut donner occasion à
des malheurs, et partant de cet argument plein de modération,
il n'y aurait, pour résoudre la question, qu'à établir un parallèle
entre le système du *restraint,* et celui du *non-restraint* qu'ils
prétendent y substituer non pas avec une *certitude absolue* mais
avec un *espoir raisonnable.* Malheureusement pour eux en pour-
suivant ma tâche j'aurai à prouver : 1º qu'ils ne se sont pas constamment tenus dans ce langage modéré ; 2º que dans un établissement bien conduit, on ne doit pas avoir si fréquemment
recours aux moyens coërcitifs qu'ils semblent l'insinuer ; 3º que
ces derniers sont fréquemment *curatifs ;* 4º que les malheurs
dûs au relâchement occasionnel sont excessivement rares, et surtout beaucoup plus rares que dans un établissement où on les a
proscrits, et en premier lieu qu'à Hanwell ; 5º que les moyens qui
remplacent la *coërcition* sont plus cruels que ceux employés comme
coërcitifs ; et 6º je demanderai à ces *visiting-justices* s'ils em-
ploient les mots « *non pas avec une certitude absolue mais avec
un espoir raisonnable* » comme un échappatoire pour excuser les
cruels abus qui résultent de leur système, tels que *laisser le malade mourir de faim, laisser les malades manger leurs excréments, dévorer leur propre chair, se pendre, se tuer l'un
l'autre, etc., etc.*

Je suis nanti, Monsieur le Ministre, d'arguments officiels, pour soutenir les six propositions sus-mentionnées; et j'aurai l'honneur de vous les exposer à mesure que j'arriverai aux termes des deux rapports dont je devrai prouver l'inexactitude pour ne pas dire autre chose. Je ne doute aucunement, Monsieur le Ministre, que vous ne conceviez toute l'importance de cette question, et que partant vous ne reconnaissiez la nécessité pour moi de la discuter dans toute son étendue.

« L'application du *non-restraint* exige une vigilance incessante et une incomparable douceur envers le malade, et une *patience à toute épreuve* de la part des infirmiers. » Ne croyez vous pas, Monsieur le Ministre, que pour trouver des individus tels que les exigent les *visiting-justices* de Hanwell, il faille pétrir les hommes d'une autre pâte, qu'ils ne l'ont été jusqu'à ce jour! Et cette nécessité, vous la sentirez bien plus fortement, Monsieur le Ministre, quand je vous aurai exposé plus loin les devoirs qu'on prescrit à ces infirmiers pour la somme de cinq à six cents francs par an, la nourriture, un éternel emprisonnement, et une patience à toute épreuve, jusqu'à celle de souffrir les plus fortes injures sans froncer le sourcil!!!

Dans le rapport de l'asylum de Wakefield, vous avez vu Monsieur le Ministre, quelle grande importance le docteur *Corsellis* attache aux récréations qu'on permet aux aliénés; les *visiting-justices* de Hanwell s'étendent eux-mêmes fort longuement sur ce sujet, aujourd'hui généralement adopté en Angleterre, et comme c'est là un sujet tout-à-fait neuf pour notre pays, je me fais un devoir de vous traduire le chapitre y relatif.

« Depuis peu, on s'est appliqué à procurer des récréations aux malades; ne vous imaginez point que ceci soit une *bagatelle* (*trifle*) qui ne doive avoir aucune influence sur la guérison des aliénés. Eu égard au voile obscur qui nous cache la véritable nature ainsi que les causes de cette maladie, il est impossible de déterminer les nombreux agents qui peuvent tendre à amener la guérison des malades. Tout en ne prétendant point se mêler de la partie médicale, les *visiting-justices*, se croient cependant autorisés à vous faire remarquer que tout ce qui peut tendre à détourner l'esprit de l'aliéné de l'objet de son illusion, doit, jusqu'à un certain point, favoriser le rétablissement de la saine raison. Mais en admettant que l'effet salutaire produit par les récréations ne soit que bien minime ou fort passager, il est une autre considération qui donne tant de poids à cette question, que les *visiting-justices* ont cru devoir associer leurs efforts à ceux du médecin en chef, pour augmenter la source de ce bien-être toujours inoffensif. Aucune misère humaine n'est plus digne de commisération que l'aliénation mentale : privé de toute sympathie de famille (nous parlons du pauvre), de tout le bien-être que peut donner le vivre en société, l'aliéné se trouve jeté au milieu d'une foule d'étrangers, et il n'est pas rare de le voir posséder encore la conscience de tout ce qui l'entoure, tout en restant isolé dans un monde de pensées et d'images illusoires qui l'excitent, l'accablent ou le harassent. Dès-lors peut-on assez apprécier la valeur de tout ce qui peut contribuer à détourner son esprit de ses douloureuses et chagrinantes illusions ? Les amusements inoffensifs ont produit des effets si salutaires sous ce point de vue, qu'on peut dire avec pleine confiance, qu'ils ont eu une grande part dans les guérisons qui ont été effectuées. Il est arrivé plus d'une fois qu'un malade morose et taciturne, se dépouillant de son humeur intraitable, rejoignit ses commensaux aux différents jeux et oublia son mal (s'il est permis de s'expliquer ainsi), au point de plaisanter et de rire aussi fortement qu'il le faisait avant sa maladie. Dans le journal où est consigné le rapport de chaque jour, vous remarquerez une foule de cas de ce genre. D'autres bienfaits encore doivent résulter de ce système : il éveille chez l'aliéné le sentiment de la gratitude, augmente l'influence ou le contrôle moral des employés de tout rang, et diminue la nécessité d'avoir recours à la force brutale et aux moyens coërcitifs mécaniques. »

En critiquant ce qui est mauvais, je ne puis oublier, Monsieur le Ministre, d'appeler votre attention sur un sujet qui la mérite au plus haut degré. Dans tous les établissements de l'Angleterre, on s'est adonné avec plus ou moins d'empressement à procurer de l'amusement aux aliénés ; vous avez vu comment on s'y est pris à Wakefield et à Hanwell, et vous verrez consécutivement comment on s'y est pris dans les autres institutions. Mais nulle part en Angleterre, ce principe n'a été mis en exécution avec plus de discernement et de succès qu'à *Dumfries* en Écosse, (1) par le docteur *Browne*. Ce médecin tient une haute position parmi les médecins anglais qui s'occupent du traitement des aliénés, et je crois ne pas faillir en oubliant pour un moment les *visiting-justices* de Hanwell, pour vous donner le résumé du rapport du docteur *Browne*, (pour 1840 – 1841) (2) en tant qu'il concerne les récréations : je crois d'autant plus utile, Monsieur le Ministre, de vous présenter cet extrait, qu'il concerne particulièrement la classe aisée, tandis que dans les autres établissements, dont je m'occuperai, il n'y a guères que des pauvres, ou

(1) Lors de mon séjour à Lancaster, sur les confins de l'Angleterre, j'avais résolu de gagner *Dumfries* et de là *Glasgow* et *Edimburgh*, mais le temps était si mauvais, qu'après une vaine attente de huit jours pour un changement en ma faveur, je fus forcé de battre en retraite.

(2) D'un mois de Novembre à l'autre.

au moins là où il y a des riches, ils n'y forment qu'une très petite portion des malades.

« Pour augmenter les plaisirs, pour varier le mode de prendre de l'exercice, pour ajouter aux occasions de varier la perspective de notre horizon et pour un changement d'air plus marqué, j'ai (*docteur Browne*) fait construire une immense voiture à l'usage des malades de la classe aisée, et de temps à autre je l'ai appropriée à l'usage des malades de la classe moyenne; de cette manière je les ai fréquemment transportés bien loin de l'établissement et sur les différentes routes où se présentaient les vues les plus pittoresques et les plus variées, et personne ne pourra me contester l'agréable contraste que cela doit offrir avec la triste monotonie de l'établissement. Les vives instances que le malade met en usage pour obtenir cette faveur (car c'en est vraiment une), la reconnaissance qu'il témoigne s'il l'obtient, et les heureux résultats que j'en ai obtenus, m'engagent à décrire ce véhicule pour qu'il puisse être introduit dans d'autres établissements. Il ressemble à un omnibus, et est si léger, quoique fort, que tout en contenant quinze personnes, deux et surtout trois chevaux, n'ont aucune peine à le traîner en soutenant pour longtemps le grand trot. L'intérieur en est séparé en deux compartiments, dont chacun présente le confort d'une voiture de maître. Chacun des compartiments est sous-divisé en deux autres, dans chacun desquels trois individus sont à l'aise, de telle sorte que quatre *parties* de trois malades peuvent voyager en compagnie des infirmiers, sans se voir l'une l'autre, et même sans se douter qu'ils ne sont pas les seuls habitants de la voiture. Certes cet amusement n'est point applicable au malade de la classe indigente; chez celui de la classe moyenne, il sera accordé comme une *gratification*; mais chez l'homme opulent il est presque une nécessité, tant il est puissant comme moyen de récréation.

» Quelques malades se sont infiniment plu à faire le copiste, et je puis dire que plusieurs milliers de pages ont été copiées pour soulager la besogne du secrétaire ou d'autres employés de la maison, avec un indicible plaisir, et dans un cas, cette besogne (car ce n'est pas précisément une récréation) a produit l'effet le plus salutaire. Une demoiselle se guérit aujourd'hui de ses idées de grandeur en copiant et en faisant tour à tour de la musique. Un convalescent doit son retour à la santé à la permission que je lui ai donnée de faire les portraits des employés supérieurs de la maison, et certes ses toiles ne péchaient pas plus par la ressemblance que par la bonne exécution, car il n'avait jamais été que peintre en bâtiments. Un jeune homme accompli sous tous les rapports, s'était pris de l'idée qu'il devait s'abstenir de toute nourriture pour augmenter le soulagement des pauvres et pour prévenir une famine universelle : il crut son cerveau transformé en *graisse* et s'imagina de là que l'exercice de son intellect était entièrement aboli. Il se laissa persuader de traduire en anglais le *Malade Imaginaire* de Molière (1). Il passa agréablement plus d'une heure dans l'accomplissement de cette tâche, fit des efforts inouis pour surmonter les difficultés de son entreprise et mettre au grand jour les beautés sans nombre de ce chef-d'œuvre de la comédie française : il fit si bien qu'il chercha à se convaincre de l'absurdité de ses propres hallucinations, pendant qu'il riait aux éclats des douleurs imaginaires ou plutôt de la manie médicinale d'Argan. Il tenta ensuite la traduction de la vie de *St.–Vincent de Paul* (2), et ressentit une sympathie inexprimable pour cet Howard du seizième siècle, l'ami et le père du pauvre insensé. Dans une autre circonstance, où il me semblait nécessaire d'invoquer des agents pour modifier le caractère de l'individu, altéré par sa profession, et sachant qu'il avait été autrefois engagé pendant quelque temps dans l'étude de la médecine, je l'engageai à s'y adonner de nouveau, et il acquit en peu de temps de si profondes connaissances en anatomie et en physiologie, qu'il se décida irrévocablement à embrasser cette profession, ce qui veut dire qu'il se releva de sa maladie mentale. Un jeune homme fort bien élevé s'est imaginé qu'il subit un châtiment temporaire pour avoir offensé un haut dignitaire de l'église ; il serait d'humeur à pâlir pour le reste de ses jours sur un ouvrage grec ou hébreux, et cependant je suis parvenu à le faire renoncer à ces études sérieuses pour celle d'une langue moderne entièrement à la mode, je veux parler du français, qu'il possède aujourd'hui à un haut degré de perfection. Un pédagogue, trop huppé pour se livrer à quelque ouvrage manuel indigne de son rang, passe agréablement son temps à donner de l'instruction aux autres. Un curé d'une disposition morose et mélancolique, oublie son mal pour une heure chaque Dimanche, afin d'officier, et si à cela vous ajoutez que le clerc qui lit les réponses, est également un aliéné, vous pourrez vous figurer une scène pleine d'émotion. On ne peut attribuer à cela seul la guérison qui s'en suivit, mais on a raison de supposer que les sentiments que réveillent les pratiques religieuses sont d'une nature tout-à-fait calmante.

» Je décidai de produire un sentiment puissant, pénible et rétrospectif sur un individu qui, d'un état de sensibilité exquise,

---

(1) C'est là encore un de ces cas, qu'il faut enregistrer dans un ouvrage de statistique pratique, tel que j'ai désiré qu'on en fit un.

(2) Je crois inutile, Monsieur le Ministre, d'appeler votre attention sur le discernement que mit le docteur *Browne* dans le choix des ouvrages qu'il fit traduire par son malade.

était tombé dans une apathie inexprimable. Il s'était distingué comme poëte, et dans un de ses moments de sombre et noire mélancolie, je fis lire devant lui quelques-unes de *ses* plus belles pièces de poésie. Il sourit d'abord ; le souvenir des circonstances émouvantes sous l'empire desquelles il avait composé le poëme, se réveilla peu à peu, son émotion s'accrut progressivement, et bientôt il versa des torrents de larmes : dès ce moment sa guérison fut assurée.

» Réveiller les affections pour des objets d'une importance secondaire dans l'absence de celles qui se portent sur des objets d'un intérêt majeur, en réveillant cet amour pour les animaux qui se remarque si souvent chez des hommes d'un caractère distingué, me parut pouvoir contribuer à leur guérison, et je confiai des animaux domestiques de tout genre à des individus différents, et grand bien s'en suivit.

» La grande objection à tous ces moyens de récréation, consiste dans le petit nombre d'individus qui s'y trouvent engagés, que l'application en est difficile et lente, et que le succès dépend autant du discernement de celui qui les conseille que de la volonté du malade de vouloir s'y livrer. Une mesure incomparable serait celle qui parviendrait à fixer et à *apprivoiser* l'intellect de plusieurs malades à la fois, sans réveiller les passions ou sans les déranger davantage ; cette dernière précaution est d'autant plus nécessaire, que dans la majorité des cas, l'aliénation trouve son origine dans une surexcitation des facultés sensitives, plutôt que dans un dérèglement de la raison.

» Je ne prétends pas avoir découvert une panacée, mais j'ai introduit un moyen qui, comme agréable passe-temps, répond largement au but désiré, tout en étant à la fois inoffensif, simple, à bon marché, et offrant un antidote contre l'ennui des longues soirées d'hiver. Dans l'intervalle du goûter au souper, je réunis dans la chapelle, les malades tranquilles et amis d'un passe-temps plus ou moins agréable. J'ai choisi à dessein la chapelle, non seulement parce que par sa construction elle répond parfaitement à mon plan, mais parce que les malades sont habitués à s'y conduire avec décence et respect, et ont depuis longtemps cherché à y contrôler leur raison. Un des infirmiers monte dans la chaire, et y lit à haute et intelligible voix quelque ouvrage qui me semble devoir leur inspirer le plus grand intérêt possible : cette lecture dure une heure à peu près, ou au moins tant qu'il ne se manifeste point quelque signal d'ennui dans mon étrange auditoire. Cette mesure produit plusieurs effets salutaires bien différents. Une histoire quelconque inspirera toujours plus d'intérêt lorsqu'elle sera lue devant un nombreux auditoire, que lorsque le livre circulera d'individu à individu ; cet intérêt augmentera encore si le lecteur est une personne que les auditeurs sont habitués à traiter avec respect ; ceux qui ne savent pas lire, profitent de la mesure employée et s'instruisent en même temps ; ceux qui ne se sentent point du goût à la lecture continue mais individuelle, oublient souvent dans cette réunion que le temps se passe ; tout ce qui réveille l'irascibilité étant écarté, le malade jaloux et irritable, peut ainsi passer une heure tranquille et agréable ; l'attention est fixée ; la mémoire stimulée, et en somme les idées prennent un cours nouveau et presque toujours salutaire.

» J'ai supprimé les bals qui se donnaient les autres années, pour les remplacer par des concerts ; je n'ai été conduit à ce changement que parce qu'un plus grand nombre d'individus à la fois pouvaient participer au plaisir que procurent les derniers : n'est point restée étrangère à cette nouvelle détermination l'idée que par le choix d'airs nationaux et populaires, un appel direct pouvait se faire au souvenir d'enfance, en même temps qu'aux sentiments les plus agréables qui puissent animer l'homme. Le corps de musique de Dumfries fut mis à réquisition, et après plusieurs essais, je pus croire qu'un nouveau et puissant moyen avait été introduit dans la cure des aliénés. Ces concerts eurent lieu en hiver dans la salle à dîner, en présence de quarante à cinquante malades, qui montrèrent leur vive sympathie autant par l'expression de leur physionomie que par le soin qu'ils prenaient de battre la mesure des pieds. Dans les soirées d'été le corps de musique se promena autour des jardins du bâtiment en exécutant différentes marches choisies parmi celles qui pouvaient plaire le plus à mes pensionnaires : de cette manière tous les malades pouvaient participer à ce plaisir. (1) Les malades tranquilles et convalescents ont été menés au théâtre, au manège, à l'exposition, au bazar, aux courses, et aux concerts publics ; en aucune circonstance il n'a été abusé de la liberté accordée, et en aucune on n'a pu reconnaître qu'il y eût des aliénés avec leurs infirmiers dans l'auditoire. Aujourd'hui qu'on s'est familiarisé (que ne puis-je en dire autant de la Belgique !) avec la salutaire idée que l'aliéné ne doit être que partiellement séparé de la société, ces faits ne doivent exciter de l'étonnement que pour autant qu'on se reporte au temps où l'aliéné (comme en Belgique) ne dépassait jamais les limites d'une étroite cellule, et que ces

(1) Nous rencontrerons plus loin, Monsieur le Ministre, le perfectionnement de cette méthode à la Salpétrière et à Bicêtre ; les médecins n'y doivent plus avoir recours à un corps de musique étranger à l'établissement, ce qui veut dire qu'une moitié des malades forme la partie exécutante tandis que l'autre compose l'auditoire.

mêmes individus , jouissant aujourd'hui de tous les plaisirs que peut donner la société, auraient été emprisonnés et traités comme des animaux sauvages et dangereux, »

Je me flatte, Monsieur le Ministre , que cette longue diversion n'aura point été sans quelque intérêt, et je puis revenir à *Hanwell*, avec l'espoir que je n'aurai point diminué votre attention. Les *visiting-justices* entrent maintenant plus directement en matière ; ils deviennent *systématiques*, et comme tels ils deviennent *exclusifs* et *immodérés dans leur langage*.

« En supposant que les moyens susmentionnés soient insuffisants pour garantir le malade contre tout danger personnel ou pour garantir ses commensaux de ses tentatives de meurtre , on a recours en dernier ressort à un moyen toujours efficace, la *séclusion*. En quelques circonstances , il est vrai , on peut recourir à une *douche* ou *bain par aspersion*, comme à un remède ; mais la séclusion a toujours répondu à notre attente après un court intervalle de temps. *Par cette mesure on écarte tout moyen d'irritation soit réel , soit imaginaire: le malade ne doit endurer aucun instrument qui l'endolorit ou le tourmente, et abandonné à lui-même et loin de tout instrument dangereux pour lui ou pour les autres, il rentre bien vite dans son caractère habituel* (1).

» Pour compléter ce *système de protection* (2), des *cellules matelassées* ont été construites pour les *épileptiques* qui sont sujets à tomber ; des bois-de-lit fort peu élevés (un pied), et des chambres dont le plancher est entièrement couvert de matelats ont été appropriés à l'usage de ceux qui étaient autrefois attachés par des liens pour qu'ils ne roulassent point hors du lit ; des vêtements particuliers (excellents ; j'en ai des échantillons) ont été faits pour ceux qui avaient la manie de les déchirer ; tous ces moyens et d'autres d'une importance secondaire ont été institués pour assurer la garantie de ces malades autant que peut l'assurer tout effort de l'homme lorsqu'il ne veut point recourir à des moyens qui *torturent le corps et exaspèrent l'esprit* (3).

(1) Pour le moment, Monsieur le Ministre , je me bornerai à souligner les passages dont je vous établirai plus loin l'inexactitude, l'erreur ou l'absurdité, et laisserai aux *visting-justices*, et au *médecin en chef de Hanwell*, le loisir d'épuiser leurs arguments ; je les combattrai ensuite successivement sous le titre des six propositions que j'ai eu l'honneur de vous établir plus haut.

(2) Afin que vous compreniez bien ceci, Monsieur le Ministre, je dois anticiper sur mes arguments contre le système de *protection morale*, et vous dire, qu'il consiste principalement à maintenir le *maniaque furieux* en respect en l'entourant d'autant d'individus qu'il en faut pour s'opposer à l'exécution de ses desseins violents, et lorsque tous les infirmiers se sont épuisés à tour de rôle, on met le furieux dans une chambre matelassée , dont je vous ferai connaître plus loin les inconvénients si on en abuse, et qu'en attendant je vous prie de prendre pour le moyen moral appelé *séclusion*, mais toujours efficace si l'on admet avec Sganarelle, qu'un remède opère, même lorsqu'il tue.

(3) N'est-ce pas le moyen de faire douter de sa bonne foi , lorsqu'on crie à tout propos, qu'en dehors de soi, tout homme est fripon.

». On a prétendu que sous *l'apparence d'humanité et de phy-lanthropie, ce système cache plus de cruauté que le restraint avec tous ses instruments de coërcition*. Les *visiting–justices* peuvent affirmer qu'ils n'ont découvert rien de fondé dans les objections de cette nature. S'il avait failli, et si en faillissant, il avait occa-sionné d'inutiles tourments aux malades, on aurait pu lui im-puter d'aussi sérieux reproches ; mais tel n'est point le cas : loin de faillir, il a parfaitement réussi, et les *visiting–justices* vous citeront parmi les plus fortes preuves *les témoignages des malades eux-mêmes*, lorsqu'ils ont été rendus à la raison (1). Le comité ou les *visiting–justices*, ont continué d'interroger tout malade avant sa sortie (comme guéri) de l'établissement et ils tâchent surtout de se rendre compte du degré de *conscience* qu'il possédait pen-dant ses accès de fureur, et surtout du souvenir qui lui restait des moyens qu'on a employés, et toujours (*les visiting–justices parlent des survivants*) ils ont répondu qu'ils ont été éminem-ment satisfaits de la manière dont on les a traités ; leur réponse fut souvent telle que les *visiting–justices* sont convaincus que les aliénés ne sont pas du tout insensibles aux bons procédés qu'on a pour eux.

RAPPORT DE J. CONOLLY, MÉDECIN EN CHEF.

» *Cessation de l'emploi du bodily restraint (ou moyens coërcitifs corporels).* — Dans le premier rapport que j'eus l'honneur de présenter aux *visiting–justices* (en Octobre 1839), j'avais briève-ment tracé mon plan de conduite. Dans mon second rapport, ce plan fut plus largement développé surtout pour ce qui semblait le moins bien compris dans les autres asylums : dans celui-ci, j'au-rai l'honneur de vous entretenir du plein développement de mon système.

» Je ne m'étendrai pas sur les principes admis sans exception par tout médecin rationnel dans le traitement des maladies men-tales (2); le temps n'est pas loin de nous où un établissement pour

(1) Ne peut-on pas ici, Monsieur le Ministre, faire dire aux *visiting-justices*, ce que Sgana-relle disait à Léandre, « Un cordonnier ne saurait gâter un morceau de cuir qu'il n'en paye les pots cassés ; mais ici l'on peut gâter un homme sans qu'il en coûte rien. Les bevues ne sont point pour nous, et c'est toujours la faute de celui qui meurt. Enfin le bon de cette profes-sion est qu'il y a parmi les morts une honnêteté, une discrétion la plus grande du monde ; et jamais on n'en voit se plaindre du médecin qui l'a tué. » Tout en ayant l'air de plaisanter sur ce grave sujet, comme le faisait Molière avec les charlatans du 17e siècle, j'aurai mal-heureusement occasion, Monsieur le Ministre, d'alléguer des faits qui constatent la réalité des fautes qui Sganarelle à imputées il a 200 ans, aux *visiting-justices de Hanwell:* d'un autre côté, je me fais fort de prouver que quoi qu'il en soit, tout indigent guéri dans un établisse-ment quelconque répondra *oui*, lorsque amené devant une collection de sévères magistrats, on pose au pauvre diable l'inévitable question « *n'est-ce pas que vous avez été bien traité ici ?*
(2) Le docteur Conolly imite ici le rhétoricien ; il s'étend longuement sur des questions étrangères, mais moi je ne ferai d'objection qu'à une seule : « le médecin doit connaître tout ce

aliénés ne se distinguera des autres hôpitauxquepar un plus grand discernement et un plus grand talent apporté dans le traitement de ces malades (1).

» Depuis deux ans, j'ai mis en pratique le *système du non res-traint*: je fus amené à cette modification parce que j'avais reconnu l'inefficacité des moyens coërcitifs mécaniques pour prévenir tout accident; leur effet irritant sur l'esprit des malades, la frayeur qu'ils inspiraient au timide (lequel des deux moyens doit inspirer le plus de frayeur où un furieux maintenu en respect par un lien inoffensif, ou le furieux vociférant et se débattant contre cinq ou six infirmiers?); la tendance à l'abrutissement qu'on rencontre chez ceux où on les a employés, et la plus grande malpropreté qu'ils occasionnent. »

Il est hors de doute que la violence et la force brutale étaient et sont encore le traitement exclusif des aliénés dans certains pays : nous ne devons pas sortir du notre, Monsieur le Ministre, pour trouver de ces malheureux, mais je n'en ai pas pu découvrir en Angleterre, au moins dans aucun établissement public; aussi je ne suivrai pas le docteur *Conolly* dans la narration des cas de dix malades sortant d'autres établissements (qu'il ne nomme pas et si les cas sont positifs, il a raison) et qui portaient des marques indélébiles sur toutes les parties du corps des moyens violents qu'on avait employés pour les tenir en respect. Dès leur entrée à Hanwell, ils furent mis en liberté, alternés de temps à autre avec quelques moments de *séclusion*, et tous devinrent insensiblement d'une humeur traitable; quelques-uns guérirent et manifestèrent positivement leur joie pour les procédés que j'avais mis en usage. « Les cas de ce genre, poursuit-il, sont trop nombreux, pour souffrir l'exposé de tous leurs détails; j'y ai seulement fait allusion, pour arrêter votre attention sur *l'usage abusif qu'on faisait jadis des moyens mécaniques* dans le traitement de ces malades. » — D'accord, M. *Conolly*, mais est-ce à dire que, parce que quelques ignorants ont fait *abusivement* usage de certains médicaments, bien héroiques lorsqu'ils sont dûment administrés, le mercure, par exemple, il faille les proscrire en tous cas et sans distinction? « Les changements salutaires que j'ai obtenus dans les cas récents les plus violents par une constante douceur et une patience, je dirai angélique, m'ont souvent fait dire que la plupart de mes

qui intéresse directement ou indirectement chaque malade et il doit s'attacher à gagner la confiance de chacun d'eux : mais qui admettra qu'un seul médecin puisse suffire à mille malades ? ajouterai-je, Monsieur le Ministre, que le docteur Conolly est six mois et plus par an relégué au lit par un rhumatisme chronique des plus rebelles ?

(1) Sans doute, mais il en sera de ceux-là comme des derniers; le fer et le feu y seront encore employés, quoique à des époques plus rares que jamais, et d'autant plus rares, que la chirurgie fera plus de progrès réels.

vétérans demeurent mornes et mélancoliques, grâces au traitement dur et cruel qu'ils ont enduré.

» Une manie prolongée est souvent caractérisée par une activité surprenante et une tendance ingénieuse à commettre du mal : *cela se remarquait spécialement chez ceux où l'on employait des moyens coërcitifs , et exigeaient leur continuel emploi.* Par là du moins on épargnait à l'infirmier la peine de surveiller le malade, mais celui-ci par contre souffrait des tortures qui le menaient à son incurabilité, si pas à sa mort. Ces mêmes espèces de malades sont aujourd'hui rarement d'une violence intraitable ; on les amène facilement, et ils se laissent conduire comme des enfants : soumis au *restraint,* ils deviennent irascibles et intraitables. Dans le principe de l'invasion , la santé du corps est souvent dérangée, et *il est rare et c'est là un de ses plus grands inconvénients, qu'un malade qu'on a mis en restraint, reçoive d'autres soins de la part du médecin* (1).

» Je me sens forcé de parler sur ce sujet avec moins de réserve que je ne l'ai fait, eu égard aux objections qu'on a soulevées de toutes parts contre le *non restraint,* objections toutefois qu'on a faites avec d'autant plus d'acrimonie que l'abus du restraint avait été poussé plus loin et était resté plus inconnu au public (2).

» On m'a prétexté plusieurs cas, soit imaginaires, soit réels, dans lesquels on me prétendait ne pas pouvoir se passer de moyens coërcitifs ; je n'en ai pas rencontré un seul, jusqu'à ce jour, où mon système ait échoué, et où je n'ai pu envisager les moyens coërcitifs comme des auxiliaires inutiles.

» DE LA SÉCLUSION. — Il est éminemment nécessaire de ne pas s'en laisser imposer par les extravagantes objections que les adversaires du *non restraint* ont faites contre la *séclusion.* Elle n'est point comme ils le prétendent, un emprisonnement, source d'une foule de maux physiques et moraux, *elle est purement et simplement un moyen pour écarter le malade de toute cause qui puisse irriter son cerveau ;* elle place le malade en parfaite sécurité sans le condamner à l'immobilité musculaire par des liens ou d'autres instruments coërcitifs ; elle garantit les autres malades de tout danger, et soustrait à leur vue un spectacle toujours désagréable, affligeant et alarmant. Rarement elle manque de tranquilliser le malade au bout de fort peu de temps (3), et toujours il survient

(1) Cette grave accusation de la part du Dr *Conolly,* vous paraîtra excessivement téméraire, quand vous saurez les abus qui se sont commis sous ses yeux, sous le titre de *non restraint* : ces abus, Monsieur le Ministre, sont *officiellement* connus, et de leur chef même le Dr *Conolly* est traduit à la barre, alors que toute l'Angleterre le défie d'alléguer un seul cas positif auquel il vient de faire allusion.
(2) **Tout excès nuit,** dit le proverbe, et en voulant parer à un abus, le Dr *Conolly* est tombé dans un abus contraire non moins grave que celui qu'il dénonce à la vindicte publique.
(3) On se dit à l'oreille qu'il y en a un qui y est resté jusqu'à ce qu'il se fût pendu, et il n'y

immédiatement un changement salutaire dans le maintien du reclus, ce qui est bien différent après l'emploi des moyens coër- citifs, qui ne s'appliquent jamais qu'en luttant de force avec les malades, et dans cette lutte ils n'y succombent qu'en y gravant le désir de la vengeance (1).

» Il ne faut point perdre de vue, que la séclusion doit être en- visagée comme une réclusion temporaire semblable au séjour que fait le malade dans son lit ; nous supprimons la lumière du jour, tantôt partiellement, et tantôt complètement, mais ceci ne se fait qu'en dernier ressort. La séclusion ne doit jamais être effectuée comme par un mouvement de colère de la part des infirmiers ou en prononçant des paroles irritantes qui pourraient la faire con- sidérer pour une punition infligée chez un récalcitrant ; elle doit au contraire se faire avec ménagement et alors que tout moyen de persuasion a échoué. L'état du reclus doit être constaté de temps à autre à travers le guichet de la cellule, et la moindre promesse de meilleure conduite doit être reçue avec douceur, et la séclusion ne sera jamais maintenue que pour autant qu'elle est inévitable : après une demi-heure, une ou deux heures, on essayera d'y mettre fin, excepté dans les cas exceptionnels où un repos plus prolongé devient nécessaire au cerveau.

» Telle est la manière dont la séclusion est mise en pratique à Hanwell, mais il se passe plus d'un jour dans l'année où elle n'est pas une seule fois requise. Des praticiens estimables, mais en fort petit nombre, (2) prétendent que le *restraint exerce une in- fluence morale salutaire sur les malades* (3). Je n'ai jamais ren- contré un exemple de cet effet salutaire (ce n'est pas étonnant, il ne l'emploie jamais) ; ces mêmes praticiens disent aussi avoir ren- contré des malades qui réclamaient eux-mêmes l'application d'un moyen coërcitif : je ne crois pas à cette assertion et je n'en ai jamais rencontré d'exemple (c'est drôle !). J'ai connu des malades qui réclamaient l'application des moyens coërcitifs pour leurs commensaux, mais je n'en ai jamais vu qui la réclamassent pour eux. Les maniaques sujets à des accès de fureur les redoutent ex-

réussit qu'au bout de trois mois ; le Dʳ *Conolly* n'avait jamais osé pénétrer dans la cellule de ce malade. Accusé de ce fait, le Dʳ Conolly prétexta que sa maladie l'avait retenu au lit, mais nous verrons qu'il n'en était point ainsi.

(1) Ne dirait-on pas que les malades du Dʳ *Conolly* vont à l'abattoir comme des brebis sans faire d'objections, parce qu'elles savent qu'elles auront l'honneur de servir d'aliment au chef- d'œuvre de la création, comme les premiers n'ignorent point que leur *laisser-aller* doit ser- vir d'argument irréfutable pour le plus merveilleux des systèmes ?

(2) Il n'y en a pas trois en Angleterre qui pensent comme le Dʳ *Conolly*; c'est précisément l'inverse de ce qu'il dit, et les différents rapports que j'ai l'honneur de vous soumettre, Monsieur le Ministre, attestent la vérité de ce témoignage.

(3) Le Dʳ Conolly intervertit ici la doctrine de ces médecins : ils prétendent et certes il y en a des cas, où les moyens coërcitifs sont curatifs. Ceci fait le sujet de ma 3ᵐᵉ proposition; voir plus loin.

cessivement dans un établissement où on a recours à des moyens coërcitifs, quoiqu'il soit possible de les garantir de tout danger sans l'emploi de ces mesures. L'indignation des malheureux qu'un gilet de force maintenait en respect ; leurs éloquentes accusations dirigées contre ses effets dégradants ; leur *sans peur* lorsqu'ils couraient autour des galeries ; l'alarme et le mécontentement que leur présence occasionnait à leurs commensaux ; leur joie inexprimable, leurs sanglots et leurs larmes quand on les délivrait inopinément du double tourment de la séclusion et du restraint ; leurs vociférations, leurs imprécations prolongées jusqu'à ce que leur corps se couvrît de sueur et leurs lèvres d'écume, sont des objets qui ne pourront jamais s'effacer du souvenir, et rendent l'oreille sourde à toute spécieuse recommandation en faveur du bien-être que procure le restraint.

» Après les essais faits à Hanwell, et après mûr examen de tous les cas de malades dangereux, *je puis seulement admettre qu'il pourrait y avoir des cas où il y aurait quelque avantage à mettre en restraint les malades qui ont l'inconvénient de frapper subitement ou à l'improviste ceux qui les entourent. Cette mesure ne doit cependant être que temporaire. Cependant quoiqu'elle ne remédie pas complètement à la difficulté, la séclusion est néanmoins un meilleur moyen dans ces cas, comme ressource temporaire, attendu qu'elle ne laisse point dans l'esprit du malade l'idée d'une offense, et n'augmente point son mauvais penchant, comme le restraint semble le faire et le fait toujours en raison directe de sa sévérité et de sa durée!!!* Parmi tous les malades les plus dangereux étaient ceux qui étaient journellement placés dans les chaises de force.

» Une des plus grandes erreurs des partisans du *restraint*, c'est de croire qu'au moins il ne peut nuire à l'incurable, tandis que le fait est que c'est précisément celui-là qui en est le plus offensé et le plus lésé dans son caractère, ses sentiments et son habitude.

» Un mémorandum de la *matron* établit 41 cas de malades qui étaient *constamment en restraint* avant Septembre 1839. 14 de ces malades étaient maintenues dans des chaises, 20 avaient le gilet de force ; chez plusieurs on avait simultanément recours à différents moyens coërcitifs, tels que le gilet de force mis aux malades placées dans une chaise de force, etc., etc. ; avant la fin du susdit mois, toutes ces malades furent mises en liberté : pas une n'a été mise en *restraint* depuis cette époque. 37 sont encore aujourd'hui dans l'asylum, et il n'y en a pas une où l'on ne puisse dire qu'elle ne soit améliorée sous le rapport de ses facultés intellectuelles ou de ses habitudes (1). Quelques-unes de ces malades

(1) Ceci prouve une chose sur laquelle tout le monde est d'accord aujourd'hui : c'est que on faisait jadis un abus inexprimable des moyens coërcitifs, je dirai même de la force bru-

qui avaient été considérées de tout temps comme dangereuses pour
leurs commensales, sont aujourd'hui assises à la table de travail, et
sourient aux visiteurs en leur montrant les objets qu'elles ont confectionnés. D'autres marchaient rapidement vers la démence, et
maintenant elles sont comme revivifiées. En un mot, l'histoire de
ces 41 cas, est un des documents les plus curieux qu'ait jamais
possédés un établissement pour aliénés.

» A n'en juger que d'après ce rapport, on pourrait s'imaginer,
que pour exécuter le système du non restraint, il faille avoir recours à un nombre extraordinaire de surveillants. Il n'en est
point ainsi cependant, il n'y a à Hanwell *qu'un infirmier* pour
dix-huit malades, mais les arrangements de la maison sont tels
que les malades ne sont jamais laissés *seuls* pendant le jour (1).
Il est parfaitement inutile que l'infirmier possède une force corporelle extraordinaire (2). La première qualité qu'il doive posséder au plus haut degré est celle d'être humain, d'avoir une patience
à toute épreuve, de la fermeté et du courage (ce n'est pas peu de
choses à la fois). On doit leur inculquer profondément le principe,
qu'ils doivent *empêcher* le malade de se nuire ou de le faire à
d'autres, et non pas le *punir*. On doit leur apprendre *lorsque
tout moyen de persuasion a échoué et qu'il faut plier le malade à
certains actes d'obéissance, à agir avec fermeté et systémati-
quement, de manière à produire un effet prompt et assuré, sans
employer de termes de provocation et sans prolonger la lutte.*
Lorsqu'on a jugé à propos de mettre un malade en séclusion, et
qu'à cette fin il faut un certain nombre d'infirmiers, ils doivent
se rassembler promptement et sans bruit, et ne harasseront
point le malade par une lutte et des répliques inutiles; dès
qu'il est reclus, chacun doit reprendre son chemin aussi calme
que si rien ne s'était fait. Voilà comme se conduisent les infir-

tale. Il n'est pas un seul *superintendant anglais* qui ne puisse faire le même rapport s'il se reporte aux époques antérieures, et si, comme je l'espère, Monsieur le Ministre, vous prenez
quelques mesures en faveur de nos malheureux aliénés, les premiers rapports que vous re-
cevrez seront tous semblables à ce dernier paragraphe du Dr *Conolly*.

(1) En lisant ce prodigieux paragraphe, il ne faut point perdre de vue, Monsieur le
Ministre, que les malades de Hanwell ressemblent aux brebis dont j'ai parlé plus haut.

(2) Il est en Angleterre une digne succursale de Hanwell : l'institution pour aliénés à
Lincoln. Nous verrons plus loin, Monsieur le Ministre, par des documents authentiques,
comment s'y comportent les infirmiers : en attendant je vous dirai que les directeurs n'y sont
pas du même avis que le Dr Conolly sur l'inutilité de la force physique chez les infirmiers :
ils disent expressément dans leur rapport de 1841 « que les infirmiers et les infirmières doivent avoir : *good, tempered, sober, able Bodies, females not under five feet five inches, males
not under five feet nine inches* » ce qui veut dire qu'il leur faut des hercules, et particulièrement *for the north galleries*, là où sont les furieux. On lit dans le même rapport, quelques
pages plus loin : « les malades qui connaissent la supériorité (*physique*) des infirmiers, n'o-
sent pas attaquer ceux-là ; ils insultent au contraire, méprisent et battent ceux d'une taille
peu élevée et d'une force ordinaire !!! La présence d'infirmiers d'une force herculéenne prévient les luttes comme les hautes murailles préviennent les escapades ! !! »

miers à Hanwell, et cette conduite a un admirable effet sur les malades, qui savent parfaitement qu'on les laissera tranquilles pour autant qu'il n'a point été jugé à propos d'agir autrement. »

Je reprendrai maintenant une à une les six propositions que j'ai eu l'honneur, Monsieur le Ministre, de vous exposer plus haut.

1° *Les partisans du non restraint ne se sont pas toujours tenus dans ce langage modéré* : en médecine, quiconque préconise un remède, doit s'attendre à le voir déprécier parce qu'il ne réussit pas toujours dans des cas même identiques, et dès lors celui qui en a fait l'essai est plus ou moins contrarié d'être désappointé. Celui qui a préconisé le remède, se pique d'amour-propre, trouve son remède plus *valable* encore qu'il ne l'avait annoncé, et donne dans l'excès; il *systématise* et dès ce moment il devient opiniâtre et parfois même s'oublie tout-à-fait. Si le public, c'est-à-dire, si la presse s'en est mêlée, il ne consulte plus ni le bon sens ni la vérité, il veut à toutes forces que son système soit généralement reconnu bon et admis comme tel, et il prend pour ennemi quiconque s'avise de croire qu'il est absurde et inexécutable. Telle est exactement l'histoire du Dr *Conolly* de Hanwell et de son factotum M. *Serjeant Adams;* à mesure qu'ils ont rencontré de l'opposition, à mesure aussi ils ont faussé le bon sens et trompé la vérité. Vous avez pu voir dans leur rapport, Monsieur le Ministre, combien ce que je dis là est vrai, mais ces rapports ne sont que de bien faibles élucubrations à côté de celles qu'ils publiaient journellement dans deux journaux de médecine de Londres, le *Lancet, et le British and Foreign Review*, dont le *Times*, journal politique de la même métropole, se faisait l'écho. C'était spécialement sous les pseudonymes de *Looker-on, Snap, Humanitas, Virtus, etc.*, qu'ils firent insérer leurs articles. Des médecins anglais avaient à différentes reprises envoyé des répliques à ces journaux, mais ceux-ci s'étaient toujours refusés à les insérer. Ignorant ces circonstances, j'adressai un lettre au *Lancet*, en réponse à ces pseudonymes; la rédaction du *Lancet* refusa de l'insérer; je ne me laissai point débouter et j'envoyai ma lettre avec une petite note explicative au *Médico-Chirurgical Review*, édité et rédigé par le Dr *Jonhson:* c'est la publication la plus importante et la plus répandue de l'Angleterre, et j'eus le plaisir d'y voir figurer ma lettre dans le N° trimestriel de Janvier 1842. Cette lettre, Monsieur le Ministre, je crois inutile de vous la donner ici, vu qu'elle n'est qu'un résumé du présent rapport, en tant qu'il concerne le sujet en question; je n'y ai fait allusion que pour mieux vous faire comprendre, combien doit-être mauvais un système qui ne peut se défendre que par des procédés déloyaux et des preuves mensongères, ainsi que je le ferai voir tout à l'heure.

2° *Dans un établissement bien tenu on ne doit pas avoir fréquemment recours aux moyens coërcitifs.* Dans les différents rapports que j'aurai et que j'ai déjà eu l'honneur de vous exposer,
vous verrez, Monsieur le Ministre, combien peu le médecin sage
et éclairé doit recourir à ces moyens. Chaque médecin faisant lui-
même l'aveu du nombre de fois qu'il a dû employer le *restraint,*
je considère comme inutile pour moi de m'y arrêter présente-
ment : je puis me contenter de vous avoir indiqué cet argument.

3° *Les moyens coërcitifs, physiques ou moraux sont souvent
curatifs.* Ici, Monsieur le Ministre, je ne puis invoquer aucune
théorie, aucun précepte ; tout dépend des circonstances et du tact
du praticien : veuillez seulement vous rappeler quelques-uns
des cas que je vous ai cités dans les paragraphes précédents, et
auxquels, si je le jugeais nécessaire, je pourrais en ajouter une
foule d'autres.

4° *Les malheurs dûs au relâchement occasionnel sont excessivement rares et surtout plus rares que dans un établissement où
on les a proscrits, et en premier lieu qu'à Hanwell.* Il n'est aucun
superintendant, à moins que l'honnêteté et la loyauté ne fassent
point partie de son caractère, qui n'avoue que de temps à autre il
n'aît eu quelque malheur à déplorer, mais que grâces aux progrès
que nous faisons dans le traitement de cette maladie, les accidents
deviennent de moins en moins fréquents. Pour prouver la seconde
partie de cette proposition, j'établirai des faits positifs et officiels.

Le révérend docteur *Francis Tebbutt,* fut nommé chapelain de
l'asylum de Hanwell, avec l'approbation de l'archevêque de Canterbury. Ce dernier seul peut le révoquer. M. Tebbutt eut le malheur
de déplaire au Dr Conolly parce qu'il s'était permis de faire des
remontrances sur l'absurdité de son système et sur les accidents
qui en furent la suite. Grâce aux insinuations du Dr Conolly, le
comité-directeur oublia la loi et destitua le chapelain Francis
Tebbutt. Celui-ci protesta en vain contre l'illégalité de cette destitution, on fit la sourde oreille, et on consigna Francis Tebbutt à
la porte. Plainte fut portée par lui au tribunal, et en même temps
il publia une brochure sur les motifs qui avaient engagé le
Dr Conolly à provoquer sa destitution. Ces motifs sont précisément les arguments que j'invoquerai en faveur de ma quatrième
proposition, et leur caractère officiel ne peut laisser le moindre
doute dans l'esprit. La brochure du Dr Francis Tebbutt est trop
longue pour que je la traduise en entier, je me bornerai pour le
moment, Monsieur le Ministre, à vous donner un extrait de ce
qu'elle présente de plus intéressant.

« *Waters* est un aliéné furieux et d'une force extraordinaire ; il
fut tenu dans une chambre presque complètement obscure, du-

rant trois mois environ. Le Dr Francis Tebbutt dénonça le fait au comité-général, et le Dr Conolly, interrogé sur ce point, prétexta qu'il l'avait toujours ignoré, *attendu qu'il avait été retenu au lit pendant tout ce temps par une attaque de rhumatisme.* M. Tebbutt assure *qu'il est faux que le Dr Conolly fut malade, et qu'ayant été chaque jour dans les salles, il ne devait point ignorer que telle chose se passait.* M. *Serjeant Adams* soutint le Dr *Conolly,* et rejeta la faute sur les deux chirurgiens adjoints et le chapelain, qui, dit-il, différant d'opinion sur le mode de traitement admis par le médecin en chef, font tout ce qu'ils peuvent pour faire déprécier ce système.

» Le comité des visiting-justices réprima les trois accusés ci-dessus mentionnés.

» *Emilie Jonhstone* cherchait à se suicider. Elle se mordit dans le bras et en enleva un grand morceau de chair, elle mangea ses excréments mêlés à un cataplasme de farine de lin. Malgré les remontrances du Dr *F. Tebbutt,* cette malade fut laissée en liberté.

» *Jonas Plummer* fut assommé par un autre malade, et mort s'en suivit (1). Le Dr Conolly dans son rapport, attesta que *Jonas Plummer* mourut de vieillesse. Le Dr F. Tebbutt, refusa de l'enterrer : une enquête fut tenue par le juge-de-paix, et elle constata que *Jonas Plummer mourut victime de coups et d'injures infligés sur lui par un autre malade, du nom de John Evans.*

» *Joseph Smith* était un aliéné furieux : on le confina dans une chambre matelassée (2) où pendant sept à huit jours il ne fit que se heurter la tête contre la muraille. Afin de le calmer (3) on lui administra sur les ordre du Dr *Conolly*, des doses fréquemment répétées de *jusquiame* (puissant narcotique). *Joseph Smith fut trouvé mort après avoir dormi durant un jour et deux nuits.* Le Dr Conolly fit son rapport, et *J. Smith y fut dit mort par apoplexie!!!*

» Enquête par devant juge-de-paix fut tenue le 2 Septembre 1840, et il fut constaté que *Sells mourut à la suite de son refus prolongé de prendre des aliments!!!!*

» Un autre malade mourut *suffoqué,* parvenu qu'il était *à se boucher le nez, l'oreille et la bouche avec des morceaux de calicot*

---

(1) Les visiting-justices de Lincoln, au rapport desquels j'ai déjà fait allusion disent dans ce même rapport : « Quant aux coups que se portent occasionnellement les malades, c'est ce qu'on rencontre dans toute réunion d'individus, telles que dans les écoles, les garnisons, etc. Ce serait porter des *yeux de lynx,* que de faire attention à ces bagatelles. » Voilà ce qu'ils disent, Monsieur le Ministre ; que penser de ces arguments !!!

(2) Si le malade cherche à se suicider en courant avec la tête contre la muraille, s'il ne se tue point immédiatement, il peut au moins fortement se contusionner de la manière dont les chambres à séclusion sont matelassées à Hanwell. Le cas suivant en est une preuve, et les ANNALES d'Hanwell ne doivent pas être dépourvues d'une foule de pareils documents.

(3) Le Dr *Conolly* prétend dans son rapport que *la séclusion ne manque jamais de calmer* le malade après une demi-heure, ou une ou deux heures tout au plus !!!

qu'il déchirait de ses couvertures de lit : le révérend F. Tebbutt refusa de l'enterrer. Lorsqu'on allait faire l'enquête, la tête du cadavre avait été enlevée et avait disparu ! ! !

Après de pareils faits, qu'on ne peut lire sans la plus grande répugnance, vous me saurez gré, Monsieur le Ministre, de m'abstenir de tout commentaire, et comme ils sont malheureusement et à la honte de l'humanité tombés dans le domaine du public, il est à croire que le gouvernement anglais s'en emparera et fera justice du coupable ou du calomniateur.

Un autre témoin gêna fortement le Dr *Conolly* dans l'exécution de ses projets : il présenta un rapport aux *visiting-justices,* sur l'inutilité d'un second médecin adjoint, et sur ce le Dr *Button,* fut honorablement *démissionné :* deux faits fort singuliers suivirent cette démission. Les nombreux amis du Dr *Button,* connaissant les motifs secrets du Dr Conolly, prirent fait et cause pour le Dr Button, et un mois après il fut nommé médecin en chef de l'asylum de Dorset. Un mois après la démission du Dr Button, M. *Davey* fut nommé *deuxième médecin adjoint à l'asylum de Hanwell ! ! !* à l'occasion de la plainte de F. Tebbutt, le Dr *George Peacock Button* fut mandé devant le procureur du roi, et déposa, *sous serment,* dans les termes suivants (la première partie est consacrée à la défense du révérend *F. Tebbutt,* faussement accusé par le Dr Conolly et elle démontre que celui-ci n'a agi contre M. Tebbutt que pour écarter un témoin indiscret de tous les abus qui se commettaient dans l'asylum sous l'influence du non-restraint).

» Lorsque le Dr *Conolly* arriva à Hanwell en qualité de médecin en chef, je (Button) trouvai qu'il était entièrement étranger au traitement des aliénés, et s'était formé ses opinions par la lecture d'ouvrages traitant de ce sujet : l'ouvrage qu'il avait publié avant son arrivée à Hanwell en est une preuve encore plus évidente. Ce ne fut que bien longtemps après son arrivée à Hanwell qu'il osa prescrire pour les malades : il nous (le Dr Begley et moi) laissa complètement et exclusivement le soin des malades. Il introduisit bientôt le système du *non-restraint,* et je prétendis et prétends encore et le prouverai que ce système est en bien des cas, *impropre, inconséquent, et dangereux tant au malade lui-même qu'à tous ceux qui l'entourent,* et je pourrai vous alléguer une foule d'accidents, de blessures très sérieuses et de morts survenus dans l'asylum et qu'on doit *exclusivement* imputer au système du *non-restraint.* De plus (en remplacement du *restraint),* la *séclusion* et l'usage de *douches,* pour *punir* les malades réfractaires, est à mon avis et croyance d'un effet très nuisible aux malades ; une autre conséquence inévitable de ce mode de traitement et résultant de la lutte continuelle entre les malades et les infirmiers (ces derniers pour leur défense personnelle) consiste dans la *revanche* que prennent souvent ceux-ci lorsqu'ils ont reçu quelque violent coup (1). De plus il n'est aucun moyen devant lequel le Dᴿ *Conolly* et M. *Serjeant Adams* reculent pour cacher la vérité sur ce qui se passe à Hanwell ; aucun des infirmiers n'ose dresser la moindre plainte, ni se permettre la moindre observation sur les abus qu'ils voient commettre chaque jour, s'ils tiennent à conserver leur place. »

5° *Les moyens employés dans le non-restraint sont plus cruels que ceux qui sont employés par le système coërcitif.* Par tout ce que vous venez de lire, Monsieur le Ministre, je pourrais me dispenser de développer cette proposition, car vous aurez déjà pu vous convaincre de son évidence. Mais comme je ne doute aucunement que vous n'ayez compris la haute importance du sujet en question, je crois devoir étayer cette proposition de preuves officielles très curieuses, et je m'empresse de vous les exposer. Elles n'appartiennent point *officiellement* à Hanwell, elles émanent de *l'asylum de Lincoln*, auquel je viens de faire allusion dans la dernière note, et pour plus de régularité dans mon travail, je vous prierai de me permettre de reculer l'exposé de ces documents jusqu'au chapitre concernant ce dernier asylum.

La 6ᵐᵉ proposition établissant que les *visiting-justices* de Hanwell font usage d'un *langage équivoque* n'a pas besoin de développement, ce que j'ai exposé jusqu'ici le prouve assez.

A tout ce que j'ai dit sur l'asylum de Hanwell, j'ajouterai que j'y ai trouvé les cours petites et que l'amélioration introduite dans quelques-unes de ces mêmes cours, n'est qu'illusoire la plus tuante monotonie continue à y régner comme dans toutes les autres. Je crois inutile également de vous rapporter des colonnes de chiffres, étalées dans le rapport du Dᴿ Conolly, d'où je pourrais tirer deux tristes conséquences ; la première que le nombre des malades qui travaillent est infiniment au-dessous de ce qu'il devrait être ; la seconde est, toutes choses considérées, dans une mortalité beaucoup plus grande que dans aucun autre établissement de l'Angleterre.

Il est un autre établissement en Angleterre, qui a dignement et loyalement marché sur les traces de Hanwell ; pour en terminer avec les partisans du *non-restraint*, je continuerai mon rapport avec l'asylum auquel je fais allusion.

_____

(1) J'aurai occasion, Monsieur le Ministre, de vous donner les *aveux officiels* de quelques infirmiers de *Lincoln*, où le *non-restraint* a été adopté et exécuté aussi *loyalement* qu'à Hanwell.

LINCOLN (1).

L'asylum de cette ville est fort peu important sous tous les rapports. Sa situation, quant à sa destination, est des plus mauvaises. Placé sur le sommet d'une colline très élevée, il y domine une distance considérable ; la vue en est agréablement surprise la première fois et au premier instant, mais peu à peu on se fatigue de regarder un horizon éternellement le même et très monotone ; aussi là, comme l'a fort bénévolemment avoué le résident surgeon, M. Smith, les malades se plaindront constamment de l'ennui le plus profond. Le dehors de cet établissement est brillant ; un frontispice comme celui de Bethlem domine un jardin assez spacieux : c'est là tout ce qu'il y a de bon et de beau. L'intérieur n'est guères à comparer avec celui des autres établissements de l'Angleterre. Les cours sont petites, et dominent un horizon des plus monotones. Il n'y a pas la moindre parcelle de terre à labour où les malades pourraient s'occuper.

Il y a trois classes de malades, des pauvres et des malades payants divisés en deux catégories: c'est là une question, Monsieur le Ministre, à laquelle je n'ai point encore touché, et sur les inconvénients de laquelle je reviendrai à propos de l'*asylum de Glocester*, où elle est plus nettement dessinée que dans tout autre établissement.

Cet asylum renfermait l'an dernier 96 malades, moitié de chaque sexe, mais il en logeait, à mon avis, la moitié de trop. Les malades de la première classe ont des appartements séparés, et leur salle à manger à eux : il en est de même de ceux de la seconde classe, à cela près que deux ou trois couchent dans la même chambre. Les pauvres occupent pêle-mêle un dortoir, où, s'il fallait en croire M. Smith, la surveillance s'exerce de la manière la plus facile et au grand profit des malades.

Quoique cet établissement soit mauvais, ce n'est que relativement à l'Angleterre, car pour la propreté, l'élégance et le confort, il laisse derrière lui à une distance incommensurable les hospices de la Belgique, de la France et de l'Allemagne. Au point de vue des établissements anglais, il ne méritait cinquante lieues de détour de ma part, que pour obtenir définitivement la solution sur la question du *non restraint*, laquelle, Monsieur le Ministre, est si importante, que je ne voulais en croire qu'à mes propres yeux, à mon propre jugement sur les lieux mêmes.

En dignes accolytes et imitateurs de Hanwell, ce sont les visi-

(1) Lincoln est la capitale du comté du même nom ; il est situé nord-ouest à 75 lieues de Londres.

TING-JUSTICES, *qui font le rapport annuel sur Lincoln*, et pour être conformes en tous points avec les premiers, ils ont littéralement recours aux mêmes procédés. Vous les jugerez, Monsieur le Ministre, et encore une fois vous comprendrez leur système, car je vais vous donner quelques commentaires sur leur rapport de 1840, publiés par un des médecins consultants de l'établissement, M. *Cookson*. Il y a longtemps que les visiting-justices ont cherché à se débarrasser de ce témoin importun, mais le docteur *Cookson* souffre patiemment outrages sur outrages parce qu'il espère que le jour n'est pas éloigné où le public ouvrira les yeux sur les menées de ces nouveaux Vandales (1).

Tout bien considéré, Monsieur le Ministre, si je vous traduisais entièrement la brochure du docteur *Cookson*, j'aurais à vous exposer littéralement les mêmes faits qu'à Hanwell, c'est-à-dire que les *visiting-justices* en imposent au public par des rapports mensongers et une foule d'autres menées de cette nature; j'aime mieux vous envoyer un exemplaire de cette brochure, vous la lirez si vous le jugez à propos, mais je ne crois pas, Monsieur le Ministre, que vous en jugiez la traduction complète nécessaire, pour ajouter des éclaircissements à la question qui fait le sujet de ce chapitre.

Mais il est un autre point de cette brochure sur lequel, Monsieur le Ministre, je désire spécialement appeler votre attention, parce qu'il est de la plus haute importance, et que dans notre pays nous sommes particulièrement à même d'obvier aux abus auxquels il fait allusion.

Dans ma revue sur les hospices de la Belgique il y est dit page 19, *que ce que j'ai vu en Belgique ne me permet point de me prononcer sur l'opportunité d'une communauté religieuse dans un établissement pour aliénés;* qu'il me soit permis, Monsieur le Ministre, de me borner à vous dire que cette phrase ne se trouvait point dans mon manuscrit, et qu'elle exprime une opinion diamétralement opposée à celle que j'ai toujours professée, et que de plus j'ai émise dans ce rapport au sujet des hôpitaux de Tournai, de l'hospice d'Harscamp et du grand pénitentiaire de Namur, etc. je n'appelle là dessus votre attention que parce que plusieurs personnes m'ont accusé de ne pas être d'accord avec moi-même sur cette question, tandis qu'il n'y a que celui qui a interverti mon manuscrit qui a été inconséquent et peu judicieux.

---

(1) Un médecin du nom de *Charleswood*, fascine les *visiting-justices* de Lincoln comme M. Serjeant Adams fascine ceux de Hanwell; plus violent toutefois que ce dernier, il cherche même par le *duel* à ranger sous ses drapeaux les partisans du parti modéré: témoin le cartel qu'il envoya il y a quelques mois au docteur *Corsellis* de Wakefield; mais celui-ci aussi sage que spirituel dans cette circonstance, répliqua que pour armes il choisirait *the Lancet* (c'est ce journal de médecine, Monsieur le Ministre, auquel j'ai déjà fait allusion).

Cette légère digression vous aura fait pressentir, Monsieur le Ministre, que ce point de la brochure fait allusion aux abus que commettent souvent des employés mercénaires, et que l'on ne saurait rencontrer chez des personnes qui se dévouent par esprit de religion aux pénibles fonctions de veiller sur les aliénés. C'est là une question sur laquelle je reviendrai; ce qui va suivre maintenant, tout en étant un argument en faveur d'une corporation religieuse pour le service d'un asylum pour indigents, ne doit néanmoins être envisagé pour le moment que sous le point de vue du *non-restraint*.

La brochure du docteur Cookson fourmille d'aveux faits par des infirmiers, renvoyés à leur demande, parce qu'ils ne pouvaient souffrir plus longtemps les abus que commettaient les partisans du *non-restraint*, et d'autre part, d'aveux faits par des infirmiers qui avaient été renvoyés parce qu'il était connu qu'ils avaient pris sur eux de recourir, à l'insu des médecins, à des voies de *restraint* lorsqu'ils voyaient que le *non-restraint*, non seulement avait échoué, mais était devenu dangereux. *Ex uno disce omnes*, Monsieur le Ministre, en vous en traduisant un seul, je vous les traduis tous, il n'y a de différence que du plus au moins, si toutefois il y a de la différence, et encore est-ce plutôt en plus qu'en moins.

« Aveu de E. W. malade dans l'établissement en **1838**, sortie guérie en Octobre de la même année.

» E. W. dit que le second jour qu'elle était à l'asylum, elle fut sévèrement battue par l'infirmière T.; elle avait jeté un livre de prière à la tête de cette infirmière, sans toutefois l'atteindre. L'infirmière C. retint la malade par la tête contre le plancher pendant que T. la battit à outrance. Elle a vu aussi B. de P. et C. de G. être plusieurs fois battues par les deux infirmières susdites, qui, en différentes autres circonstances (détaillées dans la brochure), avaient recours à d'autres ustensiles qu'à leurs mains.

Voilà un exemple parmi cent de la conduite des infirmières, j'en prendrai maintenant un au hasard, Monsieur le Ministre, sur celle des infirmiers.

« Lincoln 6 Avril 1840; — Je soussigné *Jean Emmerson*, certifie que j'étais infirmier dans l'asylum de Lincoln jusqu'en Avril dernier, époque à laquelle je fus renvoyé pour avoir battu un malade. Je n'ai jamais cessé d'user en cachette de moyens coërcitifs depuis qu'ils étaient proscrits. Du reste lorsque les malades étaient violents, j'essayais de les maintenir de mon mieux. Lorsqu'ils me frappèrent, je ripostai : ce ne fut pas toujours le cas, mais il m'arriva quelquefois de le faire; je m'en passais lorsque je le pus. Je conformais ma manière de maintenir les maniaques violents au caractère de leur maladie. Tantôt je les tenais dans une position, tantôt dans une autre (1). Souvent je m'assis à côté d'eux et les retins en respect ; il n'était pas rare que j'eusse une violente lutte à soutenir, lorsqu'il me fallait leur tenir bras et jambes, mais une fois que je les tenais, ils ne pouvaient plus bouger. Je ne saurais positivement dire combien de temps je les tenais ainsi ; j'en ai su tenir de cette manière durant plusieurs jours, par différents infirmiers, qui s'acquittèrent de cette besogne à tour de rôle. J'ai plusieurs fois requis des malades à maintenir de la sorte leurs commensaux, pour empêcher que ceux-ci ne fissent mal aux autres ou ne déchirassent leurs vêtements.

» En reprimant de la sorte des maniaques, je leur ai souvent fait du mal comme moi-même j'ai été plusieurs fois sérieusement traité dans des luttes corps à corps. Une fois j'ai eu deux dents incisives cassées, une autre fois ils m'ont fracturé un os de la jambe. Un malade me porta un jour un si violent coup à la main avec une barre de fer qu'il était parvenu à détacher d'un châssis de fenêtre, que j'en eus la main fracassée. Mes lèvres et mon nez n'ont pas toujours su échapper aux coups de poings. Aussi j'ai plus d'une fois renversé des malades en les payant de la même monnaie. Tout cela ne serait point arrivé si nous avions pu faire usage des moyens coërcitifs ordinaires, et les malades me paraissaient d'autant plus portés à nous battre, qu'ils savaient qu'il nous était défendu d'employer aucun moyen mécanique qui pût les tenir en respect. »

L'aveu ou plutôt la confession de cet infirmier est encore bien longue, Monsieur le Ministre, mais je vous ferai grâce du récit ultérieur de ces actes scandaleux, car avec un peu de variété, tous les faits qu'il avoue sont de même nature.

Je me flatte, Monsieur le Ministre, qu'en vue de ces pièces authentiques, et en faisant même abnégation pour le moment de tout raisonnement, il ne saurait rester à personne le moindre doute sur l'impossibilité de l'application du *système du non-restraint dans tous les cas* sans exception. Mais *rendons à César ce qui revient à César*, et nous devrons avouer que de même, qu'on trouve toujours quelque chose de bon et d'utile dans le plus mauvais livre possible, de même les partisans du non-restraint ont par leur violence et leur exagération même, singulièrement fait diminuer le nombre des cas, dans lesquels on n'avait autrefois jamais songé à se passer de moyens coërcitifs. S'ils s'étaient tenus dans de justes bornes, s'ils n'avaient pas méconnu le principe qu'en médecine moins qu'en toute autre science, et dans les maladies mentales moins qu'en aucune autre maladie, on ne

(1) Ne veuillez point perdre de vue, Monsieur le Ministre, que ceci s'appelle *non-restraint*.

peut être impunément exclusif ou systématique, nul plus qu'eux n'aurait mérité de l'humanité, nul plus qu'eux n'aurait fait faire de véritables progrès à la science qui s'occupe du traitement des aliénés.

Les conclusions de cette partie de mon rapport, Monsieur le Ministre, sont celles qui ont été publiquement émises en Angleterre, (1) en défiant tous les anonymes défenseurs du non-restaint, de pouvoir me prouver le contraire, savoir *que les moyens coërcitifs moraux ou physiques, peuvent être quelquefois utiles et en certains cas nécessaires, mais que le médecin ne doit en user qu'avec le plus grand discernement; qu'ils doivent être en ses mains ce que les médicaments violents et les poisons sont dans les mains d'un médecin expérimenté, ce que le fer et le feu sont dans les mains d'un chirurgien habile.*

(1) Lettre insérée dans le Médico-Chirurgical Review de James Johnson, Janvier 1842, p. 303.

GLOCESTER (1).

Il est en Angleterre un autre genre de lunatic asylums très remarquables et pour ainsi dire caractéristiques, ou du moins différant du tout au tout des trois premiers dont il est fait mention dans ce rapport. J'entends, Monsieur le Ministre, parler des lunatic asylums en partie soutenus aux frais du gouvernement provincial, en partie par les revenus de donations, legs, contributions volontaires annuelles, etc., etc. Ces asylums, et leur nombre est très considérable en Angleterre, méritent, au point de vue de notre pays, la plus sérieuse attention. Dans l'espèce, c'est une question vitale, et pour bien vous la faire comprendre, je crois devoir vous poser de prime abord la question suivante. Dans un pays où l'on doit bâtir de nouveaux hôpitaux pour aliénés, dans un pays où leur position réclame de la part de l'autorité supérieure une loi nouvelle, en un mot, dans un pays où, comme en Belgique, tout est à faire, *construira-t-on des hôpitaux pour aliénés recevant simultanément des pauvres et des malades payants, ou bien ne construira-t-on que des hôpitaux exclusivement pour les pauvres* (je suppose que le gouvernement en prenne la direction, comme j'aurai l'honneur de vous le proposer plus loin), *en laissant à des individus la liberté d'ériger des institutions privées, c'est-à-dire en donnant champ libre à la spéculation, tout en en bornant les abus, autant que faire se peut, par une loi sage et libérale?*

Pour quiconque a étudié cette question sous son vrai jour, et a vu et visité des hôpitaux des deux catégories, mais vu et visité, de la manière que j'ai eu l'honneur de vous indiquer plus haut, *il ne peut rester le moindre doute sur l'avantage inappréciable de construire des hôpitaux exclusivement destinés à* UNE *classe de la société:* mais pour en venir à cette heureuse solution, il est de grandes difficultés à résoudre. Quoi qu'il en soit, Monsieur le Ministre, en admettant cette dernière opinion, et je tâcherai de la faire prévaloir par des arguments irréfutables, je dois vous poser une question incidente : *A qui permettra-t-on d'ériger un établissement privé? au gouvernement, à une corporation religieuse, au médecin, ou au particulier?* Pour ce dernier système de spéculation, je dirai irrévocablement non, mille fois non; quant aux autres, je n'hésiterai pas à en exclure le gouvernement, et entre la corporation religieuse et le médecin, la préférence doit, ce

---

(1) Glocester est une charmante petite ville de 12,000 âmes, située à 50 lieues de Londres, dans un des sites les plus pittoresques et les plus agréables de l'Angleterre.

me semble, être donnée au médecin, (1) sans cependant en exclure la corporation religieuse : mais si cette dernière s'adonne à une pareille entreprise, sa conduite à l'égard des malades doit être diamétralement opposée (et ce serait là la grande difficulté, pour ne pas dire l'impossibilité) à celle qu'elle doit tenir dans un établissement pour les indigents ; la suite de ce travail établira clairement la ligne de démarcation entre l'une et l'aure. Je sais, Monsieur le Ministre, que le particulier pourrait éluder cette loi, en prenant un médecin à domicile, mais en ce cas le résultat étant le même, le but du gouvernement serait atteint

Dans cette importante question, Monsieur le Ministre, je veux comme ci-dessus, rester fidèle à mon principe, et tâcher d'arriver à la solution de la question non pas en syllogisant, seul et par moi-même, mais en vous donnant l'opinion de praticiens consommés, c'est-à-dire en vous exposant ce qui se passe dans les hôpitaux auxquels je fais allusion, et pour cela je vous donnerai ici le résumé des derniers rapports qu'ils ont publiés, en les faisant suivre de quelques réflexions.

Parmi les nombreux asylums de cette catégorie, celui de *Glocester* occupe le premier rang en Angleterre ; en Écosse d'après les rapports officiels et des renseignements incontestables que j'ai reçus, aucun ne peut rivaliser avec celui de *Dumfries*, dont j'ai déjà eu l'honneur de vous parler. On m'a assuré qu'en Irlande il existe des établissements pour aliénés qui peuvent avantageusement rivaliser avec les premiers de l'Angleterre et de l'Écosse : je regrette infiniment que la saison et d'autres circonstances ne m'aient point permis de m'y rendre ; plus tard je serai peut-être plus heureux. Pour en revenir à notre question, je commencerai, par vous donner le rapport des *visiting-justices de Glocester,* pour vous exposer ensuite l'opinion du médecin en chef, M. *Hitch,* et terminer ce qui a rapport à Glocester et à la question qui s'y rattache par mes propres réflexions.

RAPPORT DES VISITING-JUSTICES AU COMITÉ DU COUNTY LUNATIC ASYLUM

DE GLOCESTER, POUR 1840.

« Il y a peu de circonstances sur lesquelles le philanthrope puisse s'arrêter avec plus de satisfaction et de plaisir, que sur la différence que l'on constate entre le traitement d'aujourd'hui et celui auquel on avait naguères recours dans le traitement des

(1) Tous les *établissements privés* que j'ai visités, qui appartenaient à un *médecin*, sont au-dessus de tout éloge. Si l'esprit de spéculation sur le retard mis dans la guérison de ses malades, pouvait être soupçonné chez les médecins, ce serait un fléau pour l'humanité, car pourquoi ne les soupçonnerait-on pas coupables de spéculation à l'égard de tous leurs malades.

malheureux auxquels la providence a infligé le terrible châtiment de la perte de la raison. En jetant un regard rétrospectif sur les rapports qui provoquèrent le premier acte du Parlement, statuant une amélioration dans le sort des pauvres atteints d'aliénation, nous y voyons qu'à cette époque il régnait parmi le peuple les principes les plus erronés sur l'aliénation mentale comme sur ses différentes modifications, et on y rend compte qu'on avait recours à un traitement, moral ou médical, si inhumain, si grossier, si mal fondé, que l'acte du Parlement (1) qui régla le sort des aliénés peut être considéré comme justifié par les circonstances les plus impérieuses. Quoique dans ces rapports, l'évidence des révoltants abus qui se commettaient chaque jour fût immense, incommensurable, il est étonnant combien peu de sympathie les aliénés avaient avec la commisération publique, alors que celle-ci était si grande pour tout ce qui avait rapport aux autres infortunes qui affligeaient le pauvre et l'humanité (2). Réjouissons-nous cependant de pouvoir proclamer que déjà dès plusieurs années avant cet acte du Parlement, régnait dans notre comté la philanthropique, la sage idée de substituer la sympathie au ridicule, la commisération au mépris pour les malheureux aliénés ; rendons cet honneur posthume, à Mrs Rebecca Cam, payons-lui un juste tribut de reconnaissance pour son legs magnifique, legs (3,000 liv. st. ou 75,000 francs) qui peut être considéré comme la pierre fondamentale du county lunatic asylum de Glocester (3).

(1) Si l'on consulte les journaux de cette époque, on voit que cet acte du Parlement, dont je vous ai donné quelques extraits, provoqua maintes clameurs de la part de gens *pécuniairement intéressés* dans la question, mais il attira les éloges de tout homme de bien, et ceux que nous exposons ici, émanent de personnes qui font chaque année de grands sacrifices tant de leur personne que de leur bourse, pour améliorer le sort des aliénés. Sans le moindre doute, la même chose arrivera dans notre pays.

(2) Ne dirait-on pas, Monsieur le Ministre, que les *visiting-justices de Glocester* s'adressent à la Belgique.

(3) Cet esprit de philanthropie qui règne en Angleterre, Monsieur le Ministre, et auquel j'ai déjà eu plusieurs fois occasion de faire allusion, est au-dessus de toute croyance. Dans tous les asylums qui reçoivent des legs et des contributions volontaires, on voit en entrant dans leur vestibule, une longue liste des noms de tous les bienfaiteurs en regard de la somme qu'ils ont donnée. Que l'on ne croye pas que c'est là une philanthropie d'ostentation, car on y voit autant d'*anonymes* que des noms propres, et ces derniers y sont rarement pour les plus grandes sommes. La philanthropie anglaise s'exerce de toutes les façons et surtout *anonymement*. J'ai pu authentiquement apprendre des exemples innombrables: je me bornerai, Monsieur le Ministre à vous en citer un seul cas. J'eus l'honneur de diner à Londres chez Monsieur le Ministre plénipotentiaire de notre auguste souverain, MM. Masui, directeur des chemins de fer, et Coppens architecte de la ville de Bruxelles ; étaient également invités. M. Sylvain Vandeweyer nous raconta qu'il y avait huit jours, un vieux chirurgien mourut dans son voisinage. Le cadavre n'avait pas encore eu le temps de se refroidir, que déjà les créanciers avaient saisi jusqu'au dernier meuble qu'ils avaient trouvé dans la maison. Il fut de notoriété publique que les deux filles de ce pauvre chirurgien avaient constamment soigné leur père avec une tendresse et un dévouement exemplaires. Par sa mort, elles se trouvaient sans soutien et sans argent. — Un comité s'organisa, on nomma un tuteur et huit jours après on informa ces demoiselles qu'elles avaient 3000 l. s. (fr. 75,000) à la banque, produits de dons anonymes Il n'y a pas trois jours, ajouta M. Vandeweyer, que le tuteur reçut pour ces filles un billet *anonyme* contenant une banknote de 500 l. s. (12,500 fr.).

14

» Dans nos précédents rapports, nous avons tâché de vous prouver que nous avons fait tous nos efforts pour imprimer à l'asylum l'impulsion qu'il doit suivre, et aujourd'hui nos observations personnelles nous permettent de vous assurer que nous sommes parvenus à un degré de perfection, auquel les fondateurs de l'établissement n'ont jamais osé songer : bien plus, nous avons la satisfaction de trouver dans les rapports officiels faits au Parlement, que l'asylum de Glocester occupe le premier rang pour le plus grand nombre (proportionnel) de ses guérisons et le plus petit nombre de décès.

» Quant à la question du *restraint*, qui peut être considérée *comme la question vitale* quant à la différence qui existe entre le traitement d'aujourd'hui et le traitement des temps antérieurs (et les discussions qui ont eu lieu à ce sujet dans une foule de circonstances, soit publiques, soit privées, soit dans les feuilles médicales, soit dans les feuilles politiques, le prouvent suffisamment), voici ce que nous avons constaté de concert avec les médecins de l'établissement :

» 1° Nous nous sommes toujours fait une loi d'éviter les *moyens coërcitifs mécaniques*, autant que la chose pouvait se faire sans danger pour le malade ou pour ceux qui vivaient autour de lui ;

» 2° Les correspondances tenues avec les grands établissements du royaume nous ont clairement prouvé que les *moyens coërcitifs mécaniques* doivent être employés moins souvent qu'on ne l'a fait jusqu'à ce jour et cela avec un plus grand avantage pour les malades ;

» 3° Nous ne pouvons convenir que le *restraint soit préjudiciel en toutes circonstances* ; aucune expérience irréfutable et *véridique* n'est venu prouver qu'on peut s'en passer *toujours*, et tout nous prouve que la *séclusion est non seulement un moyen coërcitif mécanique plus violent que le restraint personnel ordinaire, mais qu'il s'oppose plus directement que tout autre moyen à la guérison des malades.*

» 4° Que le *restraint moral* c'est-à-dire, l'influence de l'exemple que les aliénés se donnent les uns aux autres, ou en d'autres termes *l'imitation* permettra de se passer plus facilement de moyens coërcitifs mécaniques dans un grand établissement que dans un petit (1).

(1 C'est là, Monsieur le Ministre, une des vérités les plus frappantes et en même temps un des faits les plus importants dans la thérapeutique des aliénés. Ce fait seul, aujourd'hui irréfutablement prouvé, devrait autoriser la loi qui défendrait la séquestration d'un ou de deux aliénés dans une maison privée. J'aurai accasion, Monsieur le Ministre, de revenir à cette question.

» Au premier Janvier 1842, il restait à l'établissement :

Hommes 98 { 170 pauvres
Femmes 125 } 53 pensionnaires.

Total 223

Admis en l'an 1841 :

347 { Nombre total des malades en traitement durant 1841

Hommes 51 { 32 pauvres
19 pensionnaires.

Femmes 73 { 44 pauvres
29 pensionnaires.

Total 124

	H.	F.	T.
guéris	26	46	72
améliorés	1	3	4
114 sortis { à la requête			
d'amis. .	5	10	15
décédés	13	10	23

{ par paralysie . 6
épilepsie . . . 13
phthysie . . . 4
───
23

233, restent dans l'établissement au 1er Janvier 1842.

1249 { 661 hommes { Nombre total des malades admis dans l'é-
588 femmes { tablissement depuis son érection, (17 ans).

Sortirent :

De ces 1249 {
guéris . . . 682
améliorés . . 33
à la requête
d'amis . . . 127
incurables mais
inoffensifs . . 62
morts . . . 112
───
1016 restent 233.

» Il a été dépensé en 1841 en tout et pour tout, 5,534 liv. st. ou 138,350 francs.

» Les pensionnaires de la première classe, ont une chambre à coucher, un petit salon, avec logement et nourriture pour un domestique, uniquement attaché à leur personne, au prix de 2 1/2 *jusqu'à 5 guinées* (une guinée fait 26 fr. et quelques centimes) par semaine. Les pensionnaires de la deuxième classe, associés entre eux pendant le jour, et n'ayant point de domestique exclusif *paient d'une* à *deux guinées* par semaine. C'est le comité qui fixe la somme à payer par le malade, et une fois classé dans la première classe, chacun y reçoit les mêmes égards, qu'il paye 3 ou 5 guinées. »

RÉFLEXIONS.

Par son étendue (il y a 12 acres de terre à labour, et 5 acres de terre en cours ou jardins), par sa situation et grâce aux soins éclairés du médecin en chef, l'asylum de Glocester est un des établissements des plus agréables, des mieux tenus et des plus importants de l'Angeletrre. Il présente la forme d'un hémicycle, avec une aile tombant perpendiculairement sur la partie moyenne de sa face postérieure, ou en d'autres mots projetant un corps de bâtiment du milieu de sa convexité. Le bâtiment offre dans toute son étendue deux étages et un rez-de-chaussée; la partie concave de l'hémicycle constitue la façade antérieure, exposée au levant, d'une construction élégante et gracieuse, et séparée de la grande route par un vaste jardin-anglais, borné par un grillage en fer très coquet.

Par ce peu de lignes, et par le rapport des *visiting-justices*, on ne saurait jamais s'imaginer, Monsieur le Ministre, qu'on aura à faire dans cet établissement à tout autre chose qu'à quelque riche lord retiré dans une charmante maison de campagne, qu'à dessein il a choisie dans un site riant et pittoresque, et qu'à dessein il a bâtie en hémicycle, afin que de chaque appartement il pût jouir de la vue de tous les autres (1). En effet, si l'on n'introduisait le visiteur que dans l'hémicycle, exclusivement occupé par le médecin en chef et sa famille, et par les malades de la première classe, l'illusion serait complète, car de tous côtés l'opulence, le luxe, le confortable le plus prodigue, la coquetterie la plus raffinée, et les amusements les plus divers et du genre de ceux où l'on ne compte pas avec la bourse, viennent au-devant de lui. Si l'on mène le visiteur au-delà de l'hémicycle, l'illusion disparaît; on peut le faire tomber brusquement de l'éden dans l'enfer, ou bien on peut lui faire parcourir un pays de transition, où l'aspect

(1) Une idée en fait souvent venir une autre, Monsieur le Ministre, et en m'arrêtant à celle-ci, il m'en vient une qui pourrait peut-être amener une modification favorable dans le projet du plan que j'ai eu l'honneur de vous présenter. J'ai déjà dit qu'il faut éviter *l'aspect* de *monotonie* dans les hôpitaux pour aliénés. En construisant en *hémicycle* les galeries du plan que j'ai présenté, on augmenterait la *variété* tout en conservant la *simplicité* qu'on ne doit jamais perdre de vue. Ainsi on aurait le plan indiqué dans la planche XIII.

D'autres avantages encore seraient la conséquence de ce plan, mais la construction d'un édifice sur ce plan en augmenterait beaucoup les dépenses dans la main-d'œuvre. Aussi conviendrait-il parfaitement pour la construction d'un établissement pour riches en supprimant les ailes A B et en y faisant les modifications que j'indiquerai en temps et lieu, tant pour ce plan que pour le premier.

des habitants, leur demeure, leurs manières et leur langage, lui
font venir des arrière-pensées, lui inspirent de l'inquiétude, lui
font soupçonner qu'il est dans un asyle de malheur, et que le
même air que les premiers habitants, qu'il a vus, respirent à
l'aise et autant qu'ils le veulent, est aussi respiré, mais bien plus
péniblement, par des infortunés dont le malheur, paraît de ce
chef, d'autant plus immense. Oui, Monsieur le Ministre, le contraste entre les quartiers habités par les premiers malades et ceux
habités par les pauvres, est si grand, si révoltant, que chez tout
philanthrope il doit inévitablement produire l'impression à laquelle je viens de faire allusion.

A Glocester, tout malheureusement, semble concourir pour
augmenter les pénibles effets de ce contraste; je parlerai d'abord
des bâtiments. Je vous ai déjà dit, Monsieur le Ministre, ce que
sont les quartiers habités par les pensionnaires de la première
classe; ceux de la deuxième, quoique déjà répatissés par le voisinage et au point de vue des premiers, surpassent néanmoins en
luxe et en confort, tout ce que dans cette catégorie d'établissements, j'ai rencontré dans aucun autre de l'Angleterre. Mais
qu'on ouvre une porte vers le milieu de la convexité de l'hémicycle, et on vous précipite brusquement dans un antre de misère
et de douleur : je veux parler du corps de bâtiment, où groupissent
les malades appartenant à la classe indigente.

Le plus mauvais plan possible a été adopté par l'architecte
dans la construction de cette partie de l'établissement (je dis l'architecte, car ainsi que toujours, Monsieur le Ministre, on a confié
l'adoption d'un plan quelconque pour cet établissement à celui
qui n'avait d'autres notions que celles d'arranger des briques et
des pierres avec plus ou moins d'art et de symétrie) : cette aile
forme un long parallélogramme, dont les deux lignes longitudi-
nales parallèles sont percées de croisées donnant de chaque côté
sur les cours de l'établissement. Cette longue galerie, n'a que la
largeur convenable pour contenir des cellules d'un côté et une
galerie de l'autre, et par conséquent ne devait jamais avoir reçu
d'autre destination que celle de loger les individus d'un même
sexe; mais malheureusement, il n'en est point ainsi, car afin de
pouvoir loger les deux sexes, une muraille mitoyenne la divise
dans toute sa longueur et pour les trois étages, en deux galeries,
n'ayant des fenêtres que d'un seul côté et donnant sur les cours,
et de l'autre des cellules adossées à la muraille mitoyenne, et ne
recevant l'air et la lumière que par la porte, donnant dans l'étroit
couloir (4 pieds de large) qui règne entre les portes des cellules
et les croisées. De cette manière, les cellules sont trop étroites et
surtout fort mal aérées, et la porte de chacune d'elles donnant

aussi difficilement passage à la lumière qu'à l'air, il s'en suit qu'elles sont obscures et tristes. Ajoutez à cela le long et étroit couloir et les barreaux de fer et les doubles portes en même métal, qui sont restées jusqu'à ce jour malgré les vives protestations du Dr Hitch, et vous n'aurez point de difficulté, Monsieur le Ministre, à vous convaincre que cette partie de l'établissement offre une identité parfaite avec une prison renfermant des criminels, et c'est là, je dois l'avouer, l'impression que sa vue a produite sur moi.

J'ai hâte de vous dire, Monsieur le Ministre, que le Dr Hitch n'est point le dernier à déplorer les tristes inconvénients de cette partie des bâtiments, et il s'estimait très heureux de pouvoir me dire qu'on venait de lui accorder la permission de faire élargir chacune des galeries de dix-huit pieds; cette nouvelle construction n'ôtera qu'une partie des inconvénients, car les cellules continueront à rester adossées à la muraille mitoyenne, et à recevoir par conséquent l'air et la lumière de la même façon qu'auparavant, mais avec un peu plus de liberté.

Je terminerai le paragraphe concernant les bâtiments de Glocester, en vous disant, Monsieur le Ministre, que les cours d'aucun autre établissement pour aliénés de l'Angleterre, ne peuvent sous aucun rapport, ni en étendue, ni en élégance, ni en aspect, rivaliser avec celles de Glocester : il n'y a que celles de Wakefield, qui leur soient supérieures par la vue pittoresque dont les malades peuvent jouir quand ils se promènent sur les plates-formes dont j'ai parlé. Malheureusement dans les cours de l'établissement de Glocester, comme dans les logis, on retrouve cette fatale supériorité en élégance dans celles qui sont destinées aux malades de la première classe sur celles de la deuxième, et celles-ci surpassent de beaucoup sur tous les rapports les cours de la classe indigente.

J'ai promis de vous parler d'abord des bâtiments, et en ne perdant point de vue que les quatre cinquièmes des aliénés ont la conscience de ce qui se passe autour d'eux, il devient inutile de m'appesantir sur la pernicieuse influence que cet état de choses doit avoir sur le moral de ces pauvres : aussi, en déduisant des conclusions des statistiques exposées dans le rapport, on ne doit pas être étonné que les riches y guérissent proportionnellement en plus grand nombre que les pauvres, et on ne doit pas non plus s'étonner que le docteur Hitch devient chaque jour un plus grand ennemi du système de réunion dans un même établissement de malades appartenant à différentes classes de la société.

On pourrait à ce qui précède faire l'objection suivante : le pauvre envisagera-t-il d'un œil d'envie des choses auxquelles il a été habitué depuis toujours ? sa misérable cabane n'est-elle pas située vis-à-vis de la somptueuse demeure de quelque million-

naire? dans la vie du monde n'a-t-il pas chaque jour sous les
yeux un plus grand déploiement de luxe et d'opulence que tout
ce qu'on peut étaler dans une pareille institution? ne peut-on
même pas aller jusqu'à se dire, que les animaux domestiques des
riches sont mieux logés et surtout mieux nourris que ne l'est généralement l'indigent, et si dans l'institution dont nous parlons
ici, il est sous tous les rapports mieux qu'il ne l'est chez lui, n'est-
ce pas un motif bien puissant pour qu'il ne s'aperçoive pas du
contraste en question? ses prétentions, sont donc dès lors in-
justes, car il ne se passe là que ce qui se passe dans le monde entier, c'est-à-dire dans la société telle qu'elle est aujourd'hui. En
théorie, Monsieur le Ministre, cette objection paraît très solide,
et elle semblerait devoir l'être également en pratique; mais ici,
elle ne l'est pas, bien plus c'est tout l'opposé : le Dr Hitch, spécialement et une foule d'autres praticiens désintéressés, n'ont pas
hésité un moment à admettre mon opinion sur cette question, et
à affirmer qu'ils peuvent constater chaque jour combien les pauvres de ces établissements y portent envie aux habitations qu'y
occupent les riches. Ce fait pratique, aujourd'hui incontestable
pour moi, est plus aisément avancé qu'expliqué, à moins qu'on
n'admette que le pauvre en sa cabane, où il jouit de la liberté, de
son libre arbitre, n'oublie sa misère et la distance qui le sépare
du riche. D'ailleurs ces idées lui viennent également dans le
monde, mais ici elles sont combattues par le raisonnement, et
surtout par la religion, tandis que dans une maison d'aliénés, et
aliéné lui-même, il a cessé d'être sous l'empire de la raison, de la
morale, et se retrouve constamment seul avec ses idées. Cette
dernière explication devient plus admissible encore, lorsqu'on
se pénètre bien de l'esprit du peuple anglais. La religion d'un
côté, (et certes il n'est aucun peuple de l'Europe où elle ait plus
d'influence), et les principes de l'instruction, soit primaire, soit
secondaire, de l'autre, tendent également à imprimer dans l'esprit des Anglais une espèce de vénération pour tous ceux qui
leur sont supérieurs en rang et en fortune. Nous autres, avec nos
idées démocratiques, nous avons de la peine à croire à cette espèce de culte que le pauvre voue au riche, que le plébéien voue
à l'aristocrate, que le riche bourgeois voue au noble, que tous
vouent à leur souveraine; pour s'en convaincre, il faut l'avoir
étudié sur les lieux, il faut avoir été dans la position de pouvoir
demander à un fils cadet, s'il ne porte point envie à son frère
aîné, qui roule dans l'or, tandis que lui, il ne partage rien du
rang ni de la fortune de son père, et a dû embrasser une profession quelconque pour vivre honorablement dans le monde et loin
de cette classe de la société au milieu de laquelle il est né.

Chez les aliénés en général, toutes les idées affectives et morales changent de caractère; il en est de même en Angleterre de l'espèce de vénération que le pauvre voue au riche, et on le remarque particulièrement dans l'asylum qui nous occupe pour le moment, et sous ce point de vue je considérerais comme une calamité, si un pareil établissement devait exister en Belgique : aujourd'hui cet inconvénient n'a pu encore s'y mettre au-devant de l'esprit d'un observateur, et la chose est si aisée à concevoir par ce que j'ai déjà dit sur le misérable état des bâtiments de nos établissements, que je craindrais abuser de votre patience, Monsieur le Ministre, si je ne passais outre, pour entamer le second point de cette même question, car quoi qu'il en soit de cette objection, qu'on l'envisage pour spécieuse ou fondée, elle est loin d'occuper le premier rang parmi les objections qu'on peut faire à la réunion de malades appartenant à différentes classes de la société. La différence des amusements, de la liberté, des occupations, etc., etc., des uns et des autres, doit décider la question en faveur de l'opinion que j'ai émise, et que j'émets de concert avec tous les praticiens experts, désintéressés et philanthropes.

D'après le court résumé que j'ai eu l'honneur, Monsieur le Ministre, de vous donner sur les récréations que le Dr Brown de Dumfries tâche de procurer à ses malades de la première classe, vous pourrez déjà pressentir combien sera fâcheuse l'influence que cet état de choses aura sur le moral des malades, surtout en ne perdant point de vue, comme j'ose le répéter, que les malades ont la conscience de ce qui se passe autour d'eux, et surtout en n'oubliant point que la plupart de ces récréations sont de nature à permettre une *liberté* plus ou moins grande, la *liberté*, cet éternel, cet unique cauchemar des aliénés ! En dehors de ces antécédents, qui *militent* puissamment en faveur de mon opinion, je tâcherai d'augmenter votre conviction, non seulement par ce que je vous dirai sur l'établissement de Glocester, mais par ce que j'aurai occasion de vous dire par la suite sur tous les autres établissements dont j'aurai l'honneur de vous parler.

Dans une correspondance que j'eus avec le Dr *Hitch*, au sujet du traitement des aliénés, voici, Monsieur le Ministre, ce que ce savant médecin m'écrivit un jour. En vous donnant ce paragraphe d'une de ses lettres, j'aurai plus de facilité à entrer dans la question qui nous occupe, et d'autant plus, qu'il expose les principes de ce médecin sur cette matière.

« Voici, dit-il, un point de traitement, sur lequel je me flatte de laisser loin derrière moi tous les autres médecins, c'est le degré de *confiance* que je place dans mes malades : *toutes les fois qu'il est possible, je les confie à leur propre honneur; je ne refuse jamais de croire à la parole qu'un malade me donne, et je la prends toujours comme gage de ce qu'il promet.* Agissant d'après ce principe, je puis vous assurer, que la cinquième partie de mes malades *au moins n'est jamais sous d'autre retenue* (restriction). Le Dimanche, en vertu de ce même degré de confiance, la même proportion à peu près de mes malades assiste au service divin dans les différentes églises de la ville et du voisinage, et la plupart s'y rendent sans être gardés de loin ou de près par des infirmiers. J'en envoie souvent plusieurs ensemble et ils se surveillent mutuellement : vous concevez que je n'accorde cette permission qu'à ceux chez lesquels j'ai la conviction de trouver la conscience de la faveur qu'ils obtiennent, et celle-ci a toujours la puissance de les faire exercer un contrôle suffisant sur leurs actions. »

Je ne crois pas dévier de ma question, Monsieur le Ministre, en vous rappelant 1° l'heureux résultat que M. Powell de Nottingham, a obtenu en confiant ou plutôt en faisant accroire à un aliéné qui déchirait constamment ses habits, qu'il lui en donnait des nouveaux en pleine propriété ; 2° que M. Corsellis de Wakefield, n'a jamais eu un seul malheur à regretter, quoiqu'il confiât chaque jour des ustensiles aratoires à des malades qui autrefois ne tenaient pas impunément, pour ceux qui les entouraient, une canne à la main ; 3° que M. Browne de Dumfries, laissait aller quelques-uns de ses malades aux concerts qui se donnaient en ville et que jamais on ne les avait distingués des autres personnes de la société ; 4° qu'en vertu de ce contrôle que l'aliéné exerce sur lui-même lorsqu'on place (avec discernement) de la confiance dans son jugement ou dans ses actions, j'ai eu l'honneur de vous proposer plus haut de numéroter tous ses objets et de les confier soi-disant à sa responsabilité et de faire en sorte qu'il s'en considérât le propriétaire. En vous rappelant ces heureux résultats qu'on obtient en plaçant quelque confiance dans certains aliénés, au lieu de dévier de ma question, je crois au contraire, Monsieur le Ministre, avoir donné du poids aux principes du Dr *Hitch*. Mais dans l'espèce ils s'étendent à une récréation (il en est de même à Dumfries et ailleurs), qui doit inspirer la plus grande jalousie possible aux malades qui ont la conscience de cette liberté accordée à d'autres, et le pauvre accuse toujours le médecin de ne l'accorder qu'aux riches (1). Disons-le aussi qu'à Glocester, le malade de la première classe sort quand bon lui semble avec ou sans domestique d'après l'état de son affection mentale ; il sort à pied, monte à cheval, se promène en voiture, va à la chasse ou à la pêche, ou parcourt la

(1) C'est là un reproche que j'ai entendu adresser au docteur Hitch à différentes reprises.

ville comme la campagne, et certes le pauvre, informé qu'il est de tous ces avantages, ne doit pas se voir de bon œil emprisonné dans son étroite cellule, car la liberté que le Dr Hitch accorde à quelques-uns d'entre eux et en certaines circonstances, est loin d'avoir l'extension qu'elle a chez les premiers. Ajoutez à cela, Monsieur le Ministre, les récréations qui attendent ces derniers lorsqu'ils rentrent dans l'établissement ou préfèrent ne pas sortir, et je me flatte que vous aurez de quoi compléter votre conviction sur les mauvais effets de ce contraste, car le soir pendant que le pauvre est abandonné à ses tristes réflexions, il est permis aux malades des deux premières classes de faire de la musique, de jouer au billard, aux échecs, et surtout de se livrer à la danse. Il y a par semaine une soirée dansante, où se réunissent les malades de chaque sexe, en société avec la famille du docteur, les demoiselles de compagnie, le pharmacien et quelquefois des invités ; je fus un de ces derniers le jour des Trois Rois. Nous nous réunîmes vers les sept heures du soir dans une grande salle, il y avait environ vingt malades, quelques-uns n'y vinrent que par curiosité, mais tous appartenaient à la classe des pensionnaires. Nous dansâmes jusqu'à neuf heures ; on servit à souper, on tira le roi, le punch fut distribué à tous les convives, la danse recommença et se prolongea jusqu'à onze heures. Je puis vous assurer, Monsieur le Ministre, que tout se passa dans le plus grand ordre, et un étranger ne se serait jamais imaginé qu'il assistait à un bal où les trois quarts étaient des aliénés. Quoiqu'on use fort peu de ce genre d'amusement en Angleterre, on ne l'aime pas moins avec passion, et dans plusieurs asylums on en a retiré de grands avantages pour le traitement des aliénés. Ce même soir, le Dr Hitch parvint à faire danser une demoiselle dont la mélancolie l'avait réduite à ne pas proférer une parole depuis six mois. La danse dissipa ce soir son mutisme, et le Dr Hitch en conçut de grandes espérances. Ce genre d'amusement doit encore être envisagé sous un autre point de vue, la réunion occasionnelle des deux sexes ; c'est une question sur laquelle j'aurai soin de revenir plus tard.

En se récapitulant toutes les espèces de récréations et de distractions que l'on procure aux malades dans les différents établissements de l'Angleterre, soit dans ceux qui sont uniquement destinés à la classe indigente, soit dans ceux qui reçoivent des pensionnaires plus ou moins riches, il est facile, Monsieur le Ministre, de se rendre compte de l'esprit de tolérance qui devrait animer une corporation religieuse qui entreprendrait la direction d'un établissement privé. J'admets que l'on proscrive certaines espèces de danse, et à propos de l'asylum de Lancaster, j'aurai sujet de faire quelques sérieuses objections contre quelques-unes; mais il n'est aucun autre amusement qu'on n'y doive introduire et mettre entre les mains du médecin comme un de ses plus puissants moyens de guérison. Dans notre pays d'ailleurs, nous nous livrons à une foule de jeux, entièrement inconnus ou inusités en Angleterre, tels sont les différents jeux de cartes, le domino, les boules, les quilles, etc., etc.

Je terminerai avec l'asylum de Glocester, en ajoutant que le Dr *Hitch* fait jouer un rôle très important aux maladies corporelles dans la production des maladies mentales; il croit que celles-ci sont rarement indépendantes de quelque lésion organique (ayant siège tout autre part que dans le cerveau) plutôt primitive que sympathique, et partant de ce principe, ses investigations se dirigent toujours vers la recherche de cette lésion organique, pour l'enlever s'il est possible.

Je crois le Dr Hitch trop instruit et surtout trop prudent pour se laisser abuser par cette doctrine et pour en faire un système. Certes les maladies *corporelles*, comme il l'entend, jouent un rôle très important dans les affections mentales, mais il ne faut point oublier que celles-ci commencent très souvent en dehors de ces lésions corporelles (1), lesquelles, si elles existent, sont souvent sympathiques et très souvent secondaires. Je crois hors de propos, Monsieur le Ministre, de vous développer ici ma doctrine sur la nature et le siège des maladies mentales. Toutefois comme vous devez la connaître pour la parfaite intelligence de mon traitement, je vous l'exposerai sans commentaires, en guise de propositions. D'avance je vous dirai que cette doctrine n'est point d'invention purement nouvelle, une foule d'auteurs l'ont professée avec plus ou moins de variétés.

1° Le *siège* de tout *acte intellectuel* est dans l'*encéphale;* il en est de même de l'*aliénation.*

2° Son *mode d'action* est un mystère impénétrable; toute *localisation absolue* est absurde ou au moins téméraire.

3° L'âme (je fais abstraction des doctrines de la théologie) n'agit ou ne se manifeste chez l'homme que par l'intermédiaire de l'encéphale; ainsi dans la *pensée*, ou dans toute autre action morale, il y a travail du *cerveau.*

4° L'influence du moral sur la matière cérébrale est incontestable et vice-versâ.

5° Toute maladie quelconque du corps a une action directe ou sympathique sur le cerveau ou sur le moral, et peut être *cause* d'aliénation.

(1) Le Dr Hitch entend parler ici de maladies quelconques du corps, qui n'ont point leur siège dans l'encéphale, car strictement parlant chaque affection mentale est le résultat d'une altération organique du cerveau, échappant fréquemment a nos investigations, mais qui de ce chef devient également maladie mentale organique.

6° Ainsi l'aliénation reconnaît *trois causes primitives* : A. une *lésion de l'encéphale* ; B. une *lésion morale* entraînant toujours et plus ou moins rapidement une lésion organique de l'encéphale ; C. une *lésion corporelle* (siégeant hors de l'encéphale) entraînant sympathiquement l'une ou l'autre d'abord des deux lésions précédentes.

7° La concaténation qui existe entre la lésion encéphalique et la lésion morale primitive, veut qu'on s'attache toujours à user simultanément et de moyens *physiques* et de moyens *moraux*, en donnant plus d'attention ou plus d'importance à ceux qui doivent se diriger contre la lésion ou cause primitive.

8° La lésion organique de l'encéphale échappe souvent à nos moyens d'investigations.

9° De même qu'un grand nombre d'organes réagissent sympathiquement sur le cerveau et y produisent des lésions physiques plus ou moins étendues, de même le cerveau primitivement malade, amène secondairement des lésions physiques dans les autres organes du corps.

10° Il existe fréquemment des lésions corporelles entièrement indépendantes de l'aliénation mentale.

Il n'en est pas moins vrai toutefois qu'il faut toute la sagacité, tout le tact d'un praticien instruit, pour distinguer la *folie*, que j'appellerai *idiopathique, morale*, ou *antérieure* à toute lésion organique cérébrale, de celle qui n'est que la conséquence de cette dernière. Il n'est pas rare dans le monde de voir attribuer à une excentricité ou à une singularité de caractère, ce qui n'est qu'un premier degré de maladie mentale ayant pour cause une lésion organique cérébrale (appréciable ou non). Ainsi, si chez un individu on constate un changement plus ou moins rapide dans le caractère, en tel sens qu'il devient d'une irritabilité extrême et d'une humeur contrariante, qui voudrait l'objet froid lorsqu'on le lui sert chaud, qui ne trouve rien à son goût, est vexé lorsqu'il ne trouve aucun motif de se mettre en colère, tombe pour des riens dans des accès de fureur épouvantables, veut être partout où il n'est pas, et ne s'y plaît plus dès qu'il y est, chez un individu enfin, avec lequel il n'y a plus personne qui puisse vivre, on peut être sûr que cette soi-disant excentricité est le premier degré ou le commencement d'aliénation mentale, résultant d'une lésion organique cérébrale souvent suivie d'apoplexie, et dont l'avant-coureur presque inévitable sera un dérangement dans les fonctions digestives. Dans les cas où une apoplexie ne vient pas éveiller le soupçon ou plutôt ne vient pas trahir l'existence d'une affection cérébrale, le public apprend un jour avec étonnement qu'un tel ou une telle a commis un acte de folie qui a nécessité sa séquestration dans une maison de santé. L'inverse se remarque tout aussi fréquemment dans le début de la folie, c'est-à-dire que c'est le *moral* qui a déterminé la lésion cérébrale.

Je me plais d'autant plus à insister sur ce fait, Monsieur le Ministre, que les auteurs, à mon avis, ne l'ont pas assez désigné à l'attention des praticiens, pour ce qui concerne les investigations sur le début de la folie. Il est rare qu'une aliénation mentale qui a débuté de cette façon, guérisse lorsque cette période qu'on pourrait appeler d'*incubation,* a duré un laps de temps très considérable. Mais qu'un pareil individu ait le bonheur de tomber entre les mains d'un médecin qui s'entend au traitement des maladies mentales, et' sans aucun doute ce dernier parviendra à la guérison de ce malade par une sage combinaison de moyens physiques et moraux.

Chez les femmes, un désappointement dans leurs amours, mène fréquemment à la folie; tous les auteurs sont d'accord sur ce fait. Je ne le relève ici, Monsieur le Ministre, que parce que dans ce cas la maladie débute presque toujours de la manière qu'il est dit dans le paragraphe précédent, et les auteurs n'ont guères insisté sur ce point qui, selon moi, est de la plus haute importance, car c'est de l'époque où le traitement commence, que dépend la guérison. Dans la société actuelle, ces cas sont excessivement nombreux, les maisons de santé sont encombrées de malades de cette catégorie, et jusqu'à présent, que je sache, on n'a jamais essayé de diriger un traitement ou contrôle moral contre ces personnes quand il en était encore temps, c'est-à-dire, quand elles vivaient encore au milieu de la société, et que celle-ci se bornait à les taxer de *folles,* d'*excentriques,* de *femmes à caractère bizarre, singulier,* etc., etc.

YORK

Dans un circuit de vingt-cinq milles anglais, au milieu duquel se trouve York (1), il y a une foule (j'en connais au moins vingt-cinq) d'établissements privés pour aliénés. Je ne rappelle point ce fait, Monsieur le Ministre, pour vouloir vous prouver qu'il y a dans cette province plus d'aliénés que dans toute autre, loin de là, car c'est peut-être le contraire, mais c'est parce que cette portion de la province (et Wakefield en fait partie) est un des endroits les plus pittoresques par ses montagnes et ses vallées, et des plus agréables par son climat, de l'Angleterre; aussi rencontre-t-on dans les établissements privés de York et de ses environs, des malades venant de tous les coins du pays.

Vous connaissez déjà l'important établissement de *Wakefield;* les établissements privés occupent pour la plupart d'anciennes demeures ou maisons de campagne de quelque lord, et toutes se le disputent en élégance et en confort. Toutes ces institutions lancent de temps à autre dans le public un prospectus avec une lithographie représentant la façade ou une vue quelconque des bâtiments et de leurs immenses jardins. Une collection de ces lithographies ornerait parfaitement un album, car ce serait une réunion de paysages tels que nous n'en connaissons guères dans notre pays, et je puis dire aussi, que celui qui n'a point quitté la Belgique ou la France, ne peut guères se faire une idée du grandiose des vastes maisons de campagne qu'on rencontre dans cette partie de l'Angleterre ainsi que dans plusieurs autres du même pays (2).

Quant à l'administration de ces maisons, vous avez vu, Monsieur le Ministre, qu'elles sont soumises aux mêmes lois et aux mêmes réglements que les établissements publics, à cela près qu'elles ne sont point obligées de tenir un médecin à demeure, à moins qu'elles ne logent cent malades (j'ai eu l'honneur de vous dire qu'on provoque de toutes parts l'abolition de cette mesure) : mais le nombre de leurs malades est dans la plupart excessivement limité, et va rarement au-delà d'une vingtaine. Mais il est à noter qu'il en est qui ont des malades qui paient de 500 à 1000 liv. st. (25,000 francs) et davantage par an ; de là il est aisé de concevoir

(1) Capitale du comté du même nom ; population de 12,000 âmes ; 75 lieues de Londres.
(2) J'avais écrit ces lignes, Monsieur le Ministre, longtemps avant ma visite à l'établissement pour aliénés de Vanvres près Paris, appartenant à MM. les docteurs *Falret* et *Voisin*. Il est vrai de dire, qu'il n'est aucune règle sans exception, car cet établissement (comme établissement privé) est plus beau que tout ce qu'il y a en Angleterre (voir plus loin). Quant à la partie scientifique, c'est-à-dire au traitement médical, là, comme dans tous les établissements que j'ai visités en France, elle devance l'Angleterre d'un demi-siècle.

que tout en n'épargnant rien pour le confort de leurs malades, il leur est néanmoins permis de faire de grands bénéfices, et à tort ou à raison, de graves accusations circulent parfois dans le public contre quelques-unes de ces maisons.

Je ne saurais rien dire qui puisse vous intéresser, Monsieur le Ministre, si je vous parlais *individuellement* de chacun de ces établissements : il y a tant de concurrence entre eux, que je n'ai guères eu *d'abus physiques* bien graves à constater dans tous ceux que j'ai visités : en principe néanmoins, je suis contre ces établissements ou contre ces maisons de spéculation, et il est bien aisé d'y remarquer (sans que j'ose dire ou même penser que ce soit à dessein), que lorsqu'on y a donné au malade tout ce qui peut lui être le plus agréable, on ne songe guère à son affection mentale (1), et tant mieux pour lui s'il en guérit, car pour le rendre tranquille ou content, on s'inquiète même peu si l'on aggrave son aberration mentale. Ainsi, on se rend à tous ses désirs, comme on feint de croire à toutes ses illusions, c'est-à-dire, qu'involontairement j'ose le dire, on fait tout ce qu'on pourrait faire de mieux pour alimenter ou plutôt pour légitimer le délire du malade. A chaque commotion gouvernementale, en Angleterre, et notre pays est loin d'être exempt de cette fatale influence, telles qu'un couronnement, un mariage du souverain, la naissance d'une princesse ou d'un prince, etc., les maisons d'aliénés ont l'assurance de recevoir immédiatement une foule d'individus dont le délire porte sur le héros de l'affaire. Ainsi, quelque temps avant le couronnement de la reine Victoria, il n'y avait pas d'établissement d'aliénés qui n'eût ses Victoria. Le prince Albert a bientôt eu son amphytrion dans tous ces palais. Pendant mon séjour en Angleterre est survenue la naissance de l'héritier présomptif de la couronne, le prince de Galles. J'ai bientôt rencontré des princes de Galles dans tous les établissements (privés surtout) que je parcourais, et pour en revenir à notre question, on avait amené dans une institution privée non loin de York un jeune homme de 18 ans, qui se crut le prince de Galles, et entra dans des accès de fureur épouvantables, lorsqu'on voulut ne pas le traiter comme tel. Aussi, pour éviter cet embarras, et sans tenir compte que c'était le rendre plus fou de jour en jour, et que c'était le mener à l'incurabilité, le traitait-on d'altesse royale, de prince de Galles, etc., et lui fit-on une cour assidue, car c'était un pensionnaire de la plus haute volée. Je ne puis m'empêcher d'engager la dame directrice à se rappeler une des comédies de Shakespeare, où un grand seigneur fait ramasser un ivrogne endormi dans la rue,

_____

(1) Reproche qu'on peut adresser à la grande majorité des établissements anglais, comme je le prouverai plus loin en parlant des établissements de la France.

pour le coucher dans un lit somptueux, et le fait saluer à son réveil par un nombreux personnel de domestiques en livrée, du titre de milord, en lui adressant force félicitations sur son heureuse guérison : et de quoi donc ai-je été malade, reprit l'homme du peuple? voilà bientôt dix ans, milord, qu'au grand déplaisir de milady vous vous imaginez être un homme du peuple? On joua si bien la comédie, qu'on aurait ébranlé un esprit mieux trempé que celui de l'homme du peuple, et à fortiori, puisque ce jeune Anglais a la raison si faible, que d'être victime d'une hallucination, à fortiori, dis-je, doit-il devenir complètement aliéné, puisque tout le monde autour de lui, concoura à lui faire croire à la réalité de ce qui n'est qu'une hallucination qu'il faudrait chercher à détruire.

Dans la ville de York même, il y a deux établissements pour aliénés, l'un est l'établissement provincial, mais il est si peu important qu'il ne saurait mériter un chapitre particulier, l'autre au contraire, inspire le plus vif intérêt, tant pour la manière dont il est tenu, que pour une espèce de spécialité qui le distingue de tous les autres asylums de l'Angleterre. C'est en quelque sorte un établissement privé, soutenu par une secte religieuse très remarquable, appelée *Quakers;* leur établissement s'appelle la *Retraite de York.*

Les commotions politiques ainsi que les opinions et les cultes religieux, jouent un grand rôle comme causes efficientes dans la production des maladies mentales. Il n'a point fallu attendre que Gall vînt nous dire qu'il y avait dans le cerveau une place particulière, une bosse qu'il appelle *théosophie,* pour savoir que l'homme naît avec le besoin d'adorer un Etre-Suprême, en même temps qu'il se sent entraîné par un désir irrésistible de s'en rapprocher et de percer le mystère impénétrable qui le cache à son intelligence. Jointe à un autre penchant, à un autre besoin également inné chez l'homme, celui de vouloir s'élancer toujours au-delà des bornes du connu, la *théosophie* a été fatale à plus d'une intelligence humaine, ou pour parler le langage de l'écriture, Dieu frappe souvent de vertiges le téméraire qui prétend s'élever jusqu'à lui, et partant bien des maisons d'aliénés représentent la tour de Babel.

Par caractère d'un côté et par esprit politique de l'autre, l'Anglais est essentiellement religieux; aucun autre peuple moderne ne s'occupe plus que lui, soit dans des réunions publiques, soit au sein des familles, de discussions sur les questions concernant la divinité ou le culte qu'on devrait lui vouer. Aussi l'Angleterre est le pays classique des controverses religieuses; dans nul autre pays on ne voit autant de sectes différentes, cherchant constamment à dominer les unes sur les autres. Une des plus singulières et des plus sévères est la secte des *quakers*, s'appelant aussi les *Amis*, ou la *Société des Amis*. Je n'expliquerai, et encore moins je ne discuterai leur culte ni leurs opinions : je me bornerai à dire qu'il est beaucoup de choses relativement au Christ et à sa mère qu'ils n'admettent point : ils ne veulent point la hiérarchie sociale, se traitent tous d'égaux, se tutoyent, portent un costume particulier, et défendent une foule de récréations. Jurer, se mettre en colère, mettre de l'animosité dans le langage, et ne pas faire tout le bien possible à son prochain, ce sont des crimes chez les *quakers*. Il suffit qu'un jeune homme dise à une fille : je te prends pour femme, pour être mariés, si la fille y consent. Ils ont longtemps refusé de se soumettre aux exigences qu'impose la société à tout citoyen ; on dit, qu'il en est encore qui laissent régulièrement vendre leurs meubles pour montrer qu'ils n'ont pas cédé aux agents du fisc. En s'adressant aux personnes étrangères à leur secte, les *quakers* ne font jamais attention à leurs titres ; ils les tutoient et les interpellent rien que par leur nom de famille, précédé de celui du baptême, s'ils le connaissent.

Je pense, Monsieur le Ministre, que ces préliminaires doivent jeter quelque intérêt, pour la question qui nous occupe, sur un établissement consacré à des individus appartenant à cette secte. Le médecin domicilié dans la maison même, et du nom de *Jean Turnham*, vient de publier un rapport sur la *Retraite de York* depuis son érection jusqu'à nos jours. En dehors de la spécialité de la question, qui pour nous en fait le fond, il est encore d'un intérêt majeur sous plus d'un autre rapport, et c'est ce qui m'engage à vous donner une traduction, sauf à omettre ce qui ne serait qu'une répétition de ce que nous avons déjà rencontré dans d'autres établissements.

« Le rapport que je (Jean Turnham) présente ici aux directeurs et aux amis de l'établissement, consigne les résultats de quarante-quatre années d'expérience, de Juillet 1796 jusqu'en Juillet 1840. Toutes les tables statistiques au nombre de 51 ont été faites avec tant de soins et de sévérité, qu'on ne pourra guère y retrouver que de très légères erreurs. Ce rapport a été rédigé autant pour être utile aux Amis (quakers) qu'au public en général.

» Il y a dans la *Retraite* quelques malades n'appartenant point à la *Société des Amis*, et les observations, que leurs cas (quoiqu'en petit nombre) nous ont suggérées, ont été soigneusement distinguées de celles qu'ont présentées les *Amis, afin de pouvoir établir les lignes de démarcation, s'il y en a, entre les maladies mentales des premiers, et les causes, le caractère et la terminaison de celles*

16

d'individus qui appartenaient à une secte religieuse, telle que la
Société des Amis.

» Indépendamment de l'intérêt particulier que, pour les motifs sus-mentionnés, les tables statistiques de la *Retraite* doivent présenter, il en est un d'un caractère plus général, en ce sens que tous les cas, qui y sont rapportés, ont été pris dans une portion très limitée de la société, et n'ayant avec elle que peu ou point de relations et jamais d'intimité. De plus, nous avons la certitude que tout malade récidivant a été ramené à la Retraite (c'est la seule en Angleterre), et d'un autre côté, personne mieux que nous ne peut se mettre au courant des antécédents de nos malades, attendu que nous connaissons tous ceux qui appartiennent à la *Société des Amis,* et peu des particularités de leur vie nous sont étrangères. Ces circonstances exceptionnelles doivent inévitablement tendre à nous faire obtenir des conclusions pratiques positives pour ce qui concerne le traitement des aliénations mentales.

» En principe, la *Retraite* fut érigée pour recevoir les aliénés appartenant à la *Société des Amis,* ou à ceux qui étaient en relation de commerce avec eux, car il est à remarquer que les *quakers* (j'emploierai dorénavant ce mot pour éviter la confusion) appartiennent presque exclusivement à la classe moyenne de la société et sont tous adonnés au commerce, à l'industrie, en un mot exercent tous une profession quelconque. Exempt de grandes passions et ne se livrant jamais à aucun excès, il est prouvé aujourd'hui que le *quaker* jouit d'une longévité plus grande qu'aucune autre secte religieuse. Tous ces motifs et les suivants déterminèrent les *quakers* à instituer la *Retraite* : on s'attendit à d'heureux résultats en consacrant une institution uniquement au traitement des individus appartenant à leur secte, et dans laquelle on aurait recours à un système de traitement tout à la fois plus doux et mieux approprié aux individus, attendu que les malades pourraient, pendant leurs intervalles de lucidité ou de convalescence, jouir de la société de ceux qui ont les mêmes habitudes et professent les mêmes opinions religieuses et politiques. On croyait que le mélange irréfléchi de personnes différant d'habitude et de religion, des profanes avec des vertueux, des sérieux avec des étourdis, devait être un grand obstacle à la guérison, et devait surtout altérer plus profondément l'esprit du mélancolique et du misanthrope. »

L'établissement, primitivement destiné à loger trente malades, a été successivement agrandi, au point de pouvoir en loger cent, et de posséder environ vingt-huit acres de terre, dont un quart est consacré à des jardins de plaisance la *Retraite* sans être un modèle de construction sous le point de vue architectural, (comme le disent les *quakers* eux-mêmes) n'en est pas moins un bâtiment dont la façade est d'un assez bon goût et d'un aspect très agréable. Par suite des additions successives, l'intérieur manque de simplicité et surtout d'uniformité, et ainsi que dans toutes ces circonstances on a déjà dépensé plus d'argent que si on l'avait reconstruit de fond en comble, et malgré tout cela il ne présente aucune commodité ; ce ne sont que des coins, des angles, de belles chambres, de petites chambres, des corridors étroits, etc., etc., se succédant sans suite et sans ordre. Enfin il est situé à un quart de lieu de la ville, et y occupe un des sites les plus pittoresques de la province.

» Il y a plusieurs classes de pensionnaires. Les plus pauvres payent huit shillings (10 francs) par semaine, ou *quatre* shillings sous la recommandation de quelque donateur *privilégié* (c'est-à-dire *qui* a souscrit pour une grande somme et a de ce chef droit à cette faveur). *Afin de ne pas renvoyer trop vite les malades après leur guérison et que celle-ci ne soit entièrement consolidée, les malades de quatre shillings par semaine comme ceux qui ne payent rien, et il y en a quelques-uns, sont engagés à rester* un an *dans l'établissement, s'ils y sont entrés endéans les six premiers mois de la maladie* (1). Ce que l'établissement profite de la rétribution des malades de la classe aisée, est employé au profit ou plutôt comble le déficit des indigents. La classe aisée paye de fr. 12-50 jusqu'à 150 francs par semaine, conformément à la fortune et aux exigences du malade.

» Il n'y a eu que fort peu de circonstances, où l'on n'ait pu recevoir les malades qui demandaient à être admis dans l'établissement : au fort des constructions nouvelles, on n'a même jamais refusé les cas récents ou graves. D'après les réglements on devrait exclure les idiots, les paralytiques, les épileptiques ou les incurables : il est infiniment rare que cette partie du réglement soit mise en exécution, attendu que les *quakers* n'ont point d'institution appropriée à ces malades.

» Comme il fut bientôt prouvé que l'établissement était plus grand qu'il ne le fallait pour la *Société des Amis*, on décida en 1820, d'y admettre des individus étrangers à la communauté, et depuis lors le nombre proportionnel a été de 10,70 sur cent. Pendant une période de 44 ans, on a admis à la *Retraite* 615 malades, dont 282 hommes et 333 femmes ; 146 de ces malades

(1) C'est là une mesure que je voudrais voir adopter dans tous les établissements consacrés aux pauvres. Elle est toute *philanthropique*, et fort *économique* en même temps. Les récidives sont d'autant plus à redouter que la guérison a eu moins de temps à se consolider sous l'empire des circonstances qui l'ont amenée, comme la récidive est d'autant plus inévitable, que le malade a été rejeté plus tôt au milieu des circonstances qui ont déterminé son mal. La curabilité diminue avec les récidives.

étaient admis pour récidives, de telle sorte que le nombre réel est de 469 malades, dont 223 hommes et 246 femmes. Il nous semble très important de distinguer le nombre des cas admis de celui des individus. Le traitement a eu pour résultat les nombres proportionnels suivants par cent sur toutes les admissions :

Guéris . .	42-9 hommes	51-1 femmes ou	47-3 terme moyen
Améliorés .	14-6 »	7-2 »	10-6 »
Sans chan-gement . .	3-9 »	5.6 »	4-7 »
Décédés .	24-8 »	20-7 »	22-6 »
Restaient à l'institution.	13-9 »	15-4 »	16-8 »
	100-0	100-0	100-0

» Si l'on défalquait de ce tableau les individus qui n'appartenaient point à la Société des Amis, nous aurions pour nombre proportionnel des guérisons 50-18 au lieu de 47-31.

RÉSULTATS OBTENUS PENDANT 44 ANS.

PÉRIODES DE 10 ANS.	ADMIS.		EN TRAITEMENT.		GUÉRIS.		AMÉLIORÉS.		AUCUN CHANGEMENT.		DÉCÈS.		TOTAL.		RESTAIENT.		MOYENNE DE CEUX QUI RESTAIENT DE CHAQUE PÉRIODE DÉCENNALE.	
	H.	F.	H.	F.	H.	F.	H.	F.	H.	F.	H.	F.	H.	F.	H.	F.	H.	F.
	48	70	48	70	13	27	3	4	»	»	12	5	28	36	20	34	14-1	823-35
1796-1806	118		118		40		7				17		64		54		37-53	
	46	63	65	97	20	44	8	4	1	3	9	10	38	61	27	36	23-95	35-35
1806-1816	108		162		64		12		4		19		99		63		59-30	
	77	73	104	109	40	30	6	7	5	4	16	19	67	60	37	49	30-42	37-25
1816-1826	150		213		70		13		9		35		127		86		67-67	
	88	93	125	142	36	49	16	7	4	11	22	26	78	93	47	49	40-95	54-75
1826-1836	181		267		85		23		15		48		171		96		95-70	
	24	34	71	83	12	20	8	2	1	»	11	9	32	31	39	52	40-50	48-50
1836-1840	58		154		32		10		1		20		63		91		89	
	282	333	282	333	121	170	41	24	11	18	70	69	243	281	39	52	28-50	38 65
1796-1840	615		615		291		65		29		139		524		91		67-15	

» Le nombre des guérisons a toujours été en augmentant ; la période décennale de 1816 à 1826, surpasse sous ce rapport toutes les autres, mais pour nous elle s'explique très facilement et cela en faveur de nos établissements. Les registres de cette époque nous font dûment voir, que par des circonstances fortuites tout extraordinaires, il n'a été reçu à aucune autre période plus de *cas récents* que durant celle-là, et c'est ce qui explique le nombre plus considérable de guérisons (1).

MOYENNES PROPORTIONNELLES DES GUÉRISONS ET DES DÉCÈS.

	GUÉRISONS.			DÉCÈS.		
	H.	F.	MOYENNE.	H.	F.	MOYENNE.
De 1796 à 1806	27-08	38-57	33-90	8-47	2-14	4-52
1796 à 1816	35-48	53-38	46-01	5-50	2-55	3-71
1796 à 1826	42-94	49-02	46-27	5-39	3-54	4-31
1796 à 1836	42-24	50-16	46-50	5-38	3-98	4-57
1796 à 1840	42-91	51-05	47-31	5-78	4-05	4-70

» Cette dernière table est intéressante sous un double rapport : 1° elle prouve que le nombre des guérisons augmente chaque année, et 2° que le nombre croissant des guérisons est considérable durant les vingt premières années : mais c'est durant cette première moitié de notre période de 40 ans, qu'on a fait subir les plus grands changements à la manière de traiter les aliénés (2).

» Une autre table statistique, établissant les différentes professions qu'exerçaient les malades appartenant aux *quakers* et de ceux qui appartiennent à d'autres religions, démontre qu'il n'est aucune différence notable entre les uns et les autres.

» Le plus grand nombre de femmes admises dans la *Retraite de York,* s'explique par le nombre plus considérable de femmes qui appartiennent à la religion des quakers.

» Sur le nombre total (28) des malades chez lesquels l'aliénation reconnaissait pour cause première l'abus des alcooliques, douze seulement appartenaient à la *Société des Amis ;* pour l'intempérance (abus de la table), le nombre proportionnel des personnes étrangères à notre communauté est au moins *double.* Sur sept

(1) J'ai déjà dit, Monsieur le Ministre, que si les malades rentraient dans une maison de santé endéans les trois mois après la première attaque, qu'il en guérirait neuf sur dix. Tous les praticiens sont aujourd'hui d'accord sur cette question. Elle doit autoriser la loi que j'aurai l'honneur de vous proposer plus loin.

(2) En effet le traitement des aliénés y est pour ainsi dire resté stationnaire, car il est presque impossible d'aller au-delà du confortable matériel des Anglais. Quant à la science, elle qui a fait des progrès immenses depuis un demi-siècle, il n'en est pas trop question dans les hospices d'aliénés en Angleterre.

femmes devenues aliénées à la suite d'un mariage malheureux, trois avaient choisi un époux n'appartenant point aux quakers.

» Durant 44 ans, quatre prêtres de notre communauté ont été admis, et il est à remarquer que le sujet de leur aliénation n'avait aucunement rapport à la religion.

» Sur nos 615 malades, 162 avaient de la propension au suicide, et parmi ces derniers, il y en avait 42 dont la folie avait un caractère religieux.

» *La moyenne proportionnelle de la durée du séjour des malades dans la Retraite, considérant la durée de leur maladie avant leur entrée, a été de 9 mois pour les malades qui étaient entrés endéans les trois premiers mois de l'attaque; de 15 mois pour ceux qui étaient entrés endéans les six premiers mois, de 18 mois endéans les 12 premiers mois et de deux ans chez lesquels la maladie avait plus d'un an de date* (1).

» Comme il nous est donné de suivre un individu jusqu'à sa mort, nous sommes à même de donner des renseignements sur tous ceux qui ont quitté la Retraite à la suite de leur guérison. 239 étaient sortis, et parmi eux 172 complètement guéris; 44 améliorés, et 23 n'avaient obtenu aucun changement dans leur état et étaient renvoyés parce que leur folie avait un caractère tout-à-fait inoffensif. 72 sont morts depuis leur sortie de la retraite, et de ces 72, 54 avaient constamment conservé l'usage complet de leur raison; 10 avaient donné des signes de nouveaux désordres intellectuels, et 8 étaient morts victimes d'une nouvelle attaque; 100 vivent encore aujourd'hui, parmi eux 78 jouissent de toute l'intégrité de leurs facultés intellectuelles; 13 ne sont pas exempts de tout désordre intellectuel et 9 ont vu revenir la maladie avec toute sa gravité première. Des 44 renvoyés par suite d'une amélioration dans leur état 9 ont complètement guéri. Des 23 sortis sans avoir éprouvé aucun changement dans leur position, aucun d'eux ne s'est rétabli ni amélioré. Parmi les récidives il en est plusieurs qui ne sont survenues qu'après 10, 20 et 30 ans d'usage complet et intègre de toutes les facultés intellectuelles. Parmi ceux chez lesquels on a remarqué le retour de quelque désordre intellectuel, nous avons vu quelques-uns mener une conduite irrégulière et débauchée; un autre a fait un commerce frauduleux; un petit nombre se faisait remarquer par un enthousiasme démesuré. Parmi les guéris, 25 se sont mariés.

» Sur cent malades la moyenne proportionnelle des décès a

(1) Je ne saurais trop appeler votre attention, Monsieur le Ministre, sur cette importante question.

été de 4-59 pour les quakers et de 4-70 pour ceux qui étaient étrangers à notre communauté. Dans l'*asylum de York* la durée moyenne de la vie des aliénés est de ans 38, 36/100, à la Retraite elle est de 39, 19/100. Ces chiffres pris pour points de départs pour la mortalité et la durée de la vie des personnes non aliénées diffère d'une moitié pour la Retraite et de trois quarts pour *l'asylum de York*. »

Après l'établissement de Dumfries, la Retraite de York, se met au premier rang des établissements anglais où le médecin tient quelque compte du pouvoir de la science dans le traitement de ces maladies. Je rendrai justice au médecin surintendant de cette institution en vous donnant un résumé de ses opinions sur le traitement moral des aliénés, quoique j'aie le regret de devoir vous dire, Monsieur le Ministre, qu'il est loin d'être à la hauteur du Dr Browne de Dumfries et bien plus loin encore des médecins de Paris, et qu'à ce regret je dois ajouter celui d'avoir vu sa doctrine plus longuement exposée dans son rapport qu'elle n'est bien exécutée dans son établissement.

» Un objet que nous n'avons jamais perdu de vue, est le *traitement moral* des aliénés: nous l'avons cependant mis en exécution autant qu'il fut en notre pouvoir (1); en cherchant à l'adapter au caractère comme à la maladie de l'individu, nous avons tâché d'entretenir en lui l'idée morale du vrai et du faux en lui fesant exercer un contrôle sur ses facultés intellectuelles, en même temps que nous lui avons toujours fait exercer les facultés mentales dont il avait conservé l'intégrité. Nous avons souvent mis l'amour-propre en jeu, et nous avons observé qu'il est rarement entièrement éteint chez l'aliéné. Autant que faire se pouvait nous avons feint de les croire responsables de leurs actes.

» En dépit de tout ce qu'on a dit sur l'inopportunité et sur le danger d'*effrayer* les aliénés (2), nous devons dire qu'il nous est

---

(1) M. *Turnham* ne peut alléguer aucune excuse ou aucun motif d'impuissance pour la mise entière à exécution du traitement moral Il a en son pouvoir tout ce que l'on peut désirer à cet égard ; les médecins français diffèrent en cela complètement avec lui : autant la Retraite de York est riche et élégante, autant les établissements de Paris sont misérables et hideux.

(2) Si l'aliéné est sensible au *bon traitement*, il doit l'être au *mauvais*; s'il est sensible à la *récompense*, il doit l'être au *châtiment*. Or nous avons prouvé qu'il est sensible et même très sensible aux bons procédés et aux récompenses, et il n'est doit pas l'être moins et en effet il ne l'est pas moins aux punitions. La privation des plaisirs est le premier châtiment, il en est une foule d'autres employés avec un succès incontestable et pour le malade lui-même, et pour ses commensaux, et pour tout l'établissement. J'aurai occasion, Monsieur le Ministre, de revenir sur cette question à l'occasion des hospices d'aliénés de Paris. J'ai jugé nécessaire d'ajouter cette note, parce que le Dr Turnham a plutôt l'air d'entrevoir les avantages de cette mesure que le désir d'y recourir réellement ; il y a quelque chose de vague dans l'énoncé de ce principe, qui est cependant de la plus haute importance.

arrivé chez plusieurs malades méchants et pervers, d'avoir avantageusement recours à quelques moyens de châtiment. »

M. Turnham s'étend ensuite longuement sur le danger de raisonner avec le malade concernant l'objet de son délire, et sur la nécessité de ne jamais dévier de la vérité c'est-à-dire de ne pas feindre de croire à la réalité de choses qui n'existent que dans son imagination : c'est là un principe, dit-il, aujourd'hui généralement admis par les praticiens, et moi, Monsieur le Ministre, j'ose dire que c'est là le principe le moins bien compris par les praticiens. En effet, que signifie ne pas raisonner avec le malade sur l'objet de son délire, et ne pas accepter pour réelles des choses qui n'existent que dans son imagination ? C'est là une question que je tâcherai de résoudre à propos des établissements de Paris ; pour le moment je me bornerai à vous dire, qu'il n'est pas difficile de prévoir laquelle des deux méthodes doit obtenir la préférence, ou de celle de la plupart des médecins anglais, qui se bornent à demander au malade comment vous portez-vous, et lui tournent le dos dès qu'il avance une erreur ou qu'il tombe dans son délire, ou de celle des médecins français, qui arrêtent le malade dès qu'il tombe dans son faux raisonnement et lui disent: ce que tu avances là, est une erreur ; ce n'est plus toi, c'est ton imagination égarée qui parle; tu crois entendre des voix, et tu n'entends rien, tu es malade du cerveau, tu as un transport et tu en guériras, c'est moi, ton médecin, qui te le dis, fais ton devoir, aide-toi, etc., etc., etc., et si c'est là raisonner avec le malade, les médecins Falret, Ferrus, Voisin, Foville, Leuret et tant d'autres célébrités en France le font, et ils font bien, et je dirai que j'ai été fortement surpris de l'effet que cela produisit toujours sur les malades. Mais je l'ai déjà dit, Monsieur le Ministre, je reviendrai un peu plus loin et longuement sur cette question.

» Eu égard aux *moyens coërcitifs*, nous les avons depuis longtemps envisagés comme un *mal nécessaire*, c'est-à-dire que nous y avons recours le moins possible, et nous ne concevons pas la possibilité de s'en passer *dans tous les cas*; bien plus, nous prétendons qu'il est des cas où ils sont utiles et nécessaires, comme il en est où ils sont moins cruels que tous ceux par lesquels on a dit pouvoir les remplacer. »

Le tableau suivant démontre que, sans être poussés à tout le développement dont pareils moyens, surtout les *moraux*, sont susceptibles, les occupations n'en sont pas moins mises au premier rang parmi les moyens qu'emploie pour la guérison des malades le médecin de la Retraite de York.

	H.	F.	TOTAL.
Travaux d'agriculture les plus durs	14	»	14
Travaux d'agriculture légers	6	»	6
Travaux constants dans le ménage.	1	6	7
Travaux occasionnels dans le ménage.	»	2	2
Travaux d'aiguille	»	13	13
Travaux d'aiguille par occasion.	»	18	18
Lecture	8	»	8
Dessin	1	1	2
Plus ou moins occupés	30	40	70
Sans occupation aucune, ne prenant que de l'exercice	15	15	30
Nombre total de ceux en traitement durant l'année	45	55	100

MOYENNES PROPORTIONNELLES (%) PRISES PAR PÉRIODES DÉCENNALES.

PÉRIODES DÉCENNALES	GUÉRISONS.						DÉCÈS.					
	MOYENNES PROPORTIONNELLES % POUR LE TOTAL DES ADMISSIONS.			MOYENNES PROPORTIONNELLES % POUR CEUX QUI RENTRAIENT ANNUELLEMENT.			MÊMES OBSERVATIONS QUE POUR LES GUÉRISONS.					
	H.	F.	MOYENN.	H.	F.	MOYENN.	H.	F.	MOINne	H.	F.	MOYENN.
1796–1806	27·08	38·57	33·90	9·16	11·56	10·65	25·00	7·14	14·40	8·47	2·14	4·62
1806–1816	44·44	69·84	39·26	8·35	12·44	10·79	20·00	15·87	17·59	3·76	2·82	3·20
1816–1826	51·95	41·09	46·66	13·14	8·05	10·34	20·77	26·02	23·33	5·26	5·10	5·07
1826–1836	40·91	52·69	46·96	8·79	8·94	8·88	25·00	27·95	26·51	5·37	4·74	5·01
1836–1840	54·17	58·22	56·90	8·02	10·56	9·26	45·83	26·47	34·48	6·79	4·64	5·61
1796–1840	42·91	51·05	47·31	9·04	9·99	9·84	24·82	20·73	22·60	5·58	4·05	4·70

TABLE STATISTIQUE INDIQUANT LE NOMBRE DES GUÉRISONS, EN RAPPORT
AVEC LA DURÉE DE LA MALADIE.

DURÉE DE LA MALADIE.	ADMIS.		SORTIS.										RESTANT EN 1840.		MOYENNE DE CEUX QUI RESTAIENT CHAQUE ANNÉE.	
			GUÉRIS.		AMÉLIORÉS.		SANS CHANGEMENT.		DÉCÉDÉS.		TOTAL.					
	H.	F.	H.	F.	H.	F.	H.	F.	H.	F.	H.	F.	H.	F.	H.	F.
Maladie ne datant pas plus de trois mois . . .	45	51	35	41	2	2	1	»	5	5	43	48	2	3	1-55	2-12
	96		76		4		1		10		91		5 *		3-67	
Pas plus de six mois . .	48	43	23	19	10	1	1	1	7	12	41	33	7	10	2-93	8-12
	91		42		11		2		19		74		17		11-05	
Pas plus de douze mois .	86	125	40	82	12	12	2	6	15	14	78	114	8	11	4-85	6-54
	211		131		24		8		29		192		19		11-39	
Au-delà d'un an . . .	103	14	24	28	17	9	7	11	43	38	81	86	22	28	19-17	21-87
	217		42 **		26		18		81		167		50		41-04	

* De ces cinq cas, trois guériront, deux sont décidément incurables.
** 31 en étaient à leur première attaque.

Chez les quakers les célibataires affectés d'aliénations mentales sont étonnamment plus nombreux que chez aucune autre secte religieuse de l'Angleterre. Le tableau suivant fera ressortir cette assertion, et elle aura d'autant plus de fondement, que l'on ne perdra point de vue que le nombre total des quakers est infiniment petit, eu égard aux autres sectes.

	QUAKERS.			N'APPARTENANT AUCUNEMENT A LA SOCIÉTÉ DES AMIS.		
	H.	F.	T.	H.	F.	T.
Célibataires	128	149	277	16	15	31
Mariés (sans enfants)	7	13	20	1	1	2
Mariés (avec enfants)	49	33	82	5	8	13
Veufs (sans enfants)	2	6	8	1	»	1
Veufs (avec enfants)	12	18	28	2	5	7
Total . . .	198	217	415	25	29	54

LANCASTER (1)

Parmi les nombreux établissements anglais que j'ai visités, Monsieur le Ministre, je me suis borné à ne vous donner un rapport détaillé que sur ceux qui offraient un cachet particulier d'intérêt et d'importance ; jusqu'à présent, j'ose m'en flatter, je n'ai point failli à mon plan, tandis que sous un autre point de vue, je puis me flatter d'avoir déjà soulevé toutes les questions les plus importantes qui sont du ressort des malades qui nous occupent. Le traitement *moral*, ou pour parler un langage plus approprié, *le traitement réellement scientifique*, n'a pas encore obtenu dans ce rapport la solution à laquelle vous avez droit de vous attendre, et c'est parce qu'en Angleterre je n'ai point rencontré cette importante question à la hauteur voulue. J'ai été plus heureux en France : à Paris, j'ai vu réalisées toutes les idées que j'avais conçues à ce sujet. Quoi qu'il en soit, l'Angleterre a indubitablement plus fait pour les aliénés qu'aucun autre pays du monde, car en France, les bienfaits que ces malheureux retirent de la science, ils les doivent, non pas à l'esprit de philanthropie de la nation, mais au génie transcendant de quelques individus et à un zèle infatigable qu'aucun obstacle n'a pu rebuter. Mais je n'anticiperai point sur les éloges qu'ils méritent à tant de titres, bientôt je pourrai leur rendre un tribut que jusqu'à présent on n'a guères songé à leur rendre.

Pour en revenir à ma thèse, de ne m'être arrêté qu'aux institutions qui présentaient quelque intérêt spécial, j'ai l'honneur de vous prévenir, Monsieur le Ministre, que l'*Hospice de Lancaster* présente une espèce de panorama de l'ancien et du nouveau système, et que sous ce rapport il mérite la plus sérieuse attention, car vous y verrez d'un coup-d'œil la solution de toutes les questions que j'ai précédemment soulevées, c'est-à-dire, Monsieur le Ministre, que vous y verrez le contraste des résultats entre l'ancien et le nouveau système de traitement, en même temps que vous y trouverez sous le même toit les conditions hygiéniques, quant aux localités, les plus diamétralement opposées. Ma tâche est ici encore une fois bien facile, car je n'ai qu'à vous traduire le rapport des deux jeunes médecins, nouvellement.

(1) Capitale du comté du même nom, de 15,000 âmes, à 100 lieues de Londres. L'asylum porte le nom de county asylum (hospice provincial): il ne renferme que des indigents. Lancaster est situé près les frontières d'Écosse; l'asylum est à un 1/4 de lieue de la ville et se trouve dans une vallée entourée de tous côtés de hautes montagnes. C'est une situation excessivement pittoresque. La façade de l'établissement est d'un goût tout-à-fait moderne et n'est point sans élégance.

mis à la tête de cet établissement; ils portent le nom de *S. Gas-kell,* médecin surintendant, et *Devittre,* médecin consultant. Le premier a domicile dans l'établissement.

Les réflexions n'étant pas toujours de nature à mériter un cha-pitre particulier, et du reste je n'en aurai que fort peu à faire, je me bornerai, Monsieur le Ministre, à les ajouter en notes, afin de ne point interrompre le cours du rapport de ces deux jeunes médecins.

RAPPORT ADRESSÉ AUX VISITING—JUSTICES DU COUNTY LUNATIC ASYLUM

DE LANCASTER (1841).

« En vous faisant un premier rapport sur un établissement aussi étendu que celui de Lancaster, qui a déjà 24 années de date, nous ne pouvons vous cacher que nous avons rencontré d'immenses difficultés. Avant toute autre considération, et atten-du que nous ne tenons encore notre mission que depuis seize mois, nous croyons devoir jeter un coup-d'œil sur l'état où nous avons trouvé l'établissement à l'époque où il nous fut confié.

» En entamant cette partie de notre rapport, nous vous pré-venons que nous ne cacherons aucunement la vérité, quoique ce soit là marcher sur un terrain excessivement délicat, car nous avons dû introduire de bien notables changements dans le trai-tement de vos malades. Le seul désir d'être utiles à l'humanité nous a guidés dans la mise en exécution du nouveau mode de traitement des aliénés, aujourd'hui préconisé dans toute l'Angle-terre.

» A notre entrée en fonction, il y avait 530 malades dans l'é-tablissement; la *diarrhée* faisait d'horribles ravages parmi eux, plusieurs périrent dans les premières semaines, et de tout temps cette maladie avait emporté plus de malades que tout au-tre(1). Nous fîmes les perquisitions les plus sévères et les plus mi-nutieuses pour en découvrir les causes et pour l'enrayer autant que possible : nous sommes heureux de pouvoir vous dire que nous avons réussi en grande partie.

» De 1816 jusqu'à notre arrivée, les *moyens coërcitifs mécani-ques* avaient été constamment employés et d'une manière abusive. Le jour de notre entrée en fonction, il y avait *vingt-neuf* ma-lades portant le gilet de force, et des liens de toute nature; *quarante* étaient fixés durant le jour dans des sièges qui ser-vaient en même temps de latrines, et durant la nuit tous les

(1) Le même fléau pèse sur les aliénés des hospices de Paris, ainsi que nous le verrons plus loin; cela tient tout à la fois aux localités et à la nourriture.

épileptiques et les violents étaient de manière ou d'autre enchaînés dans leur lit. Il était aussi d'usage, à l'arrivée d'un nouveau
malade, de le placer en restraint pendant la nuit, et cela pour
un laps de temps plus ou moins considérable. Les malades fixés
pendant le jour dans les sièges auxquels nous venons de faire
allusion, se trouvaient réunis dans une salle chauffée par des calorifères. Une muraille mitoyenne divisait cette salle en deux
compartiments, un pour chaque sexe. C'est à la muraille de séparation qu'étaient adossés les sièges en question. Les matières
fécales tombaient dans un ruisseau commun, qu'on évacuait une
ou deux fois par jour, en le faisant traverser par un courant
d'eau. Ces malades occupaient ces sièges du matin au soir : les
hommes portaient une espèce de jupon, et on ne leur accordait
jamais ni bas ni souliers, parce que la chambre était chauffée. Les
femmes étaient à peu près affublées du même costume. Cette
hideuse salle a été supprimée.

» Dès le principe nous avons adressé des réclamations sur le
trop grand encombrement des malades; nous ne nous arrêterons
plus à ces questions, puisque vous avez déjà remédié à la plupart
d'entre elles (1).

» Nous ne nous étendrons pas sur les mêmes détails de notre
traitement médical; il serait présomptueux d'attacher quelque
importance particulière à tel ou tel médicament qui aurait réussi
entre nos mains. La médecine n'est point une science exacte, et
les maladies mentales sont enveloppées de trop d'obscurité pour
déduire des conclusions avec précipitation. Une longue expérience peut seule s'attirer une préférence pour une méthode
quelconque de traitement. — Nous employons avec beaucoup de
succès les bains froids par aspersion, chez les personnes athléti-
ques qui sont sujettes à des accès de violence périodique. Nous
prenons le plus grand soin possible, afin qu'on ne prenne point
ce moyen comme un châtiment mais bien comme un remède.
Nous *n'avons jamais eu recours aux douches ou aux bains par
immersion, parce que nous les considérons moins comme remèdes,
que comme moyens de punition* (2).

» Peu à peu nous avons aboli tout usage irréfléchi de moyens
coërcitifs, et depuis cinq mois, nous n'avons pas dû y recourir

(1) Cet établissement, contenant aujourd'hui 600 malades, est de moitié trop petit pour ce
nombre. Il est juste de dire cependant que les médecins et les visiting-justices n'ont pas
épargné les efforts pour remédier à ce grave inconvénient : l'acquisition de terrains convenables a jusqu'à ce jour été arrêtée par l'entêtement des propriétaires des terrains limi-
trophes. On se flatte néanmoins de vaincre leur opposition.

(2) C'est ce qui prouve éminemment, ainsi que nous verrons plus loin, que ces Messieurs
attachent encore une fois tout le prix au traitement physique : tout est presque pour eux
dans les localités; tous les moyens moraux sont appliqués sans discernement ou sans but
décidé ou reconnu.

une seule fois , et nous avons la satisfaction de pouvoir vous dire , qu'en leur accordant toute la liberté possible , la plupart de ces malades se sont bientôt présentés sous des meilleures conditions physiques et morales. Plusieurs même ont été rendus à la raison. Nous évitons aussi le plus possible de substituer la force manuelle au restraint ordinaire. *Nous sommes loin cependant d'oser dire que l'on pourrait se passer de tout restraint dans tout cas venu.*

» Nous rencontrons de grandes difficultés pour obtenir quelques renseignements sur l'état antérieur des malades qu'on nous amène. Il est excessivement rare que le certificat d'envoi à l'hospice contienne autre chose que le nom du malade, et presque toujours l'individu qui accompagne ce dernier , connaît à peine le malheureux auquel il sert de guide. Nous faisons un appel à la complaisance et à l'humanité de tous ceux et surtout de nos confrères, qui ont été en rapport avec le malade avant sa séquestration, de vouloir nous faire parvenir tous les renseignements possibles sur ses antécédents , et de cette manière nous acquerrons de précieux documents pour parvenir à la guérison de ces malheureux. Nous devons aussi grandement regretter qu'il nous arrive une foule de malades des dépôts de mendicité, où ils ont été retenus pendant un laps de temps toujours très considérable , ce qui rend leur maladie le plus souvent incurable (1).

» La plupart de vos malades étaient autrefois nu-pieds en toute circonstance : tous portent aujourd'hui des souliers de draps , ce qui entretient une douce chaleur dans les extrémités , en même temps que ce n'est point une mesure sans importance pour le traitement de leur maladie. Nous avons trouvé l'inverse à la tête : ils portaient tous un bonnet de laine, ce qui augmentait grandement la chaleur naturelle de cette partie du corps : aujourd'hui ils portent tous des chapeaux de paille , qui sont confectionnés par les malades eux-mêmes , ce qui ajoute encore à l'utilité de leur emploi.

» Nous avons fondé une bibliothèque à l'usage des malades : elle contient déjà 265 volumes; en outre nous avons pris un abonnement à plusieurs ouvrages périodiques et à quelques journaux quotidiens. Les malades lisent ces différents ouvrages

(1) Je demandais au directeur du dépôt de mendicité de *Mons*, pourquoi je voyais parmi ses pensionnaires une foule d'aliénés. Les administrations communales ne payent ici que TRENTE-CINQ CENTIMES PAR JOUR, ET A LA MAISON D'ALIÉNÉS, IL LEUR EN COUTERAIT 62 ! telle fut sa réponse ; il en est de même dans toute la Belgique, et nous voyons que cet infâme procédé économique n'est pas encore entièrement proscrit en Angleterre. Je dirai cependant que c'est là une fausse économie, car tôt ou tard on se trouve forcé de transporter le malade dans un hospice d'aliénés, et on fait ce transport lorsqu'il est devenu incurable, et qu'il restera pour le reste de ses jours à la charge de sa commune , et cela A UN PRIX DOUBLE. *Je souligne ce dernier mot,* car il est inutile de faire un appel à l'humanité des hospices, un *mieux-être pour leurs administrés n'est jamais mis en balance, lorsqu'il s'agit d'argent.*

avec autant de plaisir que de profit pour leur santé. Nous faisons souvent des lectures publiques, c'est-à-dire que nous réunissons plusieurs malades autour d'un autre qui fait une lecture à haute voix.

Le chapelain lit des prières deux fois par semaine, et fait le service divin chaque Dimanche. Nous mettons autant que possible les malades en rapport avec le ministre de la religion, dès que nous jugeons que celle-ci peut avoir quelque influence favorable sur le sort de l'aliéné.

MOUVEMENT DE L'ASYLUM DE LANCASTER DEPUIS SON ÉRECTION EN JUILLET 1816, JUSQU'AU MÊME MOIS DE 1841.

	ADMIS.			GUÉRIS.			DÉCÉDÉS.			MOYENNE DES MALADES	MOYENNE DES GUÉRISONS. %	MOYENNE DES DÉCÈS. %
	H.	F.	T.	H.	F.	T.	H.	.	T.			
De 1816-1817	35	25	60	7	1	8	3		3			
1817-1818	75	48	123	12	4	16	10	10	20			
» 1819	35	17	52	15	10	25	9	2	11	141 $\frac{91}{365}$	7-80	17-85
» 1820	44	36	80	24	14	38	25	6	31	152 $\frac{210}{365}$	20-39	25
» 1821	38	22	60	12	9	21	9	6	15	157 $\frac{72}{365}$	9-54	13-37
» 1822	62	42	104	16	13	29	12	7	19	181 $\frac{126}{365}$	10-49	16-2
» 1823	63	52	115	20	15	35	21	12	33	234 $\frac{159}{365}$	14-10	14-96
» 1824	44	43	87	20	25	45	14	18	32	251 $\frac{197}{366}$	12-74	17-92
» 1825	76	55	131	35	20	55	18	18	36	276 $\frac{312}{365}$	13-8	19-92
» 1826	60	48	108	39	26	65	38	27	65	284 $\frac{253}{365}$	22-88	22-88
» 1827	83	52	135	27	26	53	37	20	57	276 $\frac{77}{365}$	20-65	19-20
» 1828	57	57	114	31	18	49	24	20	44	285 $\frac{260}{365}$	16-14	17-19
» 1829	76	58	134	22	22	44	32	16	48	307 $\frac{78}{365}$	15-63	14-33
» 1830	76	63	139	35	30	65	30	16	46	342 $\frac{60}{365}$	13-45	19
» 1831	83	62	145	37	37	74	39	21	60	338 $\frac{294}{365}$	17-75	21-86

		ADMIS.			GUÉRIS.			DÉCÉDÉS.			MOYENNE DES MALADES.	MOYENNE DES GUÉRISONS. %	MOYENNE DES DÉCÈS. %
		H.	F.	T.	H.	F.	T.	H.	F.	T.			
»	1832	90	72	162	34	35	69	42	27	69	344 $\frac{186}{365}$	20-5	21-22
»	1833	74	59	133	18	15	33	87	60	147	301 $\frac{104}{365}$	48-83	10-96
»	1834	92	62	154	28	19	47	41	24	65	328 $\frac{255}{365}$	19-81	14-32
»	1835	105	80	185	44	34	78	30	25	55	369 $\frac{105}{365}$	14-90	21-13
»	1836	94	76	170	45	28	73	40	36	76	406 $\frac{208}{366}$	18-71	17-98
»	1837	133	93	226	54	43	97	56	54	110	411 $\frac{321}{365}$	26-76	23-60
»	1838	118	90	208	43	49	92	48	24	72	431 $\frac{348}{365}$	16-70	21-34
»	1839	110	100	210	55	37	92	37	26	63	489 $\frac{49}{365}$	12-80	18-81
»	1840	117	89	206	54	45	99	58	27	85	523 $\frac{305}{186}$	16-25	16-89
»	1841	104	105	109	28	46	74	46	24	70	552 $\frac{77}{365}$	12-68	13-40

Ce tableau ne peut guères déjà démontrer l'influence salutair e d'un nouveau mode de traitement mis en vigueur depuis un an : Cependant toutes les différences sont en sa faveur, et *moralement* elles le sont bien plus lorsqu'on ne perd point de vue les nombreuses difficultés que l'on doit rencontrer dans une subversion, dans une proscription complète des moyens mis en usage: il n'aurait été aucunement surprenant que l'inverse se fut remarqué dans les résultats obtenus. Les succès obtenus par MM. *Gaskell et Dévittre*, sont une bien forte preuve à l'appui de la nécessité d'introduire partout des améliorations locales et diététiques dans les établisssements d'aliénés. Ces deux estimables médecins, jeunes encore, se mettront bientôt à la hauteur de la science, j'en ai pu acquérir la conviction par les relations que j'ai eues avec eux durant les quinze jours que j'ai passés dans leur ville. Ils méritent d'autant plus d'éloges qu'ils ont eu de plus grands obstacles de toute nature à surmonter, mais un jour, leurs efforts seront couronnés d'un plein succès, car il est à croire qu'ils dessilleront les yeux à leurs visiting-justices, lorsque à chaque année ils pourront leur adresser des rapports de plus en plus satisfaisants. Ces Messieurs m'ont communiqué leurs résultats du dernier semestre de 1841, et je puis dire qu'il leur fait le plus grand honneur.

Dans aucun autre établissement de l'Angleterre, je n'ai rencontré de plus vif contraste dans les localités : ainsi que j'ai déjà eu l'honneur de vous le dire, Monsieur le Ministre, on y voit réunis sous le même toit l'ancien et le nouveau régime en fait de localités, mais tous les habitants en sont soumis aux mêmes réglements, à la même direction et aux mêmes soins pour autant que le permet le mauvais état d'une partie des bâtiments. Ce contraste permet au visiteur expérimenté de voir d'un coup-d'œil tout l'avantage que doit retirer le médecin d'une bonne localité. Soit dit en passant, qu'on a construit, depuis peu, une aîle de bâtiment de chaque côté de l'établissement d'après le goût le plus moderne, et avec une élégance et une coquetterie sans pareilles dans aucun autre établissement pour indigents de l'Angleterre. Dans ce nouveau quartier logent environ 60 à 80 malades (moitié pour chaque sexe). Tout le reste de bâtiments présente des inconvénients que je crois inutile de rappeler, vu qu'en grande partie, je devrais dire ce que j'ai déjà dit de la Belgique, et ce que je devrai dire quand je parlerai des hospices de Paris. Dans le nouveau quartier tout respire un air de bien-être qui se manifeste dans la physionomie du malade comme dans ses moindres gestes : le bonheur semble semé sous ses pas, il n'a qu'à le cueillir à pleines mains. Il vient au-devant du visiteur, lui adresse des paroles aimables, gaies, spirituelles, et montre avec emphase le travail auquel il se livre. Aucune injure, aucune plainte ne sort de sa bouche : il accueille surtout le médecin avec une attention toute particulière. De l'autre côté de l'établissement, c'est le revers de la médaille. Le malade est morne, triste, silencieux, semble rêver à des projets de haine et de vengeance, sa physionomie inspire de l'effroi, il jure, parle constamment avec colère, insulte le visiteur comme le médecin, et comme poussé par l'instinct de l'injustice, il proteste contre son séjour dans cette prison, et ses protestations sont toujours accompagnées de gestes et de mots très désagréables pour celui qui doit les endurer ou les craindre. Là, le malade est plein de santé et de vigueur; ici il s'étiole; le dévoiement l'entraîne souvent au tombeau. D'un côté ils guérissent tandis que de l'autre ils tombent en démence, si la mort ne vient les délivrer, en attendant que les magistrats du comté se rendent à l'évidence et aux mille et mille réclamations du médecin de la maison.

Le mélange confus, et je dirai abandonné aux seuls caprices du hasard, est le meilleur système que l'on puisse adopter pour le classement des aliénés dans un hospice; tout autre classement ou classification ne doit exister que dans l'esprit du médecin en chef. Il est fort peu d'exceptions à ce précepte, je les indiquerai plus loin. Les heureux résultats qu'on retire de ce mélange sont aujourd'hui généralement reconnus par tous les praticiens : à Esquirol revient l'honneur d'avoir le premier positivement signalé l'avantage qu'a ce système sur le traitement de l'aliéné au sein de sa famille (1) « la cohabitation d'un aliéné avec d'autres aliénés, est un moyen de traitement, dit Esquirol, parce qu'elle oblige les aliénés à réfléchir sur leur état; parce que les objets ordinaires ne faisant plus impression sur eux, ils sont distraits par les extravagances de leurs commensaux ; ils sont forcés de vivre en dehors, à s'occuper de ce qui se passe autour d'eux, à s'oublier en quelque sorte eux-mêmes, ce qui est un acheminement vers la santé. » Toutefois, Monsieur le Ministre, il faut observer qu'Esquirol n'invoquait ces arguments, devenus aujourd'hui des faits pratiques, que pour démontrer l'avantage qu'il y avait pour l'aliéné d'être séquestré dans une maison spécialement consacrée à la guérison de ces maladies. Esquirol ne faisait point l'application de ce principe au classement dans l'intérieur de ses établissements. Comme la plupart des médecins d'aujourd'hui, les uns par raisonnement, les autres sans rime ni raison, il préconisait le classement des malades par genre de maladies. C'est ainsi que moi-même, je l'ai préconisé dans mon coup-d'œil sur les hospices d'aliénés de la Belgique, mais aujourd'hui des observations plus approfondies et plus pratiques m'ont fait reconnaître que ce système est erroné; il n'entre point dans mes vues, Monsieur le Ministre, d'ouvrir ici une discussion théorique (quoiqu'elle soit basée sur des faits pratiques), et je ne ferai que vous indiquer quelques-uns de mes arguments en faveur de ma doctrine.

C'est en faisant vivre l'aliéné en dehors de lui-même, c'est en ne lui laissant jamais le temps de s'occuper de l'objet de son délire, c'est en créant autour de lui d'éternels sujets de distraction, qu'on parvient à sa guérison, si celle-ci est encore possible : si elle ne l'est plus, malgré lui alors on le rend moins malheureux. Or serait-ce dans le but de parvenir à ces heureux résultats, qu'il faudrait des salles où l'on ne rencontre exclusivement que des mélancoliques, des épileptiques, des idiots, des individus en démence, des paralytiques, ou des incurables ? L'espoir de la guérison ne doit jamais être banni du cœur de l'aliéné; si vous rassemblez tous les incurables dans une salle spéciale, n'est-ce pas stigmatiser leur front d'une condamnation à l'éternelle prison ? L'épileptique connait toutes les horreurs qu'inspire son mal à lui-

(1) J'ai déjà invoqué plus haut d'autres arguments contre ce dernier mode de traitement.

même comme aux autres : s'il rend compte de ses accès, la relation
est si bien fardée qu'elle rend la maladie méconnaissable ; la vue
de l'accès d'un de ses commensaux provoque chez lui le même
accident ; en vue de ces motifs et de vingt autres encore, aura-t-
on raison de réunir les épileptiques dans une même salle et cela
au nombre de 50 à 70 comme je l'ai vu à Bicètre et ailleurs ?
le mélancolique fera-t-il quelque impression sur son voisin ;
l'un sera-t-il un objet de distraction pour l'autre ? Aujour-
d'hui il n'est presque plus un idiot qui ne soit apte à quelque
ouvrage manuel, qui ne s'amuse à quelque jeu, qui ne donne
quelque preuve d'une possibilité de travail intellectuel : c'est en
réveillant son *attention* (1) qu'on parvient à ces heureux résultats :
eh bien, comme il est impossible de s'occuper de lui toute la
journée, est-ce en le plaçant au milieu d'individus de son espèce,
qu'on parviendra à captiver son attention ? N'est-ce point cruel
que de mettre ensemble tous les paralytiques, qui ne se quittent
que pour la tombe ? Mettra-t-on ensemble tous les suicides ? (2)

Je ne m'étendrai pas plus longuement sur les avantages du système
de mélange non calculé ; il n'en est plus qu'un seul, Monsieur le Ministre, sur lequel j'appellerai votre attention, parce qu'il est de
la plus haute importance et pour le médecin traitant et pour la
comptabilité de l'établissement. Il consiste dans les services que
les aliénés peuvent se rendre *mutuellement ; services mutuels*
toutefois, qui ne peuvent se rendre que pour autant que
dans une même salle, il y ait un mélange capricieux de toute espèce de malades ; inutile de dire quels services et entre lesquels
ces services se rendront, cela se conçoit trop aisément. Il est un
autre fait qui n'a point échappé aux praticiens, l'affection qu'un
aliéné conçoit quelquefois pour un autre, souvent pour son voisin
de table ou de chambre. M. *Gaskell* a étendu ce principe d'une
manière toute ingénieuse et au grand bénéfice de quelques malades. Il lui arrive fréquemment de recevoir deux malades à la
fois, venant d'un même endroit et ayant été amenés dans la même
carriole. Il interroge séparément l'un sur ce qu'il a observé sur le
compte de l'autre ; il cherche à faire naître entre eux une affection
réciproque ; et toujours il tâche de mettre le plus malade sous la
surveillance toute affectueuse de celui qui l'est le moins. Il est rare
qu'il ne naisse point entre ces deux malades une affection réciproque qui tourne au bénéfice de l'un et de l'autre, car ils s'ob-
servent et s'aident mutuellement : ainsi j'y ai vu deux individus
arriver le même jour que j'y fis ma première visite ; le Dr *Gaskell*

---

(1) Il y a mille moyens à cet effet ; je les indiquerai plus loin.
(2) Permettez-moi de vous rappeler, Monsieur le Ministre, que de toutes les maladies aucune, dans un hospice d'aliénés, n'est plus contagieuse que le suicide.

s'y prit de telle façon, qu'il fit croire à l'un d'eux, au moins malade, que l'autre était un malheureux en tout digne de pitié et de soins. En moins de huit jours, le premier avait fini par tellement s'identifier avec le rôle de protecteur de l'autre, qu'il épiait avec une tendresse paternelle la moindre occasion de lui être utile ou agréable. Ce dernier avait une propension au suicide, et il ne lui aurait certes fallu d'autre garde que son compagnon de chambrette, pour l'empêcher de mener à fin toute tentative contre ses jours. Avec un peu de ce tact qui caractérise M. Gaskell, tout praticien peut fréquemment parvenir à faire naître cette salutaire affection ainsi que cette surveillance réciproques entre deux malades, quelle que soit l'époque de leur entrée, car M. Gaskell ne se borne pas à appliquer ce principe à deux entrants le même jour.

Dans un hospice d'aliénés tout doit tendre à renfermer le malade dans le cercle d'idées saines et raisonnables ; tout doit tendre à l'y retenir s'il veut s'en écarter, ou à l'y ramener si déjà il en est sorti. C'est là une opinion que j'ai déjà émise en d'autres termes lorsqu'il était question de maisons privées d'aliénés, ou d'aliénés traités par leur famille, et je ne la rappelle ici que pour démontrer le préjudice qui doit en résulter pour le malade, si on lui permet de s'adonner à des choses qui peuvent fausser ou exalter son imagination (1). Ainsi à l'asylum de Lancaster, on permet aux malades de se livrer à la *danse*, mais sous le point de vue en question, d'une manière tout-à-fait préjudicielle à leur rétablissement. C'est l'objection sérieuse que j'avais à faire contre la danse, et à laquelle j'ai fait allusion plus haut. A Lancaster, grâces à une ancienne coutume, que M. Gaskell n'est point encore parvenu à proscrire, on réunit une fois par semaine presque tous les malades d'un sexe dans la grande salle de leur quartier. On affuble un joueur de violon d'un costume excessivement bizarre, et tous les malades rivalisent entre eux pour représenter le personnage le plus grotesque. Dans le quartier des femmes, les malades s'habillent en hommes et vice-versâ. Leur danse est une vraie bacchanale, car s'ils ne sont point ivres de boissons, l'imagination l'est assez pour leur faire perdre tout contrôle sur leurs paroles comme sur leurs gestes. Le Dr Gaskell a eu plus d'un malade qui a gravement empiré après ces fêtes ; et dire qu'il m'a fait ces aveux en réponse aux reproches que je me permettais de lui adresser sur cet abus, plus grave encore en réalité qu'en apparence, c'est faire entendre que cet estimable confrère fait tout ce qui est en son pouvoir pour enrayer cette coutume barbare.

(1) C'est ainsi que, soit dit en passant, la musique pas plus qu'aucun remède moral quelconque, mais la musique surtout, ne peut être *indistinctement* permise à tout malade.

Mû par des idées éminemment libérales, M. *Gaskell* a su se faire aimer de tous ses employés, en même temps que par des concessions habilement ménagées, il a su leur faire aimer un service qui, dans la plupart des établissements, peut être à juste titre envisagé comme un esclavage insupportable. Les hommes mariés, et les célibataires, s'ils le désirent, peuvent aller se coucher en ville de nuit à autre; les autres jours, ils sortent à sept heures du soir pour rentrer à dix. Ils ont un Dimanche entier à leur disposition à tour de rôle (par moitié). De trois en trois ans, on augmente leur salaire; c'est là encore un infaillible moyen pour leur faire respecter et aimer leur service. C'est par la privation pour un temps déterminé des jouissances susdites, qu'il leur inflige des châtiments s'ils ont négligé leurs devoirs. De cette manière M. *Gaskell*, pourra aussi un jour comme M. *Corsellis de Wakefield*, montrer avec orgueil l'état de services de ses employés, et l'on y verra figurer des individus à vingt ans de service et au-delà. Les avantages qu'on retire de serviteurs qui ont vieilli dans cette dure fonction, sont trop facilement appréciables, pour que j'y insiste davantage.

En parlant des serviteurs dans un hospice d'aliénés, je ne saurais passer outre, Monsieur le Ministre, sans vous communiquer une idée que j'avais conçue depuis longtemps, et qu'une longue observation ou l'opinion de praticiens consommés pouvait seule résoudre; je veux parler de l'attachement que le malade ressent insensiblement pour les infirmiers qui l'ont soigné. Cet attachement, qui se manifeste parfois par les preuves les plus extraordinaires, se rencontre chez l'aliéné dont le mal est devenu incurable, comme chez celui qui est devenu convalescent: on ne saurait dire s'il est plus violent chez l'un que chez l'autre. La rupture de cette affection a le même effet chez le premier que chez le second. Il aggrave la situation de tous les deux. On n'a souvent su à quoi attribuer la *rechute d'un convalescent;* un œil expérimenté aurait facilement découvert que si on n'avait point changé le malade de quartier et partant d'infirmier, la rechute n'aurait pas eu lieu, et en effet le malade n'est pas plutôt rentré dans sa première habitation, que la convalescence est aussitôt le résultat de ce changement. C'est là, à mon avis, un argument très important contre le système de reléguer les convalescents dans un quartier séparé: c'est ici encore une fois une question sur laquelle j'ai entièrement réformé mon opinion, par les nombreuses observations que j'ai pu faire en voyage. Si je ne craignais de m'éloigner trop de mon sujet, je pourrais encore alléguer plusieurs autres motifs, Monsieur le Ministre, en vertu desquels il devient inutile et même dangereux de faire changer le malade de quartier alors qu'on le suppose entré en convalescence. Il est de précepte en pratique, comme en théorie et en logique, de ne jamais changer un système de médication qui mène le malade à la guérison : or quoi qu'on fasse, on change chez l'aliéné la marche qui l'a ramené à la raison, si on le déplace d'un quartier dans un autre, où nécessairement il devra se faire à un nouvel ordre de choses qui ne sera pas toujours en harmonie avec celui qui a provoqué une heureuse solution du mal dont il était affligé. Nous avons un troisième argument qui est bien important au point de vue des établissements dont il s'agit; nous voulons parler des services qu'un convalescent peut rendre dans la salle qui renferme les malades avec lesquels il a déjà vécu depuis un laps de temps plus ou moins considérable. Enfin, j'ajouterai encore un seul argument en faveur de ma doctrine, c'est que la *sortie* de l'hospice d'un aliéné *comme guéri*, aurait bien plus d'influence, quant à l'espérance qu'elle fait naître chez ses commensaux, que le changement de quartier *comme convalescent;* ils n'ignorent point qu'il reste dans l'établissement, et ils finissent bientôt par le perdre de souvenir comme ils l'ont perdu de vue.

Le changement des infirmiers d'une salle exerce toujours une mauvaise influence sur les malades : il y a une défiance réciproque qui mène aux plus fâcheux résultats. Ainsi, tel malade profère les plus horribles menaces qui ne seront jamais suivies d'exécution, tandis que tel autre profite des circonstances les plus frivoles pour commettre de graves excès : en attendant que l'infirmier ait pu connaître le naturel de ceux qui sont confiés à ses soins, il irritera le premier par d'inutiles précautions, et aura une confiance dangereuse dans le second. Il est un grand nombre d'aliénés qui abusent étrangement de l'ignorance ou de l'impuissance de l'infirmier, ils semblent se venger ainsi de l'arrestation arbitraire dont la plupart accusent les employés de l'hospice. Ainsi de l'aveu du docteur Cookson de Lincoln, et de tous les infirmiers, les malades qui d'habitude étaient calmes ou traitables lorsque les infirmiers avaient le gilet de force à leur disposition, devenaient agités et intraitables devant les moyens de persuasion ordinaire, du moment qu'ils avaient entendu le médecin proscrire formellement les moyens coërcitifs. Il n'est point de visiteur qui, en parcourant un hospice d'aliénés, n'ait été effrayé des menaces que des malades dirigeaient contre lui, et il était loin de s'imaginer que les malades le faisaient bien souvent dans le seul dessein de l'effrayer et qu'ils goûtaient un malin plaisir lorsqu'ils avaient réussi. Si le malade fait cet essai sur un infirmier nouvellement entré au service, et s'il réussit à l'intimider, il abusera de cette circonstance de toutes les façons. Il est ensuite des maniaques dont personne n'ose approcher, et il est rare qu'un infirmier n'ait le privilège exclusif de pouvoir faire de ce malade tout ce que bon lui semble. Ces arguments démontrent également tous les avantages qu'on retirera d'une corporation religieuse dans un établissement d'aliénés appartenant à la classe indigente.

NORTHAMPTON (1).

L'asylum de Northampton ne compte encore que trois années d'existence, sa construction est très élégante et au goût le plus moderne. Malheureusement le plan est très défectueux en ce qu'il manque d'uniformité : l'établissement avait été primitivement bâti pour un nombre fort peu considérable de malades, aujourd'hui ce nombre est double et s'élève à 148. Comme toujours l'architecte seul a été chargé de l'adoption du plan, et de là, les localités sont plus belles que commodes. On n'avait pas prévu qu'un jour on pourrait vouloir agrandir l'établissement, et partant on n'a point adopté un plan qui aurait permis d'élargir les constructions sans dévier du plan primitif. On reçoit dans l'établissement des malades appartenant à la classe indigente et des pensionnaires à différents prix. Comme l'établissement est tout-à-fait moderne, le contraste entre le quartier des pauvres et ceux des riches n'est point aussi choquant qu'à Glocester ; les mêmes inconvénients n'y existent pas moins comme dans ce dernier établissement. Un jeune médecin très instruit, M. *Pritchard*, est à la tête de cet établissement ; il s'occupe des maladies mentales avec beaucoup de succès, et dans l'espèce il ne tardera pas à être un homme éminemment recommandable lorsque l'expérience sera venu calmer son imagination ardente, qui l'a porté à tourner en système exclusif ce qui ne devrait être qu'un précepte de pratique plus ou moins souvent applicable : je veux parler du *non-restraint*, dans lequel il a donné tête baissée.

Le dernier rapport du Dr Pritchard n'est guères que l'écho des différents rapports dont j'ai déjà eu l'honneur, Monsieur le Ministre, de vous exposer les résumés. En vue de tout ce qui a été fait en Angleterre, et plus jeune que tous les autres, il n'a pu en trois ans sortir de l'ornière que d'autres avaient tracée depuis plus de vingt ans : il n'y est pas davantage question du traitement moral ; plus que tout autre cependant, le Dr Pritchard s'est occupé de la question de *curabilité* des aliénés d'après la durée de la maladie avant l'entrée à l'établissement. Dans son rapport de 1841, il y a, à ce sujet, plusieurs tableaux analytiques remarquables, que je me fais un devoir de vous transcrire.

---

(1) Capitale du comté du même nom; 15,000 âmes, 40 lieues de Londres.

TABLEAU D'APRÈS LA DURÉE DE LA MALADIE.

Depuis Août 1838 jusqu'à fin Juillet 1840	ADMIS.			
	ENDÉANS LES TROIS MOIS DE L'ATTAQUE.	SIX MOIS	UN AN.	TOTAL.
	59	33	83	175
Guéris	43	15	9	67
Décédés	6	4	24	34
Restaient à fin Juillet 1841 régardés comme curables .	3	1	2	34
Comme incurables . . .	7	13	48	62

Grâces aux efforts du Dr Pritchard, secondé par les visiting-justices, il est entré à Northampton plus de maladies récentes que dans aucun autre établissement de l'Angleterre, aussi de ce chef on ne doit point être surpris de la moyenne proportionnelle des guérisons qu'il a obtenues, et dont le tableau suivant fait foi : la moyenne est prise °/₀. Il mérite grandement d'être pris en considération par les administrations communales et les hospices, attendu qu'il s'agit d'une question financière et surtout d'économie.

MOYENNE PROPORTIONNELLE DES GUÉRISONS ET DES DÉCÈS D'APRÈS

LA DURÉE DE LA MALADIE.

	ENDÉANS LES TROIS PREMIERS MOIS	ENDÉANS LA PREMIÈRE ANNÉE.	AU-DELA DE UN AN.	TOTAL.
GUÉRIS	77-96	48-48	13-25	41-71
MORTS ET INCURABLES	22-03	39-39	57 83	58-28

DURÉE DU TRAITEMENT.				
GUÉRIS	6 mois.	11 m. 3 sem^{es}	9 m. 2 s^c. *	
CURABLES . . .	7 mois 2 sem^{cs}	14 m. 3 sem^{cs}.	28 m 2 1/2 s.	
DÉCÈS	2 semaines.	4 m. 2 semain^{es}	7 m. 2 s.	
INCURABLES . . .	17 mois 3 sem^{es}	29 m. 1 sem^o.	30 m. 2 1/2 s.	

* Ce tableau étant basé sur des faits pratiques, le Dr Pritchard ajoute en note, que ce ré-

19

DÉPENSES POUR CHAQUE INDIVIDU ET D'APRÈS LES MÊMES

PRINCIPES OU CATÉGORIES.

	ENDÉANS LES TROIS PREMIERS MOIS.	ENDÉANS LA PRE- MIÈRE ANNÉE.	AU-DELA DE UN AN.	
Pour les guéris .	277 francs.	575 francs.	475 francs.	
Pour les curables	327 francs.	627 fr.	1275 fr.	
Pour les décédés.	25 fr.	203 fr.	326 fr.	
Pr les incurables.	780 fr.	1312 fr.	1380 fr.	
Sur la totalité. .	340 fr.	830 fr.	980 fr.	

sultat favorable n'est apparent, attendu qu'il est arrivé que parmi les malades de cette catégorie, il en était entré plusieurs chez lesquels l'aliénation mentale n'était que sympathique
d'une maladie intestinale, qu'il était parvenu à guérir au bout d'un laps de temps fort peu
considérable.

NOTTINGHAM (1).

C'est à l'asylum de Nottingham qu'eut lieu le 5 Novembre 1841, la première réunion des médecins en chef des hospices d'aliénés de l'Angleterre, pour se concerter sur les améliorations à introduire dans le traitement ou le sort des aliénés. C'est donc à dessein, Monsieur le Ministre, que j'ai relégué à la fin de ce travail le rapport sur cet important établissement, afin qu'avant de suivre les intéressantes discussions qui y ont eu lieu, vous pussiez connaître et apprécier les hommes qui les ont soulevées. Mais avant que de parler de cette mémorable séance, je ne puis oublier de vous exposer quelques détails sur l'asylum de Nottingham ; ces détails seront nécessairement fort peu étendus, parce que je crois inutile de répéter ce que j'ai déjà eu à rapporter sur les meilleurs établissements de l'Angleterre, avec lesquels il peut rivaliser sous tous les rapports, ainsi que vous l'aurez pu entrevoir par les nombreuses allusions que j'ai déjà faites à M. Powell, chirurgien résident de cet établissement.

L'asylum de Nottingham est un vaste établissement pour les 150 aliénés qu'il renferme assez habituellement (2) : il y a des malades de deux catégories, des indigents et des pensionnaires. Parmi ces derniers, il n'y en a que très rarement qui payent de fortes pensions, et d'ailleurs l'établissement n'a point de ces élégants appartements comme ceux que nous avons rencontrés à Glocester. De cette manière le contraste entre les quartiers des indigents et ceux des pensionnaires n'est presque pas appréciable, et c'est là le plus grand éloge que je puis adresser aux magistrats-directeurs de cet établissement. Ces derniers comme le médecin de la maison, rivalisent de zèle et d'efforts pour procurer à leurs malades tout le bien-être physique dont pareille institution est susceptible. Ils viennent de faire une énorme dépense (3,000 liv. ou 75,000 fr.) pour la construction d'une machine à vapeur ayant un *quintuple* usage. 1º Elle fournit de la vapeur pour tous les besoins de la cuisine (en Angleterre tous les mets pour hôpitaux sont simplement bouillis à l'eau ou à la vapeur); 2º elle fournit l'eau chaude pour la lavanderie et le séchoir (chambre carrée, traversée par une foule de tuyaux calorifères qui en élèvent la température au point de sécher le linge en quelques minutes); 3º elle fournit simultanément de l'eau chaude et de l'eau froide dans toutes les

(1) Ville capitale du comté du même nom; 100,000 âmes; 80 lieues de Londres.
(2) Voir planche X.

parties et pour tous les usages de l'établissement ; 4° elle alimente des tuyaux calorifères qui élèvent dans tous les corridors la température à 55 degrés Farenheit ; et 5° elle fournit autant de becs de gaz qu'on peut en désirer. Le bâtiment où est cette machine, est situé dans un coin du jardin, hors de vue, et à environ cent mètres du bâtiment principal. Eu égard aux nombreux avantages qu'on retire de cette machine, il est constaté que c'est un procédé éminemment économique en réalité, quoiqu'en apparence et pour premières dépenses, il paraisse très onéreux. Toutefois il est un autre point de vue sous lequel cette machine présente d'incontestables avantages. De l'aveu de tous les praticiens, il faut éviter un trop nombreux personnel de serviteurs dans un hospice d'aliénés, non pas de serviteurs qui veillent sur les malades, mais de serviteurs qui sont occupés de soins domestiques, et à l'aide de cette machine on économise certainement plusieurs domestiques dont la besogne ne saurait toujours être faite à propos par des malades. D'ailleurs sans une machine pareille, il n'est presque pas possible d'avoir des bains et des latrines inodores dans toutes les galeries et à tous les étages, et rien ne peut compenser l'avantage qu'on retire de ces deux objets. A Bethlem et à Lincoln, au moyen d'une machine, mue par une roue, et placée dans la cour des hommes, on porte de l'eau froide dans un grand réservoir placé sur la partie la plus élevée de la maison, d'où descendent des tuyaux dans tous les coins du bâtiment. Cette machine occupe constamment six individus, et pour un établissement qui n'a pas les moyens de construire une machine à vapeur, cet expédient n'est point à négliger.

Les goûts les plus dépravés se rencontrent quelquefois chez les aliénés : on en voit entre autres qui mangent leurs excréments. Au moyen d'un mécanisme fort simple et très ingénieux, adapté aux latrines inodores ordinaires, M. Powell a enlevé au malade la possibilité de manger ses excréments. Ces latrines consistent en un grand pot de chambre ordinaire, dont le fond est mobile : il est placé dans une caisse en bois, pareille à nos commodités. A trois mètres au-dessus est un réservoir d'eau qui communique avec le pot de chambre. Dès que le malade s'assied sur la lunette, celle-ci baisse de deux pouces par le seul poids du malade, et en se baissant elle fait jouer simultanément deux ressorts : le premier ouvre largement le bas-fond du pot de chambre, et de cette manière les excréments tombent dans un puits *ad hoc* ; le second ouvre une soupape du réservoir, et aussitôt et aussi longtemps que le malade reste sur la lunette, une grande quantité d'eau descend avec impétuosité par un tuyau qui se termine en arrosoir à la circonférence supérieure du pot de chambre, et en irradiant impétueusement sur toute la surface interne de ce pot, l'eau entraîne avec elle jusqu'à la dernière parcelle d'excréments. Lorsque le malade se lève, le bas-fond se referme et l'eau cesse de couler : toutefois il en coule encore une quantité suffisante pour remplir le quart du pot de chambre, dont le fond est ainsi constamment rempli d'eau jusqu'à une hauteur de quatre à cinq pouces. En dehors du précieux avantage de ne pas laisser au malade le temps de saisir ses excréments, ces latrines sont plus inodores qu'aucune de celles que j'ai rencontrées en Angleterre : je ne saurais trop en recommander l'usage dans tous les établissements publics, et le mécanisme en est si simple et surtout si peu dispendieux, que par la simple description que je viens de vous en donner, je ne doute aucunement, Monsieur le Ministre, que le premier charpentier venu ne puisse l'exécuter.

Il est hors de doute que les aliénés seront d'autant plus méchants et intraitables qu'on prendra plus de précautions matérielles pour les empêcher de faire du mal ou de commettre des dégats ou en d'autres mots que l'hospice aura plus de ressemblance avec une prison. C'est là d'ailleurs la continuelle tendance de l'esprit humain, comme l'observait fort bien Horace, lorsqu'il disait : *semper ruimur in vetitum nefas, cupimusque negata.* M. Powell me fit remarquer qu'autrefois toutes ses croisées étaient protégées à l'intérieur des galeries par un réseau en fil de fer. Chaque jour, dit-il, et je ne sais comment, ils parvinrent à me briser des carreaux de vitre. Voyant l'inutilité de ces réseaux, je les fis successivement disparaître, et depuis lors il est fort rare que l'on me casse des carreaux de vitre.

MOUVEMENT GÉNÉRAL DE L'ASYLUM DE NOTTINGHAM DEPUIS SON ÉRECTION

(12 FÉVRIER 1812) JUSQU'AU 1er JUILLET 1841.

Admis . .	Hommes .	686	} 1217	
	Femmes .	531		
Récidives .	Hommes .	167	} 283	
	Femmes .	116		
			1500	
Guéris . .	Hommes .	372	} 686	
	Femmes .	314		
Sortis amé-liorés . .	Hommes .	190	} 331	} 1165 à reporter
	Femmes .	141		
Sortis incurables mais inoffensifs	Hommes .	89	} 148	
	Femmes .	59		

Décédés . . { Hommes . 130 } 182		Report 1165
Femmes . 52		
Regardés pr { Hommes . 18 } 36		335
curables. . { Femmes . 18		
Incurables . { Hommes . 54 } 117		————
{ Femmes . 63		1500

Parmi ces décès plusieurs sont arrivés à la suite d'une violence quelconque, en voici le tableau :

NOMBRE.	AGE.	SEXE.	CAUSE DES DÉCÈS.	DATE DES DÉCÈS.
1	55	Homme.	Suicide par pendaison.	Mai 31, 1814.
2	56	Femme.	Id.	Juin 26, 1814.
3	52	Homme.	Assommé par un malade.	Décembre 25, 1816.
4	27	»	Id.	Décembre 24, 1817.
5	66	»	Suicide par pendaison.	Août 5, 1818.
6	50	Femme.	» par le feu.	Novembre 27, 1828.
7	66	»	» pendaison.	Décembre 26, 1831.
8	33	Homme.	» pendaison.	Juin 29, 1833.

Il est plusieurs autres établissements publics, Monsieur le Ministre, tels sont ceux de *Stafford*, de *Cheltenham*, d'*Oxford*, de *Wandsworth*, de *St-Luke* (à Londres), etc., etc., dont je pourrais vous présenter les rapports ; mais des deux choses l'une, ou bien, ils ne sont pas assez importants pour mériter votre attention, ou bien, ils ne présentent aucune particularité que je n'aie déjà eu occasion d'exposer en parlant des autres grands établissements de l'Angleterre. J'aime donc mieux passer outre et terminer mon rapport sur les hospices d'aliénés de l'Angleterre, en vous donnant le compte-rendu de la séance dont j'ai eu l'honneur de vous parler plus haut.

ASSOCIATION DES MÉDECINS EN CHEF DES HOSPICES D'ALIÉNÉS

DE L'ANGLETERRE.

Première réunion annuelle tenue à Nottingham, le 4 et 5 Novembre **1841.**

Président, *A. Blake*, médecin consultant de l'hospice d'aliénés de Nottingham,

Secrétaire, *J. Hitch*, médecin en chef de l'hospice d'aliénés de Glocester,

C. Corsellis, idem de Wakefield,

S. Gaskell, idem de Lancaster,

Pritchard, de Northampton,
Powell, de Nottingham,
Prosser, de Leicester,
Shute, médecin consultant de Glocester,
Smith, médecin résident de Lincoln.
Thurnam,　　id.　　du York Retreat
L'abbé Wilson, ⎰visiting-justices de Nottingham.
T. Close,　　　⎱
Bowden, médecin de Londres.
Crommelinck, médecin Belge.

(Extrait du procès-verbal.)

Le Jeudi quatre Novembre, tous les médecins se trouvèrent réunis à 9 heures du matin à l'hospice de Nottingham. Avant que d'ouvrir la séance, il fut décidé, sur la proposition de M. *Powell*, qu'on visiterait d'abord l'établissement jusque dans ses plus menus détails, et que chaque membre ferait sur le lieu même les observations qu'il jugerait convenable et les critiques qu'il croirait juste de faire quelques sévères qu'elles pussent être. Les *visiting-justices* furent *spécialement invités* à accompagner les médecins dans cette tournée *inquisitoriale*, si je puis m'exprimer ainsi, et il fut en outre décidé que dorénavant ce serait par cette *visite scientifique officielle* qu'on ouvrirait la séance. Qu'il me suffise de vous dire, Monsieur le Ministre, que pas un coin, pas un angle, pas un malade, en un mot, pas le moindre objet ne put échapper aux regards scrutateurs de tant d'hommes expérimentés : tout devint un sujet de discussion ; chacun apporta pour arguments des résultats d'une longue expérience, et soit dit en passant et c'est un honneur dû aux Anglais, ils ne jettent point dans leurs discussions le poids d'un amour-propre mal placé, ni celui d'une aveugle jalousie de métier ; leurs discussions sont graves et imposantes ; personne ne prend la parole qu'alors qu'elle lui a été accordée par le président ; et pendant ces deux jours, il n'a pas été perdu une minute en questions oiseuses ou en discussions personnelles. Une décision bien importante fut prise à l'unanimité. *Il fut convenu que tout sujet en litige serait simultanément mis à l'épreuve par tous les membres de l'Association, et que chacun en rendrait compte à la séance subséquente ; et, quel que fût le résultat des expériences réunies, chacun s'engageait à s'y soumettre, c'est-à-dire à proscrire l'emploi de tel ou tel moyen, ou bien à le mettre définitivement en pratique. C'est ainsi que différents instruments ou ustensiles à l'usage des aliénés, furent proposés par plusieurs membres, et il fut convenu que chacun les mettrait à l'essai et rendrait compte de ses résultats dans une séance suivante.*

La présence des magistrats-directeurs de cet établissement rendait cette réunion directement et immédiatement utile aux aliénés. Les médecins furent unanimes à blâmer certaines parties de l'établissement (le défaut de ventilation dans les quartiers du rez-de-chaussée, le trop grand froid qui y règne à cause des dalles pavées, etc.), et certes un accord aussi imposant d'opinions de la part d'hommes aussi expérimentés que désintéressés, joint aux réclamations réitérées de M. *Powell,* ne pouvait manquer de réveiller l'attention de ces magistrats, qui osèrent prendre sur eux la future décision du comité général, dans ce sens que sous peu ces inconvénients auraient disparu.

Après cette tournée qui dura quatre heures, tous les membres se réunirent dans la grande salle de l'établissement, et le président ouvrit la séance par une courte mais énergique allocution, où il rappela le but de l'association. On a beaucoup fait, dit-il, depuis quelque temps pour les aliénés, (1) mais il reste encore bien plus à faire, et deux motifs également puissants rendent compte de ce dernier résultat négatif. Le premier existe dans l'espèce comme dans toutes les questions qui sont du ressort de l'humanité, je veux parler de la difficulté qu'on rencontre en toutes choses lorsqu'on veut extirper de vieux préjugés, et introduire des modifications qui renversent de fond en comble les idées reçues. Le second, Messieurs, j'en rends grâces au Ciel, vous venez de le faire disparaître. Jusqu'à ce jour, quelques hommes de bien, et vous êtes tous de ce nombre, ont fait, chacun dans son département, de grands, de louables efforts pour améliorer le sort des aliénés; tous sont parvenus à des résultats immenses, eu égard aux lieux et aux circonstances, mais aucun n'est parvenu au degré de perfection possible, que dis-je, nécessaire pour se permettre de croire qu'il ne lui reste plus rien à faire : vous devinez aisément les motifs de ce résultat négatif; vous avez tous travaillé dans une sphère isolée, et le sort des aliénés n'est pas une question qu'un homme seul puisse résoudre (2): il faut dans cette question plus

(1) Si ce ne sont point là exactement les paroles du Dr Blake, c'en est au moins le sens.
(2) Si le Dr Blake avait parcouru la Belgique et la France, il aurait eu bien autrement lieu d'espérer de grands avantages de cette association de médecins ou de voix plaidant pour la même cause dans un pays tel que l'Angleterre. Vous savez déjà, Monsieur le Ministre, ce qui existe en Belgique, et vous verrez bientôt que ce n'est encore qu'un faible échantillon de ce qui existe en France, et cependant des voix bien éloquentes se sont fait depuis un demi-siècle *infructeusement* entendre dans ces deux pays, et pour ma part je désespère du succès, car je ne suis ni un *Pinel,* ni un *Esquirol,* ni un *Guislain,* et je ne pourrai pas même joindre ma faible voix aux leurs; les deux premiers sont morts à la tâche; le troisième vient de terminer son dernier ouvrage par ces tristes paroles: « Voir partout des malheureux et des malheurs: vouloir les secourir et ne le pouvoir ; appeler du secours et rester seul avec quelques amis. S'enfermer dans notre cabinet, vivre de ses souvenirs, redevenir solitaire, sérieux et rêveur ; — écrire des paroles glaciales si le courage et les forces nous restent : voilà, quelle sera désormais notre position. Et puis ?... *que la terre nous soit légère!* » (Gand 7 Décembre 1841; (LETTRE MÉDICALE SUR LA HOLLANDE, PAR M. J. GUISLAIN.)

que dans aucune autre le concours de plusieurs hommes, de plusieurs expériences, de plusieurs années. Cette nécessité de réunir vos talents et vos efforts, non seulement vous l'avez sentie depuis longtemps, mais vous venez tous de franchir l'immense distance qui s'opposait à l'accomplissement de vos vœux les plus chers. Dieu soit béni, de m'avoir à la fin de ma longue carrière, permis de jouir de l'ineffable plaisir de vous présider le jour où pour la première fois vous vous réunissez pour réaliser un de mes rêves (1).

Cette première séance, dura deux jours, et fut uniquement consacrée à l'adoption du réglement ou plutôt de la constitution qui devait régner, et guider en toutes circonstances les membres de l'association pour l'amélioration du sort des aliénés. Voici, Monsieur le Ministre, la traduction du procès-verbal qui a été imprimé le lendemain et distribué à tous les membres.

« 1º Les magistrats gouverneurs de l'établissement, où se tiendra la séance, seront invités à assister aux discussions.

» 2º Pourront faire partie de l'association les médecins directeurs des établissements publics et ceux d'établissements privés.

» 3º Dorénavant l'admission des membres se fera au scrutin.

» 4º La séance aura lieu le 1ᵉʳ Jeudi de Juin de chaque année.

» 5º On conférera le titre de *membre honoraire* à quiconque se sera distingué dans la question qui intéresse les aliénés. Ce titre a été conféré immédiatement et à l'unanimité des voix, à MM. *Guislain,* de Gand, *S. Tuke* de York, *Farr* et *Bowden* de Londres.

6º « Chaque membre paiera annuellement et par anticipation une guinée (26 fr.).

» 7º On fera une collection des plans de tous les hôpitaux d'aliénés, avec une description de toutes les particularités, autant en ce qui concerne l'établissement lui-même, que le voisinage où il se trouve placé ; ces plans seront faits sur l'échelle d'un pouce sur quarante pieds.

» 8º Des remercîments seront adressés à tous les médecins qui feront des efforts pour *faire le moins possible usage de tout moyen coërcitif mécanique* dans le traitement des aliénés.

» 9º On adressera une requête au Parlement pour provoquer un changement dans le texte de la loi relatif à la nécessité de séquestrer les aliénés devenus *dangereux.* Ce dernier mot devra être supprimé.

» 10º La prochaine réunion sera tenue à Lancaster, le 2 Juin 1842.

Par Ordonnance :	Le *Président,*
Le *Secrétaire,*	Signé A. BLAKE.
J. HITCH.	

(1) Le Dʳ Blake, peu après cette séance, vu son âge avancé et son état maladif, a été admis

C'est là, Monsieur le Ministre, le sommaire officiel des discussions qui ont duré deux jours, et vous concevez que plus d'une question incidente et étrangère au réglement a dû venir sur le tapis. Le retard mis par les administrations communales à envoyer les aliénés aux institutions *ad hoc*, a particulièrement soulevé des discussions ou pour parler plus juste l'indignation de tous les membres.

Le terme de *lunatic* (lunatique) étant toujours employé dans le monde comme une expression de mépris ou d'insultante compassion, les membres de l'association se sont engagés à employer dorénavant le mot d'*insane* (aliéné) et *hospital for the insane*, (hôpital pour les aliénés), au lieu de *lunatic asylum*. Je regrette infiniment de n'avoir pu leur faire accepter la dénomination française que j'avais l'honneur de leur proposer : savoir INSTITUTION PHRÉNOPATHIQUE.

« Le Secrétaire, pour terminer la séance, rappelait aux membres que le vif désir qu'ils avaient ressenti de rapprocher le moment où par la réunion de leurs efforts et de leurs talents, ils auraient pu parvenir à améliorer le sort de leurs malheureux patients, leur avait fait oublier qu'ils avaient fixé la séance à une époque de l'année, où le voyage était devenu difficile si pas impossible à la plupart des confrères et spécialement à ceux de l'Ecosse et de l'Irlande. Si nous n'avons pu nous réunir qu'à douze, j'ai au moins la satisfaction de pouvoir vous annoncer que soixante confrères environ m'ont écrit qu'ils souscrivaient d'avance à tout ce qui serait adopté par les membres présents au rendez-vous, et qu'à la prochaine réunion ils n'auraient point manqué de faire acte de présence. D'ailleurs l'endroit que vous venez de fixer sur les vives instances de M. *Gaskell*, est en tout favorable à l'accomplissement de leurs projets. Lancaster occupe le point central entre les trois royaumes, et l'été sera aussi favorable pour les confrères Ecossais et Irlandais que la saison actuelle est désagréable. Plusieurs membres ont sollicité l'honneur d'avoir la seconde séance dans leur établissement, mais je vous félicite d'avoir donné la préférence à Lancaster, attendu que d'après l'heureuse influence que nos observations réunies viennent d'avoir sur l'esprit des magistrats-gouverneurs de Nottingham, nous sommes autorisés à espérer avec M. Gaskell, que nos observations, nos remarques et nos exhortations, ne plaideront pas moins puissamment en faveur de l'hôpital d'aliénés de Lancaster qui, de l'aveu de notre

---

à la retraite et est allé habiter le midi de la France, avec l'espoir d'y trouver quelque soulagement à la cruelle maladie (*asthmo*) qui l'entrainerait rapidement au tombeau, s'il continuait ses pénibles fonctions.

honorable confrère, est celui de toute l'Angleterre qui laisse le
plus à désirer.

» Je n'ajouterai plus qu'une phrase, Messieurs, remercions M. le
Dr *Crommelinck*, de l'honneur qu'il nous a fait d'assister à notre
séance, et puisqu'il a accepté le titre de membre effectif, espérons
que dans son pays comme dans ceux qu'il parcourera, il travail-
lera au but que nous nous sommes proposé, c'est-à-dire qu'il
s'efforcera de répandre cet esprit d'association d'où doivent dériver
de si grands avantages pour les infortunés qui nous préoccupent,
espérons, dis-je, que l'an prochain, d'autres savants se joindront
comme lui à nos débats, et que chaque gouvernement nous en-
verra un représentant, comme nous nous engageons à en envoyer
un au premier rendez-vous que des hommes de science d'outre-
mer voudront nous fixer : la science et l'infortune sont de tous
les pays, elles ne connaissent point les limites de terrain que l'arbitraire ou la politique ont imposées aux différents peuples de la
terre. »

No	DATE DE L'ENTRÉE.	AGE.	SEXE.	MARIÉ OU CÉLIBATAIRE.	NOMBRE D'ENFANTS.	A QUELLE CLASSE IL APPARTIENT, AL UE A BOUT DES RESSOURCES, etc.	CONSTITUTION.	DOMICILE ET NATURE DU CLIMAT.	GENRE DE VIE.	... ÉDUCATION. RELIGION.	NOMBRE D'ATTAQUES.	...	...	...	...	...	ÉTAT LORS DE SA SORTIE ET DATE DE LA SORTIE. GUÉRI.	SORTI.	NON GUÉRI, MORT, INCURABLE A SA DEMANDE. DÉCÉDÉ.	NOURRITURE.

CONFIGURATION DU CORPS.

FORME DE LA TÊTE.
{ Longueur.
{ Largeur.
{ Circonférence.
{ » moitié postérieure
{ » » antérieure.

Les tempes sont-elles également développées?
Parties fortement développées.
» faiblement »

Expression de la physionomie.

Facultés perceptives.
» affectives.
» morales.

POULS.
FRÉQUENCE DU POULS.
FORCE.
9 h. du m. { pos. vertic
{ » assise.
{ » horizon.
midi. { v.
{ a.
{ h.
9 h. du soir { v.
{ a.
{ h.

Nombre des inspirations.
Signes fournis par la respiration.
» par la voix.

TEMPÉRATURE
{ Tête.
{ Poitrine.
{ Abdomen.
{ Extrémités.

Appareil digestif.

Fonctions utérines.

État de la peau.

Force physique.

Forme de la maladie.
Classification d'après la nomenclature généralement admise.

CAUSES
{ morales { prochaines.
{ physiques {
{ héréditaires { occasionnelles.

Complication avec d'autres maladies.

Changement dans la forme de l'aliénation mentale.
Changement dans la maladie concomitante (complication).

Changement par le traitement.

Causes de la mort.

Autopsie.

FRANCE.

Mes études universitaires terminées en Belgique, ma fortune ne me permit point de faire d'autres sacrifices, et je ne pus aller assister aux leçons des professeurs de Paris et de Berlin : force me fut de mettre à contribution les connaissances que j'avais acquises, pour me soutenir dans le monde. Que de fois j'ai regretté de n'avoir pu aller à Paris, qu'à tort ou à raison, et sans examen comparatif, presque un chacun envisage comme la capitale du monde scientifique. Qui n'a été à Paris, cet idole du jour, est souvent poursuivi par de capricieuses exigences, je dirai, par de sots préjugés. Pour ma part, je l'ai bien des fois éprouvé, et cependant douze années d'études constantes et laborieuses, tant pratiques que théoriques ; des correspondances de toute nature avec les plus grandes célébrités scientifiques de l'Europe, m'avaient conduit à appliquer à plus d'une célébrité parisienne ce vers de V. Hugo :

> L'idéal tombe en poudre au toucher du réel.

Enfin, une occasion se présente pour aller visiter cette capitale, et quoiqu'il me fallût m'imposer des sacrifices immenses, ruineux, je la saisis avec avidité, avec passion : mais si cette fois j'allais imposer silence aux préjugés, je dois le dire, ce n'était point le seul espoir qui me soutenait. J'étais mû par un motif bien plus puissant, bien plus beau, par un motif qui pouvait imposer silence à toutes les considérations tant personnelles qu'à celles de famille ou d'intérêt ; il m'était donné une occasion de me rendre utile à ma patrie, à la science et à l'humanité : la mission était trop belle, trop séduisante, pour ne pas sauter à pieds joints au-dessus de tous les inconvénients et de toutes les difficultés qu'elle présentait pour moi, homme marié et médecin qui s'était formé une clientèle assez avantageuse après neuf années de pénibles et constants efforts. Femme, enfant, clientèle, j'ai tout abandonné, et quoique le subside que m'accordait le gouvernement ne pût suffire pour subvenir aux tiers des frais du voyage que j'allais entreprendre, je suis convaincu que plus d'un confrère enviait ma mission, tant, je me plais à le répéter, elle était belle et séduisante, tant est vrai ce que le célèbre Corneille a mis dans la bouche du Cid :

> A tous les cœurs bien nés que la *patrie* est chère !

et cela en dépit de l'indifférence, pour ne pas dire autre chose,

qu'est sûr d'y rencontrer partout celui qui s'est épuisé en sacrifices
et même s'est ruiné pour elle.

J'ai déjà eu l'honneur de vous faire observer, Monsieur le Ministre, que la mission que vous me fîtes obtenir de notre auguste
Souverain, ne me prescrivit aucune recherche spéciale. L'arrêté
royal était conçu en tel sens, que je devais tâcher de puiser à l'é-
tranger tout ce qui pouvait être de quelque utilité pour le pays aux
frais duquel j'entrepris en partie ce voyage. Je vous ai également
exposé les motifs, Monsieur le Ministre, qui m'ont conduit à donner
presque tous mes soins à l'étude des maladies mentales; j'attends
avec confiance que vous jugiez ma conduite, et j'ose me flatter
que les résultats de mon voyage pourront être mis en balance
avec les minimes frais que le pays a faits en ma faveur.

En Angleterre, Monsieur le Ministre, cette question s'est présentée sous un point de vue excessivement important pour nous,
et je dirai, d'autant plus important qu'il est entièrement nouveau;
il peut se résumer en ce peu de mots: pour ce qui concerne les
localités et les bienfaits matériels dont on peut combler les
aliénés, l'Angleterre ne laisse que peu de choses à désirer, pour
qu'on puisse la dire arrivée au plus haut degré de perfection
possible. Dans la fin de mon rapport sur les hospices de ce pays,
vous aurez déjà pu entrevoir le côté brillant de la France (car je
me ferai toujours un devoir sacré de faire ressortir le mérite là
où il est, comme je blâmerai sans réserve les fautes que j'aurai à
signaler, soit dans ce présent rapport sur les hospices d'aliénés,
soit dans mon prochain travail sur les hôpitaux, les universités
et l'enseignement), et à son tour, elle a été pour moi une source
précieuse d'instruction. Vous allez en juger par vous-même,
Monsieur le Ministre, sur le rapport que je vais avoir l'honneur
de vous faire sur ses principaux établissements. Je n'ai qu'une
seule observation à vous faire, Monsieur le Ministre, avant que
d'entrer en matière. Si je me crois en droit de réduire à leur juste
valeur les prétentions de Paris concernant les autres pays de
l'Europe ou de toute autre partie du monde, je dois cependant à
la vérité de dire, que pour la France il la résume toute entière.
C'est à Paris que tout se centralise, comme c'est de lui que rayon-
nent toutes les lumières qui vont éclairer le reste du royaume.
Dans l'espèce, dès qu'un homme se distingue dans quelque hospice d'aliénés de la province, il ne tarde pas à être appelé à la
tête d'un établissement de la métropole, comme c'est dans ces
derniers que le gouvernement choisit les adjoints pour les placer
à la tête des établissements de la province. La conséquence de cet
état de chose était pour moi la suivante : je ne devais pas sortir
de Paris, pour me rendre compte de l'état des aliénés en France,

mais malgré cette conséquence, que l'expérience m'a prouvé être rigoureuse, je ne me suis point borné à cette étude qu'à tout prendre on pourrait envisager pour locale, et j'ai étudié la question à un des points les plus éloignés de la capitale, et à cet effet je me suis rendu à Strasbourg, d'abord parce que cette ville est le siège d'une université, gouvernée par les mêmes lois et les mêmes réglements que celle de Paris, et en second lieu, parce qu'elle est le centre d'un pays de transition entre la France que je connaissais, et l'Allemagne que j'allais parcourir, et cette circonstance ne pouvait rester sans influence dans le choix des deux routes que j'avais à prendre (l'autre est par la Belgique et était la plus courte et la moins coûteuse). Et en effet, Monsieur le Ministre, ainsi que vous le verrez plus loin, j'y ai trouvé un hospice considérable, presqu'au niveau de ceux de Paris pour les efforts qu'y fait la science en faveur des aliénés, mais les dépassant de beaucoup quant aux localités, sans que toutefois celles-ci puissent être placées sur le même rang que celles de l'Angleterre; cependant il faut le dire, un pas immense a été fait.

CHARENTON. (1)

Quiconque a lu Esquirol, et certes celui qui s'occupe des aliénés, ne saurait se passer de lire et de relire les écrits de cet illustre médecin, de ce philanthrope désintéressé, de même que ce serait pour lui une faute impardonnable s'il avait négligé de puiser ses idées de philanthropie dans les éloquentes inspirations de l'immortel Pinel; quiconque donc a senti accroître sa sympathie pour ces misères humaines à la lecture des déchirants tableaux qu'en ont faits ces deux illustres savants, va en France, et surtout à Paris, avec l'espoir, que dis-je, avec la certitude d'y voir les établissements d'aliénés parvenus à l'apogée du bonheur moral et physique. Mais ô amère, ô mille fois amère déception! « Lorsque Esquirol disait: « Ceux (aliénés) pour lesquels je réclame, sont les membres les plus intéressants de la société, presque toujours victimes des préjugés, de l'injustice et de l'ingratitude de leurs semblables. Ce sont des pères de famille, des épouses fidèles, des négociants intègres, des artistes habiles, des guerriers chers à la patrie, des savants distingués; ce sont des âmes ardentes, fières et sensibles; et cependant ces mêmes individus qui devraient attirer sur eux un intérêt tout particulier, ces infortunés qui éprouvent la plus redoutable des misères humaines, sont plus maltraités que des criminels et réduits à une condition pire que celle des animaux.

» Je les ai vus nus, couverts de haillons, n'ayant que la paille pour se garantir de la froide humidité du pavé sur lequel ils sont étendus. Je les ai vus grossièrement nourris, privés d'air pour respirer, d'eau pour étancher leur soif, et des choses les plus nécessaires à la vie. Je les ai vus livrés à de véritables geoliers, abandonnés à leur brutale surveillance. Je les ai vus dans des réduits étroits, sales, infectes, sans air, sans lumière, mais enchaînés dans des antres, où l'on craindrait d'enfermer les bêtes féroces que le luxe des gouvernements entretient à grands frais dans les capitales. » (2) Lorsqu'en 1818, Esquirol dans sa juste indignation proclama, à la face du monde entier, tant d'infamies, tant d'abus, et je dirai tant de crimes de lèze-nation, car la faute en doit retomber sur les gouvernements, oserait-on croire qu'Esquirol ne faisait qu'un tableau bien flatteur de ce qui existe encore aujourd'hui dans Paris, dans ce prétentieux Paris, qui

(1) Charenton est un petit village à deux lieues de Paris : l'hospice s'appelle *Maison Royale de Charenton.*
(2) Sur les maisons d'aliénés en France; *Traité des Maladies Mentales.*

21

veut s'imposer au monde entier comme seul et unique centre d'où rayonne la civilisation. Je fus saisi d'horreur et d'effroi en parcourant nos institutions d'aliénés, plus que jamais je me sentis pénétré d'estime pour mon savant confrère, M. Guislain, de s'être fait en Belgique, mais si inutilement jusqu'à présent, l'écho des Pinel, des Howard, et des Esquirol, plus que jamais je me sentis rougir de honte pour mon pays, sous tous les rapports si digne depuis sa régénération politique de rivaliser avec les premières nations du monde, et cependant nos misérables institutions ne sont que de faibles échantillons de ce que j'ai rencontré dans la métropole de notre puissante et riche voisine. Quoique mon cœur fut navré de douleur et d'indignation à la fois, je ne pus m'empêcher d'être heureux de la supériorité que dans l'espèce, nous avions à ajouter à tant d'autres que nous avons sur la France, sur la France qui a l'air de nous plaindre de ce qu'elle ne puisse nous envoyer un préfet pour nous apprendre à vivre, et nous donner un nom dans la balance des nationalités.

Ne croyez cependant pas, Monsieur le Ministre, que les incomparables efforts de Pinel et d'Esquirol n'aient trouvé aucun écho sympathique en France : loin de là, les affreuses vérités qu'ils ont dévoilées, ont soulevé d'indignation et de pitié plus d'un cœur honnête ; plus d'un philanthrope s'est senti ému au récit de ces indicibles misères ; plus d'un acte de désintéressement et de dévouement est venu s'ajouter en fleuron à la couronne de ces deux illustres savants. Mais, est-ce chez les administrateurs des deniers du pauvre qu'on a rencontré plus de zèle et moins de glaciale apathie pour les souffrances de ces malheureux ? Est-ce aux législateurs ou est-ce au gouvernement qu'il faut payer un tribut d'éloges et de reconnaissance? Ni aux uns, ni aux autres : c'est à la science, et aux efforts de la science seuls, que ces infortunés sont redevables d'un changement plus favorable dans leur situation ; c'est-à-dire, enlevez aux hospices d'aliénés de Paris, *Falret, Voisin, Foville, Leuret, etc. etc.* enlevez-leur ces infatigables et désintéressés cultivateurs d'une science d'autant plus aride qu'elle s'exerce sur un champ où tout-à-la fois conspire à en prévenir ou en neutraliser les effets salutaires, enlevez-leur ces autres Pinel, ces autres Esquirol, et il ne vous restera plus que les hideux repaires dont parlaient Pinel et Esquirol et devant lesquels la plus profonde indignation est impuissante pour dépeindre tout le dégoût et toute la répugnance qu'ils inspirent. Mais je reviens aux faits et commencerai par l'hospice dont j'ai inscrit le nom en tête de ce paragraphe.

Une minime partie de Charenton, la dixième à peu près de l'établissement, consiste en un bâtiment carré de construction moderne ; il est occupé par les pensionnaires (femmes) de la première classe, et est décoré du titre de *château*, et en effet, grâces à l'horrible et puant voisinage qu'il domine, il mérite largement ce nom, mais au point de vue de ce que devrait être un pareil établissement, il est un si digne représentant de la *malpropreté et de la mesquinerie françaises* (ce sont deux choses qui peuvent passer pour *proverbiales* en France et surtout à Paris, pour ce qui concerne les établissements de charité publique), qu'il ne reste qu'un seul vœu à former à son sujet, c'est de le voir rasé de fond en comble. Quoi qu'il en soit, le château (1) représente deux aîles, formées chacune d'une galerie P, R, S, T, au bout de laquelle est un dortoir et une salle à manger. La galerie présente d'un côté des cellules, B, B, B, B, dont les fenêtres A, A, A, A, A, donnent sur une cour, M ; le lit du malade, D, occupe un des coins de la cellule, dont la porte, E, conduit à une antichambre, 3, qui sert de logement et de chambre à coucher à un infirmier. L'antichambre 3, ne reçoit d'autre air ni d'autre lumière que par la porte, S, qui donne dans le corridor, Y, Y, dont les fenêtres H, H, H, parallèles aux fenêtres A, A, A, donnent sur la cour, N. Cette construction est ainsi entachée de plusieurs grands inconvénients : 1° la ventilation est difficile et mauvaise dans les chambres des malades, parce que l'air du corridor avant que de pouvoir passer dans ces dernières, doit traverser un espace intermédiaire, la chambrette de l'infirmier, où l'air est vicié, attendu que cette chambrette ne reçoit d'autre air et d'autre lumière que ce qui en passe lorsque la porte du corridor est ouverte ou qu'on ouvre la porte de la chambre du malade, qui à son tour, ne peut donner passage à un air pur et frais ; 2° par cette antichambre, le corridor Y, Y, est rétréci de moitié, et ne représente plus qu'une longue allée de quatre pieds de largeur, où la promenade devient impossible aux malades qui ne veulent point aller dans la cour ou que le mauvais temps les en empêche. Je ne parle de ce bâtiment, Monsieur le Ministre, que parce qu'il est récemment construit et qu'on se propose de le conserver, et que d'un autre côté aussi et au premier abord, il semble d'une heureuse invention d'avoir fait précéder d'une antichambre pour un infirmier, la chambre du malade de la classe aisée, auquel ses moyens permettent d'avoir un serviteur attaché à sa personne. Ce même principe, ainsi que nous le verrons plus loin, a été admis dans le superbe établissement privé de Vanvres, mais à mon avis, et pour les motifs ci-dessus mentionnés, il vaut mieux faire coucher l'infirmier dans la chambre même du malade (et

(1) Pour mieux faire comprendre la distribution de cette galerie, j'ai l'honneur, Monsieur le Ministre, de vous en dessiner le plan géométral (voir planche XIII, fig. 11).

ceci devrait toujours être lorsque le malade a de la tendance au
suicide), ou bien, le faire coucher dans une chambre voisine, située sur le même rang que celle du malade, avec laquelle elle
communique, et ayant en outre une porte particulière.

Le *château* de Charenton présente finalement le grand inconvénient d'avoir des fenêtres basses et étroites, et partout des dalles
froides et humides au lieu de planchers. Quant à la propreté qui
y règne, je l'ai déjà dit, on peut lui donner son nom de caracté-
ristique, de française enfin.

Je n'essayerai pas, Monsieur le Ministre, de vous donner une
esquisse des autres logis de Charenton ; ma plume se refuse à vous
retracer tant d'infamies. Esquirol disait en 1818 que les animaux
féroces étaient mieux logés au Jardin des Plantes que les infortunés aliénés dans les hospices de Paris ; et moi, sans crainte de
recevoir un démenti, je dirai en 1842, que dans la moindre mé-
tairie de France, les cochons sont moins mal logés que les infortunés qui gémissent dans les taudis, qu'à Paris, on appelle *Cha-*
renton, Bicêtre et la *Salpétrière*. Esquirol les a vus couverts de
haillons, moi je les ai vus nus ; il les a vus couchés sur la paille, c'est
quelque chose au moins, car je les ai vus couchés sur la terre (le
parquet n'avait pas même de dalles loin d'avoir un plancher) ; il
les a vus privés d'air, moi je les ai trouvés au milieu d'une atmosphère empestée et léthifère, et au milieu de toutes ces horreurs,
de toutes ces infamies, qui crient honte et vengeance sur la tête
de ceux à qui il appartient d'y porter remède, j'ai vu planer la
science comme une bienfaitrice descendue du Ciel, pour verser
sur ces infortunés le bonheur que leur refusent les têtes couronnées
et les puissants du monde.

La maison royale de Charenton ne reçoit que des pensionnaires,
payant 400 à 1500 francs par an ; l'établissement est exploité par
les soins du gouvernement et à son profit ; la tâche de soigner et
de veiller les malades est confiée à des sœurs de charité : on y a
donc impatronisé la religion avec tous ses avantages sans aucun
de ses inconvénients, puisqu'on l'a débarrassée de tous les soins
matériel sainsi que de la comptabilité, en un mot, qu'on lui a évité
les embarras de l'exploitation. Malgré les vives instances du médecin en chef, Charenton, dirigé par une commission nommée
par le gouvernement, ne jouit pas encore du privilège d'avoir
des sœurs de charité pour le service des malades ; ce dernier est
fait par des infirmiers des deux sexes, la plupart mariés, et de
toutes les engeances, celle-ci est la pire.

Trois élèves internes et un pharmacien à demeure, y font le
service sous la direction de M. *Foville,* médecin en chef de l'établissement. Il contient, si je ne me trompe, de sept à huit cents

malades. **M.** Foville habite Paris, et va journellement à Charenton.
Dans les provinces de la France, d'après les lois, le médecin en
chef est tenu de demeurer dans l'établissement même, mais à
Paris, où l'on doit toujours faire exception, et afin que tout ce
qui concerne les établissements de charité soit pire qu'en province, le médecin en chef n'est tenu de faire qu'une visite par
jour dans les hospices d'aliénés, qui, pour le reste du temps, sont
abandonnés à la merci d'élèves internes, lesquels, de l'aveu des
médecins en chef, sont bien loin d'y jouir d'une belle perspective, et aussi s'y conduisent-ils en conséquence. En voulant vous
rappeler ce que j'ai déjà dit précédemment, vous pourrez aisément vous rendre compte, Monsieur le Ministre, des autres désa-
vantages de cette mesure administrative parisienne, dictée par
l'économie et basée sur le désintéressement et le dévouement des
hommes de science, car notez, que les médecins en chef des trois
établissements dont je viens de parler, jouissent d'un traitement
si minime, qu'à peine il peut suffire à couvrir leurs frais de
voyage.

Pour réparer un mal on tombe dans un pire, dit le proverbe,
ou plutôt lorsque les maux sont parvenus à leur apogée, lorsque
les plaintes sont devenues menaçantes, ou voudrait ensevelir les
unes et les autres dans le plus profond oubli par un déployement
de luxe et de magnificence incomparable ; on voudrait faire croire
que le marche-pied d'un grand et bon remède est le mal parvenu à son comble. Mais la nature seule maîtrise les contrastes,
l'homme s'y brise toujours, et en voulant trop faire, il ne fait
rien ou fait mal, et c'est ce qui est arrivé à Charenton. Un nouvel
hospice y est actuellement en construction. Il s'élève à côté et au
dessus de l'autre. Le plan, dit-on, en est fourni par M. Esquirol,
mais cela n'est guères probable, car ce serait la plus grande insulte qu'on pût faire à la mémoire de ce grand homme. Il n'y a
dans ce bâtiment qu'une seule idée d'Esquirol, celle de ne construire pour aliénés que des bâtiments à un étage, et le reste du
plan est la conception de l'homme le plus fou qui aît jamais
existé, si ce n'est pas celle d'un maître-fripon, à moins de croire
que le gouvernement français, pour faire du grandiose inimitable, n'aît proposé le problème suivant : *bâtir un établissement
pour aliénés qui soit le moins adaptable possible au but proposé, et
qui coûte le plus cher possible,* et pour solution à cet étrange problème, l'architecte a été beaucoup au-delà des vœux du gouvernement, si tant est que par plaisanterie, il me soit permis de supposer qu'un gouvernement puisse proposer de pareilles absurdités.

Il est excessivement difficile, Monsieur le Ministre, de bien se
rendre compte d'après une simple description, de l'argent im-

mense qu'on a inutilement dépensé pour ce monstrueux et absurde édifice. Cependant, en sachant qu'il était primitivement
destiné à loger cent soixante malades, et qu'aujourd'hui, à un mil-
lion de dépenses près et à deux à trois années de travail de plus, la
moitié seulement en est achevée, et que déjà on a dépensé TROIS MIL-
LIONS TROIS CENT MILLE FRANCS, j'espère, que vous ne considérerez
pas comme exagérée, l'idée que je viens de vous émettre sur cet édifice, surtout, si en mettant à profit tout ce que je sais de dessin, je
joins à cela un croquis du plan qu'on a suivi.

Pour bien se rendre compte de ce vaste édifice, il faut ne point
perdre de vue, Monsieur le Ministre, qu'il est composé de deux
corps de bâtiments, A B C D, et E F G H, en tous points parfaitement identiques, et situés l'un au-dessus de l'autre, et voici
comment. Le premier, ou A B C D, est situé sur une colline naturelle qui domine le village de Charenton et une vallée où coule
la Seine. Des cours I, K, L, et vu les grillages qui les limitent
en ce sens, on jouit d'un point de vue des plus agréables. Ce premier corps de bâtiment était destiné à loger quarante malades,
et présentait du point A au point C, six cents pieds de longueur plus
qu'il n'en fallait (ce qui est beaucoup); voici comment on s'y est pris
ensuite pour construire un autre bâtiment qui n'offrit également
qu'un rez-de-chaussée. Parallèlement au côté A C, et derrière lui
et à 20 pieds de distance, on éleva une plate-forme (que je puis
représenter par A B C D), soutenue par d'épaisses murailles, et
dont la surface dépasse de plusieurs pieds le faîte des toits du
corps du premier bâtiment : sur cette plate-forme, on construisit
le second corps de bâtiment E F G H, parfaitement semblable au
premier et dominant celui-ci, la vallée et le village. Entre l'un
et l'autre il y a un fossé de vingt pieds de large, de six cents de
long, et d'une profondeur immense : on passe d'un bâtiment à
l'autre par d'immenses escaliers en pierres de taille. Ces deux
corps de bâtiments devaient loger ensemble quatre-vingts malades d'un sexe. L'église, située au point X, et derrière elle les
corps de logis pour les employés, devaient servir de points intermédiaires ou de séparation entre les bâtiments qu'on allait construire pour l'autre sexe et qui auraient été en tout conformes aux
premiers.

Quant à la distribution intérieure de l'un et de l'autre de ces
corps de bâtiments, un simple coup-d'œil peut vous convaincre,
Monsieur le Ministre, que celui qui en a fourni le plan n'avait pas
la moindre entente des besoins d'un pareil établissement. En effet
le bâtiment se compose d'une série de cellules E, E, E, E, et de
salles à manger F, F, F, qui ne reçoivent ni l'air ni la lumière
d'une manière directe, et pour bien faire comprendre cette dis-

position, permettez-moi, Monsieur le Ministre, d'analyser, en quelque sorte, cette construction. Supposons qu'on aît d'abord construit le mur A C, percé de distance en distance de fenêtres, I, I, I, I, I ; que parallèlement à ce mur on aît élevé une série de colonnes, 3, 3 ,3, 3, 3, et que sur le mur A C et la série de colonnades on aît placé le toit ; de cette manière on a eu une espèce de longue galerie, que par deux murailles parallèles à la première et à la série de colonnades, on a sous-divisée en trois compartiments longitudinaux. Le premier constitue un long corridor H L, le second par des sections transversales constitue les cellules E, E, E, E, E, offrant chacune une fenêtre O, O, O, O, dans le corridor H L, et une porte M, M, M, et une fenêtre P, P, P, P, dans le troisième compartiment R S, donnant dans les cours I, K, L, et constituant un corridor à colonnes. Ce principe a été suivi, comme vous pouvez voir au moyen des lettres, dans tout ce bâtiment, et je crois inutile d'en poursuivre la description des menus détails.

Ainsi que je viens de vous le dire, Monsieur le Ministre, ces deux bâtiments n'étaient destinés qu'à loger quatre-vingts malades, et de l'autre côté de la chapelle on allait construire le même édifice lorsque M. Foville fut nommé médecin en chef de Charenton. A force d'instances et de protestations, ce savant distingué parvint à arrêter cette inutile fonte de deniers publics : il prouva qu'il aurait pu loger toutes ses femmes dans les deux ailes déjà faites, et en logeant ses hommes dans le château, il devint inutile de construire le second logis. On se rendit aux énergiques réclamations de M. Foville, et on se contente d'achever le quartier pour les femmes ; mais malheureusement il faudra l'employer tel qu'il est, car il n'est susceptible d'aucune modification. La cuisine restera toujours à un quart de lieue de la plupart des logis ; les latrines exigeront à jamais un voyage à celui qui voudra s'y rendre ; les cours trois fois trop petites ne pourront s'élargir, et on ne devra pas plus songer à des jardins qu'à des champs à cultiver ou à des ateliers, mais malgré tout, de loin, et pour quiconque est étranger aux besoins de ces malades, Charenton, avec ses inombrables colonnades, apparaîtra comme le plus bel hospice d'aliénés du monde, tandis que pour le connaisseur, il n'y a ni régularité, ni symétrie, tout y est fait pour la complication et la dépense, en un mot pour résoudre le problème auquel j'ai fait allusion plus haut, à moins qu'on ne préfère admettre la comparaison de M. Foville lui même Ce bâtiment, dit-il, ressemble à un monstrueux hercule, qui se place sur le nez un manche à balai, surmonté d'une pièce de dix sols (demi-franc), et rien que pour prouver qu'il peut y tenir cette pièce en équilibre.

SALPÉTRIÈRE.

La Salpétrière, autrement appelée hospice de la vieillesse (femmes), occupe à Paris, sur le boulevart de l'hôpital, un espace de 55,000 toises carrées. Elle fut construite sous Louis XIII, en vertu d'un édit du Parlement, instituant un hôpital général, et provoqué le 27 Avril 1836, par le président du Parlement, Belièvre de Pomponne. La Salpétrière consiste en une foule de corps de bâtiments plus ou moins isolés, plus ou moins réunis, ou pour parler plus exactement, c'est une petite ville, avec ses rues, ses cours, ses jardins, ses grand' places, ses promenades, son église, et ses cinq mille habitants, appartenant exclusivement à un sexe, et divisées en cinq catégories, 1° en filles publiques qui sont mises à la retraite, soit à cause de leur âge trop avancé, soit à cause de leurs infirmités ; 2° en indigentes aveugles, paralytiques, infirmes et octogénaires ; 3° en femmes septuagénaires atteintes de maux incurables ; 4° en infirmes chroniques mais susceptibles de gué-risons ; il y a cinq cents lits pour cette catégorie ; et 5° en aliénées et épileptiques. Cette dernière catégorie, dont je m'occuperai exclusivement dans ce rapport, compte environ 1,500 individus. Les aliénées y sont divisées en deux classes, en *curables* et en *incu-rables*, et sont confiées par moitié à un médecin en chef, un ad-joint, un pharmacien et plusieurs élèves internes et externes. Les internes seuls et le pharmacien y ont demeure. M. *Falret,* est médecin en chef pour une moitié et M. *Mitivié* pour une autre. MM. Falret et Mitivié ont pris l'engagement de ne s'occuper ex-clusivement que des curables ; les incurables sont confiées à leurs adjoints, qui de cette manière, exercent leur ministère sans en-traves et sans se voir à tout bout de champ contrôlés dans leurs actes ou leurs opinions. Je n'ai qu'à louer la manière dont ces médecins-adjoints s'acquittent de leur pénible mission, mais je crois inutile d'entrer dans aucun détail sur les localités, car j'au-rais un tableau trop hideux et trop pénible à vous retracer. Je ne m'occuperai donc que du service des curables, et en vous re-traçant l'un, Monsieur le Ministre, je vous aurai exposé l'autre, car MM. Falret et Mitivié rivalisent dignement et noblement de zèle et d'efforts. Cependant m'étant de bonne heure lié d'amitié avec M. Falret, c'est à sa clinique que je me suis rendu le plus fréquemment, mais j'ai l'honneur de vous le répéter, Monsieur le Ministre, ce que je dirai à ce sujet est en tous points ce que j'au-rais à dire pour la clinique de M. Mitivié.

M. Falret classe ses malades d'après leur état d'agitation et de turbulence. Au premier aspect, on doit convenir que cette classification est de toutes la plus facile comme la plus rationnelle, et en effet, on conçoit qu'il doit être absurde de mêler confusément des malades tranquilles et silencieux avec des agités, des violents, des turbulents ou des individus vociférant du matin au soir, le jour comme la nuit. Les derniers doivent troubler et importuner les premiers, et il est des exemples assez fréquents qu'un agité se démenant au milieu d'une foule de silencieux, a fini par communiquer son agitation à la plupart de ses commensaux, de manière qu'on pourra avec raison la considérer comme contagieuse. J'ai dit, qu'au premier aspect cette classification paraît la plus facile et la plus rationnelle, et si je la considérais comme un fait établi et sanctionné par la pratique, je devrais révoquer l'opinion sur les classifications que j'ai émise précédemment. Mais comme les autres classifications, un peu moins cependant, elle est loin d'être en pratique ce qu'elle paraît en théorie, et cela dépend de l'instabilité de l'état d'agitation ou de tranquillité du malade qui, de tranquille et silencieux, devient tout d'un coup et sans cause connue ou appréciable, agité, turbulent ou furieux, et pour ces motifs j'en reviens à mon opinion, qu'il faut abandonner toute classification au seul hasard, avec la précaution de reléguer le continuel grand faiseur de bruit ou le furieux dans le quartier destiné *ad hoc,* et dans sa cellule si on a lieu de croire que cette agitation ou cet accès de fureur ne sera que de courte durée. Quoi qu'il en soit, si tant est qu'il faille se prononcer en faveur d'une classification, je n'hésiterais pas à conseiller celle de M. Falret, qui est celle qui est généralement adoptée dans Paris et partant dans toute la France, mais je le répète, on n'a qu'à parcourir les différentes salles d'un hospice, et on est bientôt convaincu que cette classification est en grande partie illusoire.

M. Falret a environ deux cents malades confiées à ses soins; et conformément à son principe de classification, elles sont divisées en cinq catégories. La première se compose des furieuses; elle est reléguée dans une cour carrée, où se trouvent douze pavillons isolés. La cour est circonscrite par une muraille, et au milieu sont des arbres (voir planche XIII, fig. III).

Chacun de ces pavillons constitue une cellule de dix pieds carrés; elle est de plein pied avec le sol, contient un lit, et présente une porte et une fenêtre. Ce système d'isolément est évidemment mauvais, et à toutes les objections que j'ai déjà soulevées contre le complet isolément, il en faut ajouter ici deux qui ne sont pas les moins sérieuses; l'impossibilité ou tout au moins la grande difficulté de surveiller les malades, la nuit surtout, et la

22

nécessité où ils sont de se promener en plein air, si on veut leur permettre quelque exercice.

Les quatre autres catégories occupent un bâtiment carré, circonscrivant une grande cour (voir même planche, fig. IV).

Ces bâtiments sont de construction moderne, et d'après le principe de M. Esquirol, ils n'ont qu'un étage. Les quatre salles A, A, A, A, sont quatre dortoirs, occupés chacun par 50 lits, placés sur deux rangées, le long des murailles, et laissant ainsi un passage au milieu du dortoir, à chacun desquels est attenante une salle à manger B, B, B, B, servant également de salle de réunion. Les compartiments C, C, C, C, servent de promenoirs couverts lorsqu'il fait mauvais temps; les murailles y sont remplacées par des colonnes et un grillage en fer. M. Falret désire les convertir en ateliers, et pour cela il ne s'agit que de renverser les colonnes et les grillages et les remplacer par des murailles percées de fenêtres. Grâces à ses pressantes sollicitations, M. Falret espère qu'avant deux ou trois ans, les ateliers seront faits : d'ici là, comme depuis près de quatre ans, il s'en passera, comme il devra encore se contenter pour quelques années d'une seule salle de bains, pour toute la Salpétrière (1).

Des femmes, mariées pour la plupart, et portant un uniforme et ayant le nom de *sœurs*, y font le service : ce quartier est d'une propreté qui fait exception dans tout Paris, et fait en même temps le plus grand honneur à ceux qui l'ont sévèrement exigée, car ce n'est pas chose facile à obtenir en France : toutefois cette propreté n'est que relative et l'on ne doit point perdre de vue que c'est de Paris qu'il s'agit.

A la Salpétrière, l'administration ne met à la disposition du médecin, aucun matériel pour l'aider à la guérison de ses malades. Il doit tout puiser dans sa science, dans sa philanthropie et dans son dévouement : ainsi point d'ateliers, point de jardins, rien enfin qu'un lit dans un dortoir commun, une salle ou réfectoire et une vaste cour. Mais voici comment MM. Falret, Mitivié, et leurs adjoints (je ne me rappelle que le nom de M. Baillarjet, celui de l'autre m'a échappé) font venir la science et le désintéressement au secours de leurs infortunées malades.

La visite de chaque jour dure au moins deux heures, et de jour à autre, chaque médecin sacrifie deux autres heures pour présider,

(1) Je pourrais, Monsieur le Ministre, vous donner plusieurs autres preuves de la lésinerie et de la mesquinerie pour ne pas dire autre chose, de l'administration des hospices de Paris. Ainsi, MM. Falret et Mitivié sont tenus d'y faire la visite de fort bon matin, et leur visite se prolongeant de 2 à 4 heures, on leur avait accordé le déjeûner. Aujourd'hui on vient de supprimer cette dépense, et jamais, Monsieur le Ministre, vous ne devineriez à quoi elle montait : à DIX-HUIT FRANCS VINGT-CINQ CENTIMES PAR AN ET PAR TÊTE, c'est-à-dire A UN PETIT PAIN D'UN SOL PAR JOUR, ce qui fait que ces Messieurs sont souvent encore à jeun à midi.

chacun dans son quartier, aux exercices auxquels se livrent leurs malades. Une fois pour toutes, Monsieur le Ministre, je vous prierai de ne point perdre de vue que les deux services, celui de M. Falret et celui de M. Mitivié sont si bien séparés et si bien indépendants l'un de l'autre, qu'ils ne pourraient l'être davantage, les localités fussent-elles à cinquante lieues de distance l'une de l'autre : il n'y a qu'une seule chose en commun, la salle des bains, et tôt ou tard, on finira par en avoir deux.

Deux principes fondamentaux sont mis en pratique par M. Falret, ainsi que par tous ses honorables collègues de Paris, et ces deux principes devraient partout et dans tous les pays former la base, l'élément *sine quâ non*, du traitement des aliénés. D'abord on tend à faire comprendre à l'aliéné qu'il est malade, et puis que sa maladie est un dérangement de la raison, une aliénation. Voici comment je pourrai vous donner une idée de la manière dont ces Messieurs s'adressent aux malheureux confiés à leurs soins. « Mon ami, vous êtes malade ; votre maladie est un dérangement de la raison, un égarement de l'esprit, une aliénation. Voilà pourquoi vous êtes dans un hôpital ; moi, qui vous parle, je suis chargé de vous guérir, et je réussirai, je l'espère, j'en suis sûr, si vous êtes raisonnable, obéissant. » C'est en ne perdant jamais ces principes de vue, que M. Falret ou ses autres collègues, parcourent chaque jour leurs salles. Chaque malade se place devant son lit, et reste là jusqu'à ce que le médecin a quitté la salle. Celui-ci parle à chacune d'elles le langage qui lui convient : à chacune il dit, dans des termes appropriés au sujet : ce que vous me dites-là, est faux ; — ce que vous faites est l'acte d'un homme qui a perdu la raison, — voici ce qui vous reste à faire pour revenir à la raison, — vous n'êtes point ici en prison, vous êtes dans un hôpital, dont moi je suis le médecin, — et en s'adressant aux personnes qui l'accompagnent dans sa visite et en parlant d'une malade, M. *Falret* me disait de manière à être entendu de la personne dont il parlait : voici une malade qui s'imagine telle ou telle chose, — qui a des illusions, — des hallucinations, — elle va mieux, elle guérira si elle continue à joindre ses efforts aux miens, etc., etc. Ce peu de mots suffiront pour vous faire comprendre, Monsieur le Ministre, la position où se placent ces savants médecins devant leurs malades. Toutes demandent pour sortir, et à toutes, vous ne sortirez que lorsque par des preuves incontestables, j'aurai acquis la conviction que votre raison est complètement et décidément revenue, est leur éternelle réplique. Doux devant les unes, froids ou sévères devant les autres, réprimandant celle-ci, grondant celle-là, et exigeant de toutes respect et obéissance sous peine de punitions, au lieu des récompenses qu'on leur accorde, si elles ont rempli

les devoirs qu'on leur a imposés. En se pénétrant bien de l'idée
que les aliénés sont de grands enfants et qu'il faut les conduire
comme tels, on ne sera point surpris des bons effets que doivent
avoir les récompenses ou les punitions, et celles-ci, qu'on tâchera
toujours d'approprier aux individus comme aux caractères, sont
en général les mêmes auxquelles ont recours les pédagogues : ainsi
le pain sec, la réclusion, etc., d'un côté, la promenade, les bon-
bons, des mots flatteurs, l'espoir de pouvoir sortir, etc., etc., de
l'autre, sont les moyens qu'on peut utilement mettre en usage.

Rester inoccupé est ce qu'il y a de plus pernicieux pour l'a-
liéné, en même temps que cela ajoute à son malheur : le distraire,
c'est l'empêcher d'être toujours occupé de sa maladie, c'est la lui
faire oublier, et tout le temps qu'il passe de la sorte, on peut le
dire arraché à l'ennemi ; on peut le dire heureux, et quand l'occupation n'aurait que ce seul résultat, il est trop beau, il est trop
bienfaisant, pour que tous les moyens que le médecin a à sa disposition, ne tendent vers ce but, qui a un côté plus directement
utile encore, en ce qu'il ramène plus sûrement que tout autre, l'a-
liéné à la raison. Ainsi donc, pourvu qu'un moyen puisse distraire l'aliéné et lui faire oublier son mal, quel qu'il soit, il est
bon. Le grand point est de distinguer celui qui convient le plus
au caractère du malade comme à la nature de sa maladie : il est
hors de doute que tel moyen sera avantageux pour l'un, tandis
qu'il sera éminemment pernicieux pour l'autre. Ainsi une lecture
érotique serait un poison pour l'érotomane, comme le récit de
victoires alimenterait la folie d'un Napoléon : la musique pathé-
tique tuerait un mélancolique, comme la déclamation d'une in-
vocation aux puissances infernales ferait mourir de peur le saint
extatique. La même difficulté se rencontre dans les occupations
manuelles, et c'est dans le bon choix des différents moyens que
gît tout le talent du médecin, et c'est là, que brillent MM. *Falret,
Voisin, Foville, Mitivié, Leuret, etc., etc.* A la Salpêtrière,
M. Falret n'a que peu ou plutôt n'a aucune occupation manuelle
à la disposition de ses malades. C'est à occuper leur intelligence,
c'est à appeler au secours de la partie de leur intelligence égarée
celle qui a encore conservé plus ou moins d'intégrité ou de possibilité d'agir, que tendent tous ses efforts, et les résultats qu'il
obtient sont immenses, et pénètrent le visiteur de la plus profonde
admiration pour son zèle comme pour son talent, en même
temps qu'il se sent en proie aux plus vifs regrets, de ne pas
voir de tels hommes à la tête d'établissements, où abondent tous
les moyens, tant physiques que moraux. Certes on verrait le sort
des aliénés changer de face, car aujourd'hui, comme en Angleterre, en l'absence des occupations de l'intelligence, comme en

France, en l'absence des occupations manuelles, le malade est une grande partie du temps nécessairement livré à lui-même, attendu qu'il ne peut ni toujours travailler, ni toujours s'occuper.

Nous verrons plus loin, Monsieur le Ministre, que la science d'aujourd'hui est parvenue au point de pouvoir occuper utilement ou au moins distraire dix-neuf individus (aliénés) sur vingt. Vous verrez, Monsieur le Ministre, lorsque je parlerai de l'établissement des idiots dirigé par M. *Seguin*, et que je vous aurai mis des faits officiels devant les yeux, que l'opinion que j'ai l'honneur de vous émettre en ce moment, n'est point exagérée, et bien plus, je prouverai que par le développement du travail intellectuel, le médecin parviendra à faire travailler des malades chez lesquels toute tentative d'occupation manuelle avait échoué. Mais je reviens à mon sujet.

A la Salpétrière, M. Falret a institué une école, où l'on enseigne à lire, à écrire, à chiffrer, à déclamer et à chanter. Les trois quarts de ses malades y sont occupées la plus grande partie de la journée, les unes comme actrices et les autres à former l'auditoire, lorsqu'il ne s'agit que de déclamer ou de faire de la musique. J'ai déjà dit que l'Administration n'entre pour rien dans les dépenses qu'exigent ces moyens, aussi M. Falret a-t-il besoin d'avoir le génie de l'économie aussi alerte et aussi éveillé que le renard lorsqu'il a faim. L'enseignement mutuel est le système qu'il a dù nécessairement adopter pour se procurer des institutrices. Il a confié l'autorité supérieure ou la direction de l'école à une demoiselle qui s'en acquitte d'une manière parfaite, et il est rare qu'elle soit en proie à ses hallucinations pendant les moments qu'elle se dévoue à l'instruction de ses compagnes d'infortune. M. Falret s'est procuré un piano-organon, et il adore un de ses élèves internes, par ce qu'il touche admirablement du piano, comme il fait la cour, et cela littéralement comme s'il voulait plaire à quelque jolie femme, à quiconque a la bonne volonté de venir faire de la musique devant ses malades, ou de racler quelque contredanse sur le violon. Les Mardi, Jeudi et Samedi, après la visite, M. Falret préside aux exercices, et il est fort rare qu'il n'y ait convié quelques spectateurs. Le Jeudi, et si on a donné preuve de bon travail, et que les exercices se soient passés au contentement de tout le monde, le violon donne bientôt le signal de la contredanse et de la walse. J'ai assisté à plusieurs de ces séances, et j'éprouve un véritable plaisir, Monsieur le Ministre, à vous donner des détails sur ce qui m'y a le plus vivement frappé. C'est une des salles B, que M. Falret a exclusivement consacrée à l'école; il y a fait placer (*à ses frais!!!*) tous les ustensiles nécessaires, et plusieurs portraits encadrés ornent les

murailles. Ces portraits représentent des hommes qui rappellent
à ses malades des noms qu'elles doivent adorer : ce sont ceux de
*Pinel, Esquirol, St-Vicent de Paul, La Rochefaucault, Howard,
Gall, Spurzheim,* le ministre de la religion prêche deux fois par
semaine dans cette même salle, et il a plus d'une fois occasion de
rappeler les bienfaits de la Providence en citant ces illustres noms.

La salle était comble, et contenait environ 150 aliénées : le
plus profond silence s'établit dès que nous entrâmes, et il ne fut
pas une seule fois interrompu pendant tout le temps, deux heures,
que durèrent les exercices. J'y vis une malade qu'on avait accusée
de ne pas vouloir assister aux prières du matin et du soir ; elle fut
une des principales chanteuses, et après qu'on eut fini le cantique de Racine, M. Falret la voyant émue, lui rappela son refus d'assister aux prières, et elle promit de ne plus y manquer
dorénavant. J'ai pu me convaincre plus tard qu'elle a tenu parole. On chanta plusieurs solos et plusieurs chœurs, alternés avec
des morceaux de déclamation. Une des malades pouvait réciter
par cœur toutes les fables de La Fontaine : une autre déclama su-
périeurement bien le songe d'Athalie; la prière par De Lamartine fut récitée par une malade avec une expression inimitable. Pour mieux encore exercer leur attention, M. Falret leur fait
apprendre des dialogues entre deux ou plusieurs personnages. La
première scène du tartufe de Molière, y fut mieux décla-
mée que dans la plupart des théâtres. Quelques-unes avaient
appris à lire et à écrire, et donnaient des preuves incontestables
des progrès qu'elles avaient faits. Ces exercices furent terminés
par une heure de danse, et quoiqu'elle n'eût lieu qu'entre femmes, il fut néanmoins aisé de voir que cet amusement leur plai-
sait beaucoup. Quel dommage qu'à ces exercices M. Falret ne
puisse joindre les occupations manuelles et corporelles! Il y aurait
de quoi métamorphoser en Edens les hospices d'aliénés, eu égard
à ce qu'ils étaient jadis, et à ce qu'ils sont encore dans notre pays,
et Dieu seul sait pour combien de temps encore!

BICÊTRE.

L'hospice de Bicêtre, situé à une lieue de Paris, hors la barrière de Fontainebleau, est pour les hommes ce que la Salpétrière est pour les Femmes. Il renferme aussi environ 5,000 habitants, divisés en différentes catégories, dont une des plus considérables est formée par les aliénés, au nombre de 1,500. Louis XIII l'avait adapté au logement des invalides, et lorsqu'ils furent transférés à Paris dans le bel hôtel qu'ils occupent encore aujourd'hui, Louis XIV ordonna que Bicêtre servît d'asile aux mendiants. Peu à peu le nombre des aliénés y devint si considérable, qu'on fut obligé de leur consacrer un quartier spécial.

Je vous ferai grâce, Monsieur le Ministre, de la description des localités qu'y occupent ces infortunés, ma plume se refuse encore une fois à retracer tant d'infamies, et elle a hâte de rendre compte des efforts inouis qu'y font deux hommes de science les plus recommandables de la France, MM. *Voisin et Leuret.*

Pour leurs principes, ils ne diffèrent en rien de ceux que mettent en pratique avec autant de zèle que de succès, les savants dont j'ai parlé dans le chapitre précédent: retracer la ligne de conduite de MM. Leuret et Voisin devant leurs malades, serait par conséquent me mettre dans la nécessité de répéter mot à mot ce que j'ai déjà dit au sujet des premiers. Il y a en tout conformité, dans le service comme dans les employés, dans le matériel comme dans les localités : si la Salpétrière possède quelques corps de bâtiments moins hideux que ceux de Bicêtre, en revanche ce dernier établissement possède quelques terres à labour, et MM. Voisin et Leuret s'en réjouissent grandement, de même qu'ils s'estiment les plus heureux des hommes, parce qu'ils sont parvenus à arracher à l'administration de Bicêtre, les fonds nécessaires pour ériger une école de musique et d'instruction élémentaire. Pour exciter la jalousie de MM. Falret et Mitivié, il y a à Bicêtre un professeur de musique à demeure, M. Florimond, un des premiers sujets du conservatoire de Paris : il y a également différents professeurs qui enseignent la lecture, l'écriture, les éléments de la géographie, etc. Bref, Bicêtre (et je parle du quartier des aliénés) possède une école élémentaire complète, et les avantages qu'en retirent les médecins sont incalculables ; aussi lui donnent-ils les plus grands soins, et pour vous en donner une idée, Monsieur le Ministre, je n'aurai qu'à vous copier une espèce d'allocution adressée à leurs malades et imprimée en tête du recueil de chants pour les élèves (aliénés) de l'école de l'hospice de Bicêtre (petite brochure in–16°, de 152 pages et contenant 75 chants).

AUX MALADES DE L'HOSPICE DE BICÊTRE.

» Ce recueil a été composé pour vous, recevez-le avec empressement ; lisez-le, et tâchez de l'apprendre par cœur, afin que vous soyez bientôt en état de pouvoir chanter tous ensemble. Après le travail auquel vous vous livrez, soit dans la campagne, soit dans les ateliers, aucun de nos exercices ne vous sera aussi utile que celui du chant. Vous y trouverez un soulagement à vos peines, et un remède assuré contre l'ennui. Le chagrin que vous ressentez d'être loin de votre famille et de vos occupations ordinaires, deviendra chaque jour moins vif, et ceux d'entre vous dont l'esprit est inquiet et troublé, ne tarderont pas à jouir d'un calme favorable à leur guérison.

» Vous avez vu, comme moi (1), plusieurs malades avoir des idées auxquelles ils tenaient beaucoup, parce qu'ils les croyaient justes, être fatigués de ces idées au point de ne pas jouir d'un moment de repos ; ils sont venus à notre école, les uns bien malgré eux, en commençant, les autres de bonne volonté ; tous se sont étonnés de voir qu'en peu de temps ils avaient retrouvé une grande tranquillité d'esprit, et se sentaient capables de s'occuper de leurs affaires, comme auparavant. Quelques-uns en réfléchissant ensuite à ce qui les avait si fort tourmentés, ont fini par reconnaître qu'ils avaient été dans l'erreur, et sont rentrés chez eux, se promettant bien de ne plus se chagriner inutilement à l'avenir.

» Il y en a d'autres qui faisaient comme des rêves, étant tout éveillés ; ils entendaient des injures ; on les menaçait ; on leur parlait en différentes langues ; on lisait dans leurs pensées ; ils voyaient des fantômes s'approcher d'eux, ou de petites figures jouer dans le lointain ; ils se sentaient battus, magnétisés, soumis à des expériences de physique, empoisonnés ; et toutes ces choses qui se passaient seulement dans leur imagination, leur paraissaient si vraies, qu'ils y croyaient comme on croit aux choses réelles. Ne soupçonnant pas même que cette disposition d'esprit fût une maladie, ils étaient tout étonnés de ce qu'on les retenait à l'hospice pour les guérir. C'est pourtant là une maladie, et même une maladie très grave, car elle tourmente souvent beaucoup ceux qui en sont attaqués ; elle leur fait voir des ennemis quand ils n'en ont pas, et les porte à se venger de personnes dont, en

_____
(1) C'est M. Leuret qui parle : il est médecin en chef pour une moitié des aliénés, comme M. Voisin l'est pour l'autre, mais il occupait cette place avant M. Voisin, qui a succédé à M. Ferrus, aujourd'hui inspecteur général des hospices d'aliénés en France.

réalité, ils n'ont jamais eu à se plaindre. Ces malades, quand ils ont consenti à suivre exactement le régime de l'hospice, et surtout à bien travailler, à faire avec attention de bonnes lectures, à étudier et à chanter, ont tous été guéris en peu de temps.

» Ceux d'entre vous qui ont des idées comme celles-là, doivent, pour s'en délivrer, se montrer bons ouvriers, s'occuper du matin au soir de choses utiles et raisonnables, fréquenter l'école, suivre avec soin les cours de chant, ne pas s'en rapporter à eux-mêmes sur ce qui regarde leurs idées particulières, mais prendre conseil des personnes chargées de les diriger. Je leur promets que par ces moyens bien simples, ils seront délivrés de leurs tourments, et se mettront, en peu de temps, en état de jouir de leur liberté.

» Assurément, vous n'avez pas tous également besoin de nos exercices, et, parmi vous, il y en a qui pourraient se rétablir sans faire tout ce que je leur demande. Mais, si vous y réfléchissez, vous verrez qu'il n'en faut pas moins se soumettre à la règle établie, parce que s'y refuser, c'est, par son exemple, engager les autres à s'y refuser aussi.

» Il y a encore, pour se montrer docile, une raison que les bon cœurs comprendront facilement. Quand, dans nos exercices du matin, nous faisons ce qu'en termes militaires on appelle l'*école de peloton*, s'il n'y avait dans les rangs que ceux qui ne savent pas marcher, ou qui n'ont pas assez d'intelligence pour obéir aux commandements du chef, tout irait de travers; tandis que si les hommes intelligents et déjà guéris, ou près de l'être, se mettent eux-mêmes dans les rangs, ils encouragent les autres à bien faire, en leur servant de guides.

» De même pour nos exercices de musique; si ceux qui chantent bien ne venaient pas, ou si tout en venant ils gardaient le silence, ceux qui ne savent pas chanter, ceux qui sont tristes, ne chanteraient pas non plus, et par là ils se trouveraient privés de la distraction que le chant doit leur procurer. Et ce serait un grand malheur, car nous avons vu des malades qui, après être restés pendant des années entières comme absorbés par la maladie, ont fini, en vous entendant chaque jour, par apprendre presque involontairement, les vers que vous chantez, et n'ont pas tardé à revenir à la raison, parce qu'ils ont chanté avec vous.

» D'ailleurs, quand vous ne serez plus à l'hospice, dans vos moments de loisir, ou même en travaillant, vous répéterez ce que vous aurez appris avec nous, et vous retrouverez le souvenir de bonnes idées et de bons sentiments.

» Il n'est aucun de vous, sans doute, qui ne connaisse les cours publics de chant fondés par M. Wilhem et par M. Mainzer : les ouvriers qui suivent ces cours, trouvant un grand plaisir à ré-

23

péter ce qu'ils y ont étudié, se réunissent entre eux, le Dimanche; ils chantent dans leur famille, beaucoup mieux que ne chantent souvent les chanteurs de profession, et surtout de meilleures choses. Ces ouvriers, au lieu de dépenser, comme tant d'autres, le gain de leurs journées, et de passer de longues heures à boire et à faire ensuite ce que peuvent faire des hommes privés de leur raison, se montrent rangés, économes, et se conduisent en tout comme de sages et honnêtes citoyens. Pourquoi ne suivriez-vous pas leur exemple? Il y a dans l'hospice plusieurs malades dont l'esprit s'est égaré par suite d'excès; si ceux-là parviennent à se corriger de leurs mauvais penchants, ils n'auront plus à craindre de retomber malades. Pour toutes sortes de raisons, vous devez donc suivre les conseils que je vous donne ici dans votre propre intérêt.

» C'est un de mes amis, M. Guerry, qui, voulant m'aider à vous être utile, a fait le choix des morceaux contenus dans ce recueil, et qui a donné, dans l'école, les premières leçons de chant. M. Guerry a eu la sage précaution, de prendre, parmi les pièces de vers que l'on peut chanter, celles qui expriment des pensées douces, consolantes ou religieuses, parce que ces pensées sont les plus propres à soutenir le courage et à faire naître l'espérance dans l'âme de ceux qui sont affligés. Il a demandé à plusieurs de nos meilleurs poètes, la permission d'imprimer quelques-unes de leurs meilleures poésies, et cette permission lui a été accordée avec empressement. Parmi ces poésies, il s'en trouvait qui n'avaient pas encore été mises en musique; M. Elwart y a pourvu, en composant tout exprès pour vous, des airs que vous placerez, quand vous les saurez, au nombre de ceux que vous aimez le mieux.

» Le conseil-général des hôpitaux et hospices, qui a institué notre école, met tous ses soins à en favoriser le développement; non seulement il nous accorde ce que nous lui demandons en votre faveur, mais souvent il devance nos désirs; et plusieurs de ses membres, MM. Hervé, de Kergorlay, Cochin, Aubé et Halphen, en venant assister à nos séances, vous ont témoigné un intérêt qui vous a remplis, pour eux, de reconnaissance et de vénération. Vous recevez chaque jour de M. Desportes, administrateur des hospices, et de M. Malton, directeur de Bicêtre, les marques de leur vive sollicitude. Ainsi, tout ce que l'on fait pour vous, tout ce qui vous entoure, a pour objet de hâter le moment de votre guérison. Prenez donc courage, suivez avec persévérance le chemin qui vous est tracé; si vous êtes dociles à mes conseils, votre santé se raffermira, vos chagrins cesseront, et le séjour dans l'hospice ne vous étant plus nécessaire, je m'empresserai de vous rendre à la liberté. Le jour où je pourrai vous accorder cette sortie, je serai aussi heureux que vous le serez vous-mêmes. (LEURET).»

Pour compléter l'idée avantageuse, Monsieur le Ministre, que vous vous formerez indubitablement de l'école de musique de Bicêtre, et avant que de consacrer quelques lignes à vous retracer une de ses séances, je crois ne pouvoir mieux faire que de vous donner le titre des chants dont se compose le recueil dont je viens de faire mention.

1º Bonté de la Providence. Paroles de J. Racine, musique de Schultz et Neukomm.

2º Grandeur de Dieu. Paroles de J. B. Rousseau, musique de Mainzer.

3º La paix de l'âme. Parole de J. B. Rousseau, musique de Mainzer.

4º Bonheur du juste. Mêmes auteurs.

5º Contradictions du cœur de l'homme. Paroles de J. Racine, musique d'Elwart.

6º L'appel à la prière. Paroles de De Lamartine, musique de Mainzer.

7º Hymne du matin. Paroles de J. Racine, musique d'Elwart.

8º La promenade du matin. Paroles de Madame V. Orsini, musique d'Elwart.

9º Prière de l'orphelin. Paroles de De Lamartine, musique de Mainzer.

10º La prière des marins. Paroles de Dufriche, musique de Mainzer.

11º Le Pater. Paroles de Lecomte, musique de Neukomm.

12º Chant religieux. Paroles de M***.

13º Cantique. Paroles de M***, musique de Couperon.

14º Chœur des marins. Paroles de Scribe et Germain Delavigne, musique de Auber.

15º Prière à la madone. Paroles de Mélesville, musique de Hérold.

16º Chœur de Joseph. Paroles d'Alex. Duval, musique de Méhul.

17º Hymne à la France. Paroles de V. Hugo, musique de Mangold.

18º Hymne à la France. Paroles de Dufriche, musique de Mainzer.

19º Le chant populaire. Paroles de M*** (*Orphéon*, Wilhem).

20º Duguesclin. Paroles de M***, musique d'Elwart.

21º Chanson de Roland. Paroles d'Alex. Duval, musique de de Bomber.

22º Duguesclin au tombeau de Roland. Paroles d'Edmond Géraud, musique de Vilbœuf.

23º Jeanne d'Arc. Paroles de Casimir Delavigne, musique d'El-wart.

24º Le départ. Paroles de Demolière, musique de Mainzer.

25º Bonne espérance. Paroles et musique de Bérat.

26º Adieu des soldats Suisses. Paroles de M*** (Orphéon Wilhem).

27º Le départ du conscrit. Paroles de Lecorucy, musique de Wilhem.

28º La sentinelle. Paroles de Brand, musique de Choron.

29º Les matelots. Paroles de Louis et Cordel, musique de G. Noegeli.

30º Le matin. Paroles de Demolière, musique de Mainzer.

31º Marchons! paroles de Louis et Cordel, musique de Noegeli.

32º Bélisaire. Paroles de Nép. Lermercier, musique de Garat.

33º Les souvenirs du peuple. Paroles de Béranger.

34º T'en souviens-tu. Paroles d'Emile Debraux.

35º L'enfant du soldat, musique de Biche-Latour.

36º La petite fée. Paroles de Béranger, musique de Wilhem.

37º Le pouvoir de la musique. Traduit de l'allemand, musique de Florimond (professeur actuel).

38º Les plaisirs du chant. Paroles de d'Épargnes, musique de Wilhem.

39º Bonheur de l'enfance. Paroles de J. Racine, musique de Schultz et Neukomm.

40º Romance de Joseph. Paroles d'Alex. Duval, musique de Méhul.

41º La suissesse au bord du lac. Paroles de Th. Muret, musique de Plantade.

42º Les ranz des vaches. Paroles de Jacques, musique arrangée par Grast.

43º Duo de l'amandier. Paroles de Ségier, musique de Balochi.

44º Suite de l'amandier. Duo de Brachel et de Jacob, musique de Goulé.

45º L'enfant de la montagne. Paroles de Demolière, musique de Mainzer.

46º Ma barque légère. Paroles de Pezan, musique de Grétry.

47º Les boules de neige. Paroles de Madame V. Orsini, musique d'Elwart.

48º Chant du forgeron. Paroles d'Édouard Lanot, musique de Mainzer.

49º C'est notre beau pays, musique de A. Spaeth.

50º Le souvenir du pays. ***

51º Le mal du pays. Paroles d'Edm. Géraud, musique de Bernard.

52º Souvenirs de l'exilé. Paroles de Chateaubriand.

53º Adieu de Marie Stuart à la France. Paroles de Béranger, musique de Wilhem.

54º Le retour de l'exilé. Paroles de Brifaut, musique de Méhul.

55º Les hirondelles. Paroles de Béranger, musique de Méhul.

56º Le retour de Pierre. Paroles de Ch. Plantade.

57º Le retour au pays, musique de Monsigny.

58º Le retour à la chaumière. Paroles de Carnot, musique de Romagnési.

59º Le vieillard et l'ormeau. Paroles de Châtelain, musique d'Elwart.

60º Le joueur de luth. Paroles de Berquin, musique de Florimond.

61º Le nid de la fauvette. Paroles de Berquin, musique de Biche–Latour.

62º Duo de Jacob et de Benjamin. Paroles d'Alex. Duval, musique de Méhul.

63º Le pont de la veuve. Paroles de Morian, musique de de Bouches.

64º L'ange et l'enfant. Paroles de Réboul, de Nîmes, musique de Mainzer.

65º L'esclave. Paroles de Madame Desbordes–Valmore, musique de Vilbœuf.

66º La barque. Paroles de Madame Tastu, musique de Lahausse.

67º La veille, le jour et le lendemain. Paroles de Millevoye, musique de Commettant.

68º Néant des grandeurs. Paroles de V. Hugo, musique de Mainzer.

69º Sur l'eau. Paroles de Demolière, musique de Mainzer.

70º Le bonheur, mêmes auteurs.

71º La promenade du soir. Paroles de Madame V. Orsini, musique d'Elwart.

72º Le chant du soir. Paroles de Demolière, musique de Mainzer.

73º O douce paix ! chœur d'Esther. Paroles de J. Racine, musique d'Elwart.

74º Notre patrie. Paroles de Demolière, musique de Mainzer.

75º Chœur final d'Esther. Paroles de J. Racine, musique de A. Elwart.

Un simple coup–d'œil sur ce catalogue, doit vous convaincre, Monsieur le Ministre, que le choix le plus sévère et le plus judicieux en même temps, a présidé à sa composition, et il n'en est pas un seul numéro, qui ne soit exécuté par une foule de voix, tantôt à l'unisson, tantôt en plusieurs parties, accompagnées par le piano-organon, avec une précision et un ensemble parfaits. Les morceaux à l'unisson, c'est-à-dire, ceux où tous chantent la même partie, ne sont guères aussi difficiles que ceux où il y a différentes parties, parce qu'il suffit d'un seul qui chante avec justesse et aplomb, pour que tous les autres le suivent, et comme par entrainement : il n'en est pas de même dans les morceaux, où il faut de l'attention et du jugement. Ce sont les morceaux qui doivent toujours être préférés, et pour cela il faut un professeur de musique, et il en faut un, qui, comme M. Florimond, joint à une parfaite entente de son art, une patience et une douceur à toute épreuve. M. Florimond doit se trouver largement récompensé par les éloges qu'il reçoit de tous les étrangers, lorsque ses élèves exécutent la messe, de sa composition, à quatre voix, avec accompagnement d'orgue et de plusieurs autres instruments. Je ne puis oublier de dire à cette occasion, que lorsque M. Florimond croit rencontrer quelque disposition particulière chez ses élèves, il leur enseigne l'instrument pour lequel ils sentent le plus d'inclination, comme il tâche de leur faire cultiver celui qu'ils connaitraient déjà avant leur entrée à l'hospice. De cette manière, à l'accompagnement de l'orgue pour sa messe, est joint celui de plusieurs autres instruments, tels que flûte, basse, violoncelle, violon, alto, cor et trombonne. Parmi les exécutants instrumentistes, il y en a plusieurs qui ne connaissaient ni la musique ni l'instrument avant leur séjour à Bicêtre.

Les résultats de pareils moyens, joints à ceux qu'on recueille par l'enseignement élémentaire de l'écriture, de la lecture, de la géographie, de la déclamation et de l'arithmétique, sont trop évidents, pour je croie nécessaire, Monsieur le Ministre, de vous les rappeler. Non seulement ils sont prompts et décisifs, mais ils donnent la garantie la plus puissante pour l'avenir, c'est-à-dire, que s'il est des moyens pour prévenir la récidive, si redoutable dans les maladies mentales, c'est dans ceux-là seuls qui peuvent réformer le cœur et l'esprit, qu'on peut placer de l'espérance. La plupart des aliénés, quant aux causes qui ont provoqué leur maladie, peuvent être mis sur le même rang que les malfaiteurs que la société a dû éliminer de son sein, et auxquels elle a dû infliger des châtiments plus ou moins sévères. Pour ces derniers, les philanthropes se sont depuis longtemps efforcés de résoudre la question suivante : la crainte des châtiments prévient-elle les délits, et comme corollaire, à mesure que les châtiments seront plus sévères, y aura-t-il moins de malfaiteurs ? Les opinions sont fortement partagées sur ce sujet ; quant à moi, je n'hésite pas à me prononcer pour la négative, et je crois que l'étude pratique de cette question doit faire pencher la balance en ma faveur. Je me permettrai de vous donner ici quelques observations sur le système pénitentiaire, parce qu'il a un rapport intime avec un des côtés de la question des aliénés, mais pour ce sujet, comme pour celui de ces derniers, je ne vous exposerai, Monsieur le Ministre, que des faits pratiques que j'ai recueillis en voyage.

Dans la société actuelle, les mêmes causes, à peu près, mènent la plus grande partie, la moitié au moins, des individus, soit à l'aliénation, soit aux crimes de toute nature; ces causes sont la débauche de tout genre, les mécomptes, et l'injustice présumée ou les torts imaginaires de la société à leur égard ; la fréquentation d'une mauvaise compagnie produit définitivement les mêmes résultats, et les hâte excessivement si l'individu lui-même est en proie à des penchants vicieux. Qu'arrive-t-il chez celui qu'une pareille cause conduit à l'hospice d'aliénés, ou chez celui qui va expier ses fautes au bagne?

Chez l'aliéné, si le mal n'a pas encore miné la raison jusque dans ses derniers retranchements, le régime sévère et réglé de l'établissement, la privation de boissons alcooliques, l'éloignement des femmes, la guérison de quelque maladie physique, résultat de ses débauches, ramènent bientôt la raison, et une guérison de plus est consignée dans les registres de l'hospice. Mais cet individu est-il réellement guéri? non, bien assurément, le foyer du mal existe, le cœur et l'esprit sont restés pervertis, le feu dort sous la cendre, il ne faudra qu'une étincelle pour le rallumer, et cette étincelle se retrouvera là où le feu s'est alimenté la première fois; l'individu ne tardera pas à venir augmenter le nombre des incurables et bientôt celui des morts dans un hospice, où l'on n'a pas su exterminer la cause première du mal. Un simple coup-d'œil sur les statistiques des hospices d'aliénés, vous convaincra, Monsieur le Ministre, que ce sont là des faits pratiques, malheureusement encore trop méconnus.

Les mécomptes amènent littéralement les mêmes résultats; ces mécomptes sont de natures si diverses, qu'il ne suffirait point d'un gros volume pour les énumérer, mais tous reconnaissent le même principe, c'est-à-dire qu'une foule d'individus ne doutent jamais de leurs moyens, se croient capables de tout, n'ont point d'égaux. s'estiment au-dessus de tous les autres, et accusent ou la fatalité ou la société du non succès de tous leurs projets absurdes et outrecuidants. A force de se pénétrer de l'idée de leur propre et incontestable supériorité, à force de voir des ennemis dans tout le genre humain, ils se trouvent un beau jour relégués dans un hospice d'aliénés, parce qu'ils ont trop bruyamment affiché leur royauté, ou bien parce qu'ils ont voulu se venger, les armes à la main, de quelques injures ou de quelques torts imaginaires. Comme pour l'aliéné par suite d'une vie déréglée, si le mal ne s'est point profondément enté dans un cerveau très faible, la réalité d'un hospice ramène ordinairement ce malheureux à la raison, et comme le premier, il sort soi-disant guéri, mais pour y revenir aussi vite que lui, attendu que chez lui encore une fois on n'aura point attaqué le principe générateur du mal.

Pénétrons dans les prisons et les bagnes, et nous retrouvons les mêmes causes et les mêmes effets ; mais c'est ici que vient sur le tapis la question des châtiments qui devraient prévenir les délits. Eh, bon Dieu, loin de les prévenir, je dis que, grâces au système pénitentiaire actuel et grâces surtout à la flétrissure, autrement dit, à l'opinion publique, ils les multiplient, et ils les multiplieront tant qu'en punissant, la société n'aura pas lavé et oublié le délit, tant qu'en punissant, la société ne s'imposera pas la tâche d'améliorer le malheureux qu'elle a dû punir. Comme l'aliéné, il récidivera, parce que le mal n'aura point été attaqué dans sa racine, parce qu'on n'aura réformé chez lui ni le cœur ni l'esprit.

J'ai décrit l'effet que la séquestration exerce sur l'aliéné ; j'ai exposé les conséquences de sa première sortie, et je ne finirai point ce chapitre sans indiquer les moyens à opposer à ce mal ; mais avant que d'entamer ce paragraphe, je dois exposer les effets du système pénitentiaire actuel sur les malfaiteurs et ce faisant, je prouverai plus clairement encore l'origine de leurs récidives, comme la nécessité des moyens à employer pour les prévenir, moyens toutefois qui seront identiques à ceux que je conseillerai chez les aliénés.

Croire qu'un individu quelconque s'abstient de faire le mal, de commettre un crime, par crainte du châtiment est une erreur, chez les individus au moins, auxquels je fais ici allusion, et j'ai déjà formulé mon opinion sur leur nombre. Ou bien ils comptent sur l'impunité, ou bien ils commettent le mal comme celui qui devient fou par suite de ses débauches ou de ses mécomptes ; ils commettent le mal logiquement dans un cas et ne le commettent point sciemment dans l'autre.

S'il m'était permis, Monsieur le Ministre, de discuter à fond la question du système pénitentiaire et des malfaiteurs, nous verrions que plus avant nous y pénétrons, et plus devient grande l'analogie qui existe entre une certaine classe de malfaiteurs et une grande partie des aliénés. Chez ces derniers, ainsi que nous avons vu plus haut, rien n'est plus propre dans la plupart des cas, à entretenir leur mal, et souvent à l'aggraver, que de les laisser constamment abandonnés à leurs propres réflexions, en proie

aux penchants qui ont perverti, qui ont faussé leur intelligence.
D'un autre côté, quelles peuvent être les pensées des prisonniers
qui tous et j'ose dire sans exception, se croient de manière ou d'autre, injustement punis, et chez lesquels à la privation de la liberté,
le bien suprême de l'homme, vous ajoutez celle de tous les actes qui
constituent l'apanage de l'humanité, car ainsi que je l'ai dit dans
mon coup-d'œil sur les institutions de la Belgique, dans le grand
pénitentiaire de Namur, grâces au système cellulaire et au silence
perpétuel, les recluses sont devenues des automates? quelles peuvent être les pensées des prisonniers que vous occupez, comme dans
les prisons d'Angleterre, à *moudre le vent?* (1) quelles peuvent
être les pensées de ceux qu'on a condamnés à perpétuité à la privation de la liberté et de toutes les jouissances naturelles auxquelles l'homme a droit en naissant? quelles peuvent être les
pensées de ceux que vous voulez distinguer des autres parce qu'ils
ont récidivé, ou parce qu'à vos yeux, mais non pas aux leurs, ils
ont commis un plus grand tort envers la société, et que pour ce
motif vous affublez d'un costume qui les rend odieux ou ridicules à
eux-mêmes comme aux autres? Ce que sont leurs pensées, je le
dirai, ils ne rèvent que vengeance, et comme pendant leur séjour
dans la prison vous n'avez rien fait pour les rendre meilleurs, et
qu'à l'expiration de leur peine, vous les poursuivez de l'opinion
publique ou de la flétrissure, le résultat immédiat est d'avoir re-
lancé un plus grand malfaiteur dans la société, dont vous devrez
bientôt l'éliminer de nouveau et pour jamais. Encore une fois,
Monsieur le Ministre, consultez les statistiques et vous verrez si
j'ai raison.

J'ai visité en Angleterre plusieurs prisons, trois entre autres
m'ont offert les résultats les plus curieux sous le point de vue en
question; ce sont celles de *Lancaster*, de *Nottingham* et de *Wakefield*. Je ne sais pourquoi, mais elles diffèrent toutes les trois pour
le système pénitentiaire, et toutes les trois ont subi différentes modifications à quelques années d'intervalle.

Avant de dire quelques mots sur chacun de ces trois établissements, permettez-moi, Monsieur le Ministre, de rappeler à votre
attention que la législation anglaise ne tient aucun compte de la
récidive : le même délit, commis dans les mêmes circonstances et
par le même individu, est toujours puni du même châtiment,
n'importe le nombre de fois que cet individu aura commis le
même délit et aura subi des peines en conséquence. A mon avis
et au point de vue sous lequel j'envisage cette question, c'est-à-
dire, puisque vous avez seulement puni le malfaiteur sans cher-

(1) Dans le second aliéna suivant, se trouve l'explication de cette occupation.

cher à le rendre meilleur, et que la crainte seule du châtiment doit l'empêcher de commettre le délit, ce serait une injustice que de doubler sa peine, car il a commis le même délit sous toutes les mêmes circonstances, et la première fois comme la seconde fois, aucune pensée, autre que celle du châtiment, ne pouvait le détourner du méfait. La législation est encore uniforme en Angleterre sous deux autres rapports : dès que le délit emporte une condamnation d'au-delà de trois années de réclusion, le condamné est transporté aux colonies, à Botany-Bay ; dans les prisons anglaises, le *récidivé* est autrement habillé que les autres reclus, au milieu desquels il vit sans autre distinction, mais cette distinction est d'un ridicule achevé, et contraste singulièrement avec la gravité anglaise. En véritable arlequin de foire, le *récidivé* porte veste, pantalon, gilet et bonnet, faits de pièces carrées, d'un draps de différentes couleurs, rouge, vert, jaune et noir. En dehors du ridicule que porte avec elle cette distinction, j'ose dire qu'elle est encore entachée de l'inconvénient dont j'ai parlé plus haut, savoir, de l'excitation à la vengeance.

A la prison de *Nottingham*, le silence le plus absolu vient de remplacer depuis quelque temps la permission de causer à certaines heures de la journée. Les reclus sont du matin au soir au *tread-mill*, c'est-à-dire n'ont d'autre occupation que celle de *moudre le vent*. A cet effet, on a construit une grande roue, tournant sur elle-même, en y appliquant une puissance convenable ; or cette puissance a été trouvée dans le poids de dix à quinze hommes, et le mouvement perpétuel, dans des marches dont cette roue est munie dans toute sa circonférence (à peu près comme on faisait autrefois mouvoir les grues sur les quais), de manière que ces dix ou quinze hommes, gravissant *in perpetuum* les marches de cet escalier circulaire, c'est-à-dire qu'en se promenant *in perpetuum* et à pas cadencés autour de cette roue, la font mouvoir sur son pivot. Mais là ne s'est pas borné le génie inventif de l'auteur de cette occupation : en tournant constamment sur elle-même, la roue fait tourner une machine, en guise d'aîles de moulin et qui est placée à la partie la plus élevée du bâtiment : il n'y a d'autre différence avec le moulin ordinaire, qu'au lieu d'aller par le vent, ces aîles vont en dépit du vent, c'est-à-dire présentent une surface plane plus ou moins étendue au vent, je dis plus ou moins étendue, car grâces à un raffinement incomparable, on a trouvé le moyen d'augmenter ou de diminuer la surface de ces aîles, et d'augmenter ou de diminuer ainsi les efforts des dix ou quinze *wind grinders* (broyeurs de vent). Je n'ai plus qu'un mot à dire, Monsieur le Ministre, pour achever la description de cette ingénieuse machine, c'est que sans être en présence des ouvriers, rien qu'en comptant le nombre des tours circulaires que fait le moulin, et pour cela on n'a que se promener une minute dans les rues, et on peut s'assurer de la diligence des travailleurs, attendu que la machine doit faire par minute un nombre connu de tours. Grâces à ce système pénitentiaire, la prison de Nottingham est presque toujours habitée par les mêmes individus; ils n'en sortent définitivement que pour aller à Botany-Bay.

A *Wakefield*, on suit littéralement le même système qu'à Nottingham, à cela près que le tread-mill a un but utile; il meut une machine à moudre le grain. Une foule de prisonniers sont occupés à différentes préparations de laine, mais tout ce qu'ils gagnent est au profit de l'établissement, et au sortir de la prison, il n'arrive jamais que le libéré se trouve en possession d'un liard, et qu'arrive-t-il ? Il y avait à Wakefield, lors de ma visite, des *récidivés* qui subissaient pour la *vingt-septième* fois une condamnation à trois mois; des individus à 10, 12, 15, 20 et 25 récidives, n'y sont pas rares; ce qu'on y trouve en fort petit nombre, ce sont des condamnés pour une première fois.

La prison de *Lancaster* est un modèle sous beaucoup de rapports. La construction en est des plus admirables: c'est une ancienne forteresse, située sur une colline. Les prisonniers y sont parfaitement logés et nourris, tous sont occupés à des travaux de leur profession, les cultivateurs presque seuls font exception, et ceux-là vont au *tread mill*, qui fait mouvoir des métiers à tisser. On y a institué une école, il y a journellement un service religieux, et le silence n'est requis qu'à certaines heures de la journée. Les récidives y sont beaucoup plus rares que dans les autres prisons : le jour où je la visitai, il n'y avait aucune femme pour récidive. Quel dommage qu'on n'y ait pas encore introduit la musique!

Je ne m'étendrai pas davantage, Monsieur le Ministre, sur le système pénitentiaire; je n'ai fait qu'en effleurer une partie, parce qu'elle a des connexions intimes avec certaines questions relatives aux aliénés : je vous laisserai également, Monsieur le Ministre, la latitude de faire des applications au système pénitentiaire, de ce que j'aurai exposé pour les aliénés. Si je suis parvenu à bien me faire comprendre sur la cause et l'origine de la plupart des aliénations mentales, sur leur marche, sur l'effet que produit sur ces malades le séjour dans un hospice, et enfin sur les suites de leur guérison ou sur les résultats de leur rentrée dans le monde, je n'aurai pour l'exposition des moyens à diriger contre la récidive, qu'à vous prier, Monsieur, le Ministre, de vous rappeler le traitement moral de MM. Leuret, Voisin, Falret, etc., et ma tâche serait remplie de ce côté, si je n'étais en possession de faits qui doivent dissiper jusqu'au moindre doute sur ses immenses résultats pour le présent comme pour l'avenir, si tant est, Monsieur le Ministre, qu'il pût encore vous rester du doute. Ces faits feront le sujet du chapitre suivant.

SUCCURSALE DE BICÊTRE.

HOSPICE DES IDIOTS.

Il est des hommes qui n'ont pas fait une étude approfondie et consciencieuse des aliénations mentales ; il en est d'autres qui ne se sentent pas la force de sortir de la routine, où, une fois entrés, ils ont toujours continué de faire ce qui a été fait avant eux ; et les premiers comme les derniers, manquant du courage nécessaire pour tenter des épreuves, en recusent d'avance les heureux résultats, c'est-à-dire, n'en admettent point la possibilité, et de là vient, Monsieur le Ministre, que vous entendez dire journellement, et par des hommes qu'on croirait expérimentés, que le traitement moral n'exerce aucune influence sur la marche des maladies mentales, et que dans tous les hospices, où on l'a introduit, le résultat pour les guérisons n'a point varié. Ne perdez point de vue, Monsieur le Ministre, que non seulement ces hommes n'ont point fait des expériences consciencieuses, mais que le plus souvent, ils ne se sont livrés à aucun essai, de manière qu'il ne faut tenir aucun compte de leurs opinions. Cependant, je veux les admettre pour un moment, et dire avec eux que la science du médecin est inutile dans une maison d'aliénés au point de vue de l'augmentation des guérisons. Mais en faisant abnégation de nos succès, et en criant avec eux à tue-tête que les aliénations sont des maladies incurables, force m'est de répéter aussi leur refrain, qu'il ne s'agit que de combler les aliénés du plus de bienfaits possible, et que c'est là tout ce qu'on doit faire pour eux. Quelque peu rassurante que soit cette doctrine pour l'humanité, quelque cruelle qu'elle soit pour les malades, qui pendant leurs moments de lucidité complète sont plus ou moins en état d'apprécier leur position, pour les parents, pour les époux, pour les enfants, pour les amis, qui ont encore quelque espérance dans les efforts, dans le pouvoir de l'art, quelque peu fondée, quelque absurde qu'elle soit, je l'admettrai, dis-je, parce qu'en raisonnant même dans ce sens, le *traitement moral* doit primer sur tous les moyens physiques que la bienfaisance la plus libérale peut mettre à contribution en faveur des plus malheureux des malades.

Si l'on admet, Monsieur le Ministre, qu'un bienfait n'est vraiment un bienfait que pour autant qu'il puisse être ressenti et apprécié par celui qui en est l'objet, les fauteurs du système de bien loger, de bien vêtir et de bien nourrir l'aliéné, perdent en très grande partie les fruits de leur philanthropie, attendu que plus de la moitié des aliénés sont hors d'état d'apprécier les soins physiques dont on les accable. Si l'on n'avait d'autre but que celui de les combler de bienfaits, ce serait jeter des perles aux pour-ceaux, et mieux vaudrait détourner cet argent pour un meilleur emploi, et on pourrait avec raison se borner à plaindre les mal-heureux aliénés, que dis-je, la compassion même deviendrait inutile, puisqu'ils ignorent leur malheur. Mais l'homme dans quelque situation que le crime, le vice ou le malheur aient pu le jeter, est toujours homme, est toujours un être fait à l'image de son divin Créateur, et par cela seul est toujours digne des égards de ses semblables, autant pour lui-même que pour eux; car, puisque personne ne peut se flatter d'être à l'abri d'un mal-heur quelconque, c'est au moins une consolation de savoir que dans la plus affreuse position même, on recevra des marques de bienveillance telles, qu'on n'aura jamais cessé d'être homme. Donc bien loger, bien vêtir et bien nourrir les aliénés, est de la bienfaisance parfaitement entendue, quand même les malades ne la ressentiraient pas, mais aussi elle ne profite qu'à ceux qui la font, et non pas à ceux qui l'éprouvent, tandis que le traitement moral comble l'aliéné de bienfaits qui produisent directement les deux effets à la fois, et de ce chef il doit obtenir la prééminence.

Moins que jamais, Monsieur le Ministre, je puis procéder dans cette question délicate par la voie de la théorie ou du raisonne-ment; ce sont des preuves pratiques, ce sont des faits qu'il vous faut, et heureusement il ne m'en manque pas; bien plus, je vais les prendre dans une classe d'êtres inférieurs encore à ceux dont il s'est agi jusqu'à présent, c'est-à-dire chez ceux où la raison même n'a jamais lui, chez ceux qui n'ont jamais eu conscience de leur existence, et qui ont toujours été moins que la brute, car ils n'ont jamais joui de l'instinct de leur conservation; je veux parler de l'*idiot de naissance*. Si je vous démontre, Monsieur le Ministre, que par le *traitement moral*, on parvient à faire jouir ces malheureux des bienfaits de la vie, c'est-à-dire, qu'on par-vient à leur faire ressentir les bienfaits qu'on leur prodigue, et surtout à leur faire sentir qu'ils vivent, et qu'ensuite je démontre l'identité de leur situation avec celle des aliénés, et la possibilité d'appliquer les mêmes moyens aux uns et aux autres, je crois, Monsieur le Ministre, que ma thèse n'aura plus besoin d'autres moyens de défense, pour obtenir gain de cause.

J'ai dit dès le commencement, Monsieur le Ministre, que je m'efforcerais toujours de laisser parler les faits, et les auteurs à qui ils appartiennent; que toujours je m'efforcerais de mettre en relief les hommes qui en savent plus que moi, ceux qui se sont sacrifiés pour la science et pour l'humanité, et que ma tâche se bornerait à grouper des faits éparpillés dans un cadre didactique, et partant de ce principe, immuable pour moi, je dois ici mettre en avant deux hommes éminemment distingués, MM. le Dr *Felix Voisin* (dont j'ai déjà parlé) et *Seguin*.

« Il n'y a point d'époque dans la vie où les facultés ne puissent être utilement exercées, où l'homme ne puisse être affermi dans d'heureuses habitudes, encouragé à faire le bien, éclairé sur les moyens de l'opérer. Multiplions donc les moyens du pouvoir instructif ; créons des établissements pour les hommes de tout age, de tout état et de toute position. »

Voilà ce qu'écrivit en 1830 M. le Dr Felix Voisin (1) qui élaborait depuis longtemps le projet d'étendre l'instruction à une classe d'individus, chez lesquels on n'avait pas encore songé que la chose fût possible, nécessaire, ou avantageuse, en même temps qu'il cherchait à démontrer qu'on n'avait point encore imprimé à l'instruction en général, la marche qui devait mener aux bons résultats qu'on était en droit d'en espérer. Je ne suivrai pas ce savant confrère et ami, dans l'examen de la question suivante, espèce de corollaire des lignes précitées : « quel mode d'éducation faut-il adopter pour les enfants qui sortent de la ligne ordinaire, et qui, par leurs particularités natives ou acquises, forment communément la pépinière des aliénés, des grands hommes, des grands scélérats, et des infracteurs vulgaires des lois ? » j'admettrai directement, comme incontestables ses conclusions : *que ce qu'on fait pour le redressement des difformités corporelles, on peut et on doit le faire pour le redressement des penchants dangereux, pour la guérison des vices du cœur,* et partant de ce principe, j'applaudis au projet qu'il avait conçu d'ériger un *établissement orthophrénique.*

Quelque analogie qu'ait la totalité de cette question avec celle des aliénations mentales, je ne crois pas, Monsieur le Ministre, que pour le moment il me soit nécessaire de la traiter tout au long, et je me bornerai à ne vous en donner qu'un aperçu pour vous introduire de là directement dans celle qui fait le sujet de ce chapitre.

Après dix années de pénibles recherches dans les maisons d'aliénés, dans les prisons, dans les bagnes, M. le docteur Voisin était parvenu à faire adopter à quelques personnages éminents, ses vues sur l'éducation des individus vieux ou jeunes qui se trouvaient naturellement ou accidentellement dans une position

(1) Application de la Physiologie du Cerveau à l'Étude des Enfants qui nécessitent une éducation spéciale. — Brochure in-8°, Paris, 1830.

exceptionnelle, et fort de leur appui et de leur protection, il fonda un *établissement orthophrénique* pour les enfants, à Issy près Paris. Ses observations recueillies chez les enfants, l'avaient conduit à diviser en quatre catégories principales ceux qui réclament un *traitement orthophrénique*. Dans la *première catégorie*, il plaçait les *enfants nés pauvres d'esprit*, c'est-à-dire avec une organisation cérébrale au-dessous de l'organisation commune à l'espèce en général et qui, dans la hiérarchie des différents pouvoirs cérébraux, occupent les degrés intermédiaires entre l'idiot et l'homme ordinaire. Dans la *seconde catégorie*, il classait les *enfants nés comme tout le monde*, doués de l'organisation commune à l'espèce en général, mais auxquels une éducation première mal dirigée a fait prendre une direction vicieuse. La *troisième catégorie* devait se former des *enfants nés extraordinairement*, c'est-à-dire avec un cerveau volumineux dans sa masse totale ou dans quelques unes de ses parties, et qui par cela même, lorsque les facultés nobles et bienveillantes sont faiblement prononcées, se font en général remarquer par un caractère difficile, une dissimulation profonde, un amour-propre désordonné, un orgueil *incommensurable*, des passions ardentes et des penchants terribles. Établis sur de grandes proportions, ne pouvant être médiocres en rien, ils sont aptes aux plus grands vices comme aux plus grandes vertus, aux plus grands crimes comme aux plus grandes actions, selon le concours favorable ou défavorable des circonstances au milieu desquelles ils passent les premiers temps de leur vie. La *quatrième catégorie* embrassait les *enfants qui, nés de parents aliénés, sont en naissant fatalement prédisposés à l'aliénation mentale, ou à toute autre affection nerveuse*. M. Voisin ne préconisait point une méthode d'enseignement basée sur des moyens fixes et immuables; il vouloit faire une étude spéciale de chaque cas en particulier, et en opposition en ceci avec les pédagogues ordinaires, qui prodiguent tous leurs soins à ceux de leurs élèves qui ont la conception la plus heureuse, plus un enfant aurait été disgracié par la nature, plus il aurait été digne pour lui de ses égards et de ses soins. Pour mettre l'homme en toute valeur pour lui-même et pour ses semblables, et en calculant que dans les dons de l'intelligence, dans les penchants, comme dans la force et le nombre des qualités du cœur ou dans celles déjà acquises, la nature ou l'éducation n'ont pas toujours été justes dans leurs répartitions, M. Voisin cherchait ses modificateurs dans des agents physiques, moraux et affectifs, toujours calculés d'après l'individu et les effets qu'il voulait produire. Ainsi, agrandir la sphère intellectuelle et morale de l'un, multiplier les rapports chez l'autre, réprimer les facultés naturellement trop

énergiques chez celui-ci ou devenues telles sous des excitations
demésurées; développer chez celui-là des facultés qui forment
l'apanage exclusif et élevé de l'espèce humaine; être maître de
toutes les impressions qui vont frapper l'enfant; lui créer un mode
d'existence calculé sur les particularités de son être intellectuel
et moral; laisser en repos les forces qui dominent l'individu et
mettre en activité toutes les autres; affaiblir les premières pour
leur faire perdre leur empire, aviver, entretenir, nourrir les
secondes afin que développées, elles finissent par faire sentir
leur influence et leur contrepoids; faire contracter des habitudes
exclusives, tenir le cerveau dans un calme prolongé, fatiguer par
des jeux et la gymnastique; telles étaient les ressources nombreuses
au moyen desquelles M. Voisin luttait avec avantage contre des
dispositions innées, modifiait l'organisme, changeait la constitution et soustrayait ses élèves à la fatalité qui pesait sur leur tête,
ou qui déjà les avait lancés hors de l'harmonie sociale.

De beaux résultats couronnèrent les nobles efforts de M. Voisin;
mais n'étant point pécuniairement soutenu par le gouvernement
dans cette entreprise onéreuse, et le nombre des élèves ne pouvant
faire face aux frais, M. Voisin fut bientôt obligé de renoncer à
son établissement. C'est alors qu'il se porta avec sa méthode dans
la succursale de Bicêtre, mais peu de temps après, il fut appelé à
la place de médecin en chef de la moitié des aliénés du grand
hospice de Bicêtre même, où nous l'avons vu traiter les aliénés
d'après les principes émis dans le précédent paragraphe. En quittant la succursale de Bicêtre, il ne la perdit point de vue avant
que de s'y voir remplacé par un homme qui marche dignement
sur ses traces, et qui s'était déjà fortement distingué dans l'enseignement basé sur ce système. Ici, Monsieur le Ministre, nous
arrivons directement à la question qui fait le sujet de ce travail,
et comme je l'ai déjà dit, j'ai des faits officiels à vous communiquer. Je les extrais du rapport que M. *Seguin* adressa à Messieurs
les administrateurs du conseil général des hospices, après un essai de trois mois d'enseignement chez les arriérés et idiots de la
succursale de Bicêtre, dite hospice des incurables, rue du faubourg
St-Martin, à Paris.

Je me fais un devoir, Monsieur le Ministre, d'insister un peu
longuement sur cette question, parce qu'elle résout le plus grand
problème que puisse soulever le traitement des aliénés, mais pour
que vous puissiez le concevoir complètement, je vais d'abord
poser les faits, avant d'entamer le raisonnement.

ÉTAT DES ENFANTS LE 1er OCTOBRE 1841.

«LEBEL 18 ans. — *Intelligence* paresseuse; sait un peu lire et écrire.

» *Physique.* Paralysie générale, mouvements concentriques des bras faciles et lents, mouvements excentriques difficiles ou impossibles; jambes titubantes, tête inclinée, dos voûté, poitrine rentrée; incapable de se tenir debout ou de marcher au pas.

» *Moral.* Doux, facile, entêté.

» *Habitudes.* S'occupe peu, gagne trois ou quatre sous par jour à tresser des chaussons de grosse lisière. Dans ce travail lent et pénible, les mains tremblent et dirigent mal le crochet.

» Langlois, 17 ans. — *Intelligence* oblitérée; idiotisme résultant d'une peur; commence à lire ses lettres, ne les assemble pas; prononce mal, répond assez juste aux questions vulgaires.

» *Physique.* Membres longs, poitrine rentrée, tête déprimée latéralement, et légèrement pyriforme.

» *Moral.* Doux, obéissant, craintif.

» *Habitudes.* Gagne six ou huit sous par jour à tresser des chaussons; balaie, lave le plancher.

» Jacquemin, 17 ans. — *Intelligence* nulle; parole nulle; idiot caractérisé.

» *Physique.* Membres trop longs, tête déprimée sur les faces antérieures et latérales, bouche béante, œil fixe et hébété, poitrine très creuse, dos voûté, genoux ployés, mais complètement inhabiles à tout usage. Épilepsie.

» *Moral.* Entêté, peureux, voleur, paresseux à l'excès.

» *Habitudes.* Passe sa vie accroupi; marche en se traînant le corps penché, les mains dans les poches, serrant précieusement un ou plusieurs objets dérobés, comme débris de fayence ou de verre, qu'il recherche le plus après la nourriture de ses camarades.

» Gourdin, 19 ans. — *Intelligence* nulle; idiot caractérisé; ne sait absolument rien.

» *Physique.* Trapu, robuste; rire nerveux incessant.

» *Moral.* Bon, obéissant, vaniteux.

» *Habitudes.* Agite incessamment les bras et la tête; boutonne l'élève Lami, balaie, porte quelques fardeaux; mais il faut le contraindre avec force à l'assiduité.

» Ponsart, 16 ans. — *Intelligence* nulle, parole nulle; idiot caractérisé.

» *Physique.* Solidement constitué; poitrine rentrée, tête petite et pointue, gestes maladroits; incapable de travaux physiques.

» *Moral.* Têtu; paresseux, désobéissant, peureux à l'excès.

» *Habitudes.* Ne fait rien, passe sa vie à promener en traînant les jambes, et les mains dans les poches.

» Lami, 16 ans. — *Intelligence* nulle, parole nulle; idiot caractérisé.

» *Physique.* Corps affaissé, membres longs et inhabiles aux exercices physiques les plus simples.

25

» *Moral.* Doux, obéissant, vaniteux, craintif.

» *Habitudes.* Ne peut rien faire, même s'habiller, passe sa vie à saluer avec un vieux chapeau gris.

» AUGUSTE, 14 ans. — *Intelligence* presque nulle, parole nulle; ne sait ni lire ni écrire. Inculture complète.

» *Physique.* Trapu, robuste, maladroit.

» *Moral.* Colère, désobéissant, paresseux, voleur.

» *Habitudes.* Essuie des assiettes d'étain, balaie, fait mal un lit quand on l'y contraint avec force et correction.

» MARQUIS, 12 ans. — *Intelligence* presque nulle, pas de mémoire; ne sait ni lire ni écrire; parole complètement inarticulée.

»*Physique.* Paralysie générale, tremblement nerveux, inhabilité de tous les membres; ne voit presque pas.

» *Moral.* Colère, taquin, désobéissant, mobile à l'excès.

» *Habitudes.* Ne peut rien faire, se promène en grimaçant, et agitant les jambes et les bras avec le plus grand désordre; ne peut marcher droit ni courir; et quand il saisit un objet, ne peut ouvrir les mains pour le lâcher.

» EUGÈNE, 12 ans. — *Intelligence*, sait mal les lettres; articulation vicieuse et souvent inintelligible.

» *Physique.* Bien constitué. Épilepsie.

» *Moral.* Doux, obéissant; incapable de fixité.

» *Habitudes.* N'a jamais pu être appliqué à aucun travail.

» HARANG, 11 ans. — *Intelligence* obtuse, sait quelques lettres; prononciation souvent inintelligible.

» *Physique.* Bien constitué.

» *Moral.* Doux, indolent, craintif, entêté.

» *Habitudes.* N'a jamais pu être appliqué à aucun travail. »

Voilà, Monsieur le Ministre, ce que MM. Dupaty, médecin des incurables, Kergorlay et Blondel, administrateurs des hospices, constatèrent relativement à l'état physique et moral de ces dix enfants, le jour où ils furent confiés à M. Seguin. C'est le procès-verbal dressé et signé par ces Messieurs, et adressé au Ministre de l'intérieur à Paris, que je viens de vous communiquer. Environ quatre mois après, j'eus l'avantage d'assister à différentes séances où M. Seguin fit exercer ses élèves, mais avant que de vous exposer ses résultats, je crois nécessaire, Monsieur le Ministre, de vous parler des moyens mis en usage. En exposant ces moyens et leurs résultats, je n'aurai presque pas besoin, Monsieur le Ministre, d'arrêter votre attention sur leur applicabilité dans une étendue bien plus grande encore chez la plupart des aliénés, où ils auront des résultats bien plus grands, bien plus rapides et bien plus positifs.

« Me voici, dit M. Seguin, pour la première fois au milieu d'eux. Les uns agitent leurs bras en désordre, les autres crient à tue-tête. Quelques-uns croupissent dans un affaissement hébété; le premier auquel je m'adresse se sauve en ricanant : le second me salue jusqu'à ce que j'arrête son bras infatigable; le troisième figure entre lui et moi des signes de croix et des baisse-mains; un quatrième se couche à terre; les autres, dans l'attitude la plus piteuse, ne font entendre que des réponses tronquées et peu intelligibles : autour de nous, dans la salle qui nous servira de classe et de gymnase, sont rangés sur leurs sièges percées, à bon droit, les infirmes, les perclus, les aveugles, les gâleux, qui poussent les cris les plus sauvages. Ces pauvres êtres sont là devant moi, ce qu'ils ont été toute leur vie, inactifs, inoccupés, rapaces : ils ignorent ce que c'est qu'obéissance et travail; l'esprit, ils n'en soupçonnent pas l'existence; le corps, ils le laissent s'affaisser sur lui-même, ne le traînent qu'où l'appétit les appelle; le cœur, il est chez presque tous remplacé par un vice hideux; et plusieurs ont atteint l'age où l'individu physique, intellectuel et moral a déjà fait les progrès les plus essentiels. »

En présence de tant de misères, s'efforcer d'inculquer des idées de morale, de devoir et d'obéissance, régulariser les puissances physiques par le développement de l'intelligence, tel était le but que se proposait M. Seguin. C'est par leur faire acquérir des *notions personnelles,* que M. Seguin débute : l'*immobilité* et le *mouvement régulier* font l'objet de ses premiers essais. Il commence par les mettre en rang, mais aucun ne reste dans l'alignement; ils croisent les jambes, trébuchent, s'agitent, rient, crient et se débandent : il a fallu souvent recommencer. Il veut les faire marcher; ils ne distinguent point le pied droit du pied gauche. En répétant sans relâche les mots gauche et droite, et en l'appliquant aux jambes, aux bras, aux mains et aux oreilles, ils finissent par le comprendre, et c'est principalement en appuyant son pied sur celui qu'il voulait immobiliser, et en criant à l'autre, que M. Seguin parvint à son but. En l'absence de l'équilibre naturel, M. Seguin y suppléa par de lourds poids, appelés *dombolles,* destinés à agir dans chaque main comme balanciers. Ces poids (voir fig. 5, planche XIII) pèsent de dix à vingt livres; le manche est en fer, et les deux extrémités ovales en plomb. C'est ainsi qu'en leur apprenant à supporter des corps jusque-là traînants, maladifs, affaissés, paresseux ou inhabiles, et à se mouvoir surtout avec régularité, que M. Seguin parvint le premier mois à son but particulier, celui d'enseigner à ces enfants l'obéissance, chose inouie pour eux.

Pour l'exercice simultané ou corrélatif des bras et des jambes,

M. Seguin employa l'échelle de Carrier modifiée (Voir fig. 6, planche XIII). Cette échelle est placée d'une manière plus ou moins oblique, c'est-à-dire fait avec le sol un angle plus ou moins aigu. M. Seguin la leur fait d'abord monter directement, et bientôt pour augmenter les efforts musculaires, il la leur fait monter en sens inverse, c'est-à-dire, couchés sur le dos, en même temps qu'il diminue l'angle d'inclinaison de l'échelle. Ainsi en supposant l'élève placé, soit de face, soit d'occiput sur l'échelle, et que les mains soient aux échelons A, A, alors que les pieds reposent sur le sol, il fait avancer la main droite sur l'échelon B, et puis le pied gauche sur l'échelon I, la main gauche s'accroche à son tour à l'échelon correspondant B, et le mouvement d'ascension se termine par le pied droit qui se place sur son échelon correspondant. Ce ne fut pas sans des difficultés inouïes que M. Seguin parvint à leur faire faire cette ascension; dans le principe, il se plaça littéralement sur eux en prenant leurs mains dans les siennes. A l'époque où je les vis, ils la montèrent tous plus ou moins rapidement et même couchés sur le dos. De plus il y avait ajouté un mouvement : après chaque ascension d'un échelon, il leur faisait quitter les échelons des pieds, de manière à rester suspendus par les bras pendant plusieurs secondes d'abord et puis pendant plusieurs minutes. Ce dernier exercice gymnastique devait fortement contribuer au développement de la partie supérieure de la poitrine, et par conséquent à la voix. Tous ces exercices ont eu lieu sans aucun accident.

Pour l'articulation des mots (*la parole*), et la lecture, M. Seguin a recours à une méthode diamétralement opposée à celle qui est généralement employée. Il était une foule de lettres qu'il ne pouvait parvenir à faire articuler à tous ses élèves. Ainsi *Marquis,* ne pouvait prononcer B, C, D, F, G, G dur, Gu, Ch, I, K, L, M, P, Q, R, S, V, X, Z, ni aucune dipthongue; *Ponsart,* ni lettre ni dipthongues; *Gourdin* n'émettait aucun son appréciable; *Lami* ne rendait aucune articulation précise; *Jacquemin* n'avait point de voix, et ne prononçait ni B, C, F, G, G dur, ch. I, K, M, P, Q, R, S, V, X, Z, ni aucune dipthongue; *Eugène, Harang et Langlois* avaient le J, ch, Gn, G dur, X, Z, R, inappréciables; J se confond avec J, il est de même de L, avec N; ils articulent quelques syllabes simples, mais aucune composée de trois lettres, comme *mra, sre, flo,* etc. Ils ne pouvaient enchaîner cinq ou six mots pour former un sens quelque simple qu'il fût.

Il y avait ici un double travail : un travail gymnastique, et un travail intellectuel. L'un n'était pas moins difficile que l'autre. Ordinairement on commence dans les écoles par apprendre aux enfants à prononcer les sons simples, les voyelles, comme étant d'une émission plus facile; M. Seguin prétend le contraire et voici sur quoi il base son opinion : « S'il était plus aisé, dit-il, de «prononcer *o* que *mo*, *i* que *bi*, il faudrait, après avoir enseigné « l'émission des voyelles, apprendre à articuler les syllabes com-« posées d'une voyelle d'abord, et d'une consonne ensuite, afin de « passer du connu à l'inconnu, du facile au difficile. Or c'est ce « dont personne ne s'est jamais avisé, parce qu'on sent fort bien « qu'il est plus aisé de dire : *ma, bo, ni*, que *am, ob, in*, d'où «je conclus 1º que l'étude de la parole doit commencer par les « syllabes et non par les voyelles ; 2º que les syllabes composées « d'une consonne et d'une voyelle doivent être articulées les pre-« mières ; 3º que parmi celles-ci, les labiales doivent précéder « toutes les autres ; et 4º que les syllabes isolées sont moins faciles « à articuler que les syllabes répétées. » Je ne suivrai point M. Se-guin dans le développement théorique de cette doctrine, car pour moi, Monsieur le Ministre, elle est irréfutable à la vue des résul-tats qu'il a obtenus, et dont voici une esquisse.

Pour la gymnastique, c'est-à-dire pour la parole, M. Seguin, eut d'abord beaucoup de peine à leur imposer la rude mimique du langage. Il s'empara d'un enfant à la fois, prononça la syllabe qui, parmi toutes celles qui lui coûtaient de la difficulté pour l'ar-ticulation, était celle qui lui en coûtait le moins, et la prononçait d'abord, puis l'enfant et ainsi de suite alternativement pour des centaines de fois avec une rapidité irrégulière. Lorsque tous les en-fants prononçaient cette syllabe, il en fit placer devant lui d'abord deux, puis trois, puis quatre, jusqu'au dernier, pour faire répéter à tous ensemble la syllabe que lui, M. Seguin, prononçait. L'irrégu-larité dans la rapidité de l'émission éveillait sans cesse leur atten-tion. Une fois au courant de cet exercice, il divisait ses enfants en trois sections, les mettait à une distance de dix pieds l'une de l'autre, et nommait une espèce de chef-de-file à chacune d'elles, où il remplissait la fonction que lui avait remplie jusqu'alors au-près de la généralité. Sur un signal donné, chaque petit peloton commençait son exercice ; le chef-de-file prononçait la syllabe, les deux autres répétaient, et M. Seguin courait de l'un à l'autre, corriger celui-ci, soutenir celui-là, ralentir la marche d'un pelo-ton, accélérer celle de l'autre, etc. etc., ce que M. Seguin a fait d'abord pour une syllabe, il l'a fait pour deux, trois, quatre, et ainsi de suite, à cela près que pour mieux éveiller l'attention et mieux développer la mobilité, il ne faisait point prononcer les syllabes dans un ordre régulier. Ainsi lorsque les enfants savaient prononcer deux syllabes, telles que *ba, bo*, il ne quittait point cet exercice avant que, mis en peloton, ils ne pussent prononcer ces deux syllabes, sans ordre, ni régularité, comme *ba, bo, bo, bo, ba , bo , ba , ba , bo, ba , bo , bo ,* etc. Dans les séances où j'ai assisté , c'est-à-dire au bout de trois mois, ils étaient parvenus à prononcer toute syllabe venue, et je pouvais les prononcer comme elles me passaient par la tête, et presque aussi vite que je le voulais.

Pour la *lecture ,* M. Seguin dut nécessairement s'éloigner de toutes les méthodes connues ; aucune n'était applicable à l'idiot , et soit dit en passant, il serait à souhaiter qu'on renonçât dorénavant à toutes ces méthodes pour avoir recours à celle qu'on emploie chez les idiots ou chez les sourds-muets de naissance , c'est-à-dire à une méthode qui procède par le raisonnement, qui parle aux sens. Je laisserai à M. Seguin le soin d'expliquer lui-même sa méthode. « La meilleure des méthodes ordinaires n'est pas applicable à des enfants idiots : cela se démontre malheureusement trop bien par le fait même de l'incapacité où restent tant de sujets de communiquer avec la pensée écrite de leurs semblables. Cette incapacité est évidente , et comme telle n'a pas besoin de démonstration ; mais il importe d'en démontrer la cause, afin de trouver les moyens de la faire disparaître , et je crois y avoir réussi.

» Si l'art d'exprimer des pensées par des signes reposait encore sur les conventions primitives , qui étaient la représentation directe, l'analogie ou la causalité , on comprendrait qu'avec de la patience et du temps , l'idiot lui-même pût saisir la relation de l'idée avec le signe qui la représente ; mais cet age d'or de l'écriture est loin de nous. La simplicité apparente de ce système graphique qui n'enseignait rien (puisqu'il fallait savoir les choses pour les lire), ce langage des initiés seuls , a fait place à une hypothèse beaucoup plus hardie, qui substitue la représentation du *mot* à la représentation de la *chose.* Par cette révolution plus importante que celle opérée par la découverte de l'imprimerie, l'écriture et par conséquent la lecture se sont, on peut le dire, spiritualisées : étant connus , les rapports conventionnels entre un nombre fort limité de sons et de figures , tout le monde a été mis à même de tout apprendre par la lecture.

» Mais malheureusement, au point de départ de cette éblouissante découverte , et c'est le notre également, il y a l'abîme de l'hypothèse entre les lettres écrites et les lettres parlées. Aucun rapport ne les lie, ne les identifie ; aucune logique n'assigne tel nom à telle figure plutôt qu'à telle autre. Voilà peut-être pourquoi, reçue depuis trois mille ans, cette lumière ne brille pas pour plus d'un vingtième des hommes qui vivent au cœur même de la civilisation ; voilà bien certainement pourquoi je ne puis enseigner la lecture à des idiots sans les initier aux notions que supposent

toutes les hypothèses gratuites sur lesquelles repose notre écriture ; car on ne doit pas oublier qu'avec eux surtout, il faut que
le connu mène logiquement à l'inconnu. Et ces notions sont les
suivantes :

» 1° De la couleur ;
» 2° De l'abstraction linéaire ;
» 3° Des différences ;
» 4° Des analogies ;
» 5° Des dimensions ;
» 6° De la configuration ;
» 7° Du rapport d'un nom avec une figure ;
» 8° Du rapport de la figure avec son nom ;
» 9° Du rapport d'une seule émission de voix ou de syllabe
avec plusieurs signes.
» 10° Du rapport de plusieurs signes avec plusieurs articula-
tions successives.
» 11° Du rapport du mot écrit et prononcé avec l'idée qu'il
représente.

» Parmi toutes ces notions, les sept premières doivent précéder l'étude de l'alphabet : les autres s'acquièrent en avançant
dans la lecture.

» Les sept premières donc nous ont occupé d'abord.

» Pour Langlois, Eugène, Harang, Marquis, Auguste, elles
étaient tellement confuses, qu'ils ne connaissaient pas encore
toutes les couleurs, et ne les connaîtront de longtemps ; ils dis-
cernent le blanc du noir, et cela suffit pour le moment (1er Octobre). Ils n'avaient aucune idée précise d'une ligne ; et entre
plusieurs, n'appréciaient ni les différences ni les dimensions ; ils
confondaient aussi un rond et un ovale, un triangle et un carré,
une étoile et un hexagone ; ils n'attachaient enfin aucun nom à
aucune figure, et ne pouvaient distinguer par leur nom un carré
d'un triangle ; les autres sont encore bien moins avancés.

» Ainsi pour amener ces enfants à distinguer des lettres, non
par routine, mais par la comparaison raisonnée de leurs formes
relatives, je leur ai fait parcourir l'échelle de configurations régulières les plus simples. Partant des contraires pour arriver aux
analogues, je leur ai fait discerner d'abord le rond du carré, le
rond du triangle, le triangle du carré, prenant toujours un connu
pour terme de comparaison, pour moyen de distinction des inconnus. Je leur ai fait ensuite reconnaître les analogues par rond
et ovale, carré et losange, et pour amener à ce point les cinq premiers élèves (les autres restant de beaucoup en arrière), il a fallu
user de moyens que je crois pouvoir appeler les forceps de l'intelligence : ce sont des planches dans lesquelles les figures, groupées

par différentes ou analogues, sont sculptées en creux ; d'autres figures (en bois) exactement semblables, mais mobiles, s'y adaptent
par inclusion, de telle sorte qu'aucune ne peut entrer que dans
sa semblable. L'enfant a beau pousser, tâtonner, chercher, il s'a-
gite en vain, jusqu'à ce que sa main, aidée du regard (si difficile
à fixer le plus souvent), ait introduit le rond dans le rond, le
triangle dans le triangle, etc. Quand les figures sont ainsi casées,
avec un peu d'attention et de comparaison, je complète la notion
en les faisant poser sur d'autres figures qui ne sont pas creuses,
mais seulement peintes sur un plan.

» Pour leur enseigner l'*agencement,* c'est-à-dire pour leur inculquer les idées de dimensions, la forme qui m'a semblé se prêter
le mieux au but que je me proposais, était toute trouvée : cette
forme matrice, à la fois simple et complexe, est tout bonnement
celle de la brique à bâtir ; rectangle correct sur toutes ses faces,
longueur double de la largeur, largeur double de l'épaisseur, et
par conséquent différences appréciables entre ses divers plans,
et juxta-position rigoureuse des faces entre elles ; ces trois conditions m'ont paru les plus propres à donner l'idée de l'agencement de plusieurs parties pour former un tout, et j'ai fait tailler
une soixantaine de planchettes sur ce patron. »

Aux séances où j'assistais, la plupart des élèves ajustaient rapidement ces figures mobiles dans la planche creuse et sur le plan
où les mêmes figures n'étaient que dessinées à la ligne. M. Seguin
les plaçait tous en ligne devant une table, chacun avec trois briques en bois, et il se mit devant eux, posa ses trois briques
de cent manières différentes, et les élèves imitaient chacune
d'elles avec plus moins de rapidité. Le résultat final de ces expériences fut tel que l'avait espéré M. Seguin. Il me fit voir que ces
mêmes élèves, non seulement connaissaient toutes les lettres de
l'alphabet, mais savaient épeler toutes les syllabes, et lire déjà à
vue une foule de mots.

A mesure que ses élèves faisaient des progrès, M. Seguin
variait ou plutôt multipliait leurs exercices, tant physiques qu'intellectuels. La *course* ne fut pas chose facile dans le principe, mais
ils ont tous fini par donner des jambes ; il ne faut point perdre
de vue, Monsieur le Ministre, que dans ces exercices, ils ne se
soutiennent encore en équilibre qu'au moyen des *dombelles.*
Avec ces derniers instruments ils font encore d'autres exercices.
Chargés de ces poids, les enfants, pendant des heures entières, ba-
lancent leurs bras devant, derrière, en cercle, au-dessus de la
tête, etc., etc. Je les ai vus se tenir, au moins pendant cinq minutes, les bras levés au-dessus de la tête, avec les mains chargées
de dombelles de dix livres chacune.

Le *saut* a été essayé avec des succès divers. Le saut en profondeur, ou celui de haut en bas, était exécuté par la plupart avec assez de facilité. Le saut en largeur n'est possible qu'à Langlois, Eugène et Auguste; aucun ne parvient à sauter en hauteur. Un instrument fort simple, une espèce de balancier (voir pl. XIII, fig. 7), est mis en usage par M. Seguin pour développer tout à la fois le regard, l'attention et le système musculaire. Deux enfants se placent vis-à-vis l'un de l'autre, à une distance de quatre à huit pieds ou plus, d'après les progrès qu'ils font dans cet exercice: l'un saisit le balancier des deux mains en supination, aux points A, A, je suppose, et le tenant parallèlement au sol, le lance ainsi à son vis-à-vis qui le reçoit dans les deux mains pour le relancer au premier et ainsi de suite avec la plus grande rapidité possible. A ma visite, tous faisaient cet exercice avec beaucoup d'aplomb et de vitesse. Ce manège exécuté avec vitesse, force le regard des élèves à fonctionner sans cesse avec rapidité et précision. Aucun d'eux ne savait auparavant lancer, ni appréhender un corps en mouvement; aucun d'eux non plus ne mesurait la distance : or ces défauts, ont en grande partie déjà disparu aujourd'hui.

M. Seguin les a chargés de *lourdes bûches*, et peu à peu de faisceaux de bûchettes, et tous aujourd'hui transportent sur les épaules des poids plus ou moins considérables.

Un autre exercice qui n'a pas peu coûté de difficultés à M. Seguin est la *bêche* et la *pioche;* mais enfin il est parvenu à leur en faire faire un emploi si utile, qu'il me montra un long fossé de quatre pieds de profondeur sur autant de largeur et environ cent de longueur, qu'ils avaient creusé pour séparer deux cours. Ils avaient eux-mêmes transporté la terre avec des *brouettes,* autre exercice qui était la conséquence, mais également difficile, du premier.

Pour obtenir de grands mouvements réguliers, M. Seguin leur fit *scier* du bois; il y en a un, Ponsart, qui a pris tellement cet exercice en affection, que sa main-d'œuvre ne diffère pas de beaucoup, pour la précision et la rapidité, de celle des hommes de peine : les autres enfants vont plus ou moins bien.

L'*écriture,* en même temps qu'elle exige le concours de plusieurs autres facultés, était l'exercice de l'entendement où M. Seguin devait rencontrer le plus de difficultés. C'est à lui-même, Monsieur le Ministre, que je laisserai encore une fois le soin de vous exposer comment il s'y est pris, et les résultats auxquels il est parvenu.

« Après un mois, dit-il, d'exercices préliminaires à l'alphabet, et un autre consacré à l'enseignement des lettres et à leur réunion en syllabes simples, j'ai jugé à propos de transporter les notions

26

acquises dans un cadre où la personnalité des enfants jouerait un rôle plus actif, plus intelligent et plus volontaire ; je les ai fait écrire. Mais l'écriture n'était pas plus pour eux un fait appréciable que précédemment la lecture. Il nous fallait pour l'une comme pour l'autre, combler la vaste lacune des hypothèses, remonter aux sources.

» La première notion à acquérir était celle du plan sur lequel on écrit ; la seconde celle du trait de délinéamentation. Par l'une ils ont pris connaissance de la topographie du plan, distingué du doigt et de l'œil le haut et le bas, la droite, la gauche, le milieu du champ destiné à recevoir les signes ; par l'autre, ils ont appris à placer et diriger leurs mains en haut, en bas, à droite, à gauche, au centre, toutes choses qu'ils ignoraient absolument.

» Dans ces deux notions, de la configuration du plan et de la direction qui produit le trait, est toute écriture, tout dessin, toute création linéaire : ces deux notions sont corrélatives ; leur relation engendre l'idée, la capacité, la volonté de produire des lignes. Car les lignes ne méritent ce nom que quand elles ont une direction raisonnée : le trait sans direction n'est pas une ligne ; produit du hasard, il n'a pas de nom. Le trait raisonné, au contraire, a un nom parce qu'il a une direction ; et comme toute écriture, tout dessin n'est autre chose qu'un composé des diverses directions nommées que suit une ligne, il fallait avant d'aborder l'écriture proprement dite, suppléer en ceci l'intention, à laquelle on laisse une si forte part dans l'éducation ordinaire ; il fallait apprendre aux enfants 1° à tracer les diverses sortes de lignes ; 2° leurs diverses directions ; 3° les arguments les moins compliqués pour produire des configurations simples. J'ai dû apprendre à distinguer les lignes droites des lignes courbes, les verticales des horizontales et des diverses obliques, les principaux points de conjonction de deux ou plusieurs lignes pour former une figure. Cette analyse raisonnée de l'écriture était tellement essentielle dans toutes ses parties, que Langlois, qui seul traçait déjà machinalement des *m, n, o, e,* a mis six jours à tracer une perpendiculaire et une horizontale, quinze avant d'imiter un rond et une oblique ; que tous reproduisent les mouvements de ma main sur le tableau en sens inverse de leur direction, et confondaient les points de conjonction de deux lignes les plus sensibles, comme le haut, le bas et le milieu.

» La progression entre la verticale, l'horizontale, les obliques et la courbe, a été déterminée par des considérations que je ne saurais omettre sans ôter à ce récit le caractère qu'il importe le plus de lui donner, celui d'une méthode rigoureusement logique, sans laquelle toutes les acquisitions de l'esprit naissent les unes des autres sans disjonction, sans rapprochements artificiels ou hypothétiques.

» La droite verticale est une ligne que suivent directement l'œil et la main en s'élevant ou en s'abaissant ; la ligne droite horizontale n'est naturelle ni à l'œil ni à la main, qui s'abaissent et s'arrondissent (comme l'horizon dont elle a pris son nom), en partant du centre pour aller aux extrémités latérales d'un plan, s'ils ne sont relevés proportionnellement à la distance qu'ils parcourent. L'oblique suppose des notions comparatives plus complètes , et les courbes exigent une constance et des différences de rapport avec le plan, si difficiles à assigner, que c'eut été perdre mon temps que de commencer par elles. La ligne la plus simple était donc la droite verticale, et voici comment j'en ai fait percevoir l'idée.

» La première formule géométrique est : d'un point à un autre, on ne peut mener qu'une seule ligne droite. Partant de cet axiome que la main seule peut démontrer, j'ai posé deux points sur le tableau et je les ai joints par une verticale : les enfants ont essayé d'en faire autant ; mais les uns, Langlois, Eugène, Harang, descendaient la verticale à droite du point inférieur, les autres, Marquis et Auguste, à gauche. Pour arrêter cette déviation, qui était bien plus dans l'intelligence et le regard que dans la main, j'ai dû rétrécir le champ de l'appréciation du plan, en traçant deux verticales à droite et à gauche des points qu'il s'agissait de réunir par une ligne parallèle aux deux miennes. Ces barrières n'ont été franchies que peu de fois, parmi lesquelles comptent pour moitié les écarts de Marquis, dont le tremblement nerveux s'accroit en raison des difficultés à vaincre et de la volonté qu'il met à l'action. J'ai supprimé les deux points et obtenu l'intercallation d'une troisième verticale ; je n'en ai plus mis qu'une, et ils ont tracé la seconde, quand j'ai eu soin d'opposer la mienne à chaque déviation particulière ; ils les ont faites ensuite seuls, sans point d'appui, et plus tard sans point de comparaison.

» Même méthode, mêmes difficultés, mêmes moyens de direction pour les lignes droites horizontales. Commencées assez bien, elles se courbaient en allant du centre aux extrémités comme la nature le commande, et comme je l'avais prévu. Les points tracés de distance en distance ne suffisaient pas à soutenir la main, je les ai renforcés de parallèles, que j'ai en outre appuyées d'équerre sur la verticale, pour leur former un angle droit. Ainsi a été comprise l'horizontale, et entrevue la relation de ces deux premières notions.

» Dans l'ordre de génération des lignes, il semblerait que l'étude des obliques dût suivre immédiatement celle des verticales et des horizontales ; il n'en est rien cependant. L'oblique qui participe de la verticale par son inclinaison, de l'horizontale par sa direction, présentait une idée trop complexe pour être appréciée sans préparation ; en outre, une ligne n'est oblique que relativement à d'autres lignes réelles ou fictives ; par sa nature, elle n'a sur celle-ci qu'un point d'appui à partir duquel elle peut suivre toutes les directions géométriques sans cesser d'être oblique : elle n'est donc pas démontrable avec la même décision que la courbe, qui parait au premier coup-d'œil plus difficile à saisir.

» Pour donner aux courbes une allure constante, je leur ai créé un point de départ et un point d'arrivée, et j'ai engendré la courbe de la droite comme j'avais produit l'horizontale de la verticale. En effet, étant donnée une droite verticale, je suis parti de son sommet, et courbant toujours j'ai arrêté une portion de cercle à la base de la verticale. Et comme d'un point à un autre, on ne peut tirer qu'une seule ligne droite, vainement les élèves cherchaient-ils à confondre la seconde ligne dans la première, je développais ma courbe à mesure qu'ils rétrécissaient la leur ; ils ont fini par sentir, et par reproduire la convexité du trait. Mais pour cela faire, il importait beaucoup d'abord de former la courbe à droite de la verticale, afin que la distance à garder de l'une à l'autre fût constamment visible, comme aussi quand ils ont appuyé leurs premières courbes sur une horizontale, j'ai dû commencer par la courbe inférieure, pour que la main ne cachât pas les points de comparaison. La somme des quatre courbes, séparément acquises, a donné pour résultat final le cercle, cette figure si simple à percevoir, si difficile à exécuter que nous ne l'aurions jamais comprise par d'autres voies que par celle ci-dessus. Pour les obliques, j'ai usé du même artifice ; je les ai appuyées sur les extrémités opposées de deux parallèles. Ainsi ont été résolus les problèmes que je cherchais : les droites verticale, horizontale et oblique, et les quatre convexités du cercle qui contiennent en principe toutes les lignes possibles, toute l'écriture et plus que l'écriture.

» Alors seulement s'est ouverte pour nous la carrière, que je les avais seulement jusqu'ici préparés à parcourir ; liant la base d'une verticale à une horizontale, je les réunis aux extrémités opposées par une oblique, et ils exécutèrent un triangle rectangle ; quatre triangles juxta-posés nous ont présenté le carré que nous avons débarrassé ensuite des obliques en le formulant avec des parallèles ; puis déployant leur courbe autour d'une ligne droite quelconque, ils ont produit le cercle complet ; et enfin, compliquant toutes les notions (si simples en apparence, mais si précieuses dans l'espèce), ils ont reproduit des figures infiniment agglomérées sans omettre les moindres détails, sans confondre les directions, les points de conjonction, les rapports de grandeur et de disposition. Toutes ces figures ont été exécutées méthodiquement, en partant d'une ligne qui servait de base à une seconde sur laquelle s'appuyait une troisième, etc., etc. Ce calque fidèle, qui pourrait paraître surprenant, perdra beaucoup de son prestige, je le sais, si on lui retire le flambeau de l'imagination, mais je dois tout à la vérité, et je me hâte d'ajouter que l'imitation jouait seule avec la comparaison un rôle dans ce prétendu prodige d'enfants idiots apprenant à dessiner en un mois : le prodige n'était pas mon but; ce que je cherchais, c'était l'aptitude à tracer des figures régulières et je l'ai produite. »

Et moi, Monsieur le Ministre, je dois à la vérité, de proclamer que c'est trop de modestie de la part de M. Seguin, car il est surprenant de voir avec quelle rapidité ses élèves retracent les figures les plus compliquées qu'on puisse dessiner au moyen des quatre lignes primitives; et là, il faut le dire, il y a plus qu'un acte purement matériel, il y a un concours intellectuel très marqué, et avant peu il sera couronné d'un succès plus éclatant encore, de la délinéamentation des signes alphabétiques, et ce résultat n'a jamais été obtenu chez des idiots.

Voulez-vous savoir maintenant, Monsieur le Ministre, quel a été le résultat obtenu chez ces dix malheureux quant à leur physique, leur moralité, leurs habitudes et j'ajouterai leurs affections, après trois mois d'éducation à raison de trois à quatre heures par jour, et cela dans un établissement qui pour les localités, le confort, les guénilles des pensionnaires, est en tout le digne rival de Bicêtre, de Charenton et de la Salpétrière ? Ce ne sont plus des idiots inactifs, inoccupés, rapaces, ignorant ce que c'est que travail, ne soupçonnant pas l'existence de l'esprit, laissant s'affaisser le corps sur lui même, ne le traînant qu'où l'appétit les appelait; ce sont aujourd'hui des enfants dont l'éducation achevera de faire des êtres intelligents, utiles et capables d'apprécier leur bonheur : je dis achevera, parce que déjà elle a commencé. Aujourd'hui en effet, de la pointe du jour jusqu'au moment de leur coucher, ils travaillent soit pour le seul développement de leurs facultés physiques et intellectuelles, soit, tout en ne perdant point les premières de vue, à se rendre plus ou moins utiles à la communauté qui les nourrit. Pour être convaincu qu'ils savent déjà apprécier leur bonheur, pour s'assurer que déjà ils se sentent vivre, il suffit de les voir travailler ou se livrer à un exercice quelconque, et de se reporter à ce qu'ils étaient autrefois, ou de les comparer à leurs malheureux commensaux chez lesquels on n'a pas encore pu commencer l'éducation. Je ne vous raconterai pas, Monsieur le Ministre, ce qui se passe à la visite d'autres étrangers, mais je vous dirai ce que j'ai observé dans leur conduite lorsque je les ai vus. La première fois ils récuraient leur classe. Dès que j'entrai, tous les bras s'arrêtèrent ainsi que par un commun accord, et tous vinrent rôder autour de moi, comme poussés par la curiosité de savoir ce que M. Seguin et moi, nous nous disions. M. Seguin voulut leur faire cesser leur travail pour commencer les exercices, je ne le voulus point afin de ne pas les interrompre et parce que j'avais remarqué la moue de la sœur de charité, mais j'avais à peine décliné mon refus, que tous avaient jeté leur balai, pour se préparer aux exercices: M. Seguin eut beaucoup de peine à le leur faire reprendre. Je crus voir qu'ils préféraient les exercices de l'intelligence aux travaux corporels: le lendemain j'en acquis la preuve la plus évidente. La séance commença par les exercices de la marche, de la course, de l'échelle, des dombelles, etc. Tant que je les regardais, ils se donnaient un mal inouï pour mériter mon approbation: ils étaient donc devenus sensibles aux éloges. Quand je quittai un couple qui travaillait avec les dombelles ou avec le balancier, pour me rendre auprès d'un autre, le premier cessait de travail-vailler, et finit toujours par venir se placer à mes côtés. Nous passâmes ensuite à l'exercice de la prononciation, puis à celui de l'agencement et à celui du placement des figures: toujours même tactique de leur part, chacun semblait solliciter pour lui seul toute mon attention. Je pris par hasard une boite en carton placée sur une des tables de la classe, et ne sachant ce qu'elle contenait, j'en fis la demande à M. Seguin. Celui-ci ne m'avait pas répondu, que tous avaient quitté leurs instruments, et me criaient ce sont des lettres: ah, vous savez lire, leur dis-je, vingt cinq oui, furent la réponse, et nous fîmes l'essai. Je fus on ne peut plus étonné de leur empressement à s'adonner à cet exercice; il en fut de même de l'écriture, et il faut avoir été témoin du bonheur qui se peignait sur tous leurs traits, lorsqu'ils étaient parvenus à déchiffrer rapidement un nouveau mot que je leur écrivais, ou une figure bizarre que leur traçait M. Seguin, pour pouvoir se rendre totalement compte des bienfaits d'une pareille éducation chez de pareils infortunés. Avant que d'y aller, j'avais garni mes poches d'une masse de gros sous, j'en fis la distribution égale, et tous, un seul excepté, les acceptèrent avec le plus vif empressement.

La santé de tous est parfaite; « chez plusieurs, dit M. Seguin, elle s'est fortifiée. Marquis voit mieux; Auguste et Jacquemin regardent avec plus de facilité; ce dernier, pas plus qu'Eugène, dont la main droite grossit et se fortifie, n'a eu de nouvelles attaques d'épilepsie, et j'attache quelque importance à constater ce fait qui correspond aux grands travaux que nous avons entrepris pour faire prédominer l'influence du système musculaire sur le système nerveux.

» Leurs *habitudes* se sont également améliorées; ils ont commencé à se mettre à l'ouvrage de leur propre mouvement; quelques-uns pourtant cherchent encore à réfugier leur paresse dans l'inaction.

» Quant à la *moralité*, on trouve en eux plus de zèle, plus de politesse, plus d'obéissance. Le fouet que j'ai trouvé installé en dictateur dans la maison, ne m'a servi que rarement dans les premiers jours. Aucun vol n'a été commis depuis six semaines, quoique l'exemple leur en ait été donné par d'autres enfants. »

Pour terminer le développement de ma thèse, Monsieur le Ministre, je n'ai plus qu'à démontrer l'identité des malades frappés d'aliénation avec ceux qui sont frappés d'idiotisme : je dis, que c'est là tout ce qu'il me reste à faire pour mettre fin à ma tâche, car je croirais insulter au bon sens de tout homme instruit et philanthrope, si, après ce que je viens d'exposer dans ce chapitre, j'avais l'air de croire que je doive encore discuter la salutaire influence, tant médiate qu'immédiate, tant éloignée que prochaine, du traitement moral chez les idiots ; que je doive encore chercher d'autres preuves pour établir la prééminence du traitement moral sur tous les moyens physiques connus jusqu'à ce jour.

L'identité, quant à l'opportunité et à la nécessité du traitement, entre l'idiotisme congénital et les aliénations mentales, est un fait qui doit être admis par tous les phrénopathes, dans le sens au moins dans lequel j'entends l'établir. Les aliénés, a dit certain auteur ancien et après lui tous les médecins, sont de *grands enfants*, et il faut les traiter comme tels. Or qu'entend-on par là, si non que ce sont des êtres dans lesquels existent les germes de toutes les qualités bonnes ou mauvaises ; qui se forment ou se sont peu à peu formé une idée fausse de tout ce qui les entoure ; qui par instinct se révoltent contre tout ce qui n'émane pas de leur propre arbitre ; qui se précipiteront dans le chemin du vice, si vous ne les en écartez soigneusement, qui n'en sortiront que difficilement une fois qu'ils y seront entrés, et qui trouveront comme par instinct un ennemi dans tout ce qui révèlera ordre et devoir. Du plus au moins n'est ce pas là la définition de l'idiotisme ? Mais reprenons les choses d'un peu plus haut. L'aliénation mentale a quatre périodes bien distinctes ; trois sont du domaine du traitement actif ; la dernière doit être reléguée dans celui de la philanthropie désintéressée. La première période est celle de l'*incubation* ; c'est la plus importante, c'est celle où le médecin aurait le plus d'empire , si le malade ne lui échappait toujours ; c'est celle où l'homme devient enfant et aurait le plus besoin d'une instruction méthodique et raisonnée ; c'est celle enfin , où les pouvoirs intellectuels étant plutôt faussés que détruits, le traitement moral aurait le plus de puissance. Un simple coup-d'œil sur les causes qui produisent les aliénations suffira pour étayer cette doctrine. Nous passerons sous silence les causes physiques, attendu que celles-ci réclament plus spécialement un traitement purement médical : mais qu'on nous présente un individu dont la raison s'égare chaque jour un peu plus dans des calculs mystiques, ou un autre qui se croit en possession de toutes les richesses du Pérou ; ou tel qui, échouant dans tous ses projets de fortune, se dit poursuivi par la fatalité ; ou tel qui, par un désappointement amoureux, veut mettre fin à ses jours ; ou tel qui ne se croit plus susceptible de goûter aucun bonheur , parce qu'il a perdu sa femme, etc. etc.: me dira-t-on que ces individus perdent la raison parce qu'ils ont voulu pénétrer les mystères de la divinité ; rêvé la possession de tout l'or du Pérou ; fait mille absurdes tentatives pour s'enrichir ; échoué dans une démarche amoureuse ; ou perdu leur femme ? Certainement non, pas plus qu'on ne devrait espérer de les guérir par la seule séquestration et tout en les comblant du plus de bienfaits possible (1). Ici, par une éducation mal dirigée les pouvoirs intellectuels ont été peu-à-peu égarés, faussés ou pervertis ; depuis bien longtemps ces individus avaient des idées, ou des prétentions absurdes et fausses ; la cause par conséquent n'a été que *fortuite*, et n'a fait que hâter les progrès du mal ; ici en un mot, *il faut refaire l'intellect* par une instruction appropriée : il faut comprimer les facultés et les penchants qui dominent l'individu , il faut mettre en relief celles des premières qui par leur contrepoids doivent le garantir contre la mauvaise influence des derniers. Ce sont des enfants qui par instinct volent vers le vice ; il faut développer en eux les germes des vertus qu'ils possèdent, et étouffer les vices ou les penchants qui les dominent.

La seconde période est celle de la *folie* proprement dite, c'est-à-dire celle où tout le monde est d'accord qu'un individu est atteint de folie. Si quelque cause du genre de celles auxquelles j'ai fait allusion dans le précédent paragraphe, a été l'avant-coureur de l'affection, le monde se tiendra pour convaincu que la maladie est la suite de cette cause (une vive secousse morale);

(1) Loin de moi cependant l'idée de nier formellement qu'une violente secousse morale ne puisse instantanément déterminer un dérangement intellectuel chez l'individu le mieux trempé, si je puis m'exprimer ainsi : mais je suis persuadé que le plus grand nombre de ces cas ne résisteraient pas à un examen sévère et judicieux sur les antécédents de la vie intellectuelle de ces personnes.

pour le médecin toutefois il en sera bien autrement, mais je crois inutile d'insister sur cette question. Dans cette seconde période, le rôle du médecin n'a point changé, seulement il devient plus difficile, plus délicat, plus pressant, car le mal est prêt à prendre des racines indestructibles. Il doit combiner ici les agents physiques avec les agents moraux; il doit agir sur la matière et sur l'esprit; chaque mouvement du malade doit être compté, mesuré, épié; on ne peut le laisser maître de sa pensée; de corps et d'âme, il doit appartenir au médecin; personne, rien, ne peut se placer entre ce dernier et le malade. Dans cette période le pouvoir intellectuel est entièrement brisé; il ne s'agit plus de le corriger, d'en modifier des nuances, de lui imprimer une meilleure direction; ce n'est plus uniquement par des modificateurs généraux, c'est plus directement qu'il faut l'attaquer: c'est comme un chancre qui, tout en produisant un trouble marqué dans l'organisme en général, attaque plus spécialement une partie quelconque du corps, et la détruira si vous n'y apportez un prompt remède local, si vous ne l'arrêtez par le fer ou le feu. Dans l'espèce c'est le même principe qui doit être mis en avant: le mal doit être attaqué directement d'abord et autant que possible sur le lieu même, c'est-à-dire qu'on doit plus directement diriger les moyens contre le siège du mal, tout en ne négligeant point les modificateurs généraux.

Je crois inutile, Monsieur le Ministre, de m'étendre longuement sur les moyens à employer dans cette période de la maladie; ils sont en grande partie du ressort de la thérapeutique médicale, et je me bornerai simplement à en énumérer les principaux, afin que l'on comprenne bien que mes distinctions ne sont ni théoriques ni hypothétiques. Ces moyens donc sont les saignées et les sangsues (mais avec la plus grande parcimonie et avec la plus grande réserve), les bains de toute nature, les douches, les calmants, les antispasmodiques, quelquefois les excitants et les toniques, les dérivatifs, les révulsifs; une nourriture tantôt légère, tantôt fortifiante; c'est dans cette période que les travaux physiques, que la fatigue du corps seront d'un précieux avantage; c'est ici encore qu'on aura recours avec le plus grand succès à quelques moments de séclusion, à la privation de la lumière, à l'application de quelques liens; à des distractions où le malade ne coopère point activement; etc., etc. Si le mal cède et laisse la victoire au traitement dirigé contre lui, et que le malade récupère sa raison, ce dernier rentre aussitôt dans le domaine de la première période, et de ce chef le médecin doit de nouveau s'emparer de lui, afin de le garantir pour l'avenir du retour de son mal, chose, neuf fois sur dix inévitable, si à cette époque le médecin abandonne le conva-

27

lescent à son propre sort, et ceci s'explique si naturellement qu'il est presque inutile de le rappeler. En effet, en rentrant dans le monde, cet individu est-il changé, ou les circonstances, au milieu desquelles il est devenu fou, auront-elles changé. Il est probable que non; tout sera resté de même, comme lui-même n'aura point changé. Ses idées ambitieuses l'entraîneront bientôt de projet en projet et de mécompte en mécompte et il se retrouvera une seconde fois à la porte d'un hospice; tel qui pour ne pas avoir su se rendre compte de l'indifférence ou plutôt de l'injustice du monde pour ses immenses talents, et a été retremper momentanément sa raison à la triste réalité d'un hospice, se retrouvera de nouveau à lutter contre la même prétendue indifférence ou la même chimérique injustice des hommes, et pour ne pas avoir réussi à se faire nommer député ou ministre, il ira finir ses jours dans l'asile, où déjà s'était une fois abritée sa raison égarée. Je ne pousserai pas plus loin ce raisonnement, car il est le même pour tous ceux qui sortent soi-disant guéris d'un hospice d'aliénés. Je ne puis oublier de dire ici, que c'est surtout dans la première période, et non moins cependant vers l'époque finale (si elle est heureuse) de la seconde, que la religion, dignement représentée, doit seconder les efforts du médecin: c'est alors, dis-je, que les efforts du ministre de Dieu et de l'homme de l'art, sagement combinés et réunis, doivent triompher des maux auxquels Dieu permet que remède et guérison soient apportés par l'homme à l'homme. Ne veuillez cependant point perdre de vue, Monsieur le Ministre, que j'entends spécialement parler ici des asiles pour le pauvre: une congrégation religieuse est loin d'être indispensable dans une maison d'aliénés, où il n'y aurait que des malades appartenant à la haute classe de la société; dans celle-là la religion trouve aussi sa place, mais je crois inutile d'expliquer sous quel point de vue on doit l'y envisager. Il y a là les mêmes nuances à observer qu'on rencontre dans le monde en général.

Si le mal reste maître du champ de bataille, soit qu'on s'y sera pris trop tard (et c'est ce qui aujourd'hui arrive dans 99 cas sur 100), soit, ainsi qu'il en arrive et qu'il en arrive en toute maladie, que le mal aura triomphé du remède, l'individu succombe, si non commence pour lui la troisième période, qui est pour ainsi dire une hériode de *transition*, car le mal n'est point devenu *irrévocablement incurable*, mais il mène moins fréquemment à la guérison, qu'à la mort, soit complète soit partielle, et cela constitue la quatrième période dont nous nous occuperons tantôt. Pour le moment et avant d'aller plus loin, cette dernière phrase mérite quelques explications de ma part. Il y a mort, c'est-à-dire cessation de vie, où il n'y en pas:

rigoureusement parlant, oui, mais pour les résultats d'une aliénation chez l'homme, non. Ainsi chez un individu où la seconde
période de l'aliénation a produit une destruction complète de son
intellect, il y a mort de la plus belle partie de son existence, de
celle qui la lui fait goûter, et de ce chef on peut bien le considérer
pour mort, et à fortiori, si à cette destruction de l'intelligence est
jointe celle d'une plus ou moins grande partie de ses facultés physiques, c'est-à-dire lorsqu'il y a en outre une paralysie plus ou
moins générale. La troisième période se présente donc sous deux
points de vue différents, ou bien le mal n'est pas irrévocablement
incurable, ou bien il a produit telles lésions organiques céré-
brales que paralysie s'en est suivie et que bientôt la mort y
succédera.

Pour cette dernière catégorie de malades, il n'incombe au médecin d'autre devoir que celui d'alléger leurs souffrances, de reculer autant que faire se peut le terme fatal, et de rendre le passage de la vie à la mort le moins pénible possible. C'est là une
mission de consolation ; elle est belle mais elle est triste, et le médecin ne peut trouver sa récompense que dans le bien qu'il parvient à faire, et ici, il doit partager sa tâche avec le ministre de la
religion.

Pour les malades de la première catégorie de la troisième période, le rôle du médecin reste encore tout actif, et au point de vue
de l'avenir du malade, il doit avoir un double but. Les moyens
thérapeutiques ne doivent pas être totalement abandonnés, mais
ils ne seront plus envisagés que comme secondaires. Le traitement
moral formera le point de départ, d'où tout irradiera, et le centre,
où tout viendra aboutir. C'est ici que le médecin a besoin d'autant de tact et d'adresse que jamais. J'ai dit aussi qu'il aura un
double but : ou bien le malade guérira, ou bien il deviendra incurable, et il s'agit d'imprimer à l'instruction qu'on lui donnera
une tendance telle, qu'elle puisse mener l'individu à la guérison
si le mal en est encore susceptible, ou en fasse un incurable qui soit
en état de goûter ou d'apprécier plus tard tout le bonheur dont
nous démontrerons ci-après un pareil individu susceptible.

Dans cet état de maladie, l'aliéné est enfant, dans toute la force
du terme, et il n'y a d'autre différence entre celui-ci et l'idiot de naissance (ce qu'il est presque et ce qu'il s'empresse de devenir par
accident), qu'en ceci : c'est que chez l'un l'intellect n'a jamais
agi, et ne fait rien dans le vrai sens, tandis que chez l'autre, il
n'existe plus qu'en souvenir et fait aujourd'hui tout de travers :
celui-ci cependant est plus susceptible de recevoir les impressions
extérieures soit artificielles soit naturelles, et il le sera bien plus
si quelque partie de son intellect étant restée intacte, elle peut

être appelée au secours de celle qui est pervertie ou détruite. A ces chances de succès près, les uns et les autres doivent être traités de la même manière, et le médecin aura doublement à se féliciter s'il ramène quelques-uns de ces infortunés à l'usage complet de leur raison.

La quatrième période constitue cette classe de malades qu'on appelle *incurables* et *déments*. Elle forme la majorité dans tous les hospices, en même temps qu'elle en est la portion la plus malheureuse et la moins entourée de soins de toute nature, alors qu'elle pourrait, que dis-je, qu'elle devrait en être la portion la plus heureuse et la plus utile à la communauté. Si l'on a traité le malade dès le commencement d'après les principes que je viens d'exposer, il est de fait qu'arrivé à la quatrième période de son affection, à l'incurabilité sans espoir, il ne sera point réduit à cet état d'abrutissement et d'abnégation complète de toute faculté qui distingue l'homme de la brute, et auquel on le voit arrivé aujourd'hui, lorsqu'il a été abandonné à ses propres ressources morales et qu'on s'est borné à le combler de bienfaits matériels. Mais en le prenant même à cet état d'abrutissement consommé, et en supposant qu'on ne lui ait pas encore ouvert la voie, où il doit se mouvoir pour être utile à lui-même et aux autres et se trouver capable d'apprécier la somme de bonheur qui lui est dévolue, le médecin ne doit point désespérer de parvenir au but philanthropique qu'il se propose, et c'est une injustice sans nom que d'abandonner ces infortunés à leur triste sort. J'admets que jusqu'à ce jour aucun fait n'était venu démontrer que parvenu à cet état négatif, le cerveau fût encore susceptible de quelque développement intellectuel, mais après que l'on vient de voir ce qui se passe à l'école des idiots, à Bicêtre, à la Salpétriére et ailleurs, le médecin qui négligerait d'instituer une pareille école dans l'établissement d'aliénés confié à ses soins, serait indigne de sa mission, et faillirait à la fois à la science et à l'humanité. Oui, Monsieur le Ministre, en érigeant dans chaque établissement d'aliénés une école élémentaire complète, où l'on diviserait les malades en différentes catégories, pour donner à chacun l'instruction appropriée à sa capacité d'un côté et à la nature de sa maladie de l'autre, et en faisant servir l'instruction à acquérir l'amour et la possibilité du travail physique, on rendrait tous ces malades à la fois heureux et utiles à eux-mêmes et à la communauté, et je me fais fort quant à moi, d'obtenir pour dernier résultat, 1° un plus grand nombre de guérisons; 2° une diminution dans les récidives; 3° une mortalité moins grande; 4° un bonheur physique et moral immédiatement apprécié par mes malades; et 5° la possibilité de faire travailler les cinq sixièmes des malades pour les quatre sixièmes inoccupés aujourd'hui. Mais pour parvenir à ces résultats, qui tiennent presque de l'idéal, pour quiconque envisage cette question sous un faux point de vue comme je l'ai dit plus haut, il faudrait, Monsieur le Ministre, qu'on mît à ma disposition tous les moyens dont j'ai indiqué la nécessité ou l'utilité dans le cours de ce travail (1).

(1) Pour l'intelligence de quelques phrases du chapitre suivant, je dois prévenir le lecteur que j'adressai mes rapports à Monsieur le Ministre, au moment où je quittais le pays que j'avais parcouru. Ainsi en quittant Londres, j'ai envoyé mon rapport sur l'Angleterre, et celui sur la France en quittant Strasbourg ; j'avais terminé celui sur l'Allemagne avant de rentrer en Belgique.

VANVRES PRÈS PARIS.

De Bruxelles à Londres, de York à Paris, je n'avais partout rencontré que des établissements incomplets; dans l'un c'était la science qui était méconnue, dans l'autre c'était une partie ou la totalité des localités qui étaient détestables; dans celui-ci c'était l'administration qui était chicaneuse et opposait une digue aux élans progressifs du médecin, dans celui-là l'emplacement neutralisait tout effort généreux; ici le remède au mal était visible et facile, là tout était sans remède; de tous enfin je sortis le cœur accablé, et formant des vœux pour une réforme plus ou moins complète dans les uns, ou pour la destruction de fond en comble desautres, et ces derniers l'emportaient de beaucoup en nombre sur les premiers. L'établissement de *Vanvres* près Paris, fondé et dirigé par MM. les Drs *Voisin* et *Falret*, depuis l'année 1822, me fit voir que je n'avais cependant point rêvé une utopie, que je n'avais point visé au beau idéal; en un mot, comme en mille, Monsieur le Ministre, *Vanvres* réunit toutes les conditions. Au visiteur le plus scrupuleux, au philanthrope le plus sévère comme au médecin le plus exigeant, il ne laisse pas le moindre désir à formuler : *c'est le noc plus ultrà des établissements*, et je ne crains pas de devoir me démentir par la suite, si dès à présent j'avance ce que c'est le plus bel établissement privé de l'Europe et probablement du monde entier. Honneur, mille fois honneur à ces deux illustres savants, à ces deux philanthropes désintéressés.

Vanvres est un petit village à deux lieues de Paris sur la route de Versailles; il est longé par le chemin de fer de la rive gauche de la Seine, et les convois s'y arrêtent d'heure en heure, de manière qu'il n'est en réalité qu'à un quart de lieue de Paris. L'air y est plus pur et plus agréable que dans aucun des environs de la capitale, et son parc immense, entouré d'une muraille de six à huit pieds de hauteur, domine de toutes parts des vues d'un pittoresque inexprimable; le parc lui-même, en dehors de son étendue immense et de ses belles dispositions de jardinage, offre tant d'accidents de terrain et une si grande abondance d'eau, qu'il mériterait à plus d'un titre de servir d'habitation à quelque souverain, surtout si l'on est prévenu qu'il abonde en gibier de toute espèce, que la muraille tient en respect.

Qui est M. Voisin, qui est M. Falret, vous le savez, Monsieur le Ministre, et leurs profondes connaissances, leur tact, leur savoir-faire inimitable ne doivent plus être un problème pour vous. Mais à Vanvres, leur science s'exerce libre de toutes entraves; ils ne connaissent d'autres lois que leur volonté, leur honneur et leur science; c'est là aussi, Monsieur le Ministre, qu'il faut les voir agir, et c'est à quoi je vais tâcher de vous faire parvenir. La renommée de MM. Falret et Voisin, serait un titre plus que suffisant pour m'assurer une attention soutenue de votre part, Monsieur le Ministre, sur ce que je vais dire de leur établissement, mais je veux la captiver encore davantage, en vous prévenant que ces Messieurs traitent à Vanvres leurs malades d'après une méthode tout autre que celles dont nous avons parlé jusqu'ici, et quand on a bien réfléchi sur leurs principes, et qu'on s'est assuré *de visu* des résultats qu'ils ont obtenus, et qu'on se pénètre bien de l'idée qu'ils ont seulement à faire à des malades appartenant aux plus hautes classes de la société, on n'hésite pas un moment à proclamer cette méthode unique et incomparable dans son espèce.

Je laisse à ces Messieurs la tâche de vous exposer eux-mêmes leur doctrine, leurs projets, et les moyens tant généraux que particuliers qu'ils mettent en usage, et j'ajouterai quelques réflexions, Monsieur le Ministre, s'il y a lieu.

« Rien n'est mieux constaté que l'heureuse influence de l'isolément pour le traitement des aliénés. Isoler les aliénés, c'est changer tout leur mode d'existence, c'est les éloigner des personnes, des lieux et des circonstances qui ont provoqué ou qui entretiennent le trouble des facultés affectives et intellectuelles; c'est substituer à des localités ordinaires, des établissements disposés d'une manière tout-à-fait spéciale, et ôter à l'esprit en désordre le point d'appui qu'il trouve dans une multitude d'impressions, d'associations d'idées, d'émotions et de souvenirs sans cesse renaissants; c'est faire succéder une conduite à la fois ferme et douce à de molles condescendances qui tendent à perpétuer le délire, et les leçons de l'expérience à un aveugle empirisme.

» Remplir cette condition première pour régulariser les facultés de l'intelligence, est le plus sûr moyen de préparer le retour des sentiments affectueux dont l'absence ou la perversion fait le désespoir des parents et résiste souvent au traitement moral le mieux dirigé.

» L'isolément satisfait donc en même temps aux intérêts des aliénés, de leurs familles et de la société. Mais après l'isolément, la loi d'un travail mécanique, d'un exercice pris en plein air, est, sans contredit, la condition la plus favorable à la guérison des aliénés.

» Voici comment nous avons atteint ce double but. Notre établissement se compose :

» 1° D'une maison principale qui occupe le centre de l'établissement;

» 2° De plusieurs corps de bâtiments nouvellement construits, qui présentent, selon notre gré, la possibilité d'une communication facile ou d'une séparation complète;

» 3° D'un parc de plus de soixante arpents parfaitement enclos de murs, que fréquentent tour à tour, dans la journée, tous les malades, qui peuvent d'ailleurs à chaque instant jouir du bienfait de l'exercice dans les jardins adjacents à chaque pavillon;

» 4° Du bâtiment de ferme élevé au milieu du parc, et cependant isolé de tous les côtés;

» 5° De plusieurs pavillons tout-à-fait indépendants de l'établissement, construits pour satisfaire à un besoin particulier des familles et des malades : ils sont surtout utiles dans les cas rares où l'aliéné peut, sans danger, habiter pendant le traitement avec ses parents ou avec ses amis, et dans quelques circonstances où, l'éloignement de la famille étant indispensable, le séjour dans une maison consacrée à plusieurs malades pourrait exercer sur l'aliéné une pénible influence.

» Les divers corps de bâtiments qui constituent l'établissement sont situés sur le penchant d'une colline, et seulement élevés d'un étage au-dessus du rez-de-chaussée : particularité précieuse pour leur destination spéciale. Ils sont séparés les unes des autres par des parterres soigneusement ornés et des quinconces spacieux dans l'enceinte desquelles jaillissent des fontaines; ils offrent une élégante simplicité, et toutes les conditions désirables pour les malades auxquels ils sont destinés. Leur disposition rend la surveillance facile, et cependant les divisions sont tellement distinctes, que leurs habitants peuvent se considérer comme seuls dans l'établissement. Dans chaque division se trouve un beau salon où les malades peuvent se délasser du travail par divers jeux, par les plaisirs de la musique, de la société, et réagir utilement les uns sur les autres. L'étendue de ces salons les rend d'une ressource infinie pendant les soirées d'hiver, et dans les moments où il est impossible de prendre de l'exercice en plein air. Un billard est constamment à la disposition des malades, un autre billard est réservé aux convalescents, et aux personnes les plus tranquilles.

» Les salles de bains, si importantes dans une maison d'aliénés, ont été dans cet établissement l'objet d'une attention particulière. Des quatre salles de bains et de douches de toute espèce qui s'y trouvent, deux sont exclusivement consacrés aux aliénés turbulents et agités.

» Les croisées n'ont ni barreaux ni grillages. Remplir toutes les conditions de spécialité sans susciter la moindre défiance, le plus léger sentiment pénible; éviter dans les constructions comme dans l'administration intérieure de la maison, tout ce qui peut faire naître l'idée d'un établissement public, telle a été la pensée dominante des fondateurs. Nulle part des murs pleins; partout d'agréables distractions sont sollicitées par la vue des fleurs, de la plus riche végétation, et par le cours des fontaines. Dans les lieux même destinés aux malades les plus agités, on trouve ces précieux avantages réunis à toutes les précautions désirables.

» Les malades jouissent de toute la liberté compatible avec leur sûreté et celle des personnes qui les environnent. La douceur est la base des réglements de la maison.

» S'il est vrai qu'un bâtiment d'une construction spéciale soit nécessaire à la guérison des aliénés, il n'en est pas moins indispensable que l'espace dans lequel ils doivent prendre de l'exercice soit attrayant, et d'une étendue proportionnée à leur besoin de mouvements. Il faut que les sites offrent un caractère particulier ; la plaine est trop uniforme, elle laisse bientôt le sens et l'esprit dans l'inaction, et ne tarde pas à produire l'ennui.

» Un terrain entrecoupé de collines et de vallées, tel que celui du parc de l'établissement de Vanvres, offre le caractère spécial qui doit être recherché pour un établissement d'aliénés. Les mouvements du terrain peuvent seuls donner lieu à une grande variété de sites, et l'on sait qu'il n'en est aucun qui ne fasse naître un sentiment, une émotion plus ou moins forte, plus ou moins durable, et qui par conséquent ne puisse être utile ou nuisible aux aliénés : le choix de ces sites est donc d'une grande importance dans leur traitement intellectuel et moral. Ce parc est remarquable par des paysages nombreux, et qui forment entre eux une opposition très prononcée.

» La disposition du terrain invite à l'exercice, et l'activité qu'on est obligé de déployer pour gravir une colline, est autrement salutaire que la marche monotone dans une rase campagne. Cet attrait pour le mouvement est encore favorisé par de grandes et nombreuses allées soigneusement sablées, et dont les courbes gracieuses en font prolonger la durée à l'insu même des malades.

» Il serait superflu de faire l'énumération complète des agréments et des avantages que ce parc peut réunir; nous n'avons voulu le considérer que dans quelques-uns de ses rapports avec l'influence qu'il peut exercer sur les malades qui le fréquentent habituellement : mais on concevra aisément qu'une étendue de plus de soixante arpents, des mouvements de terrain très prononcés, des eaux vives et abondantes, des prairies traversées par un ruisseau dont les bords sont embellis par de magnifiques saules et des massifs de peupliers, des champs en culture, des arbres-fruitiers de toute espèce, des groupes de fleurs, des bosquets disposés avec

28

grâce, et contenant deux glacières, constituent un rare ensemble d'une belle et agréable localité.

» Ce parc et cette ferme offrent d'ailleurs une réunion complète d'exercices et de travaux champêtres. Les malades y trouvent les distractions les plus variées dans l'équitation, la pêche, les promenades en voiture, en bateau, dans les jeux de billard, de la paume, du ballon, de l'escarpolette, etc., et dans celui de bague, qui, dans un grand nombre de cas, nous paraît pouvoir remplacer avec avantage la machine rotatoire (1), que l'établissement possède néanmoins et à laquelle on a fait subir une modification importante.

» Après les détails dans lesquels on vient d'entrer, est-il besoin d'ajouter qu'il est donné un soin tout particulier au traitement intellectuel et moral, c'est-à-dire à l'emploi des moyens précieux qui agissent directement et d'une manière si puissante sur le cerveau, organe essentiellement affecté.

» Toutefois, fortement pénétrés du danger des opinions exclusives en médecine, les directeurs ne négligent l'usage d'aucun médicament dont les propriétés bienfaisantes ont été sanctionnées par l'expérience. »

Déjà plusieurs fois, Monsieur le Ministre, je me suis arrêté à bien vous entretenir de la nécessité de l'isolement de l'aliéné, si l'on veut parvenir à sa guérison : veuillez ne point ici perdre de vue que MM. Voisin et Falret, ainsi que moi, nous entendons par *isolément* la séquestration d'un aliéné dans une maison spéciale. Je me permets encore une fois d'insister sur cette question parce qu'elle est professée par les hommes spéciaux de notre époque, comme elle le fut par Pinel, Howard, Esquirol et tant d'autres savants qui se sont occupés des maladies mentales. Mais en dépit de l'opinion d'hommes aussi honorables et aussi profondément versés dans la science ; en dépit de faits incontestables accumulés sans cesse les uns sur les autres, nous voyons encore tous les jours des aliénés traités à domicile par leur médecin ordinaire. Deux causes bien puissantes entretiennent ce malheureux état de choses, et il faut bien le dire, la première se rencontre chez le médecin qui,

(1) La *machine rotatoire* est une espèce de siège qui tourne sur un pivot (elle ne ressemble pas mal à la porte d'entrée de quelques monts-de-piété, ou à un berceau tournant d'un établissement d'enfants trouvés) ; on y place spécialement les malades qui se refusent à prendre de la nourriture, et on fait faire à la machine pendant un temps plus ou moins prolongé de 60 à 100, jusqu'à 150 tours par minute. Dans les machines rotatoires ordinaires, le malade est assis et occupe une position tout-à-fait verticale ; MM. Voisin et Falret, l'ont fait modifier de telle sorte qu'on puisse l'incliner jusqu'à prendre une position tout-à-fait horizontale. Malgré cette dernière modification ils en ont presque entièrement abandonné l'emploi, et en cela ils ont imité la grande majorité des praticiens, attendu qu'aucun succès réel n'a jamais été obtenu.

par intérêt ou par nécessité, ne demande qu'à traiter des malades, ce qui signifie ne demande qu'à gagner de l'argent, et j'ose dire, pour beaucoup au moins, n'importe comment. La seconde se retrouve dans la juste répugnance qu'inspire aux familles aisées le misérable état de nos établissements spéciaux tant publics que privés. Il est du devoir d'un gouvernement, ai-je dit dès le principe, de veiller au bonheur matériel et moral du peuple; en maintes circonstances une loi protectrice assure son bien-être et cela en dépit de lui-même. Il n'est guères de mesures sanitaires contre lesquelles il ne murmure, et cependant le gouvernement veille à leur exécution, parce qu'il sait que c'est d'elles que dépend la santé ou le bien-être de ses sujets. Cette thèse est trop claire, trop évidente, trop facile à prouver, Monsieur le Ministre, pour que j'y insiste davantage; je ne l'ai rappelée que parce qu'elle doit étayer la proposition que je vais avoir l'honneur de vous faire.

L'aliéné doit être traité dans une maison spéciale, c'est là un fait irréfutable: l'avidité du médecin d'un côté, le misérable état des établissements d'aliénés de l'autre, s'opposent à cette mesure salutaire. Le gouvernement seul peut faire disparaître ce malheureux état de choses, qui n'existe qu'au détriment et pour le malheur du peuple. Une bonne loi arrêtera la rapacité du médecin peu délicat; la création d'établissements convenables dissipera la répugnance des malades ou de leurs familles. La loi défendra sous des peines très sévères à tout médecin de traiter à domicile des individus atteints d'aliénation mentale, et dès qu'il aura constaté que le malade est dangereux à lui-même ou à la société, il en préviendra l'autorité compétente, qui aussitôt le fera séquestrer dans une maison spéciale, et celles-ci, remplissant en tout point les exigences les plus fortes, les familles, ou les malades qui jouiraient de quelques intervalles lucides, ne pourront alléguer des excuses valides au refus qu'ils feraient de s'y rendre, ou ne pourraient prétexter un attentat à leur liberté individuelle. Toutefois en admettant qu'on ne puisse enfreindre celle-ci, les chefs de famille seront solidairement responsables des délits, de quelque nature qu'ils puissent être, que commettrait un aliéné. D'ailleurs, sachant qu'on ne pourrait recourir aux médecins; que les établissements spéciaux remplissent toutes les conditions voulues en pareilles institutions; et qu'en dernière analyse on est responsable des actes ou délits qu'aura commis l'aliéné, et que ce ne sera plus ce dernier mais bien le chef de famille qui sera traduit devant les cours d'assises ou les polices correctionnelles, il est évident que pour résultat on obtiendra la séquestration immédiate des aliénés dans une maison spéciale, et le résultat de cette mesure sera sa guérison plus rapide et presque assurée, dans huit cas au moins sur dix. Cette loi, Monsieur le Ministre, qui ne serait pas plus arbitraire que celle qui défend au pharmacien d'exercer la médecine, au charlatan de vendre un remède secret, au premier venu de faire une opération chirurgicale, voire au médecin de pratiquer les accouchements ou d'exercer la chirurgie, cette loi, dis–je, assurerait au peuple, malgré lui peut–être, comme dans la grande majorité des cas, une somme de bonheur, à laquelle il prétend vainement aujourd'hui, et à laquelle, sans cette loi, il n'arrivera jamais.

Après l'isolément, MM. Voisin et Falret *posent en loi, la né-cessité d'un travail mécanique* pour le malade, et en ceci, ces deux savants ne sont que l'écho de tous les médecins qui ont vu les aliénés de près. Mais dans la position où ils se trouvent, il restait une grande difficulté à vaincre : comment faire s'adonner à un tra-vail mécanique des individus habitués depuis leur enfance à toutes les commodités de la vie ? Ce problème a été résolu d'une manière très ingénieuse par ces deux médecins. Le terrain présente des accidents tels, que rien qu'une promenade dans le parc, exige des efforts qui fatiguent tous les muscles du corps, activent la respiration et accélèrent la circulation du sang. Chaque malade a ensuite une portion de jardin à lui ; c'est sa propriété, il doit l'ex-ploiter, la cultiver ; et le goût du jardinage, presque inné chez le ri-che comme chez le pauvre, fait surmonter au premier la répugnance que lui inspirerait une occupation à laquelle il n'a jamais été habi-tué. L'eau abonde dans le parc, nouvelle source d'occupations mé-caniques ; personne n'ignore le plaisir qu'on éprouve à fendre l'eau avec une barque légère, et une lutte engagée entre les malades, à qui parcourerait la distance dans le plus court espace de temps, leur fait jouer des rames de toute leur force, et ainsi, et à leur insu, ils font le travail du manœuvrier en même temps qu'ils se procurent la distraction la plus agréable et la plus bienfaisante. Le jeu de la paume, de la bague, de la course, du billard, etc., tendent également au même but, mais aucun n'est plus efficace que l'exercice de la bêche, c'est-à-dire celui de labourer la terre à la bêche. Les accidents de terrain ne manquent pas dans le parc de Vanvres ; mais pour créer des occupations à leurs malades, MM. Falret et Voisin les multiplient ; ils en font disparaître quel-ques-uns pour en créer d'autres, et pour mieux les engager au travail, ces Messieurs prêchent d'exemple. Ainsi, élever un mon-ticule avec une plate–forme, d'où l'on jouisse d'un beau point de vue, le déplacer quand on en est fatigué, pour jouir pendant quelque temps d'un autre coup-d'œil sur les campagnes environ-nantes, n'est qu'une idée qui n'est pas plutôt conçue, qu'elle est

mise en exécution, et l'on voit MM. Voisin et Falret avec tous
leurs malades, et les dames même se mêlent parfois à cette rude
besogne, la bêche et la pioche à la main, remplir de terre des
brouettes, que les malades voiturent à l'envi au lieu désigné pour
servir de nouvel observatoire. Dans cette occupation fatigante,
les malades et les médecins alternent constamment de rôle. La
chasse au lièvre est encore un amusement aussi fatigant qu'a-
gréable : mais dans cette chasse ce sont les jambes des malades
qui jouent le principal rôle, et non pas la poudre et le plomb.
J'ai déjà dit, Monsieur le Ministre, que tout le parc est entouré
d'une muraille, le lièvre ne peut donc s'échapper, et avec quelques amateurs à bonnes jambes, et bien déterminés à prendre
l'animal, on finit toujours par le réduire dans un coin, où épuisé
de fatigue et d'efforts, le vélocipède se laisse prendre, et le résultat de sa défaite n'est que sa remise en liberté jusqu'à une
prochaine occasion.

La danse est un des amusements auxquels se livrent le plus
fréquemment et avec le plus de succès, les habitants de Vanvres.
L'idée dominante de MM. Voisin et Falret est de bien convaincre
leurs malades qu'ils ne sont point emprisonnés, et qu'ils jouissent
de toute la liberté compatible avec leur maladie : ils ne sont point
exclus de la société comme des parias ou des êtres dangereux, au
contraire, ils en méritent tous les égards, et ne s'en sont retirés
que momentanément, comme des malades qui gardent leur appartement pour se faire guérir d'une affection quelconque, et
comme ceux-ci, dès que leur état le leur permet, c'est-à-dire
dès qu'ils deviennent convalescents, les médecins ont hâte de
les faire jouir de tous les bienfaits de la vie sociale. A cet effet,
MM. Voisin et Falret reçoivent nombreuse société ; leur table est
une vraie table d'hôte, et les invités sont toujours mis en rapport
avec tels malades qu'on a jugés capables de jouir de cet avantage.
Après le dîner, toujours servi à 5 heures de relevée, c'est dans
le salon que se réunissent tous les convives, la plus grande partie
des malades, MM. Falret et Voisin avec leur famille, et aussitôt
le piano, touché à tour de rôle par des malades, donne le signal
de la danse, les tables de jeu (whist) se dressent, et les billes
adroitement lancées d'une blouse dans une autre, attestent que
toute la société jouit d'un bonheur sans nuages. A neuf heures,
convives et malades, chacun regagne ses foyers ; les uns sont à
deux pas de leurs appartements, les autres prennent le dernier
convoi du chemin de fer, et un quart d'heure après ils sont dans
la tumultueuse et bruyante ville de Paris, tandis qu'à Vanvres, le silence le plus absolu a remplacé les accords harmonieux du piano, les sons mélodieux des voix, le bruti

de la danse, et le bourdonnement des joueurs de whist.

En commençant ce chapitre, Monsieur le Ministre, j'ai dit que les constructions de Vanvres avaient été faites par MM. Falret et Voisin, d'après un plan particulier et par eux imaginé. Au premier aspect les bâtiments semblent former un tout continu, ayant la forme d'un fer-à-cheval, dont le milieu est affecté à la demeure des médecins; et réellement ou plutôt si l'on veut, ces bâtiments forment un tout continu, mais vus de près, ils sont composés de plusieurs corps de bâtiments, ayant chacun ses chambres à coucher, son salon, sa cour, son jardin, son entrée particulière, et son entrée de communication avec les autres logis, dont on ne fait usage toutefois que pour autant que les médecins le jugent nécessaire ou convenable. En vertu de ces dispositions locales, les malades peuvent, selon les cas, être complètement isolés, ou vivre en société avec un, avec plusieurs ou avec tous leurs commensaux. MM. Voisin et Falret ont poussé cette idée plus loin, car il y a çà et là dans leur parc des pavillons isolés (quelques-uns sont encore en construction), qui servent d'habitation à un malade, en compagnie seulement de son gardien, ou en compagnie de quelque ami ou parent. Une dame occupe un pareil pavillon avec son médecin et ses domestiques. On a fait un choix tel pour la localité lors de la construction de ces pavillons, que de chacun d'eux on jouit de la vue la plus pittoresque et la plus agréable possible.

Il va sans dire, Monsieur le Ministre, que pour pouvoir prodiguer tant de confort à leurs malades, les propriétaires n'en reçoivent point à des prix mesquins, comme en Belgique, où on en reçoit à 400 francs et à moins encore par an, et où les prix les plus élevés ne vont que par des exceptions bien rares jusqu'à fr. 1,500 par an. On dit cependant que dans un établissement près de Liège, il y a des malades qui payent l'énorme somme de 2,000 francs par an! Il est aisé de concevoir, Monsieur le Ministre, qu'à ce prix, on ne peut faire que de la spéculation brute, c'est-à-dire de la spéculation dans toute la force du terme, et rien que de la spéculation, et que pour monter un établissement convenable, tel que celui de Vanvres, il faut y exiger le même prix de pension que MM. Voisin et Falret, chez lesquels le moins élevé est de trois cents francs par mois, et chez lesquels aussi il y a des malades qui payent de douze à quinze mille francs par an, d'après les exigences du malade ainsi que d'après l'état de sa maladie.

En France et en Allemagne, tout en n'empêchant point les institutions privées, le gouvernement possède des établissements où on reçoit des pensionnaires à un prix très modique. En France,

comme à Charenton par exemple, on ne reçoit que des pensionnaires payants, mais il y a différentes catégories; ce système est
pire (et j'ai déjà dit pourquoi), que l'autre (la Salpétrière et Bicêtre), où l'on reçoit simultanément des pauvres et des personnes
peu aisées mais en état de payer une légère pension. En Allemagne, il y a trois systèmes que j'exposerai ici quoique par anticipation, mais je trouve mon excuse à cet anachronisme, dans
l'impossibilité que j'éprouve de scinder cette question, qui vient
pour ainsi dire se placer ici naturellement sur le tapis. Dans le
grand duché de Baden, à Heidelberg et à Fribourg (et sous peu à
Acheren), il y a réunion de malades payants et non payants dans
le même établissement, mais on exige une si légère rétribution
des payants, qu'ils n'ont vraiment rien à redire de se trouver
confondus avec les pauvres et assujettis aux mêmes réglements et
au même régime qu'eux. Dans un pays, où il n'y a point de
grande pauvreté ni de grandes richesses, où les fortunes sont
très partagées et peu considérables, comme dans le grand duché
de Baden, cette mesure est très salutaire, et le peu d'exceptions
qu'on peut y rencontrer, ne doivent point faire dévier le gouvernement de cette sage mesure. Le second et le troisième système
répondent à ceux de l'Angleterre, de la France et de la Belgique,
c'est d'abord celui de recevoir dans un même établissement des
malades de différentes classes, quant au payement; et en second
lieu, c'est celui des établissements privés établis sur le même pied.
Combien ces derniers systèmes sont mauvais, je l'ai déjà dit,
Monsieur le Ministre, à propos de l'asylum de Glocester, et d'après
tout ce que j'ai vu, j'insisterai plus que jamais pour que le gouvernement prenne sur lui l'exploitation, si je puis m'exprimer
ainsi, des établissements d'aliénés pour la classe indigente, dont
le service serait fait par une congrégation religieuse. Je ne mo-
difierai mon opinion qu'en ce sens, que j'y admettrais des malades payant, mais comme à Heidelberg, une rétribution si légère,
qu'on pourrait les soumettre aux mêmes réglements que ceux de
la classe indigente. Quant aux établissements où l'on ne recevrait
que des malades payants, on éleverait le prix de la pension au
point d'effacer toutes les distances sociales, et il n'y aurait, comme
à Vanvres, de différences dans les prix que pour l'état de la maladie et non pas pour le malade. Ainsi un malade, avec disposition au suicide, au meurtre, etc., etc., exigeant plus de soins, plus
de domestiques qu'un autre, paierait de ce chef une plus forte
pension; mais en dehors de ces particularités, je le répète, inhé-
rentes à la maladie, tous seraient soumis aux mêmes réglements
et au même régime. Ainsi que je l'ai déjà dit, il serait permis à
un chacun de fonder des établissements privés, mais il devrait

remplir les conditions voulues, que j'exposerai collectivement plus loin en guise de projet de loi, et chaque établissement privé serait sous la surveillance immédiate du gouvernement. Pour les motifs, déjà plusieurs fois insinués dans le cours de ce travail, le gouvernement ne permettrait l'érection d'un établissement privé que pour autant qu'il pût loger de trente à cinquante malades et que le nombre n'en allât pas au-delà de cent, et que dans tous les cas il y eût un médecin à demeure. Les fortunes particulières ne pouvant que difficilement faire face aux frais d'une pareille institution (commençante surtout), et si aucun particulier ne songe à créer un établissement, ce serait peut-être au gouvernement à prendre l'initiative, et à fonder une maison de santé, à l'instar de celle de Charenton, quant au but, à l'administration et à la comptabilité, mais où le prix de la pension fût tel qu'on pût viser à en faire un Vanvres.

Pour les médecins de Vanvres il était facile, il était même nécessaire de suivre dans la construction de leurs logis, l'idée fondamentale d'Esquirol, savoir de n'élever les bâtiments que d'un étage au-dessus du sol ; dans un établissement destiné à ne loger que 60 individus (et tel est ordinairement le nombre des malades à Vanvres), cette disposition était indispensable, mais dans un établissement public, destiné à donner asile à trois cents individus au moins, ce plan devient absurde en même temps qu'énormément dispendieux. J'en ai déjà donné un exemple frappant dans les constructions nouvelles de Charenton, et je crois inutile de revenir sur ce sujet.

Les salles de bains, disent MM. Voisin et Falret, ont été l'objet d'une attention particulière et celle-ci consiste dans le soin qu'ils ont pris d'éloigner tout objet qui pourrait faire rappeler au malade qu'il est dans un institution publique. Chaque salle de bains est un élégant petit boudoir où la présence d'une élégante baignoire indique seule l'usage auquel cet appartement est destiné. On ne voit aucun tuyau; on meut un ressort artistement caché dans la muraille, dont les maîtres de la maison ou leurs délégués seuls connaissent l'usage, et aussitôt l'eau jaillit dans la baignoire comme l'eau d'une fontaine coule dans le bassin. Les douches se donnent de la même manière : sans que le malade s'en doute le moins du monde, on pousse un ressort caché dans le plafond, et aussitôt le malade reçoit une ondée d'eau froide, et avant qu'il ait eu le temps de se reconnaître ou de revenir de sa surprise, tout a disparu, tout est rentré dans l'état primitif.

Les cellules pour aliénés sont construites à peu près d'après les mêmes vues; elles reçoivent l'air comme la lumière par une croisée pratiquée dans le plafond (1), et cette dernière se ferme, s'ouvre, ou se cache derrière un volet non transparent, en faisant jouer un ressort pratiqué dans la muraille et introuvable à quiconque n'est point mis au fait de sa situation et de son mécanisme.

Après les détails dans lesquels on vient d'entrer, disent les médecins-fondateurs et propriétaires de l'établissement de Vanvres, est-il besoin d'ajouter qu'il est donné un soin tout particulier au traitement intellectuel et moral? et à moi, Monsieur le Ministre, est-il besoin d'entrer dans ces détails, après ce que je vous ai dit sur leur établissement comme après ce que je vous ai déjà dit sur leur conduite dans les hospices de la Salpétrière et de Bicêtre? Je ne le crois pas, et à vous, Monsieur le Ministre, comme à tous ceux qui un jour liront ces lignes, je puis laisser le soin de juger l'établissement de Vanvres, et comme à tous ceux qui l'auront visité, il ne restera qu'un souhait à former, celui de rencontrer une pareille institution dans chaque pays, dans chaque coin du monde.

(1) C'est d'après ce plan, Monsieur le Ministre, que j'engagerais à construire les cellules pour les malades agités ou furieux,

STÉPHANSFELD (1).

En quittant Paris avec ses misérables établissements d'aliénés, en quittant Paris où réside le savant *Ferrus*, inspecteur-général des établissements de France; où se rencontrent les hommes de science et de pratique les plus éminents, les Voisin, les Falret, les Foville, les Leuret, etc., etc., j'étais fort loin de me douter, Monsieur le Ministre, que depuis le 30 Juin 1838, il existait une loi protectrice (promulguée par le Roi le 18 Décembre 1839), qui devait sauver les aliénés du sort affreux où ils gémissaient depuis des siècles, et où ils gémissent encore à Paris, et j'étais bien plus loin encore de me douter, que je trouverais cette loi en pleine vigueur à 125 lieues de la capitale, à *Stéphansfeld près Strasbourg*.

La loi du 30 Juin 1838 a été en France le fruit de longues discussions dans les deux chambres; elle avait été élaborée depuis un demi-siècle par les recherches des savants praticiens les plus renommés; parmi eux un grand nombre avait été consulté d'office, et plusieurs avaient publié des brochures de leur propre mouvement, rien enfin n'avait été négligé pour que cette loi prémunît l'ordre et la sûreté publiques contre les excès d'êtres privés de raison, et qu'elle donnât en même temps à la liberté et à la propriété individuelles des garanties suffisantes, afin qu'on ne pût, sous prétexte d'aliénation, violer les plus sacrés des droits. Ainsi qu'elle le doit, cette loi a un double but : organiser des asiles d'aliénés, tant publics que privés; garantir la liberté et la propriété individuelles comme celles des familles. Il ne rentre point dans mes vues ni dans mes moyens de discuter ces dernières dispositions de la loi, cette tâche appartient exclusivement aux jurisconsultes; quant aux premières elles sont du ressort du médecin, et il m'est permis, il est de mon devoir même de les passer en revue. Cependant, ainsi que j'ai déjà eu l'honneur de vous le faire entrevoir, Monsieur le Ministre, je me suis proposé de terminer ce travail par des conclusions qui pourront servir de base à un projet de loi, ou pour mieux dire qui seront un projet de loi réglant en Belgique le sort des aliénés. Ces conclusions seront déduites d'une part, de mes observations et de mes recherches dans les hospices des différents pays que j'aurai visités, et d'autre part, des lois et réglements que j'aurai trouvés en vigueur dans ces mêmes pays, en y faisant les modifications que je croirai con-

(1) Stéphansfeld est à quatre lieues de Strasbourg, sur la grande route de l'Allemagne Rhénane, dans le faubourg de la petite ville de Brumath.

venables et nécessaires pour la Belgique, ou qui ne seront que les
conséquences des progrès que la science a faits depuis l'époque
où ces lois auront été promulguées à l'étranger. Je m'abs-
tiendrai donc pour le moment, Monsieur le Ministre, de vous
citer les différents paragraphes de la loi française du 30 Juin 1838,
et je me bornerai à vous dire que d'après cette loi, chaque département est tenu d'avoir un asile public, spécialement destiné
à recevoir et à soigner les aliénés, ou de traiter à cet effet, avec
un établissement public ou privé, soit de ce département, soit
d'un autre. Ainsi que vous le voyez, Monsieur le Ministre, cette
disposition est littéralement calquée sur la loi anglaise, et les autres dispositions y ressemblent encore sous beaucoup d'autres
points de vue, tant il est vrai, que les lumières d'un pays servent
à éclairer les pays voisins, tant il est vrai que la science ne connait
point les limites territoriales imposées par le droit du plus fort.
En passant *Stéphansfeld* en revue, vous pourrez vous rendre facilement compte, Monsieur le Ministre, des autres dispositions
fondamentales de la susdite loi.

De tous les établissements d'aliénés de la France, créés depuis
la promulgation de la nouvelle loi, ou modifiés depuis cette époque, et par conséquent administrés d'après ses dispositions, celui
de *Stéphansfeld* doit occuper le premier rang, d'abord parce que
ce département (Bas-Rhin), excessivement riche en fondations de
bienfaisance, avait devancé de trois ans les prescriptions de la loi
du 30 Juin 1838, et que le conseil-général de ce département
s'était toujours distingué par sa grande libéralité pour effacer les
infortunes de ses administrés. Je fournirai donc le plus de détails
possible sur cet asile, pour vous donner une idée exacte, Monsieur
le Ministre, de la nouvelle loi française, des résultats bienfaisants
que déjà elle a produits, et de ceux qu'elle doit produire dans
l'avenir. Je puis d'autant plus facilement vous donner des détails
et des détails exacts, qu'en dehors de la visite scrupuleuse que
j'ai faite dans cet établissement, j'y ai trouvé une brochure imprimée rendant un compte fidèle et détaillé des mouvements de
la maison et de son administration, et que j'y puiserai une grande
partie des renseignements que je vais avoir l'honneur de vous
communiquer.

Du moment qu'on est parvenu à créer une nouvelle loi, et qu'en
la lisant, la relisant et la commentant, ceux qui l'ont provoquée,
trouvent qu'elle répond parfaitement à toutes les exigences, tout
semble dit, tout semble fait, et on croit pouvoir se reposer sous ses
lauriers, comme si les résultats d'une nouvelle loi étaient des conséquences nécessaires, inévitables et spontanées. La création de la
loi du 30 Juin 1838, a été le fruit d'un accouchement lent et la-

borieux, et dès que l'enfant a vu le jour, cet enfant qui devait effacer tout un passé de misères et d'afflictions, cet enfant sur lequel reposait tout un avenir de bonheur, on a été pour ainsi dire effrayé de sa naissance, parce que son développement allait exiger de grands sacrifices. Le *mezzo termine* fut là, et comme toujours, il y fut pour neutraliser les projets enfantés par l'esprit humain. L'hospice de Stéphansfeld, ancienne commanderie de St-Jean, d'abord affecté au service des enfants trouvés, fut transformé en 1835 en asile pour les aliénés. Une fausse économie aveugla les administrateurs; malgré les innombrables exemples qu'il est infiniment plus coûteux d'adapter un ancien bâtiment à un usage diamétralement opposé à son usage primitif, et malgré les preuves journalières les plus évidentes qu'on ne réussit jamais à le tourner *convenablement* au nouvel usage projeté, les administrateurs, ainsi que je l'ai dit, aveuglés (comme toujours) par une fausse économie, ou comme on dit vulgairement, jaloux de faire des économies de bouts de chandelles, décidèrent imprudemment d'adapter l'ancienne commanderie de Stéphansfeld à l'établissement pour aliénés. Depuis *sept ans, ils n'ont fait que renverser et bâtir, détruire et rebâtir, aujourd'hui encore ils sont en pleine voie de construction, et l'hospice n'a jamais été, et ne sera jamais convenablement disposé pour l'usage auquel il est destiné, et cependant on a déjà dépensé plusieurs fois la somme qu'on aurait dépensée si l'on en avait construit un autre de fond en comble.* Ce qui ajoute encore aux nombreux inconvénients d'une pareille mesure, c'est qu'il est fort rare que la population n'augmente point par le laps des années dans une pareille institution. On est forcé alors d'agrandir les localités, et comme elles n'ont point été faites d'après un plan uniforme, et où l'on n'avait point perdu de vue la nécessité possible d'agrandissements, en ajoutant de nouveaux corps de logis à ceux déjà existants, il en résulte plus ou moins de difformité, et par là, l'établissement s'éloigne davantage à chaque nouvelle pierre qu'on y ajoute, du but qu'on s'est proposé. C'est là littéralement ce qui est arrivé à *Stéphansfeld,* quoique le médecin en chef et le directeur désirent faire accroire tout autre chose. On y logeait *primitivement* 100 malades; en Juin 1841, *grâces aux constructions nouvelles,* le nombre s'en élevait à 250; par suite des traités passés avec les départements du Haut-Rhin, de la Moselle et des Vosges, de *nouvelles constructions* furent ajoutées à toutes les autres, et le nombre des malades fut porté à 350; et si, d'après le nouveau projet, on ajoute une *aîle nouvelle et un nouveau quartier* réservé aux pensionnaires riches, on pourra y recevoir commodément 100 malades de plus. Aussi, quoique avant de le parcourir, j'eusse étudié le plan , et malgré l'habitude que j'ai acquise de pouvoir m'orienter rapidement dans ces établissements, après ma sortie de *Stéphansfeld,* je ne pus pas plus me rendre compte des dispositions locales qu'avant mon entrée. Toutefois en dehors de ce manque d'uniformité, de simplicité, et j'ajouterai de centralisation, si nécessaires dans un pareil établissement, *Stéphansfeld* laisse, sous tous les rapports matériels, loin derrière lui les établissements publics de Paris et de la Belgique , et se rapproche par conséquent plus qu'eux tous, du confort des asylums anglais, dont il reste néanmoins à une grande distance.

L'hospice de *Stéphansfeld* par sa situation le long de la chaussée de Strasbourg à Weissenbourg, dans une plaine cultivée près de la petite ville de Brumath, offre toutes les conditions topographiques d'une parfaite salubrité : un terrain léger et sec, des eaux abondantes et saines , l'éloignement de toute habitation d'une influence nuisible , une nature environnante variée et pittoresque, une atmosphère continuellement renouvelée par l'action libre des vents, et la proximité d'un forêt de pins et qui répand jusque dans les réfectoires des émanations bienfaisantes.

Les cours de l'établissement , vastes et plantées d'arbres, ont été fort bien ménagées , et on y a élevé des collines d'où la vue s'étend sur les belles campagnes environnantes. Les réfectoires et les ouvroirs sont bien grands, bien aërés , et offrent aux malades un abri pendant la mauvaise saison. Les dortoirs sont spacieux , ils le sont même trop, car ils réunissent un trop grand nombre de malades ; il n'y a point de cellules pour loger un ou deux malades. Comme dans tous les établissements où l'on reçoit des malades de différentes catégories , quant au prix de la pension, les jardins particuliers, les petits soins , les distractions les plus variées, sont pour les pensionnaires de la classe supérieure. On a consacré des chambres isolées aux aliénés furieux ou turbulents , qui pourraient exposer leur propre vie, ou compromettre la sûreté et la tranquillité des autres malades ; mais il faut ajouter qu'ici, sous le point de vue de l'humanité comme sous celui de la science , les directeurs de Stéphansfeld sont fort loin de se trouver à la hauteur du siècle, car ces cellules, d'une construction toute nouvelle , ressemblent parfaitement aux cages des tigres et des lions du Jardin des Plantes de Paris , et le malade, qu'à ma visite j'y trouvai renfermé , ne se démenait pas mal comme ces animaux qui font l'objet permanent de la curiosité des badauds et des bonnes d'enfants de Paris.

Conformément aux prescriptions de la loi du 30 Juin **1838**, l'administration de l'asile de Stéphansfeld est confiée, sous l'autorité du préfet du Bas-Rhin, et sous l'inspection d'une commission de surveillance (composée de MM. *Coulman,* ancien député, président; *Weiss,* notaire à Brumath, secrétaire; *Kern fils,* membre du conseil général; *Hœchstetter,* maire de Brumath ; et *Linder,* avocat à Strasbourg), à un directeur responsable (*M. David Richard*), nommé par le ministre de l'intérieur. Il emprunte le concours d'un économe-receveur et de deux commis aux écritures. Le service médical se fait par un médecin en chef (*M. Rœderer*), également nommé par le ministre, et qui selon les besoins de l'établissement, est assisté d'un ou de plusieurs internes en pharmacie et en chirurgie. Directeur, médecin en chef, économe-receveur, internes, tous sont tenus de résider à l'asile. Dix infirmiers et autant d'infirmières sont soumis à la vigilance continuelle d'un surveillant en chef et des dames de la charité au nombre de sept. Dans leur mission, toute de dévouement, ces religieuses consacrent aux malades les soins les plus affectueux, et un zèle au-dessus de tout éloge. Un aumônier catholique et un autre protestant, résidant l'un et l'autre à Brumath, vont plusieurs fois par semaine porter aux malades les conseils et les consolations de la religion. Un infirmier convaincu d'avoir frappé un aliéné, est à l'instant même renvoyé de l'établissement.

Pour régler les dispositions de l'administration intérieure, on voit, Monsieur le Ministre, que des hommes sages et éclairés y ont présidé ; en parcourant l'établissement, et en examinant scrupuleusement comment sous ce point de vue les choses s'y passaient, je n'y ai éprouvé qu'un regret : soit en vertu des dispositions réglementaires, soit par la tendance vers la domination de l'un, et le caractère doux et condescendant de l'autre, j'y ai vu, avec regret, dis-je, que le directeur et le médecin en chef ont échangé leur place. Le premier empiète sur le pouvoir du second, soit que ce pouvoir manque à celui-ci, soit qu'il se le soit laissé enlever. Bref, c'est autour de M. *Richard* que tout semble se mouvoir, c'est lui qui semble être investi à *Stéphansfeld* du pouvoir suprême, alors que sa place est marquée à son bureau et qu'il ne devrait se mouvoir dans l'intérieur de l'établissement, et n'y communiquer avec les malades, que par l'intermédiaire du médecin en chef et sous sa surveillance immédiate. En sonnant à *Stéphansfeld*, je demandai au portier qu'il me conduisît auprès du médecin en chef, et ce fut chez le directeur qu'il me mena. Celui-ci me montra le plan, m'accompagna dans l'établissement, et ce ne fut que sur mes instances réitérées, qu'il fit prévenir M. Rœderer de ma visite. Ce dernier n'arriva que lorsque j'avais déjà parcouru les trois quarts de l'établissement, et jusqu'à ma sortie, M. Richard continua à se tenir en relief, et me donna toutes les explications que je demandais au médecin en chef lui-même. On vint demander si le chef de musique du 7ᵐᵉ régiment pouvait être admis à voir un de ses camarades, et M. Richard se chargea de répondre affirmativement, quoique le médecin en chef fût présent lorsque la demande en fut faite. Je n'ai pas besoin, Monsieur le Ministre, d'insister sur un pareil abus, les conséquences en sont trop évidentes.

M. Rœderer est de l'école de Paris, et s'y est formé sous les conseils de MM. Falret, Voisin, Leuret, etc.; il est donc naturel de trouver à *Stéphansfeld* les malades classés d'après la doctrine de ces hommes distingués. Ainsi, à l'*ouest* sont placés les maniaques et les monomaniaques tranquilles ou peu agités, c'est-à-dire la plupart des malades en traitement ou convalescents; à l'*est*, sont les aliénés atteints de démence, et ceux qui, turbulents ou destructeurs, troubleraient la tranquillité des précédents. C'est dans le centre de ce quartier que se trouvent les cellules réservées aux furieux des deux sexes. Le quartier du *nord*, éloigné des deux autres, est consacré aux idiots, aux imbécilles, aux aliénés épileptiques, enfin aux malades arrivés au dernier degré de la démence, avec complication de paralysie générale. Les deux infirmeries se trouvent au premier étage de ce quartier.

La lingerie de l'établissement est confiée aux soins des dames de charité. Elles président aussi aux travaux de blanchissage qui, pour toutes les classes, est fait aux frais de l'établissement. Les malades à la charge des départements, des communes et des hospices, reçoivent de l'asile même leur linge et leur habillement, qui varient selon les exigences de la saison. Quant aux pensionnaires à la charge des familles, ils doivent fournir un trousseau, qui est déterminé pour chacune des quatre classes, dans lesquelles ils peuvent être répartis. Il doit être composé comme suit :

Irᵉ CLASSE.		2ᵐᵉ CLASSE.		3ᵐᵉ et 4ᵐᵉ CLASSE.	
HOMMES.	FEMMES.	HOMMES.	FEMMES.	HOMMES.	FEMMES.
4 chemises.	4 chemises.	2 p. de draps.	2 p. de draps.	3 p. de draps.	3 p. de draps.
3 mouchoirs de poche.	3 mouchoirs de poche.	6 chemises.	2 peignoirs pr les bains.	12 chemises.	2 peignoirs pr les bains.
2 cravates.	2 fichus.	6 mouch. de p.	6 chemises.	12 mouch. de poche.	12 chemises.
3 pair. de bas,	3 pair. de bas.	4 bonnets de coton.	6 mouch. de p.	6 bonnets de nuit.	12 mouch. de poche.
2 paires de souliers.	2 paires de souliers.	3 cravates.	6 serviettes.	6 cravates.	12 serviettes.
1 gilet (de	1 habillement d'hiver.	4 pair. de bas.	4 bonnets de nuit.	6 pair. de bas.	6 bonnets de nuit.
1 veste { drap.	1 habillement d'été.	6 serviettes.	3 fichus ou schals pour le jour.	12 serviettes.	4 fich. ou schs pr le jour.
1 pant. (	2 tabliers.	2 habillemens complets.	4 pair. de bas, obj. d'hab. convenabl.	2 babill. complets.	6 pair. de bas, obj. d'habil. convenabl.
1blouse) de		2 paires de souliers.	2 pair. de soul.	3 p. de soul.	2 pair. de soul.
1 pant. } cou-		1 chapeau ou casquette.	1 sac ou poch.	1 chapeau ou casquette.	1 sac ou poch.
1 gilet (til.		1 peigne.	1 peigne.	1 peigne.	1 peigne.
		1 brosse.	1 brosse.	1 brosse.	1 brosse.

Excepté pour la première classe, les trousseaux sont tenus au complet par les familles et à leurs frais. Quand on désire qu'un aliéné soit servi en argenterie, la famille doit joindre au trousseau un couvert d'argent, etc.

De la nourriture pour chaque classe, la distribution se fait par les dames de la charité.

Pour la première classe, qui est celle qui renferme les aliénés à la charge des départements, des communes et des hospices, le régime ordinaire se compose comme suit :

Pain demi-blanc.

Déjeûner. Une soupe dans laquelle il entre 12 1/2 décagrammes de pain.

Dîner. 25 décagrammes de pain, soupe, légumes, et deux fois par semaine 25 décagrammes de viande au lieu de légumes.

Souper. 12 1/2 décagrammes de pain, légumes, du fromage ou de la salade.

Lorsque ces malades travaillent, ils ont le *régime des travailleurs,* qui consiste en un repas de plus, le *goûter,* et si leurs occupations sont fatigantes de 25 à 50 centilitres de vin par jour. Pour cette classe, comme pour toutes les autres, le médecin en chef a d'ailleurs le droit de prescrire, à titre de régime exceptionnel, tous les aliments qui lui paraissent devoir concourir à la prompte guérison d'un malade. L'établissement accorde du tabac à priser et à fumer aux malades indigents, pour lesquels cette habitude est devenue un besoin.

M. Rœderer a su introduire à Stéphansfeld une mesure très salutaire : comme autrefois, on accorde aux travailleurs des récompenses alimentaires et pécuniaires, mais elles sont distribuées avec plus d'équité, plus de largesse, et avec un ordre tel que les malades eux-mêmes savent d'avance à quelle rémunération ils ont droit. Mieux proportionnées d'ailleurs à la valeur des ouvrages exécutés, elles stimulent puissamment l'activité des aliénés sans éveiller les tristes sentiments de la jalousie ou de l'envie. Un grand nombre de ceux qu'on ne pouvait autrefois assujettir au travail, s'y soumettent aujourd'hui avec régularité et plaisir. Les mesures prises permettent en outre d'apprécier chaque jour la valeur des travaux exécutés, le zèle et la conduite morale de chaque malade.

Le prix de la pension de la première classe pour les aliénés indigents du Bas-Rhin, est arrêté chaque année par le conseil général sur la proposition de M. le préfet. Il est fixé à fr. 1-15 par jour, c'est à-dire à peu près au double de ce qu'on donne dans la plupart des établissements Belges, et cependant dans le Bas-Rhin les vivres sont en général plus chers que dans aucune partie de la Belgique, et l'établissement lui-même retire encore quelques bénéfices du travail des malades, alors qu'en Belgique ils sont presque tous inoccupés.

Pour les familles peu aisées, le prix est pour les Français de fr. 1-25 c⁵ par jour et de fr. 1-40 c⁵ pour les malades étrangers. La pension est payable par trimestre et toujours d'avance; le trimestre commencé doit se payer et le prix n'en est rendu en aucune circonstance.

La *deuxième classe* doit au besoin habiter avec les malades de la première, mais ils ont droit au régime particulier suivant :
Pain demi-Blanc.

Déjeûner : un demi-litre de lait ou soupe au lait, y compris 12 1/2 décagrammes de pain.

Diner : 25 Décagrammes de pain, viande, légumes et un quart de litre de vin.

Souper : 25 décagrammes de pain, rôti de veau ou de mouton, salade, fromage ou fruits.

Le prix est de 600 fr. par an. Ceci est le *nec plus ultra* des mauvais systèmes de faire cohabiter des malades appartenant presque à la même classe de la société, et d'établir une si grande différence entre eux par la qualité des nourritures. Je ne m'étendrai pas plus longuement sur ces inconvénients, je pense l'avoir assez fait, Monsieur le Ministre, dans le chapitre relatif à l'asylum de Glocester.

Le régime des 3ᵐᵉ et 4ᵐᵉ classes est calculé sur le prix de leur pension, la première paie 900 fr. par an, la seconde 1200. Les malades de cette dernière peuvent s'attacher pour leur service particulier un domestique ou une servante. L'établissement y pourvoit moyennant un supplément de 500 francs par an.

Tous les aliénés *travailleurs* ont un *livret* sur lequel on inscrit leur gain mensuel. On leur en distribue, sur leur demande, jusqu'à concurrence de moitié. Le reste est mis en réserve pour le moment de leur guérison et de leur sortie. On prépare ainsi une ressource aux indigents pour l'époque si critique de leur rentrée au sein de la société.

Une bibliothèque choisie est mise à la disposition des malades; on cherche à établir entre eux un enseignement mutuel; de petits concerts instrumentaux et vocaux, auxquels prennent part quelques employés et un certain nombre de malades, réjouissent les soirées des Dimanches et des jours de fête. Chaque semaine on profite des belles journées pour faire avec les aliénés des promenades communes dans les campagnes environnantes. Ces courses qui *pour les malades des classes aisées, et lorsque le temps le permet, ont lieu tous les jours,* produisent un excellent

30

effet moral, et écartent de l'esprit des aliénés l'idée d'une réclusion sans fin.

La *moyenne des guérisons* obtenues à *Stéphansfeld* pendant les
années 1836, 1837, 1838, 1839 *et* 1840, *a été à la population totale comme un est à quatre et neuf dixièmes.* En 1840, la proportion sur le nombre des admissions de l'année *a été de une guérison sur trois malades.* Les premiers mois et la première année de
traitement ont fourni les quatre cinquièmes des guérisons. Ces
chiffres, Monsieur le Ministre, en tout d'accord avec ce que nous
avons déjà vu, en disent plus que tous les raisonnements.

Si le malade a été traité par un médecin avant son entrée à
Stéphansfeld, ce médecin est tenu de répondre catégoriquement
aux questions suivantes :

1o Nom, prénoms, âge, profession, religion, état-civil et de-
domicile de l'aliéné ?

2o Quelle a été son éducation, et quels étaient, avant sa maladie, son tempérament, son caractère, et ses habitudes ?

3o Durée antérieure de la maladie ? si elle est périodique, à
quelle époque a éclaté le premier accès ? quels ont été la
durée et les intervalles de chacun des accès ?

4o L'invasion de la maladie a-t-elle été subite ?

5o Quels sont les symptômes qui l'ont précédée ?

6o Quelles en sont les causes, et dans quelles circonstances a-
t-elle éclaté ? existe-t-il une prédisposition héréditaire ?

7o A-t-il existé ou existe-t-il encore des maladies physiques,
et quelles en sont les causes probables (affection du cœur,
de la poitrine, etc.,) ?

8o Sous quelle forme se présente l'aliénation mentale ?

9o Quels en sont la marche et les principaux symptômes caractéristiques ?

10o Le désordre des idées ou des sentiments est-il général ou
partiel ?

11o S'il est général, y a-t-il des sentiments ou des idées domi-
nantes ? qu'elle en est la nature ?

12o L'aliénation est-elle continue ou bien observe-t-on des ré-
missions ?

13o Observe-t-on des penchants instinctifs, résultant soit d'hallucinations, soit d'impulsions irrésistibles, soit d'une perversion des sentiments affectifs ?

14o S'il y a démence consécutive, à quelle forme d'aliénation
succède cet état ?

15o S'il y a complication d'épilepsie, cette complication a-t-elle
précédé ou suivi l'invasion de la folie, et quelles en sont les
causes ?

16º Le malade se livre-t-il à des actes de nature à compromettre l'ordre public et la sécurité des personnes ?

17º Quelle est la cause probable de ses déterminations ?

18º Quelles sont les circonstances qui peuvent contribuer à le
rendre dangereux ?

19º De quelle nature sont les rapports de l'aliéné avec les personnes qui l'entourent ?

20º Quelles sont ses habitudes ordinaires ?

21º Quelle est la constitution actuelle du malade ? comment
s'exercent les diverses fonctions organiques ?

22º A-t-on soumis le malade à un traitement ? quels moyens
a-t-on employés ? quel en a été le résultat ?

23º Quelles sont les modifications qu'a subies la constitution du
malade ?

24º Par quels motifs l'isolément est-il réclamé ?

25º Quel peut en être le résultat ?

26º Nom du médecin qui a donné ce bulletin.

27º Date du bulletin.

Je terminerai ce rapport sur *Stéphansfeld*, Monsieur le Ministre, et avec lui j'aurai fini avec la France, par deux tableaux,
l'un indiquant le mouvement de la population de *Stéphansfeld*,
le Lundi 7 Mars 1842, et l'autre indiquant les classifications des
malades à la même époque. Ces tableaux se font chaque jour, et
sont envoyés à l'inspecteur-général M. Ferrus.

MOUVEMENT DE LA POPULATION DE STÉPHANSFELD, AU LUNDI 7 MARS 1842.

CLASSES.		DÉTAILS.		SITUATION AU JOUR PRÉCÉDENT.	TRAITEMENT GÉNÉRAL.	ADMISSION.		SORTIES.			EFFECTIF AU 7 MARS.		TOTAUX.	OBSERV.ᵗˢ
						DÉCÈS RÉEL.	PAR GUÉRISON.	PAR AMÉLIORATION.	GUÉRISON.	PAR AUTRE CAUSE.				
ALIÉNÉS.	1ʳᵉ Classe.	à la charge	Du départemᵗ du Bas-Rhin seul à 1·15 par jour	4	3	1					7	Aliénés indig. 254	293	
			Du dépᵗ des communes et hospiceˢ. »	87	13						101			
			» » » » familles »	2							2			
		Des dépᵗˢ étrangers	Haut-Rhin »	86							86			
			Moselle »	48	2	1					50			
			Vosges »	4							4			
			»	»							»			
		Des maisons centrᵉˢ	de Haguenau »	4							4			
			d'Ensisheim »	»							»			
		Des familles seules . . . à 1-25 par jour	16	1						17	Pensionnaires 38		
	2ᵉ Classe.	»	à 600 par an	14							14			
	3ᵉ Classe.	»	à 900 par an	5							5			
	4ᵉ Classe.	»	à 1200 par an	2							2			
	Militaires	»	Du ministre de la guerre à 1-25 par jour	1							1	Militaires 1		
				»							»			

SERVICES.						SITUATION AU JOUR PRÉCÉDENT.	ENTRÉES.		SORTIES.		EFFECTIF AU 7 MARS.		TOTAUX.	
							H.	F.	H.	F.				
	Généraux		Sœurs de charité.			8					8	Employés génér. 15	35	
			Interne en chirurgie.			1					1			
			Infirmier major.			1					1			
			Barbier baigneur.			1					1			
			Jardinier.			1					1			
			Servante de la pharmacie.			2					2			
			Servantes de la cuisine.			3					3			
	Spéciaux,	INFIRMIERS.	Des quartiers	Ouest.		1					1	Employés spéciaux 20		
				Pavillon.		2					2			
				Est	Loges.	1					1			
				Nord		3					3			
				Infirmerie.		2					2			
		INFIRMIÈRES.	Des quartiers	Ouest		1					1			
				Pavillon.		1					1			
				Est	Loges.	1					1			
				Nord		1					1			
				Infirmerie.		1					1			
			{ Hommes { Femmes									Total de la population 328		

ÉTAT PHYSIQUE ET MENTAL

SEXES	QUARTIERS	DÉLIRE PARTIEL MONOMANIE	DÉLIRE PARTIEL LYPÉMANIE	DÉLIRE PARTIEL HALLUCINATION	DÉLIRE GÉNÉRAL MANIAQUE	DÉLIRE GÉNÉRAL AIGUE CHRONIQUE	DÉMENCE STUPIDITÉ	DÉMENCE CONSÉCUTIVE	DÉMENCE PRIMITIVE	IDIOTIE ET IMBÉCILLITÉ	CONVALESCENTS	RETRAITÉS NON CLASSÉS	TOTAUX
Hommes	Quartier ouest	7	3	4	»	22	2	16	»	»	1	3	68
	Quartier est	1	»	1	»	17	1	16	»	»	»	2	44
	Loges	»	»	»	»	»			»	»	»		3
	Quartier nord	»	»	»	»	1	»	12	»	»	»	1	27
	Infirmerie	2	1	»	»	44	1	1	»	»		1	10
	Totaux	10	4	5	»	44	4	45	»			7	152
Femmes	Quartier ouest	2	1	1	»	3	»	»	»	»	»	»	7
	Quartier est	8	13	»	»	42	»	11	»		»	»	82
	Loges	»	1	»	»	3	»	»	»	»	»	»	5
	Quartier nord	1	»	»	»	6	»	18	»		»	»	39
	Infirmerie	»	2	»	»	2	»	2	»		»	2	8
	Totaux	11	17	1	»	56	»	31	»		»	2	141
	Totaux des hommes	10	4	5	»	44	4	45	»		1	7	152
	Totaux des 2 sexes	21	21	6	»	100	4	76	»		1	9	293

TRAVAIL
NATURE DES OCCUPATIONS.

	NOMBRE DES TRAVAILLEURS
Aliments	8
Bimbeloterie	1
Blanchissage	1
Cartonnage	1
Chaussures	3
Couture	»
Divers travaux	20
Écritures	2
Enseignement	»
Filature	1
Labourage	4
Menuiserie	1
Musique	»
Tonnelerie	1
Tissage de paille	3
Bûcher	8
Bains	1
Service des quart.	10
Terrassement.	11
Total	76
Aliments	3
Blanchissage	»
Chaussures	1
Couture	33
Culture	»
Divers travaux	9
Enseignement	»
Filature	17
Tissage de paille	»
Tricot	14
Total	79
Total des hommes	76
Total des travailleurs	155

COMMUNIONS RELIGIEUSES

Catholiq. Protestans Israëlites Religit inconnue.

	MALADES qui ont assisté AU CULTE		NOMBRE des MALADES sortis de l'ASILE	
	CATHOLIQUES	PROTESTANTS	PAR GUÉRISON	PAR LA FAMILLE
	3	5	1	
	14	7		
	17	12	1	

OBSERVATIONS

ALLEMAGNE.

L'Allemagne ! la Jérusalem de la science ! la Terre Sainte où en arrivant on se sent saisi de respect et d'admiration ! pépinière inépuisable d'hommes de génie ! heureux pays où le vrai savoir et la profonde érudition brillent comme les étoiles dans le firmament ; où le vil charlatanisme n'a point encore semé son venin ; où la bonne, la solide instruction est répandue dans toutes les classes de la société, se reçoit et se donne partout et à tous les âges ! l'Allemagne, source inépuisable de tout progrès scientifique réel ! L'Allemagne, qui a donné le jour au premier chirurgien de notre siècle, à *Dieffenbach*, dont le nom ne se prononce qu'avec respect par tous les chirurgiens du monde, à *Dieffenbach*, à qui tous les souverains de l'Europe s'empressent d'envoyer leurs plus belles décorations, à *Dieffenbach*, que tous les souverains de l'Europe envient à la cour de Berlin ; l'Allemagne qui possède encore aujourd'hui les *Tiedeman*, les *Chelius*, les *Gmelin*, les *Juncken* et tant d'autres illustres savants dont les ouvrages sont répandus dans l'univers entier ; l'Allemagne qui salue chaque jour les plus célèbres jurisconsultes de notre époque, les *Zaccaria*, les *Mittermayer*, les *Savigny ;* l'Allemagne enfin dont les habitants en général se distinguent par un esprit de bienfaisance et de sympathie pour les souffrances de leurs prochains qui va souvent jusqu'à la prodigalité, par un bon sens et une logique qu'on ne trouve dans aucun pays du monde ; l'Allemagne, chose inconcevable, est en arrière d'un demi-siècle dans la solution de la question qui fait le sujet de ce travail. Oui, Monsieur le Ministre, j'y ai parcouru environ six cents lieues, j'y ai visité les principales villes, j'ai vu Rasstatt, Carlsruhe, Manheim, Heidelberg, Mayence, Francfort, Gotha, Weimar, Leipzig, Dresde, Berlin, Halle, Cassel, Coblentz, Bonn, Cologne et Aix-la-Chapelle ; je me suis arrêté dans une foule de petites villes et de villages intermédiaires, partout j'ai rencontré de savants praticiens, des professeurs distingués, mais nulle part je n'ai trouvé un institut d'aliénés qui répondît aux exigences de la science et de l'humanité : la prédominance du mauvais sur le bon est si grande, que celui-ci se trouve pour ainsi dire enseveli dans l'immensité de l'espace qu'occupe le premier. Mais il faut le dire, comme dans tous les pays, en Allemagne aussi, les gouvernements songent sérieusement depuis quelque temps au sort des aliénés : quelques-uns même ont déjà donné un commencement d'exécution à la construction d'établissements pour ces infortunés, et d'autres, guidés par des hommes de l'art qui n'étaient point à la hauteur de cette question délicate, croient lui avoir donné toute la solution dont elle est susceptible : mais en somme, le plus grand nombre n'ont encore rien fait, ou leurs projets moisissent dans les cartons des bureaux. C'est ainsi, Monsieur le Ministre, que c'est moins en homme de science qu'en touriste, s'il m'était permis de m'exprimer ainsi, que je vais avoir l'honneur de vous passer en revue quelques-uns des hospices d'aliénés de l'Allemagne. Contre mon attente, et probablement contre la vôtre aussi, Monsieur le Ministre, cette partie de mon travail sera fort courte, car après la solution étendue que j'ai déjà donnée à la question, il m'aurait fallu rencontrer des établissements modèles, pour me permettre de m'étendre longuement sur leur description.

31

ACHERN.

A deux pas de Strasbourg coule majestueusement le Rhin, ce fleuve magnifique d'où semblent s'exhaler au loin la fertilité pour la terre et le bonheur pour ceux qui l'habitent. Quelques frêles barques, enchaînées les unes aux autres, constituent un pont mobile mais solide et rendant témoignage de l'audace et du génie des hommes, permettent au voyageur de passer d'une rive à l'autre, à chacune desquelles les diligences sont aussitôt assaillies par une nuée de douaniers et d'hommes armés jusqu'aux dents, qui visitent indistinctement coffres, sacs de nuit, hommes et voitures, avec plus d'adresse et de rapidité que n'en déploient jamais les voleurs de grands chemins les plus habiles. Cette impérieuse nécessité de la civilisation moderne de susciter à chaque pas des tracasseries insupportables à ceux qu'elle prétend protéger, contraste singulièrement avec le calme imposant et la beauté incomparable de la nature dont on jouit aussitôt qu'on a franchi le pont qui sépare la France de l'Allemagne, et qu'on se sent mis en liberté de respirer et d'agir par les représentants de la force armée du grand duché de Baden, auquel appartient le charmant village de Kehl, dont les premières maisons sont attenantes au corps de garde et aux bureaux de la douane.

Du premier pas, Monsieur le Ministre, que je fis sur cette nouvelle terre étrangère, je crus me retrouver dans ma patrie : au moral comme au physique, tout y respire une marche rapide vers la solution des grandes questions qui doivent assurer la force d'un gouvernement et le bonheur du peuple. J'y vis aussitôt que le souverain devait accorder une protection aussi éclairée qu'efficace aux arts et aux sciences comme à ceux qui les cultivent. C'est dans ce duché qu'est la fameuse université de Heidelberg, où professent Tiedemann, Chelius, Mettermayer, Zaccaria et tant d'autres célébrités ; c'est dans ce duché, *que le gouvernement s'assure que l'instruction se donne jusqu'au plus indigent, en prévoyant à l'entretien de nombreuses écoles publiques, et en punissant sévèrement les parents qui négligent d'y envoyer leurs enfants.* Dans ce duché, d'un bout à l'autre du territoire, dans la capitale comme le long des routes, dans les villes comme dans les villages, partout enfin j'ai rencontré aisance, luxe, bonheur, et nulle part la misère avec toutes ses souffrances ; dès lors il ne faut point vous étonner, Monsieur le Ministre, que dans ce duché, à *Achern*, j'ai trouvé, en voie de construction, depuis quatre ans,

le plus bel établissement d'aliénés de l'Europe et probablement
du monde entier (1).

Par une exception bien rare dans tous les temps, le souverain
régnant de ce pays, son ALTESSE ROYALE MONSEIGNEUR LE GRAND-
DUC LÉOPOLD, *a donné cartes blanches à un médecin pour la construction de cet établissement :* M. *Roeller* ne devait consulter que
sa volonté et son savoir. Pourquoi le Grand Duc a-t-il eu le malheur de ne pas réussir dans le choix de l'homme qu'il investit
d'une si grande confiance, d'une confiance si illimitée? pourquoi,
en donnant le rare exemple de confier la mission à qui de
droit et de nécessité, le Grand Duc ne s'est-il pas d'abord assuré
que ce médecin, quoique depuis longtemps à la tête d'un établissement d'aliénés (à Heidelberg), fût bien à la hauteur de la question dont il devait résoudre un des principaux problèmes? Ici
probablement, comme dans le plus grand nombre des circonstances, le souverain a négligé de juger par lui-même, ou s'est
laissé guider dans ce choix non par le mérite mais par la protection.

Dans les préliminaires de ce rapport, Monsieur le Ministre, j'ai
particulièrement insisté sur les défauts qui caractérisent quelques
travaux du genre de celui-ci. J'ai spécialement appelé votre
attention sur la malheureuse prétention qu'ont eue quelques-uns de mes confrères de vouloir toujours mettre en relief
leurs propres opinions, et de là se croire plus au fait de la question qu'aucun autre. J'ai assez longuement discuté cette matière,
Monsieur le Ministre, pour ne plus devoir y revenir, seulement je
vous prierai de vouloir vous rappeler que le défaut auquel je
viens de faire allusion, est plus évident et plus profondément en-
raciné chez ceux qui se trouvent à la tête d'un établissement que
chez aucun autre. C'est là exactement le cas de M. *Roeller*. Du
fond de son hôpital d'aliénés à Heidelberg, lequel, soit dit en passant, est à mille lieues de ce qu'il devrait être, M. *Roeller* a fini
par s'imaginer qu'il connaissait aussi bien le monde qu'aucun de
ceux qui l'ont jamais parcouru. Il parlait des établissements de
l'Angleterre avec une assurance telle que pour le moins j'aurais
supposé qu'il y était né et y avait passé la moitié de sa vie, si je
n'avais eu moi-même une connaissance parfaite des localités.
Aussi je ne pus me rendre compte des erreurs grossières qu'il dé-
bitait à chaque phrase, et je finis par oser dire : mais à vous en-

(1) *Achern* est un grand et beau village, sur la route de Strasbourg à Carlsruhe, à huit
lieues de la première de ces villes et à quatorze de la seconde, et à une distance de quatre
lieues de la route de poste qui mène de l'une de ces villes à l'autre, de manière qu'on est
obligé de prendre une voiture particulière à Strasbourg. Au premier jour cependant le chemin de fer de Bâle à Carlsruhe par Strasbourg traversera Achern et facilitera ainsi l'accès de
l'établissement.

tendre, je croirais presque que vous n'êtes jamais allé en Angleterre. — Certes je n'y suis jamais allé, mais j'en connais les établissements, comme je connais ma poche — ah! ah! Et que vous semble-t-il de l'*Italie*, de la *Suisse*, de la *Hollande*, de la *Belgique*, de la *France!* — Connus, connus, comme sa poche, et tout cela sans y avoir jamais mis le pied!!! A cela près, Monsieur le Ministre, le Dr *Roeller* est un homme très instruit, studieux comme tous les Allemands, et connaissant par cœur tous les auteurs qui ont jamais écrit sur la matière. Un voyage à l'étranger, et une abnégation de toute idée préconçue, et M. *Roeller* ferait honneur à son pays comme à notre époque. Vous allez pouvoir le juger par la description succincte que je vais avoir l'honneur de vous faire de l'établissement d'Achern.

Plus grand que Hanwell près Londres, Achern n'est cependant construit que pour 400 malades. Si le Dr *Roeller* avait prétendu faire un autre Charenton, il n'y aurait pas mieux réussi, car il y a au moins une moitié des constructions qui sont inutiles, capricieuses et absurdes. Un simple coup-d'œil jeté sur le plan ci-annexé (planche XII) fait voir que la maison du médecin, A, à laquelle est adossée l'église, B, occupe le milieu du long corps de bâtiment, C D, et de concert avec la cour, E, divise la totalité de l'établissement en deux compartiments parfaitement égaux, l'un destiné aux femmes, l'autre aux hommes. Ici déjà nous rencontrons un premier et bien grand défaut, en ce que la maison du médecin est fort loin d'occuper le centre des principaux logis, et nous verrons tantôt que les principaux mouvements de la maison peuvent se soustraire à sa surveillance. Le corps de bâtiment C F présente 300 pieds de longueur, et çà et là trois étages, c'est-à-dire que sans rime ni raison il présente tantôt trois étages, tantôt deux et quelquefois un seul. Je tâcherai, Monsieur le Ministre, de vous donner une idée de cette bizarrerie ou plutôt de cette fonte inutile des deniers publics. Les bâtiments A, B, C, présentent trois étages conformes au bâtiment principal A; du point A, jusqu'à E, on rencontre deux étages; et de ce dernier point jusqu'au bâtiment A, il y en a trois. L'intérieur n'offre pas moins d'irrégularités. M est un corps de bâtiment à trois étages; une cuisine et une lavanderie se trouvent au rez-de-chaussée; F G, est un passage couvert; M N est un autre corps de bâtiment pareil quant aux étages à C F, moins la longueur; R S sont des corps de bâtiments à rez-de-chaussée seulement; ils sont destinés à contenir les turbulents et les furieux. L'intérieur présente des cellules avec une croisée dans le plafond, une porte dans un long et étroit corridor. O, O, O, O, sont neuf cours destinées aux neuf catégories de malades qu'admet M. *Roeller*: cette classification présente trop de subdivisions pour que j'eusse pu en retenir les dénominations. L, est l'entrée principale; P, P, sont deux corps de bâtiments destinés au cantinier, au portier et au fermier : on y rencontre les écuries, les étables. N, est un jardin potager.

Il ne peut vous rester le moindre doute, Monsieur le Ministre, sur le peu de jugement qui a présidé à la conception de ce plan : non seulement il y a une foule de constructions inutiles, mais l'uniformité, la simplicité et la centralisation y ont été complètement perdues de vue. Le Dr *Roeller* n'a pas commis moins d'erreurs dans les détails d'intérieur.

La première condition *sine quâ non* d'un pareil établissement est la facilité d'y renouveler l'air, en même temps qu'on doit écarter tout ce qui tend à l'y détériorer. Or M. *Roeller* a perdu ces deux objets complètement de vue, et il ne faut pas avoir l'ombre du bon sens pour avoir muni chacune des petites cellules des corps de bâtiments R S d'une *commodité;* passe encore pour la moitié de la bevue si la commodité était inodore. C'est non seulement vouloir empoisonner le malade, mais c'est vouloir empestiférer le local entier, attendu que l'air de ces cellules n'aura d'autre issue que par les corridors des autres corps de logis. M. *Roeller* a étendu ce principe au-delà de toute imagination, car on rencontre partout des commodités, une environ pour deux ou trois malades, de telle sorte qu'il y en a au moins dix fois plus qu'il n'en faut, et pas une ne pourrait rester où elle est actuellement ; on ne saurait accepter d'exceptions que pour autant qu'elles fussent inodores (1).

Dans un établissement destiné à recevoir des aliénés, c'est-à-dire, dans un établissement où la surveillance d'un individu à esprit sain s'exerce sur un individu à esprit malade, les fenêtres doivent présenter une construction particulière et telle que je l'indiquerai plus loin : or c'est ce que M. *Roeller* paraît avoir complètement ignoré. Il en est de même des portes des cellules qui doivent s'ouvrir en dehors pour empêcher que le malade ne s'y barricade ou ne provoque un emploi de force de la part de celui qui veut y pénétrer, chose qui doit arriver à tout moment lorsque les portes s'ouvrent en dedans des cellules.

Le bâtiment est construit pour le système cellulaire exclusif, ce qui est encore un défaut, de même qu'il m'a semblé qu'il y a absence d'ateliers.

Les cours sont trop nombreuses comme elles sont dix fois trop

(1) Sur cet inconvénient comme sur beaucoup d'autres, j'ai pris la liberté d'adresser quelques mots à S. A. R. le Grand Duc, en même temps que je lui ai assigné les remèdes pour ceux auxquels on pouvait encore remédier, et je ne doute aucunement que le Grand Duc n'ait déjà ordonné de les faire disparaître.

petites, et on n'a point tiré profit de la situation pittoresque et sans pareille que présente le bâtiment par son adossement au Schwartzwald (forêt noire).

Si on ne tient point compte de sa destination toute spéciale, et qu'ainsi on fait abstraction de ses défauts, l'établissement d'Achern est d'une construction moderne des plus élégantes, et fait le plus grand honneur à l'architecte, comme les nombreuses dépenses (fr. 12,000,000) que déjà il a occasionnées et celles qu'on se propose de faire encore, prouvent incontestablement le désir sincère autant que la volonté du gouvernement d'apporter un remède efficace à la plus affreuse des infortunes.

HEIDELBERG.

Je puis me dispenser, Monsieur le Ministre, de parler de l'établissement d'aliénés de cette ville, puisque dans le courant de cette année les malades seront transférés à *Achern,* et il est à espérer que, mieux éclairé, le gouvernement Badois y fera adopter un traitement qui soit en tout digne du magnifique établissement qu'on mettra à la disposition du futur médecin en chef, M. *Roeller.* Celui-ci me pardonnera, je l'espère, la sévérité que j'ai déployée contre lui, car je n'en ai agi ainsi, que parce que je me suis aperçu qu'il lui est bien facile de se corriger du seul défaut qui l'a entraîné dans toutes les erreurs où il est tombé : mais quoi qu'il arrive, je n'en éprouverai jamais le moindre regret, car je plaide la cause de l'humanité et en vue de ce but je ne recule devant aucune considération.

A l'exemple de M. *Leuret* à Bicêtre, M. *Roeller* fait faire à ses malades l'école de peloton ; j'applaudis fortement à cette mesure, car aucune, chez le pauvre surtout, ne saurait plus facilement atteindre au double but d'un exercice corporel et d'une occupation légèrement intellectuelle tendant spécialement à mettre les malades en rapport les uns avec les autres, tandis qu'elle peut servir de base à l'impulsion d'ordre et d'obéissance qu'on doit toujours tâcher d'imprimer à la conduite des habitants d'un pareil établissement.

LEIPZIG.

A un quart de lieue de Leipzig est un petit établissement privé dirigé par le Dr *Kuenz* ; il ne contient que vingt malades et est très petit sous tous les rapports. Vous comprendrez aisément, Monsieur le Ministre, qu'il ne saurait en être autrement, eu égard à la petite pension que paient les malades : il n'en est que fort peu qui paient jusqu'à un écu (fr. 3-75) par jour.

Dans le royaume de Saxe, et notamment dans l'université de Leipzig et dans l'académie de Dresde, on ne donne pour la dissection aux élèves en médecine que les cadavres des *suicidés*. Le nombre de ceux-ci s'élève, terme moyen, à 70 par an; l'hiver dernier a été très doux, et on n'a eu que 38 cadavres pour les élèves des deux écoles. On a toujours remarqué en Saxe, que le nombre des suicides était en rapport avec les rigueurs de la température.

A propos de cette singulière mesure du gouvernement Saxon, relativement au suicide, je ne puis m'empêcher, Monsieur le Ministre, de vous entretenir un peu de cette question, car je me suis demandé plus d'une fois quel pouvait être le but de ce gouvernement dans l'adoption de cette mesure. Regarde-t-il la dissection pour une vilenie qu'il ne faut tolérer qu'en l'infligeant comme châtiment au plus lâche des crimes; ou bien entend-il infliger par là un châtiment au suicidé ? Dans l'un cas autant que dans l'autre, le gouvernement Saxon ne saurait errer plus grandement, et par aucune mesure quelconque il ne saurait plus directement s'éloigner du but qu'il se propose.

Pour ce qui concerne la dissection, je crois inutile, Monsieur le Ministre, de m'y arrêter, car en dépit des efforts de l'administration des hôpitaux et hospices de Paris, l'époque où vécut notre immortel VÉSALE ne reparaîtra plus sur la scène, et nous n'aurons plus à lutter contre les préjugés de l'ignorance pour pouvoir interroger les débris inanimés sur ce qu'il nous reste à faire pour conserver les jours des survivants. Pour le suicide, il en est tout autrement. Quoique elle ne s'identifie point complètement avec la nature de ce travail, je ne me permettrai pas moins de glisser quelques mots sur cette question, déjà tant de fois débattue par les hommes les plus distingués, et se prêtant cependant toujours à l'étude sous une face nouvelle et constamment pleine d'intérêt. Vous concevez, Monsieur le Ministre, que pour le moment je ne ferai qu'effleurer un coin de cette importante question : je me ferai un devoir d'y revenir plus ard dans un article spécial que je me propose de publier dans les *Annales Médico-Légales Belges.*

Avant *Beccaria,* c'est-à-dire jusque vers le milieu du siècle dernier, tous les peuples de l'Europe (et jusqu'à ce jour la plupart n'ont pas encore secoué ce triste préjugé, témoin l'Angleterre, la Saxe, etc.,) punissaient le suicidé en flétrissant son cadavre. Cette flétrissure ne retombait point sur le suicidé. C'était au contraire sur sa famille et sur la société entière que retombait cette loi infamante. D'un autre côté, il est aisé à démontrer par le raisonnement comme par des chiffres qu'une loi répressive autant qu'une publicité irréfléchie ont toujours également contribué à multiplier les suicides, et pour ma part je n'hésite pas à attribuer à la mesure gouvernementale le grand nombre de suicides qu'on compte chaque année dans la Saxe.

La religion en premier lieu et puis la conduite des survivants, c'est-à-dire de la société entière, peuvent seules parvenir à extirper ce lâche crime ou diminuer le nombre de ceux qui le commettent, si sa perpétration n'est point le résultat d'une aliénation mentale. Il ne nous appartient point de mesurer l'immense influence, la large part que la religion doit avoir dans la possibilité de prévenir le suicide; il est de notre devoir au contraire, d'instruire la société, pour autant qu'il est en nos faibles moyens, sur la conduite qu'elle doit tenir en ces malheureuses circonstances. Pour mieux me faire comprendre, j'établirai d'abord succinctement les différentes catégories de suicide, au nombre de *cinq,* selon moi : 1° celui qui se commet par hallucination; 2° celui qui se commet par une idée délirante dont le suicide n'est que l'accomplissement logique ; 3° celui qui se commet par un penchant, par un entraînement irrésistible et qui constitue la seule, la vraie monomanie suicide; 4° celui qui se commet dans un moment de fureur ou de violent et subit désespoir; et 5° le suicide qui se commet par préméditation, par calcul pour se soustraire aux conséquences d'un désappointement ou d'une perte pécuniaire, à la honte, ou au châtiment mérité pour des méfaits.

Les 1re 2e et 3e catégories sont du domaine des aliénations mentales; pour la 4e catégorie, si la loi pouvait infliger un châtiment à celui qui a commis ce suicide, elle devrait avoir pour lui les mêmes égards qu'elle a pour celui qui a commis un délit quelconque sans préméditation, par un mouvement subit et irréfléchi, par un laisser-aller instantané à la fureur ou au désespoir. La religion d'un côté et l'éducation sociale de l'autre, doivent dans ce but venir en aide à l'homme dès qu'il est temps de lui former la raison et de lui apprendre à dompter ses penchants et résister aux impulsions du génie malfaisant qui le pousse sans cesse

32

vers le *vetitum nefas*. Je ne saurais trop insister auprès des parents qui après vous, Monsieur le Ministre, liront ce travail, afin qu'ils réfléchissent profondément sur les préceptes que j'émets ici. Les choses les plus petites en apparence amènent fréquemment les plus grands résultats, comme les plus petits défauts qu'on tolère chez les enfants, et qu'on se plait à envisager pour des caprices très gentils et très amusants, sont les sources des vices auxquelles plus tard ils sont sujets ou des crimes que la société doit punir. Que de parents auxquels je n'oserais conseiller un regard rétrospectif!

La 5ᵉ catégorie du suicide est celle à l'égard de laquelle la société actuelle a le plus grand tort; c'est la seule qu'il faudrait flétrir par les épithètes les plus ignominieuses, c'est la lâcheté des lâchetés. Au lieu de les stigmatiser sans miséricorde, la société moderne trouve des héros dans ceux qui le commettent, tandis qu'elle ne jette qu'une dédaigneuse commisération sur la tombe des quatre autres catégories de suicidés et particulièrement sur celle des trois premières. Mais qu'un esprit faible, un désappointement mérité, une vanité impitoyable, une passion sans espérance, une âme sans énergie, un cœur flétri, se jette dans le suicide, et au lieu de l'opprobre et de la honte, ce sont des regrets amers, ce sont des fleurs que la société précipite sur la tombe.

Il ne me manquerait point d'exemples, Monsieur le Ministre, pour démontrer combien dans ces circonstances la société s'est manquée à elle-même, en même temps que par une commisération mal entendue, elle encourage le suicide. Elle en fait presque une vertu, un acte de courage extraordinaire, alors que c'est la plus grande des lâchetés, le plus misérable des crimes. Il ne faut ni le flétrir par des épithètes sonores, car qui sait où tend l'esprit humain perverti? ni en parler avec pitié ou sympathie. C'est l'oubli seul, mais l'oubli sans bruit; c'est le silence le plus absolu, sur l'acte lui-même, ce sont quelques prières sans publicité, qui doivent prévenir ces pittoyables folies. — Comme corollaire de l'espèce de déviation de mon travail primitif, j'ose vous proposer, Monsieur le Ministre, de provoquer une loi qui empêche à tout auteur d'imprimés périodiques ou autres, de revenir soit sur la vie de celui qui s'est suicidé, soit sur l'acte lui-même, en tant qu'il n'a point été commis sous l'empire d'une aliénation mentale. En émettant ce vœu j'émets également celui de ne point voir, comme en Angleterre, la société presque entière s'abandonner à une condescendance mal entendue et être toujours portée à admettre, même sans examen, l'existence d'une maladie mentale au moment de la perpétration du crime. Je conçois, sans l'excuser toutefois, qu'en Angleterre, cet échappatoire à la loi rencontre la sympathie d'un chacun, car par un verdict de *felo-de-se*, on ne punit plus le suicidé, mais bien la famille et la société entière (1).

(1) En Angleterre lorsque le jury admet que le suicidé jouissait de l'usage complet de sa raison au moment du crime, il prononce un verdict de *felo-de-se*, et tous ses biens indistinctement sont confisqués au profit de la couronne.

DRESDE.

A quatre lieues au-delà de Dresde, est le charmant, le romantique village de Pirna sur l'Elbe, où accourent tous les étrangers
amateurs de la belle nature. L'Elbe ne peut disputer le Rhin de
profondeur et de largeur, mais il en est le digne rival pour la beauté
sauvage et pittoresque, la richesse et le luxe de culture de ses
rives montagneuses. La rigueur de la saison ne pouvait même
parvenir à dissiper l'enchantement où je fus devant cette admirable nature. Mais là n'était point le seul charme qui m'attrayait
vers ces lieux : il y avait un établissement d'aliénés, appelé le
SONNENSTEIN, situé sur le sommet d'une montagne ayant à ses pieds
l'Elbe, le village de Pirna, une immensité de plaines fertiles, et
dominant elle-même un enchaînement sans fin de riantes et
belles collines. Quelques Cénobites auraient dû nécessairement
s'emparer de ce lieu enchanteur, si la féodalité ne s'était aperçue
qu'il réunissait pour elle deux choses si rares à trouver ensemble,
l'utile et l'agréable. Une forteresse élevée sur la cime du Sonnenstein en défendait jadis l'approche au plus intrépide, comme par
sa hauteur même elle était un lieu inaccessible. Grâces à ce double
et formidable rempart, et grâces aussi à l'immense terrain qu'il y
occupait, le seigneur de ces lieux pouvait jouir à l'aise et sans
crainte, de toutes les délices d'une retraite champêtre à la barbe
même des assiégeants.

Si le Roi de Saxe s'était emparé du *Sonnenstein,* non pas en
seigneur féodal, mais en amateur des jouissances de la vie retirée
et en admirateur d'une belle nature, pour s'y reposer de temps à
autre des fatigues de la politique, chacun aurait applaudi à ce
choix aussi sage qu'heureux. Mais l'avoir fait *travestir* en établissement pour aliénés, est certes une idée dont personne ne pourra
jamais se rendre compte, à moins que de croire qu'il ne soit du destin
des gouvernements de faire toutes ces sortes de choses de travers,
ou de ne les faire qu'à demi, ou à moins que de revenir à notre
refrain, que les gouvernements et toutes les administrations en
général, confient constamment l'exécution d'un projet utile à l'humanité ou à la science précisément à ceux qui ne devraient plus
s'occuper qu'à régler leur compte avec le souverain maître de
l'univers.

Le *Sonnenstein* est le seul établissement d'aliénés de la Saxe
dont l'entretien incombe au gouvernement ; il contient 200 pensionnaires de tout rang, mais on y paye une si minime rétribution, qu'aucun malade de la classe payante ne peut trouver à re-

dire d'être plus ou moins confondu avec les autres commensaux.
S'il n'y a point de distinctions dans les logements, car du haut en
bas et d'un bout à l'autre, ce ne sont que ex-casernes, il y en a au
moins plus qu'à Heidelberg dans les faveurs qu'on accorde aux
malades des différentes classes. Le travail manuel est plus spécialement prescrit aux pauvres ; les riches se promènent, jouent,
fument, et s'amusent soit à la promenade dans les immenses jardins, soit au billard, soit à la lecture, car il y a une bibliothèque
à leur disposition. Du reste, je suis loin de croire que ces dernières récréations soient en toute circonstance interdites aux pauvres, mais ils ne doivent point se voir de bon œil occupés à la
bêche, ainsi que je les trouvai à ma visite, tandis que les riches
flanent autour d'eux les mains dans les poches ou la pipe à la
bouche, ou s'amusent à voir décharger les bateaux qui station-
nent dans l'Elbe au pied de leur demeure.

Quoi qu'il fasse, le gouvernement saxon ne fera jamais du *Sonnenstein* qu'un *absurde travestissement*, et il serait à souhaiter
qu'il s'occupât de la construction d'un nouvel établissement pour
aliénés, car en hiver cette demeure doit être tuante d'ennui, attendu que toutes les constructions ont été faites dans le but d'être
hors de l'atteinte des projectiles ennemis, et qu'aucune par conséquent ne donne vue sur les magnifiques environs. En dehors
de cette question de perfectionnement, le gouvernement saxon y
est engagé par la nécessité, car le *Sonnenstein* est trop petit pour
contenir tous les malades du royaume, et plusieurs attendent leur
tour dans l'hôpital civil de Dresde, où on traite ces malheureux
comme des bêtes fauves.

BERLIN.

La capitale de la Prusse n'est pas l'immense *Londres,* avec ses nuées d'industriels ne rêvant qu'or et billets de banque, ni le grand *Paris,* avec sa bruyante population, toujours enivrée des plaisirs de la veille, baillant à ceux où elle assiste en bâtissant des châteaux en Espagne sur ceux du lendemain. A Berlin cependant tout porte le cachet du grandiose, non de ce grandiose chimérique qui, vu de trop près, s'éclipse pour ne laisser qu'un vide affreux, mais d'un grandiose qui gagne à être intimement connu, et qu'on peut traduire par le bonheur de la vie réduit en réalité. Comme Londres, comme Paris, Berlin a son commerce, sa population active, sa population riche, ses monuments, ses fêtes, ses spectacles, ses bals et ses concerts ; mais tout y est mesuré, et mis en harmonie avec les besoins et les moyens tant physiques que moraux de l'existence humaine. L'industriel et le commerçant n'y passent point le printemps, l'été, et l'automne de la vie à pâlir nuit et jour sur des billets à ordre, l'état des caisses, l'actif et le passif, le grand-livre, le flux et le reflux des bourses ; ils n'y cherchent point à amasser de quoi pouvoir se retirer un jour dans une maison de campagne, où l'habitant de Londres arrive, il est vrai, courbé sous le poids des richesses, mais vieux et cassé au point de ne plus pouvoir en jouir ; ils y travaillent au contraire avec modération et visent dès le matin à l'honnête récréation à laquelle ils pourront se livrer le soir pour se reposer des tracasseries et des fatigues de la journée. Arrivés à l'âge où l'homme ne saurait plus se laisser éblouir ni par ce qui l'entoure, ni par la magie d'un avenir plus brillant, un regard rétrospectif ne leur fait point exhaler d'amers mais inutiles regrets, et il se sentent préparés à quitter un monde où ils ont joui de tous les bienfaits que le créateur y a mis à leur disposition. Le riche qui pas plus qu'ailleurs n'a à s'y occuper que des jouissances et des douceurs que peut lui procurer la position sociale où la fortune l'a placé à son entrée dans le monde, le riche, dis-je, n'y fait point d'incessants efforts pour user sa vie à venir ; il jouit du présent et sait mesurer les amusements sur les facultés que Dieu lui a reparties. Ainsi chacun trouve commode de voir les spectacles et les concerts finir à neuf heures du soir, c'est-à-dire vers l'heure à laquelle ils commencent à Paris, et de là chacun trouve agréable de gagner le lit afin qu'obéissant aux lois de son organisation, il puisse continuer à jouir des bienfaits qui l'entourent et ne pas user les ressorts de son avenir.

Je ne continuerai pas plus longtemps ce parallèle, Monsieur le Ministre, et je me bornerai à vous dire que l'étranger qui vient

de Paris et de Londres et surtout de la première de ces capitales,
est frappé d'admiration devant la population de Berlin. Les
femmes y sont d'une beauté remarquable, la parure leur sied
mal à tout âge, ou plutôt elles n'ont pas d'âge, car la vieillesse
pas plus que la laideur semblent ne pouvoir s'impatroniser chez
elles, et il faut maintes fois à l'étranger un regard scrutateur très-
prolongé et très sévère pour distinguer la mère de quarante ans
de sa fille qu'elle conduit avec le fiancé aux pieds de l'autel. Les
hommes y sont d'une complexion que je n'ai rencontrée nulle part,
et comme pour les femmes, les ans semblent ne point porter atteinte à leur port mâle et assuré. Ajoutez à cela, Monsieur le Ministre, leur vie austère et régulière, retrempée dans les camps et
les casernes, car aucun n'échappe au devoir de servir la patrie,
et ajoutez à cela encore que tous ont reçu dans leur jeunesse une
instruction solide et sévère, et vous vous ferez facilement une idée
du bonheur des habitants de cette capitale, bonheur toutefois
qu'ils partagent avec tous les habitants du royaume, car d'un
bout de la Prusse à l'autre, on rencontre partout le même type,
le même cachet de bonheur moral et d'aisance matérielle.

Je sais, Monsieur le Ministre, que ce préambule sur Berlin ou
plutôt sur la Prusse en général, est entièrement étranger à la
question qui m'occupe, mais je m'y suis senti irrésistiblement
entraîné, et je n'ai éprouvé qu'un regret en l'écrivant, c'est de ne
pas avoir trouvé ma plume assez éloquente, car je voudrais faire
rendre la justice qui est due aux Prussiens pour leur caractère,
leur délicatesse, leur amabilité, leur bienveillance, leur politesse
exquise et leur savoir vivre, toutes qualités qu'ils possèdent au
plus haut degré, ce qui sans doute ne surprendra pas peu la plupart de mes lecteurs. Quant à la science, je l'ai déjà dit, Monsieur
le Ministre, aucune ville du monde ne doit prétendre se poser
au-dessus de Berlin ; des rivales, elle en a peut-être, mais pour des
maitresses, elle ne doit s'incliner devant aucune.

Si les pauvres ou les malheureux étaient appelés eux-mêmes à
résoudre les questions qui doivent les tirer de l'infortune où ils
gémissent ; ou bien si les gouvernements donnaient plein pouvoir à ceux qui sont constamment et immédiatement en relation
avec eux (mais non pas à des commissions de bienfaisance ou à
des bureaux des hospices), j'ai la conviction, Monsieur le Ministre,
que bientôt les trois quarts des misères humaines auraient disparu de la surface du globe, sans qu'on dût déplorer la mise en
exécution d'aucun projet insensé. Le grand malheur de la société
actuelle est d'y voir chacun être appelé à arranger les affaires
d'autrui, aussi n'est-il pas étonnant que tout y marche à rebours
ou de travers. En Prusse le nombre des malheureux est très petit

en comparaison de ceux qui y jouissent d'une honnête aisance. Si
ce travail avait été de nature à me prescrire la recherche des
causes de l'aliénation mentale, il y a longtemps, Monsieur le Ministre, que j'aurais eu à vous établir que l'état politique et moral,
industriel et commercial de la Prusse, est très peu favorable au
développement des maladies mentales. Mais pour n'y être que fort
peu nombreux, j'ai le regret de devoir dire que les aliénés
n'y sont pas moins très malheureux, comparativement parlant.
Pour moi, leur état plus malheureux s'explique fort bien ; le
bonheur et l'aisance les enveloppent de toutes parts ; on n'a pas
le temps d'y songer, comme fort peu s'imaginent qu'il y a dans
leur patrie des infortunes au secours desquelles il faudrait
aller. D'un autre côté, ce ne sont ni les aliénés, ni des personnes qui les voient de près ou souffrent elles-mêmes de leur
misère, qui ont été appelés à décider sur leur sort : il en résulte
que ce qu'on a fait pour eux a été mal fait, ou n'a été fait qu'à
demi, ou bien que les bons projets, s'il y en a, moisissent dans les
cartons des bureaux du ministère. Un rapide coup-d'œil sur l'é-
tablissement d'aliénés de Berlin et sur quelques autres de la
Prusse, vous convaincra aussitôt, Monsieur le Ministre, de la
réalité de ces assertions. Je ne terminerai cependant point ce
préambule sans vous dire que j'ai acquis des preuves que le gouvernement du roi de Prusse manifeste tant de zèle pour venir au
secours du malheureux et du pauvre là où il le peut, qu'il ne lui
faudra certes que des renseignements positifs et véridiques, pour
faire cesser le triste abandon où gémissent ses aliénés.

A Berlin les aliénés sont séquestrés dans l'hôpital dit la *Charité*,
situé à une des extrémités de la ville (*unterbaum strasse, N°7*); c'est
un bâtiment de construction moderne, simple et élégant, à quatre
étages ; le plan représente la moitié d'un carré (voir planche XIII,
fig. 8). Je n'ai que fort peu de choses à dire, Monsieur le Ministre, sur cet établissement, car celui qui, il y a huit ans en a
conçu le plan, de même que celui qui aujourd'hui le dirige
comme médecin, doivent être deux personnes qui avant de recevoir leur mission, n'avaient jamais entendu parler d'aliénés
ou de maladies mentales. L'uniformité et la simplicité de l'extérieur contrastent singulièrement avec l'inextricable irrégularité
de l'intérieur. En le parcourant je ne pus que m'imaginer qu'un
autre Dédale était venu de Crête pour construire ce labyrinthe,
et cela dans le plus petit espace possible. Le médecin actuel dévie
encore plus du bon sens et de l'entente du traitement des maladies mentales que ne le fit naguères l'architecte. Je n'aurai
qu'à vous citer un seul fait, Monsieur le Ministre, et vous aurez
la mesure de la capacité de cet esculape, quant aux maladies

mentales, car on m'a assuré que sous tout autre rapport ce n'est pas le médecin le moins instruit de Berlin, *Il y a* 149 *aliénés dans l'hôpital, parmi lesquels on compte* 60 *hommes: ces malades occupent le rez-de-chaussée et le* 2e *étage : et croyez-vous, Monsieur le Ministre, que jamais on pût deviner que le troisième étage est un dispensaire pour les syphilitiques de Berlin, et que le quatrième est consacré aux gâleux et aux malades des prisons de la ville!!!* On répliquera peut-être que c'est en l'absence de localités que les choses doivent se passer ainsi, mais il n'en est rien, Monsieur le Ministre, car auprès du gouvernement prussien il ne faut point de grands frais de démarches et de supplications pour obtenir des modifications ayant en vue le bien-être du malheureux ou un progrès pour la science. J'aurais bien des preuves, Monsieur le Ministre, à vous apporter à l'appui de cette assertion, mais je ne vous en citerai qu'une seule, et vous verrez que j'ai fait choix d'un exemple que dans notre pays on devrait ne pas manquer d'imiter.

On ne me contestera point, Monsieur le Ministre, que la *clinique* ne soit la partie la plus importante de l'enseignement médical; la clinique enseigne à l'élève l'application de toutes les théories dont il est farci. Pour ne pas consigner ici des phrases inutiles, je dirai tout simplement, la clinique, c'est tout, c'est le but comme la fin des études, attendu qu'elle doit définitivement apprendre à l'élève à reconnaître les maladies et les guérir si elles ne sont point au-dessus des ressources de l'art. Ne pas mettre l'élève à même de suivre une bonne clinique, ou plutôt ne pas le mettre à même de pouvoir en retirer tout le profit désirable, c'est non seulement lui faire un tort immense, mais le gouvernement qui tolère de pareils abus, relance dans la société un ennemi éminemment dangereux, chaque fois qu'on délivre un diplôme de docteur à un candidat qui n'a pu se former à une bonne clinique. Je mettrai dans la tête d'un homme quelconque tous les ouvrages de médecine théoriques et pratiques passés, présents et futurs, et s'il n'a appris à traiter les maladies sous les yeux et avec l'aide d'un bon maître, il sera devant les malades comme l'aveugle abandonné dans les rues d'une ville immense, avec cette différence, qu'en marchant au hasard et à tâtons, chaque erreur est un homicide, et heureusement que Dieu ne l'en rend point responsable parce qu'il les commet involontairement, et heureusement aussi que Dieu seul peut compter le nombre des existences humaines dont le fil est coupé par le médecin, je dirai, tâtonneur.

C'est de la clinique que le candidat sort médecin *observateur*, c'est-à-dire médecin profitant des choses qui se sont passées de-

33

vant lui, et médecin qui sait tirer profit de tout ce qui entoure
le malade ou la maladie. Dans le monde on appelle cela indif-
féremment *tact médical*, ou *expérience*, et on se doute fort peu
que le germe de ce fruit se sème à la leçon de clinique. Du premier moment que l'élève en médecine est appelé auprès d'un
malade, qu'on l'habitue à un examen sévère, minutieux, méthodique, qu'on l'habitue à saisir toutes les nuances prochaines ou
éloignées, médiates ou immédiates, qu'on l'habitue surtout à ne pas
désemparer tant qu'il n'ait pu constater la maladie et se la nommer par son nom, et plus tard on n'aura point l'inconvénient
auquel je viens de faire allusion ; on n'aura point à regretter ce
qui arrive chez un nombre considérable de médecins qui, dans
quatre-vingt-dix-neuf cas sur cent, ne sauraient quel nom donner à la maladie de leurs malheureux clients ; il n'arrivera point
non plus de voir un médecin changer de médicamentation pour
la même maladie, chaque fois que dans une revue médicale
on lui aura vendu les merveilles de telle ou telle substance, c'est-
à-dire régulièrement une fois par mois. Plus d'une fois, Monsieur le Ministre, je me suis rendu à dessein à l'officine des
pharmaciens, quelques jours après avoir reçu mon volume mensuel de la société encyclographique, et jamais je n'ai manqué d'y voir pleuvoir des recettes où les nouveaux médicaments
étaient prescrits pour tous les cas qui avaient une légère nuance
de conformité avec la réclame du courrier mensuel. Il y a quatre ans,
la pyrothonide pouvait remplacer tous les médicaments connus,
d'après le dire d'un recueil périodique. A quelques jours de là,
j'eus moi-même une violente inflammation des amygdales ; ma
famille fit appeler un médecin très en vogue, et bientôt arriva
un flacon contenant une liqueur noire. Je ne voulus point me
gargariser sans savoir à la merci de quelle nouvelle découverte
j'allais livrer ma gorge, et je fis chercher la prescription de mon
collègue, car connaissant l'apôtre, je me doutais que ce fût la pyrothonide et ce l'était effectivement. Je me passais de cette mer-
veilleuse substance, et je suis sûr qu'aujourd'hui mon collègue en
a oublié jusqu'au nom. On ne m'objectera point que c'est par
le désir de progresser qu'on les voit ainsi voler de remède à remède, car le vieux médecin, et mon collègue n'était pas jeune dans
la profession, est un être aussi revêche aux innovations que les
bureaux des hospices quand il s'agit d'améliorations quelconques,
exigeant ou non un sacrifice pécuniaire. En un mot, ce médecin
ne connait que les symptômes, ce sont les seuls ennemis auxquels
il croit avoir à faire, et à l'égard desquels il juge à propos de
raisonner sa manière d'agir : il donne l'opium et pratique une
saignée au même malade et au même moment, parce que le jeune

homme accuse un violent mal de tête., et s'y croit trop de sang, ce dont, à son avis, la saignée doit le débarrasser ; l'opium devait chasser ses maux de ventre. qu'il suppose être des coliques. Un violent transport au cerveau fut la conséquence de ce traitement symptomatique, et il n'en fut par trop du concours de plusieurs médecins et de soustractions sanguines considérables pour sauver le jeune homme d'une mort certaine. De pareils faits sont malheureusement innombrables.

Je viens de vous dire le résultat des leçons de clinique, et maintenant, Monsieur le Ministre, je vais avoir l'honneur de vous dire comment elles se donnent et comment elles devraient se passer. Ce dernier paragraphe constituera le sujet de ma digression à propos des améliorations que le gouvernement prussien ne manque jamais d'introduire partout où la valeur en est reconnue.

Ordinairement on fait choix pour les leçons de clinique, de l'hôpital où se trouvent réunis le plus grand nombre de malades possible, *comme si beaucoup voir était tout, et bien voir rien :* témoin les hôpitaux de St-Guy, de St-Thomas, de St-Bartholomée, etc., à Londres : de la Charité, de l'Hôtel-Dieu, de la Pitié, etc., à Paris. Je ne dirai rien des leçons de clinique de Londres ; les professeurs peuvent être d'excellents praticiens, je ne puis nier le fait car j'ai pu le constater : mais trop peu payés pour parler longtemps pour les élèves, et trop pressés par conséquent pour soigner leurs clients, ils n'ouvrent guères la bouche au lit du malade que pour autant qu'il leur est nécessaire pour parvenir à savoir ce qu'il y a à faire. Les élèves doivent deviner le reste, comme ils doivent deviner ce que fait l'opérateur quand il opère. J'ai vu faire de fortes belles opérations dans les hôpitaux de Londres, et pour rendre à chacun le mérite qui lui revient, je dois à la vérité de dire que j'y ai vu opérer avec une rare dextérité, mais avant, pendant comme après, le professeur gardait un religieux silence. Si on n'avait vu à l'un une mâchoire, à l'autre un bras, à celui-ci un œil, à celui-là une articulation de moins, les nombreux assistants ne seraient jamais parvenus à savoir positivement ce qui s'était passé entre le patient et le professeur.

A Paris, la clinique de la *Charité* attire le plus grand nombre d'élèves, et par cela même elle est la plus mauvaise. M. *Velpeau* y passe la visite chaque matin à un nombre considérable de malades; je crois qu'il doit y en avoir environ 250. Il sacrifie à cette besogne à peu près deux heures, c'est-à-dire le temps qu'il lui faut nécessairement pour diagnostiquer, pronostiquer et prescrire : la visite terminée, il se dirige vers l'amphithéâtre, et y donne quelques explications sur les cas les plus remarquables. De cent élèves qui assistent plus ou moins régulièrement, six tout au plus, peuvent entourer le lit du malade, et voir ce que fait le professeur et l'entendre lorsqu'il parle. Les autres élèves, à douze ou quinze près, flanent dans les salles, causent politique, philosophie, et surtout renversement du système social ; les douze ou quinze exceptions vont déjà se porter à un lit ou le professeur doit encore s'arrêter et en défendent ainsi l'accès à tout autre. De cette manière, je suppose qu'un élève veuille à tout prix suivre du commencement jusqu'à la fin le cours d'une maladie, il n'a qu'un moyen d'y parvenir, c'est d'aller se placer dès le matin au lit du malade et de ne plus en bouger. Moi qui n'avais point ce motif, et qui cherchais à m'approcher d'autant de malades que possible, il ne m'est jamais arrivé de pouvoir voir deux jours de suite le même malade, comme pendant toute la durée d'une conférence clinique, il ne me fut pas possible d'assister à l'examen de plus de quatre à cinq malades. Ajoutez à cela, Monsieur le Ministre, que le grand nombre de malades auprès desquels les élèves sont appelés chaque matin, en supposant qu'ils pussent les voir, doit immanquablement jeter la confusion dans leurs études pratiques.

Les opérations chirurgicales ne se passent pas à Paris comme à Londres : l'opérateur donne préalablement à ses élèves toutes les explications nécessaires, et si les élèves pouvaient mieux suivre l'opéré durant le traitement consécutif, les cliniques de Paris ne laisseraient rien à désirer pour eux.

A Berlin, la clinique s'y fait d'une manière modèle, et cela au grand profit des élèves : un local particulier, nommé *klinikum*, d'une jolie construction, d'une grandeur convenable, et d'une propreté sans pareille (on rencontre ceci dans tous les établissements publics de l'Allemagne) sert uniquement à cette fin. Il n'y a que quarante lits, et on n'y reçoit que des cas graves et importants. On y admet indistinctement tous les pauvres de la ville, et des pensionnaires à raison de 10 à 30 thalers par mois (1). Le célèbre *Dieffenbach* y est chargé de la clinique chirurgicale, et le Dʳ *Treussed* de la clinique médicale : deux médecins adjoints y ont domicile. Il est inconcevable combien de cas graves et importants passent là sous les yeux des élèves. M. *Dieffenbach* avait fait au-delà de 500 opérations pendant la dernière session sémestrielle, et notez, Monsieur le Ministre, qu'eu égard au petit nombre de malades à la fois, aucun élève ne peut manquer de suivre le cas de chacun d'eux d'un bout du traitement à l'autre, et la chose y est encore d'autant plus facile, qu'il n'est pas plus de trois à six malades dans chaque salle, et que dans les cas très graves le ma-

(1) Un thaler ou écu de Prusse fait fr. 3-75.

lade occupe une chambre à lui seul. Pendant les vacances, le *klinikum* ne contient point de malades, on les envoie au grand hôpital, où en toute circonstance les élèves peuvent suivre le traitement des maladies peu importantes ou chroniques. Les heures des visites n'y coincident point avec celles du klinikum.

Feu l'illustre *Van Rotterdam* avait adopté ce système; sa clinique ne contenait que vingt lits, et il n'y admettait que des cas graves et importants. Ce savant professeur, devant le tact médical duquel je me suis aussi souvent trouvé en extase que devant les beaux résultats de son traitement, avait encore un autre principe non moins profitable à ses élèves. A chaque entrant il désignait un élève et le nommait pour ainsi dire le médecin traitant du nouveau malade : il en nommait deux, si le cas était grave, comme s'il avait voulu déjà nous habituer à avoir recours aux lumières de nos confrères dans les cas épineux et difficiles. L'élève traitant interrogeait le malade en présence du professeur et de tous les élèves ; des questions de la part du premier, des discussions de la part des derniers, s'en suivirent toujours, et le traitant reçut des marques de bienveillance de la part de notre excellent professeur, s'il parvenait à diagnostiquer juste et à prescrire convenablement. Un écriteau fut placé au-dessus du lit du malade, et on y inscrivit le nom de la maladie et celui de l'élève traitant : celui-ci était ainsi forcé de suivre attentivement la marche de la maladie, si à chaque matin il ne voulait rester *à quia* devant le professeur et les élèves. Puisse l'exemple de cet homme supérieur, dont naguères on voulut faire déprécier le mérite, trouver un imitateur dans chaque professeur de clinique! En faisant cette digression du sujet principal de mon travail, je n'ai eu en vue, Monsieur le Ministre, que de vous faire sentir toute la portée des leçons de clinique, et aujourd'hui qu'on a institué des cours de clinique pour plusieurs classes de maladies spéciales, j'ai l'honneur de vous faire la proposition d'ordonner les premières constructions d'hôpitaux pour aliénés dans le voisinage ou plutôt aux portes des villes universitaires.

Je terminerai avec l'hospice d'aliénés de Berlin en disant qu'il serait éminemment humain d'y voir supprimer l'emploi de certains moyens coërcitifs, en tout dignes des siècles les plus reculés. Parmi eux je citerai particulièment le *masque de fer*, dans lequel on emprisonne étroitement la tête du malade, lorsqu'on veut arrêter ses vociférations ou ses cris, ce à quoi on parvient toujours, car à la bouche de ce masque correspond un tampon en fer d'un doigt d'épaisseur sur trois de largeur et quatre de longueur, en un mot représentant une espèce de langue qui, introduite dans la bouche du malade, étouffe instantanément ses cris!!!!

Il y a à Berlin plusieurs établissements privés, parmi lesquels les plus remarquables sont ceux du docteur *Horn*, du professeur *Cranichfeld*, de M⁰ *Schulz*, de *Gaspari*, de *Grape*, etc. etc.

A HALLE l'hospice d'aliénés est d'un extérieur si misérable et si repoussant que je ne pus me décider à le parcourir : la concierge m'assurait que depuis deux ans les fonds étaient accordés par Sa Majesté pour la construction d'un nouvel hôpital ; on ne savait à quoi attribuer ce grand retard, mais tout faisait présumer que cette année on allait mettre la main à l'œuvre.

A SIEGBURG, *près Bonn*, est un établissement gouvernemental, contenant des malades de la classe indigente et des pensionnaires de différentes catégories. Le local est détestable sous tous les rapports, il n'est pas même susceptible d'améliorations. Le gouvernement est retombé dans la faute de prédilection, il a voulu travestir une abbaye, située sur une très haute colline, en établissement pour aliénés. C'est dommage qu'un savant, tel que le docteur *Jacobi*, soit forcé d'y perdre son latin.

La ville libre de FRANCFORT *sur Mein*, possède un établissement pour aliénés, non pas destiné à les guérir, m'avoua ingénument la directrice ad intérim, Mlle *Schmidt*, mais à les garder !!! c'est là, Monsieur le Ministre, également la destination des établissements d'aliénés de GOTHA, DARMSTADT, FRIBOURG, COLDITZ, HUBERTSBOURG, etc., etc.

Ici, Monsieur le Ministre, se termine ma revue sur les hospices d'aliénés des trois pays que j'ai visités, et j'aurai l'honneur de terminer ma tâche 1° par quelques considérations sur les principales conditions qu'on doit avoir en vue dans la construction d'un pareil établissement ; 2° par quelques articles pouvant servir de base à un projet de loi réglant dans notre pays le sort des aliénés : ces deux paragraphes pourront être envisagés comme les conclusions de mon travail, et porteront comme ce dernier dans sa totalité, le cachet de la pratique.

Puissé-je ne point m'être bercé de la vaine chimère qu'un Ministre, qui a déjà d'innombrables titres à la reconnaissance publique, se ferait un devoir de lire lui-même des lignes, que dans cet espoir, j'ai dégagées de toute hypothèse, de toute dissertation scientifique du seul ressort d'une académie de médecine, des lignes qui ne doivent être que lues pour être comprises ! Je suis sûr alors qu'un jour j'aurai la preuve que ce long et pénible travail a atteint le triple but que je me suis proposé, D'ÊTRE UTILE A MON PAYS, A LA SCIENCE ET A L'HUMANITÉ, et je ne regretterai ni mes efforts, ni les sacrifices de toute espèce que je me suis imposés.

DISPOSITIONS GÉNÉRALES A OBSERVER DANS LA CONSTRUCTION D'UN HOPITAL POUR ALIÉNÉS.

Il est entendu, Monsieur le Ministre, que je ne m'arrêterai point à des détails que vous pourriez trouver dans le premier traité venu sur les maladies mentales; je me bornerai à formuler ici quelques propositions qui doivent motiver le projet de plan que j'ai l'honneur de vous présenter ci-joint. En ce sens, ce paragraphe aura son cachet d'originalité, en même temps, qu'il ne sera pour ainsi dire que le résumé de tout ce que j'ai dit sur les constructions dans le cours de ce travail.

1. Dans un hospice d'aliénés, le médecin en chef doit avoir son logement au centre de toutes les opérations, et partant le plus près possible des points les plus éloignés. — Aucun endroit n'y sera hors de sa vue. — Au moyen d'un passe-partout, il saura ouvrir toutes les portes. — Qu'il se trouve dans les jardins, les cours, les terres à labour, etc., etc.; en un mot dans quelque partie qu'il puisse se trouver en dedans du mur d'enceinte de l'établissement, il y aura une porte à proximité, afin qu'aucun endroit ne soit hors de la possibilité de sa prompte présence.

2. Tout y sera simple mais élégant. Les communications y seront plus faciles que dans aucun autre établissement. — L'ensemble n'y peut offrir rien de compliqué, par conséquent la ligne droite et les carrés seront préférés, comme devant laisser le moins d'endroits superflus et perdus.

3. On évitera soigneusement tout ce qui peut inspirer l'idée d'une prison, et autant que possible celle d'un établissement spécial. — Excepté les portes principales, toutes se fermeront au moyen d'un clichet, qui se ferme par le seul poids de la porte, et qu'on ouvre des deux côtés au moyen d'un petit cylindre.

4. Toutes les portes des cellules ou des réfectoires s'ouvriront en dehors, afin que le malade ne puisse s'y barricader. — Les portes doivent être analogues à celles de toute maison de particulier; un redoublement d'épaisseur est inutile; tout verrou aux portes des cellules est superflu et dangereux; une surveillance active et non interrompue peut tout remplacer au grand profit des malades. On se bornera à une serrure ordinaire (en dehors du clichet pour le jour) aux portes des galeries.— On pratiquera dans les portes des cellules une petite ouverture à panneau mobile et qu'on peut ouvrir du dehors, afin d'y pouvoir surveiller le malade sans entrer dans l'intérieur de la cellule. — Le bord inférieur des portes des cellules sera à deux pouces de distance du sol; au-dessus de la porte sera une ouverture, également à pan-

neau mobile reculant dans la muraille comme aux châssis, afin qu'en ouvrant les fenêtres on puisse établir un double courant d'air.

5. Tout l'établissement sera à l'abri du feu du ciel par un nombre suffisant de paratonnerres, et à l'abri du feu intérieur parce que toutes les poutres, les châssis et toute la toiture seront en fer.

6. Les châssis exigent une construction toute spéciale, pour ne pas avoir recours à des barreaux de fer, ou à aucun autre moyen extraordinaire, qui les fît dévier de leur double but, donner alternativement accès à la lumière et à l'air. Les châssis seront en fer ; les barres seront minces mais solides et gentillement peintes : les carreaux de vitres seront petits. La rangée supérieure et les deux inférieures seront mobiles, c'est-à-dire rouleront dans une coulisse pratiquée dans la muraille, telle qu'elle est dessinée sur la planche XIV, où il y a un modèle d'une croisée fermée et une autre d'une croisée ouverte. A l'extérieur de la croisée sera un grillage, le plus élégant possible, figurant une espèce de grillage de balcon, et de la hauteur d'un carreau de vitre et demi, afin que lorsque le compartiment inférieur est ouvert, comme il est dessiné à la figure 2 de la même planche, l'ouverture soit barrée par le grillage en question, ce qui par conséquent s'opposera à une évasion.

7. En dehors des tuyaux calorifères pour les corridors, il y aura un poêle en fayence (d'Allemagne) dans chaque réfectoire : la cheminée sera adossée au mur du corridor, afin que par une ouverture pratiquée dans cette muraille et fermant à clef, on puisse alimenter le feu du poêle sans entrer dans la cellule, et éviter ainsi tout danger dans l'intérieur des appartements (1).

8. Le plancher de tous les appartements des malades sera en plan incliné (de 4 pouces au moins) de dedans en dehors, pour faciliter l'écoulement des eaux à récurage.

9. L'église doit se trouver à la portée des deux divisions, et en dehors de l'etablissement.

10. Les cours seront aussi grandes que possible.

11. La lavanderie sera nécessairement en dehors des corps de logis : 1° pour les mauvaises odeurs ; 2° parce que le bâtiment y affecté ne peut avoir qu'un étage afin que la vapeur de l'eau bouillante puisse s'en échapper par le toit ; 3° elle doit être à proximité des gazons; 4° elle sera encore isolée et le plus loin possible du quartier des hommes, parce que les laveuses font beaucoup de bruit, et que la surveillance y est plus difficile.

(1) Ce genre de chauffage est employé dans tous les hôtels et établissements publics de l'Allemagne. Il est préférable à tout autre moyen auquel j'ai vu avoir recours dans les différentes institutions pour éviter le danger d'un incendie, ou d'un suicide ou d'un malheur.

12. Il y aura dans l'hôpital un petit compartiment destiné aux invalides ou aux malades (1).

13. L'établissement au gaz, la brasserie, la ferme, les étables et autres accessoires seront adossés à la muraille d'enceinte, dans les endroits les plus convenables eu égard aux localités (2).

DISPOSITIONS PRINCIPALES D'UN PROJET DE LOI CONCERNANT LES ALIÉNÉS EN BELGIQUE.

Art. 1. Les établissements pour aliénés porteront le nom d'é-TABLISSEMENTS PHRÉNOPATHIQUES (3).

Art. 2. Le Gouvernement érigera un nombre suffisant d'*établissements phrénopathiques* pour les indigents seulement : il en faudra au moins un pour chaque province principale.

Art. 3. La pose de la première pierre aura lieu en grande cérémonie, et sera présidée par un des Ministres, si pas par Sa Majesté elle-même; il en sera de même le jour où l'on pourra y faire entrer les malades.

Art. 4. Chacun de ces établissements sera construit dans les environs (endéans une lieue) de la ville qui aura fait les offres les plus favorables, comme *céder* des terrains ou contribuer à leur acquisition, etc.; en aucun cas l'établissement ne pourra se trouver endéans les portes d'une ville. —— Dans les provinces où il y a une université, on fera choix du voisinage de la ville qui en est le siége.

Ar. 5. La gestion des *établissements phrénopathiques* appartiendra au Gouvernement, et sera en tout conforme à celle des hôpitaux militaires à corporation religieuse.

(1) Faire un hôpital dans un hôpital est absurde ; il faut que l'aliéné se croie et se sache dans un hôpital, c'est-à-dire qu'il se sache malade et non pas emprisonné : c'est à cette dernière idée qu'il s'arrêtera si on dit à un infirmier, faites aller ce malade à l'hôpital, et que de ce chef on le reléguera dans un bâtiment particulier. L'infirmerie n'existera donc que dans l'esprit du médecin et non pas matériellement pour le malade. Elle répond parfaitement au but là où je l'ai placée.

(2) Que l'on mette des châssis ordinaires et que les portes n'aient plus rien qui les distinguent de celles d'une maison de particulier, et je ne crois pas, Monsieur le Ministre, qu'on puisse construire un hôpital ordinaire d'après un meilleur plan. Je ne trouve point le moment opportun de discuter cette question au long, mais vous pouvez pressentir, Monsieur le Ministre, qu'il ne devrait point m'être difficile de prouver l'avantage pour les malades ordinaires de ne pas se trouver pêle-mêle dans une même salle, et là où sont leurs lits : ici comme dans un hospice d'aliénés, il est des malades chez lesquels il serait tour à tour avantageux ou nécessaire de les faire coucher dans une chambre isolée, ou en compagnie de quelques autres dans un réfectoire ; et il ne serait désagréable à aucun de ces malheureux de pouvoir dîner et se tenir le jour dans un réfectoire, en dehors de la vue des cadavres, des moribonds, ou d'étiques dont le râle ferait tourner l'estomac du plus déterminé. Il est cent autres raisons, Monsieur le Ministre, que je pourrais alléguer en faveur de mon opinion sur ce sujet.

(3) Afin de faire oublier jusqu'au nom par lequel on désigne les misérables établissements existants, et d'un autre côté, pour ne plus employer un terme qui rappelle toujours un *malade exceptionnel*, il serait convenable, à l'exemple de l'Angleterre, de supprimer les anciens noms et de les remplacer par des mots plus scientifiques, et auxquels on est déjà accoutumé par des désignations analogues, comme établissements *homoeopathiques*, *hydrosudopathiques*, etc., etc.

34

Art.6. Les malades indigents y seront reçus aux frais des communes où ils ont domicile de secours, et ce à raison de *un* franc 15 centimes par jour, et les malades appartenant à la classe bourgeoise, sur un certificat délivré par les collèges de régence constatant la médiocrité de leur fortune, y seront admis à raison de *un* franc 25 centimes par jour. Ils seront indistinctement soumis au même régime et aux mêmes réglements que les indigents.

Art. 7. En attendant que les nouveaux établissements *publics* soient construits, ceux existant aujourd'hui ne seront conservés que pour autant qu'ils pourront et voudront se soumettre aux modifications que la commission d'inspection jugera nécessaires.

Art. 8. Tout établissement *privé* qui ne pourra ou ne voudra point se soumettre aux conditions de la présente loi, ni aux modifications dans les localités que la commission d'inspection jugera nécessaires, si toutefois les localités en sont susceptibles, sera supprimé et devra être évacué endéans l'année après la promulgation de la présente loi, sous peine d'une amende de 10,000 fr. sans préjudice des frais nécessaires pour l'évacuation immédiate forcée.

Art. 9. La direction supérieure sera confiée à un médecin en chef; il aura domicile dans l'établissement même.

Art. 10. Le médecin en chef sera assisté 1º d'un chapelain; 2º d'une corporation religieuse; 3º d'un médecin adjoint; 4º d'un pharmacien; 5º d'élèves internes; 6º d'un agent comptable et de commis aux écritures; 7º d'infirmiers. Excepté les commis de bureau, tous auront domicile, nourriture et logement dans l'établissement même et ne pourront en aucun cas demeurer hors de l'enceinte.

Art. 11. Le médecin en chef aura nourriture et logement pour sa famille, ses domestiques, son cheval, et 5000 francs d'appointements par an.

Art. 12. Le médecin en chef fera annuellement un rapport détaillé sur tout ce qui concerne son ministère; ce rapport sera imprimé à un très grand nombre d'exemplaires.

Art. 13. Le médecin en chef ne pourra s'adonner à aucune occupation en dehors de l'établissement.

Art. 14. Le médecin en chef tiendra un registre où sera consigné le cas de chaque malade, afin que lui, aussi bien que ses successeurs, ou toute autre personne intéressée dans la question, puisse en tout temps y puiser d'utiles renseignements.

Art. 15. Le médecin en chef apposera son visa sur tout objet, livré par contrat, à l'usage de l'établissement.

Art. 16. Dans les recherches sur les antécédents des malades, le médecin en chef sera aidé des autorités compétentes, pour autant qu'il est en leur pouvoir d'y contribuer.

Art. 17. Le médecin en chef devant en tous cas prêcher d'exemple, il sera tenu ainsi que tous les employés, d'assister le Dimanche au service divin : autant que possible, il assistera chaque jour aux prières du matin et du soir.

Art. 18. Le médecin en chef donnera note des malades qui auront besoin ou pourront tirer des avantages du chapelain : il informera soigneusement ce dernier sur la nature de la folie du patient, afin que le chapelain puisse régler son intervention en conséquence.

Art. 19. Les prières du matin et du soir seront présidées par le chapelain et se feront dans la chapelle. Ces prières ne pourront durer plus de cinq minutes, excepté pour les malades qui pourront assister à la messe. Avant comme après le dîner, le chapelain (ou bien une religieuse) récitera une courte prière.

Art. 20. Le médecin adjoint demeurera dans l'établissement même, il y aura la nourriture et 2,000 francs d'appointements. On donnerait la préférence à un homme marié, et en ce cas il aurait nourriture et logement pour sa famille et un domestique, et 1,500 francs. Il n'en sortira jamais que sur la permission du médecin en chef; et pour un congé prolongé, il devra l'obtenir du Ministre. La durée de son service est illimité, mais elle ne sera jamais en deçà de deux ans.

Art. 21. Ses devoirs lui seront prescrits par le médecin en chef; en cas d'absence momentanée ou prolongée de celui-ci, le médecin adjoint le remplacera.

Art. 22. On suivra pour le pharmacien les mêmes principes que pour le précédent.

Art. 23. Il y aura *un* élève interne pour 50 malades : ils auront la nourriture et 600 francs d'appointements. Les élèves internes seront engagés pour deux ans, et se renouvelleront par moitié. Les élèves sortants seront de droit réinstallés, s'ils en font la demande.

Art. 24. Pour devenir élève interne il faudra être candidat en médecine, et avoir eu un an de fréquentation de clinique. On donnera toujours la préférence à ceux qui ont déjà obtenu le titre de docteur en médecine.

Art. 25. Deux ans après la création de nouveaux établissements d'après la présente loi, il faudra avoir passé par l'internat pour devenir médecin-adjoint : après cette époque la place de médecin en chef sera obtenue au concours, ouvert parmi les médecins-adjoints, les médecins-directeurs d'établissements privés, et les élèves internes, si parmi ceux-ci il y avait des docteurs en médecine. La place de médecin-adjoint sera donnée aux élèves internes par concours.

Art. 26. Les infirmiers et autres domestiques seront directement nommés par le médecin en chef. Les devoirs des infirmiers seront imprimés et affichés dans les salles.

Art. 27. Le Ministre nomme l'agent comptable ; il sera sous l'autorité immédiate du médecin en chef, qui pourra le punir en cas d'inconduite ou de négligence dans l'exécution de ses devoirs. Le médecin en chef pourra, pour des motifs graves, le suspendre de ses fonctions, sauf à en avertir immédiatement le Ministre, qui statuera sur l'affaire.

Art. 28. Tous les employés auront droit à la pension de retraite, à la caisse des veuves, etc. ; on suivra à cet égard les réglements et usages militaires.

Art. 29. Les domestiques et les infirmiers porteront un uniforme simple et propre : des marques distinctives désigneront les rangs respectifs d'infirmier, d'infirmier sous-chef, et d'infirmier en chef. — Les religieuses auront également une marque distinctive dans le même but.

Art. 30. L'admission des malades aura lieu le matin, une heure avant la visite générale ; et à toute heure dans les cas pressants.

Art. 31. Sera sévèrement proscrite dans tout établissement, la mesure de tenir une section dite des *incurables*.

Art. 32. Pour le dîner comme pour le souper, la table sera toujours couverte d'une nappe blanche : les malades observeront un silence absolu durant les repas.

Art. 33. Après le repas, l'infirmier sous-chef (il y en aura un par salle) est tenu de compter et de rassembler tous les ustensiles ; l'infirmier en chef est tenu de veiller sévèrement à l'exécution de cette mesure.

Art. 34. Les noms de la galerie, et le numéro du malade seront gravés sur chacun des ustensiles.

Art. 35. Chaque galerie portera le nom d'un saint dont le buste sera placé au-dessus de la porte d'entrée.

Art. 36. Chaque malade, pour autant que faire se peut, sera adonné au travail de sa profession habituelle.

Art. 37. Le son de la cloche annoncera toutes les occupations de la journée.

Art. 38. Chaque matin, le médecin en chef désignera les malades qui doivent travailler, et la nature de leur besogne.

Art. 39. Chaque malade aura un bain de propreté par semaine.

Art. 40. On établira un bazar où seront exposés en vente tous les objets de fantaisie confectionnés par les malades, au profit desquels ils seront vendus : le montant leur en sera remis de la manière la plus avantageuse pour eux.

Art. 41. Si un malade s'échappe, et s'il est prouvé qu'il y a eu de la négligence de la part d'un employé, celui-ci en dehors de sa punition, payera toutes les dépenses nécessitées pour rattraper le fugitif.

Art. 42. Pendant la nuit, il y aura sans cesse un infirmier par étage, qui veillera en se promenant constamment d'un bout à l'autre de sa section (1).

Art. 43. Une somme de mille francs sera annuellement allouée pour la bibliothèque de l'établissement : la moitié des livres devra pouvoir servir aux malades.

Art. 44. Il y aura une école élémentaire de lecture, d'écriture, d'arithmétique, de dessin, de musique, etc., une liste triple de candidats pour les différents professeurs sera présentée au Ministre par le médecin en chef, qui aura sur eux le même pouvoir que sur l'agent comptable.

Art. 45. Le malade aura droit à une rémunération pécuniaire de ses travaux ; le produit de son travail sera divisé en quatre parties ; il en aura un quart par semaine pendant qu'il est à l'établissement et un quart à sa sortie. S'il se meurt, cette partie est donnée à la veuve ou aux enfants ; en cas de non existence de ceux-ci elle est versée avec l'autre moitié dans la caisse de l'établissement.

Art. 46. Chaque travailleur aura un livret sur lequel seront inscrites ses journées de travail.

Art. 47. Aucun établissement *privé* ne sera toléré, s'il ne peut tenir de 30 à 50 malades au moins, s'il n'a un médecin à demeure, et s'il ne peut remplir le programme prescrit par la loi.

Art. 48. Le plan pour la construction de nouveaux établissements *privés* devra être adopté par le gouvernement ; sans l'approbation de celui-ci, aucune modification ne pourra être faite tant à l'intérieur qu'à l'extérieur.

Art. 49. Pour tout ce qui concerne l'inspection médicale, les établissements privés seront soumis aux mêmes réglements que les établissements publics.

Art. 50. Le gouvernement, pour des motifs graves, peut en tout temps révoquer l'autorisation accordée aux propriétaires d'établissements privés ; il peut également fixer le temps endéans lequel ils seront évacués, sous peine d'encourir les peines mentionnées à l'article 8.

---

(1) Le garde de nuit, dit le Dr *Browne*, dans son rapport, ne veille pas seulement au sommeil des malades, mais il est l'ami, le consolateur, le protecteur de tous ; d'un autre côté la certitude qu'un homme veille pour eux, procure un sommeil tranquille à plus d'un malade inquiet, peureux ou désespéré.

Art. 51. Sera immédiatement révoqué de son autorisation, tout directeur d'un établissement privé qui sera convaincu 1° d'avoir caché un malade, ou une partie de l'établissement aux médecins-inspecteurs ou à un délégué quelconque du Ministre; 2° de détenir illégalement un aliéné, ou après guérison un malade contre son gré.

Art. 52. Les établissements privés seront soumis aux mêmes formalités que les établissements publics pour la rentrée et la sortie des malades.

Art. 53. Dans tout établissement privé, le service divin devra se célébrer régulièrement, si les malades ne sont à proximité d'une église où ils pourront se rendre le Dimanche.

Art. 54. Le médecin d'un établissement privé fera annuellement un rapport au ministère, indiquant le nombre de ses malades, le mouvement de l'établissement, et ses observations particulières sur son traitement, sa doctrine, etc., etc.

Art. 55. Il y aura *un comité directeur* des *établissements phrénopathiques* composé d'un médecin inspecteur général et d'un secrétaire, nommés à vie par le Ministre, et d'un troisième membre annuellement renouvelé par le Ministre : le comité visitera chaque établissement une fois par an à une époque non déterminée, le jour comme la nuit, et plus souvent si le Ministre le juge convenable.

Art. 56. Le *médecin inspecteur général* visitera chaque établissement public ou privé, quand bon lui semble, et au moins quatre fois par an. Il s'occupera de la tenue générale, du traitement en général, etc., mais jamais il ne s'interposera directement entre le malade ou les employés et le médecin en chef.

Art. 57. Il y aura annuellement une réunion générale des médecins en chefs des établissements phrénopathiques publics et des médecins directeurs des établissements privés; il sera infligé une amende de 500 francs à celui qui aura fait défaut sans motifs légalement établis. — Le bureau sera composé du médecin inspecteur général, président, du secrétaire précité, et du troisième membre du comité directeur. La réunion aura lieu dans la capitale et pourra durer trois jours; on y discutera tout ce qui peut intéresser la question des aliénés; le rapport rédigé par le secrétaire, et signé par les membres du bureau et deux autres membres, choisis au scrutin secret, sera imprimé et distribué à tous les membres, après avoir été soumis au visa du Ministre.

Le secrétaire invitera à cette réunion, au nom du Ministre, tous les médecins étrangers qui se trouvent à la tête d'établissements phrénopathiques publics ou privés.

Art. 58. L'inspecteur-général comme le secrétaire pourront

être à la tête d'un établissement phrénopathique quelconque, et alors en dehors des frais de route et de bureau, ils jouiront d'un traitement supplémentaire, le premier de 2,000 et le second de 1,000 francs par an.

Art. 59. Le comité-directeur ou l'inspecteur-général seront accompagnés dans la visite de chaque établissement, d'un délégué du conseil communal de la ville dans laquelle l'établissement est situé. Le registre sur lequel le comité-directeur ou l'inspecteur-général consigneront leur visite et les observations qu'ils ont eu à faire sera contresigné par le délégué susdit : si un rapport spécial au Ministre a été jugé convenable, il devra également porter la signature du délégué.

Art. 60. Le comité-directeur ou l'inspecteur-général adresseront au Ministre, après chaque inspection, un rapport sur le résultat général de leur visite.

Art. 61. Aucun visiteur ne sera admis dans l'intérieur de l'établissement sans une autorisation spéciale du médecin en chef; en aucun cas il ne lui sera permis de parcourir les salles sans y être accompagné par le médecin-adjoint ou en son absence par un élève interne : il ne pourra parler aux malades sans la permission de celui qui l'accompagne. — Afin de ne point interrompre le service, le visiteur ne sera admis qu'à certaine heure du jour fixée par le réglement spécial de l'établissement; à moins de circonstances exceptionnelles, tout médecin étranger sera autorisé d'accompagner le matin le médecin en chef dans sa visite générale; en dehors de cette heure, le médecin étranger rentre dans la catégorie des visiteurs ordinaires.

Art. 62. Pour les parents admis auprès d'un malade, l'heure sera également fixée, et la visite aura toujours lieu dans la salle désignée *ad hoc;* elle ne durera que le temps prescrit par le médecin en chef, aura lieu avec ou sans témoins d'après la permission de ce dernier, et ne sera point tolérée s'il la juge inutile, ou nuisible au malade.

Art. 63. Un délégué des autorités communales, provinciales ou des hospices, sera admis en tout temps à visiter les malades qui y sont à leurs frais; le délégué devra se conformer à ce qui est prescrit dans l'article précédent, et si le médecin croit devoir refuser l'accès auprès de l'un ou de l'autre de ces malades, il informera l'autorité y intéressée des motifs de son refus.

Art. 64. Chaque visiteur, officiel ou officieux, sera tenu d'inscrire son nom sur le registre *ad hoc,* et il lui sera loisible d'y consigner ses observations ou ses plaintes s'il y a lieu. Ce registre sera numéroté et paraphé par l'inspecteur-général et contresigné par le comité-directeur à chaque tournée.

ART. 65. Il est défendu à tout médecin de traiter chez lui ou à domicile un malade atteint d'aliénation mentale, sous peine d'une amende de 1,000 francs pour la 1re contravention, et de 3,000 pour la seconde, avec révocation de sa patente pour six mois. A la 3me contravention, il subira un emprisonnement de deux à cinq ans.

ART. 66. Toute personne convaincue de tenir chez elle un aliéné étranger à sa maison, soit pour le traiter de sa maladie, soit pour le séquestrer, ou pour tout autre motif, sera punie d'une amende de 1,000 à 5,000 francs pour la première contravention, et de deux à cinq ans d'emprisonnement pour les contraventions subséquentes.

ART. 67. Les parents ou la famille qui retiendront un aliéné en son domicile habituel, seront solidairement et personnellement responsables de tous les délits, de quelque nature qu'ils puissent être, que pourrait commettre cet aliéné; ils seront punis de la moitié de la peine qu'aurait dû subir l'aliéné, s'il avait commis le délit, en jouissant de l'usage complet de ses facultés intellectuelles. En cas de meurtre ou de suicide, commis par un aliéné retenu dans sa famille, le chef de celle-ci encourra une peine de 5 à 10 ans de réclusion et de 2,000 à 5,000 francs d'amende, sans préjudice des frais de justice et indemnités réclamées par les parties civiles et à fixer par les juges compétents.

FIN.

TABLE DES MATIÈRES.

FIN DE LA TABLE DES MATIÈRES.

RAPPORT

SUR LES

HOSPICES D'ALIÉNÉS

DE L'ANGLETERRE, DE LA FRANCE ET DE L'ALLEMAGNE,

ADRESSÉ

à Monsieur NOTHOMB,

MINISTRE DE L'INTÉRIEUR, A BRUXELLES,

Par le Docteur C. Crommelinck.

ATLAS.

COURTRAI,

IMPRIMERIE DE *JASPIN*, RUE DE LA CHAUSSÉE.

1842.

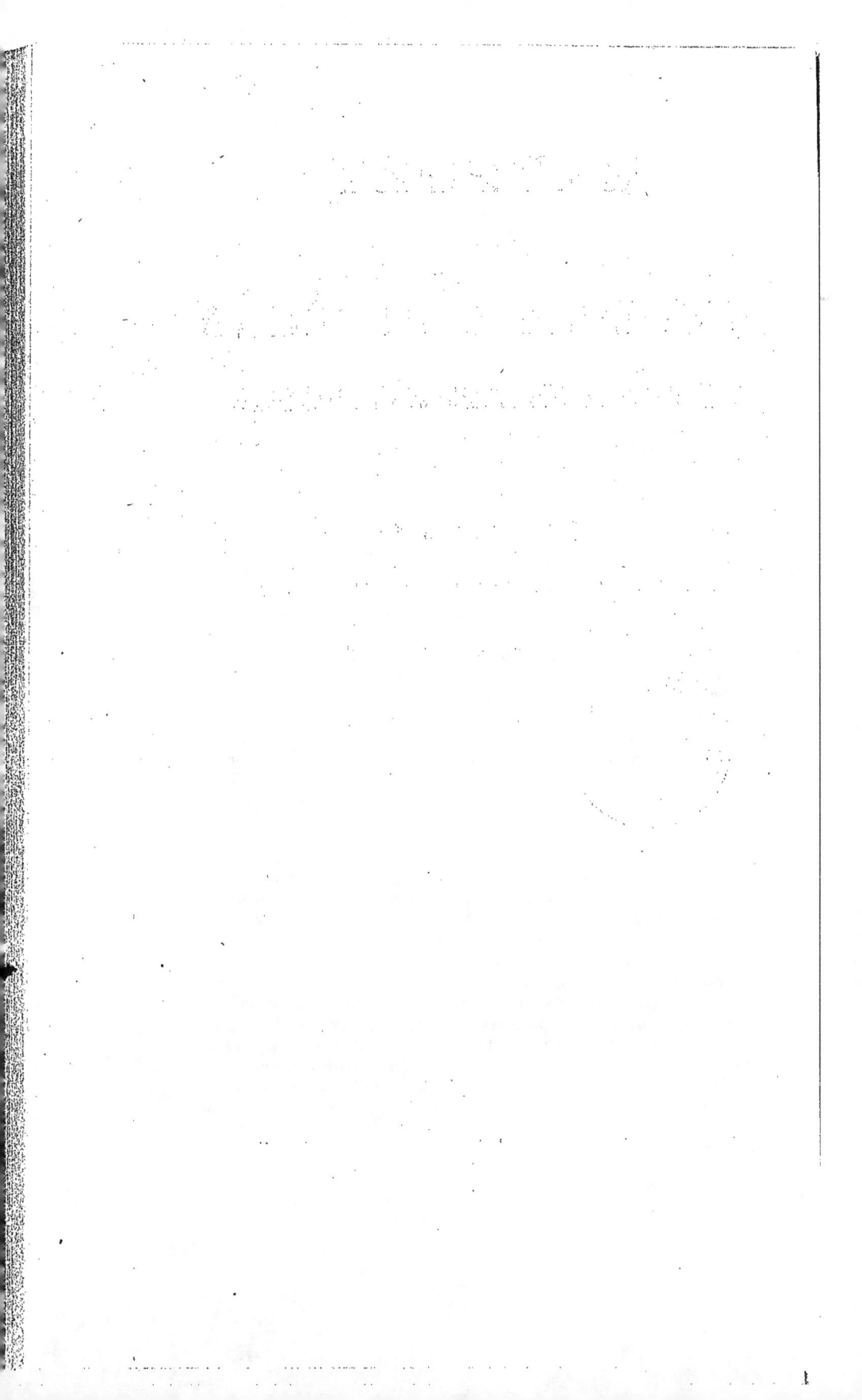

TEXTE EXPLICATIF DES PLANCHES (*).

PLANCHE I. REZ-DE-CHAUSSÉE.

1. Entrée principale. — 2. Maison du portier. — 3. Id. du jardinier. — 4. Jardins de la maison du médecin en chef. — 4. Escalier en arcade conduisant au premier étage, et au-dessous duquel est l'entrée de plein pied aux cuisines.— A,B,C,D. Ateliers de toutes espèces. — E, F. Galeries pour les galeux et les épileptiques; l'intérieur est conforme à celui des premier et second étages. — I, H. Galeries pour les furieux et les agités, composées de huit cellules, corridor, bains, chambres d'infirmiers, latrines inodores; les cellules 1, 2, 3, 4, 5, 6, 7, et le corridor y correspondant, reçoivent la lumière par des croisées pratiquées dans le plafond, et lesquelles croisées doivent être munies de volets qui peuvent (à volonté) complètement ou incomplètement supprimer l'accès de la lumière : deux de ces cellules seront bien matelassées. Cette galerie ne présente qu'un rez-de-chaussée. — K L. Passage couvert conduisant à l'église M.—N, N. Cours murées pour les agités.— O, O. Cours de l'infirmerie. — P, P, P, P. Cours entourées d'un grillage. — Q. Lavanderie et séchoir. — R, R, R, R. Jardins potagers. — T, T. Terres à labour aussi étendues que possible; il en est de même des précédents. — S. Établissement au gaz, qu'on pourrait adosser à l'église, si on le destine également à distribuer de l'eau dans tout l'établissement, ou devant servir à d'autres usages.

₊ Les lignes d'entourage légèrement marquées représentent des grillages.

PLANCHE II. 1er OU 2e ÉTAGE INDIFFÉREMMENT.

1. Entrée de la maison du médecin en chef, ainsi que de l'intérieur de l'établissement. — 2, 3. Antichambre et parloir. — 4, 5. Cabinet et bibliothèque du médecin en chef. — 6, 7. Salons. — 8. Escalier conduisant au 2e étage et à la cuisine. — 9. Latrines inodores. — 10. Pharmacie. — 11, 11, 11, 11, 11. Appartements pour les employés de la maison. — 12, 12. Parloirs pour les malades.— A, A, A, A. Quatre galeries parfaitement semblables et composées chacune de — 13. Réfectoire. — 14. Dortoir pour quinze lits.— 15, 15. Corridor ayant douze croisées sur la cour M, et douze cellules, 16, 16, ayant chacune une porte dans le corridor et une croisée donnant sur les jardins de la maison. — 17. Escalier conduisant à l'étage supérieur et à la cour. — 18. Salle de bains et douches. — 19. Chambrette pour ustensiles. — et 20. Latrines inodores. Les galeries B, B, composées de six cellules et d'un dortoir, sont destinées à servir d'infirmerie pour chaque étage. M, M, M, M. Cours des malades.

(*) L'explication des autres planches est consignée dans le rapport même.

PLANCHE IV.

1 et 37. Cours pour les criminels. — 2 et 30. Cours pour les femmes. — 3, 3. Sièges couverts. — 4 et 32. Galeries pour les turbulents. — 5, 5. Chambre pour infirmier. — 6, 6. Bains froids. — 7, 7. Bains chauds. — 8, 38. Cours pour malades. — 9, 39. Chambres pour infirmier. — 10, 29. Galleries pour les femmes à gauche et les hommes à droite. — 11, 40. Réfectoires. — 12, 27. Chambres pour infirmiers. — 13. Lavoir. — 21. Cuisine (à vapeur). — 14, 15, 16. Lavanderie et séchoir. — 17, 17. Citernes. — 18. Caves à bière. — 19 et 20. Magasins. — 22, 23. Cours. — 24, 24, 24. Jardins. — 25, 25. Magasins. — 28, 28. Promenades couvertes. — 41. Cour pour les hommes incurables. — 42. Atelier pour le menuisier. — 43. Loge du portier.

PLANCHE V.

1, 1, 1, 1. Réfectoires. — 2, 2, 2, 2. Galeries pour hommes d'un côté et pour femmes de l'autre. — 4, 4. Dispensaires. — 5, 5. Appartements pour le médecin en chef. — 6, 6. Id. pour la directrice. — 7, 8. Id. pour les médecins-adjoints. — 9, 9. Id. pour les infirmiers. — 10. Cuisine. — 11, 12. Latrines. — 13. Chambre pour infirmier. — 14, 14. Chambres matelassées. — 15, 15. Salles de bains et douches. — 16. Salle d'attente. — 17. Bureau du commis aux écritures. — 18. Comptabilité. — 19, 19. Lavoir. — 20. Machine à vapeur. — Les autres locaux sont des ateliers, des magasins, etc., etc.

FIN DE L'EXPLICATION DES PLANCHES.

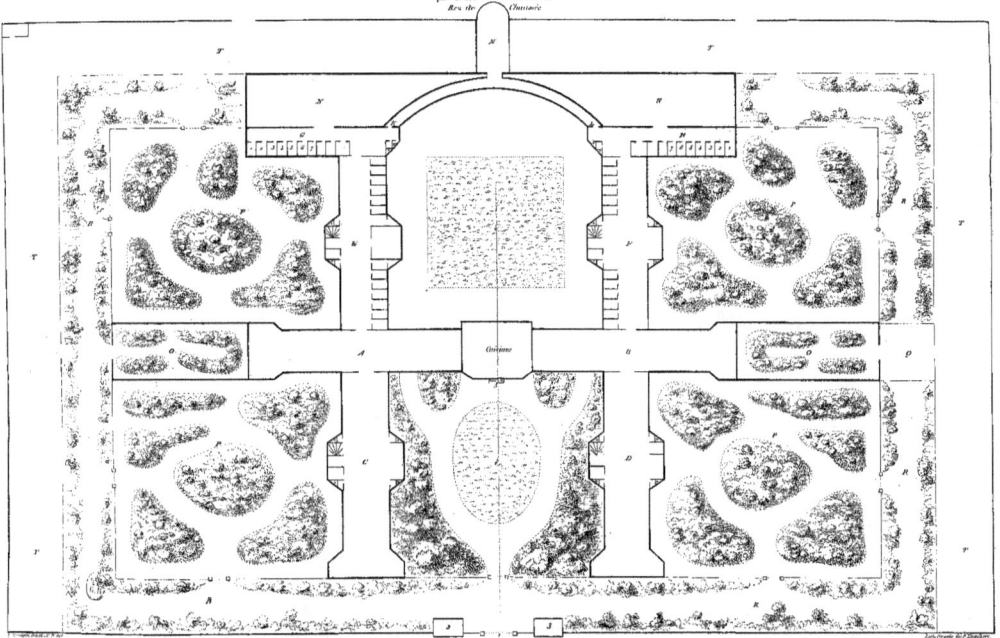

Projet d'un hôpital pour Sur Aliénés, présenté à Monsieur le Ministre de l'intérieur
par C. Crommelinck, Médecin.
Rez de Chaussée.

Vue de l'hospice d'aliénés de Bethlem, à Londres.

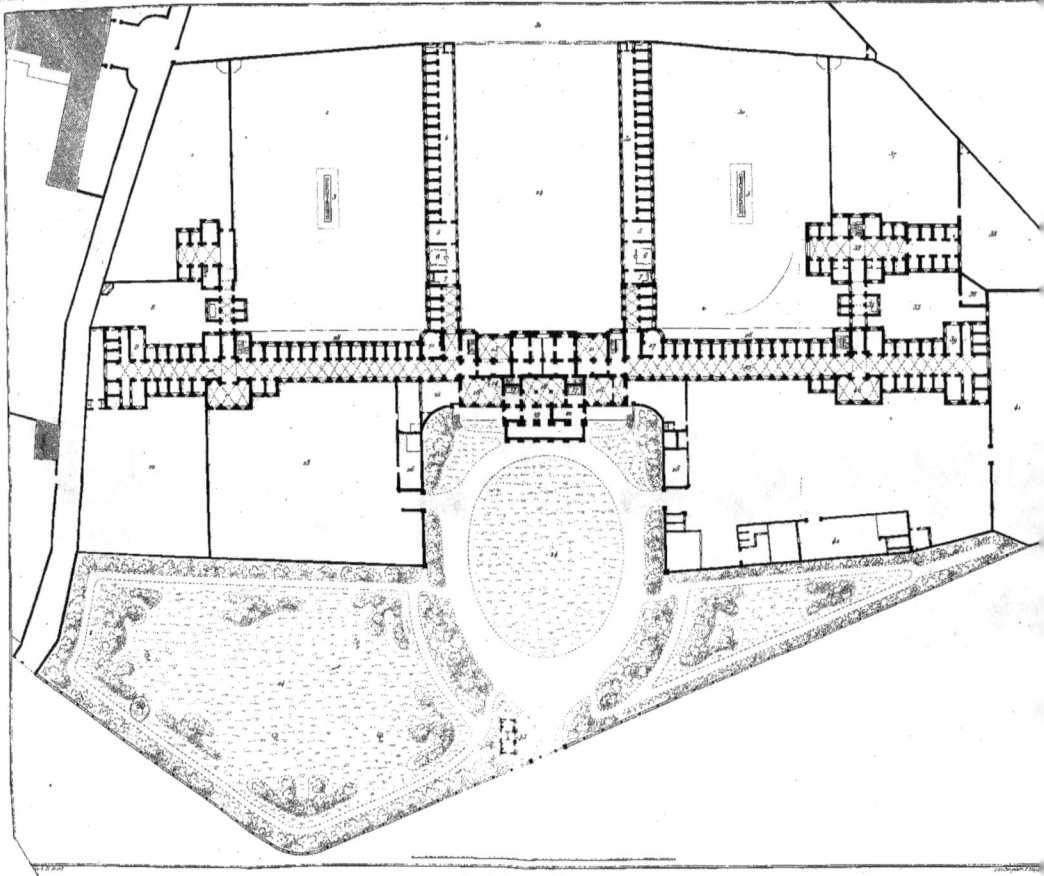

Plan de l'hospice de Bethlem, à Londres.

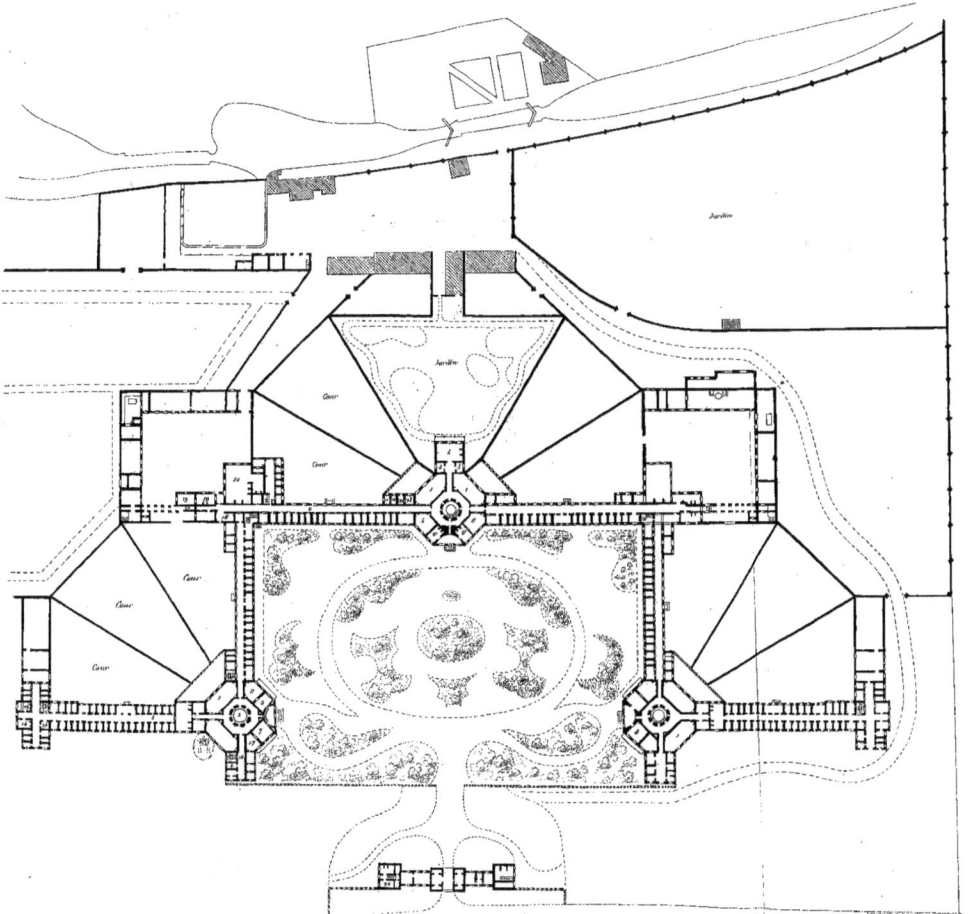

Plan de l'hôpital d'aliénés de Hanwell près Londres.

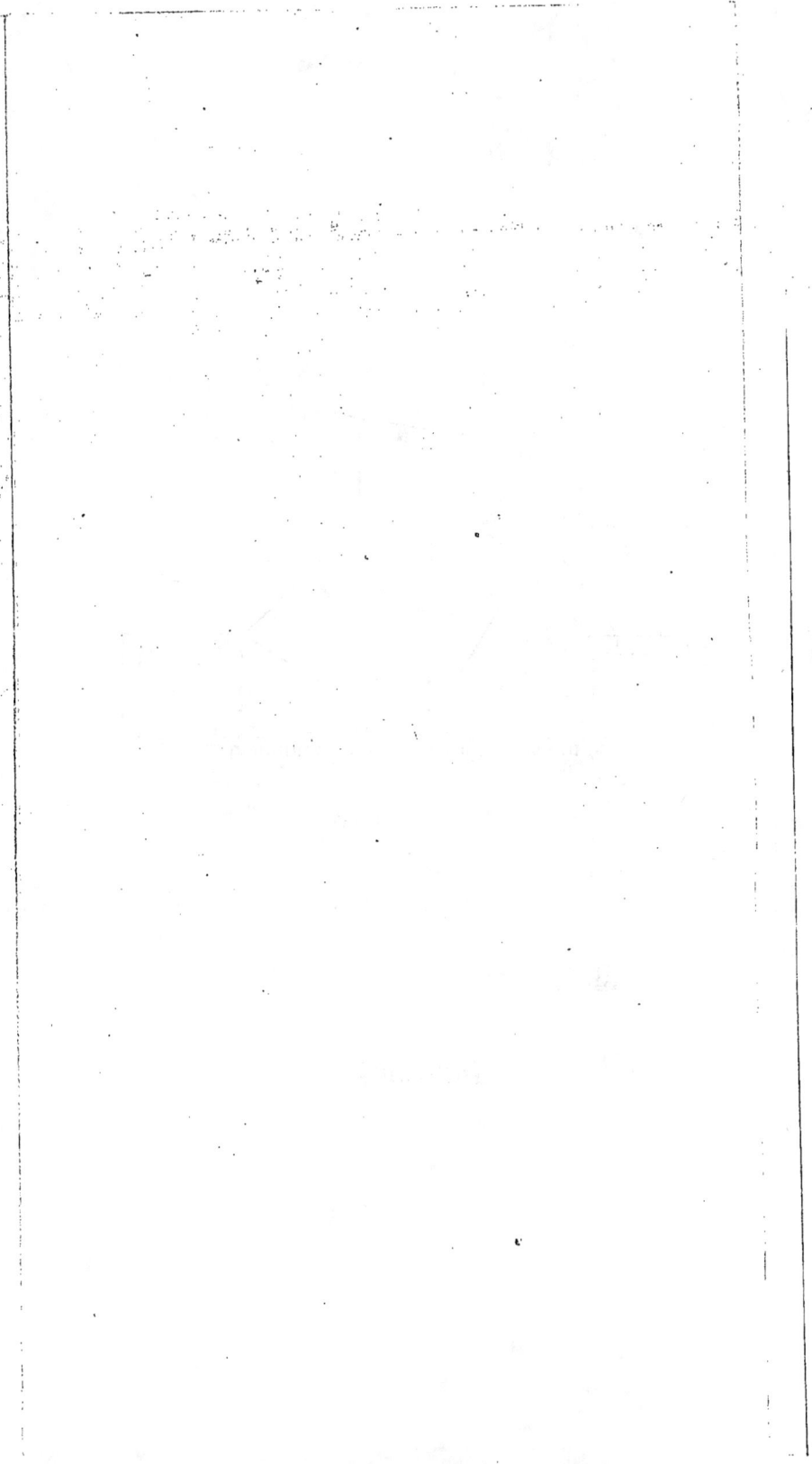

Plan de l'hôpital d'Aliénés de Wakefield.

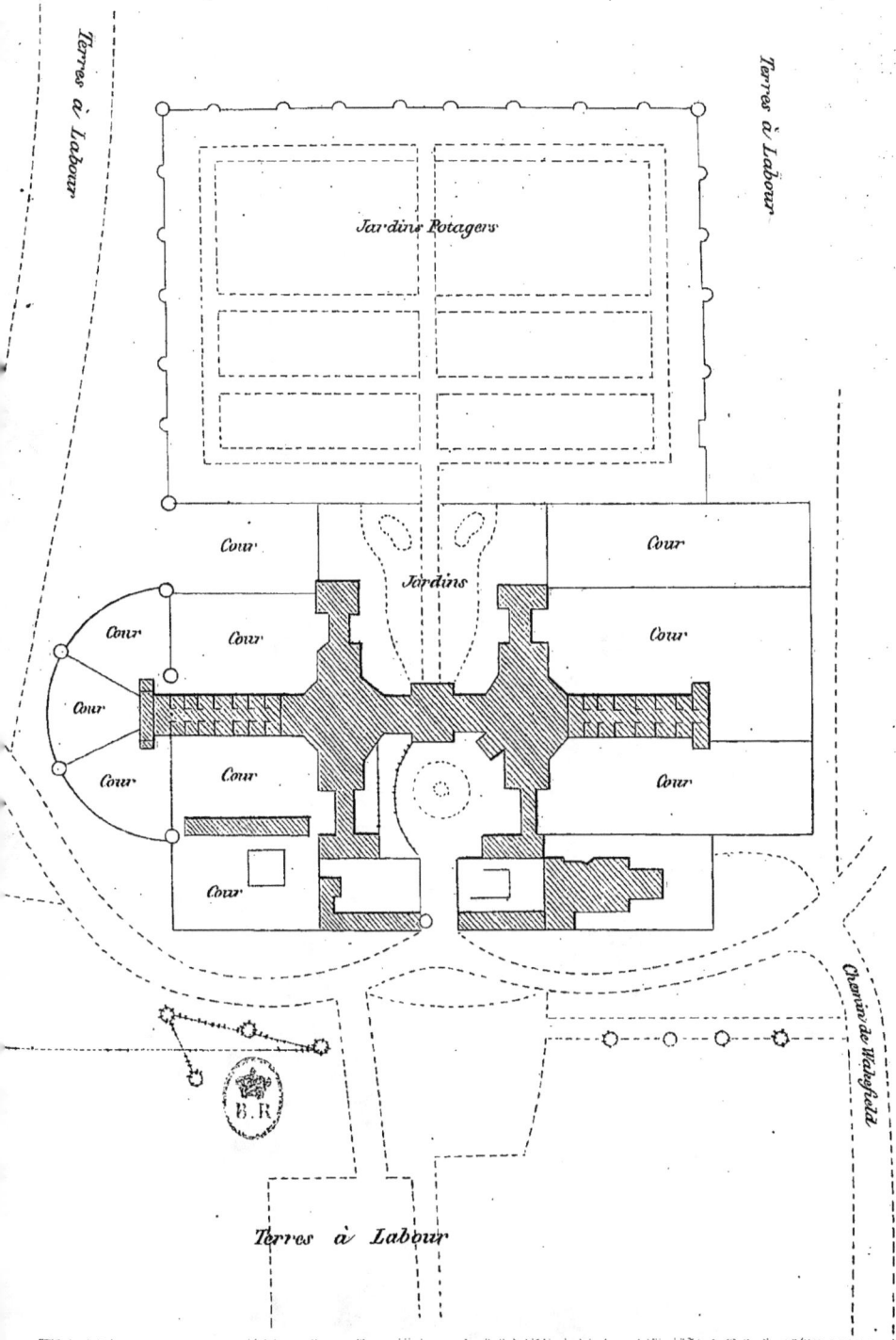

Terres à Labour

Terres à Labour

Jardins Potagers

Cour

Cour

Cour

Cour

Cour

Jardins

Cour

Cour

Cour

Cour

Cour

Cour

Cour

Cour

B. R

Chemin de Wakefield

Terres à Labour

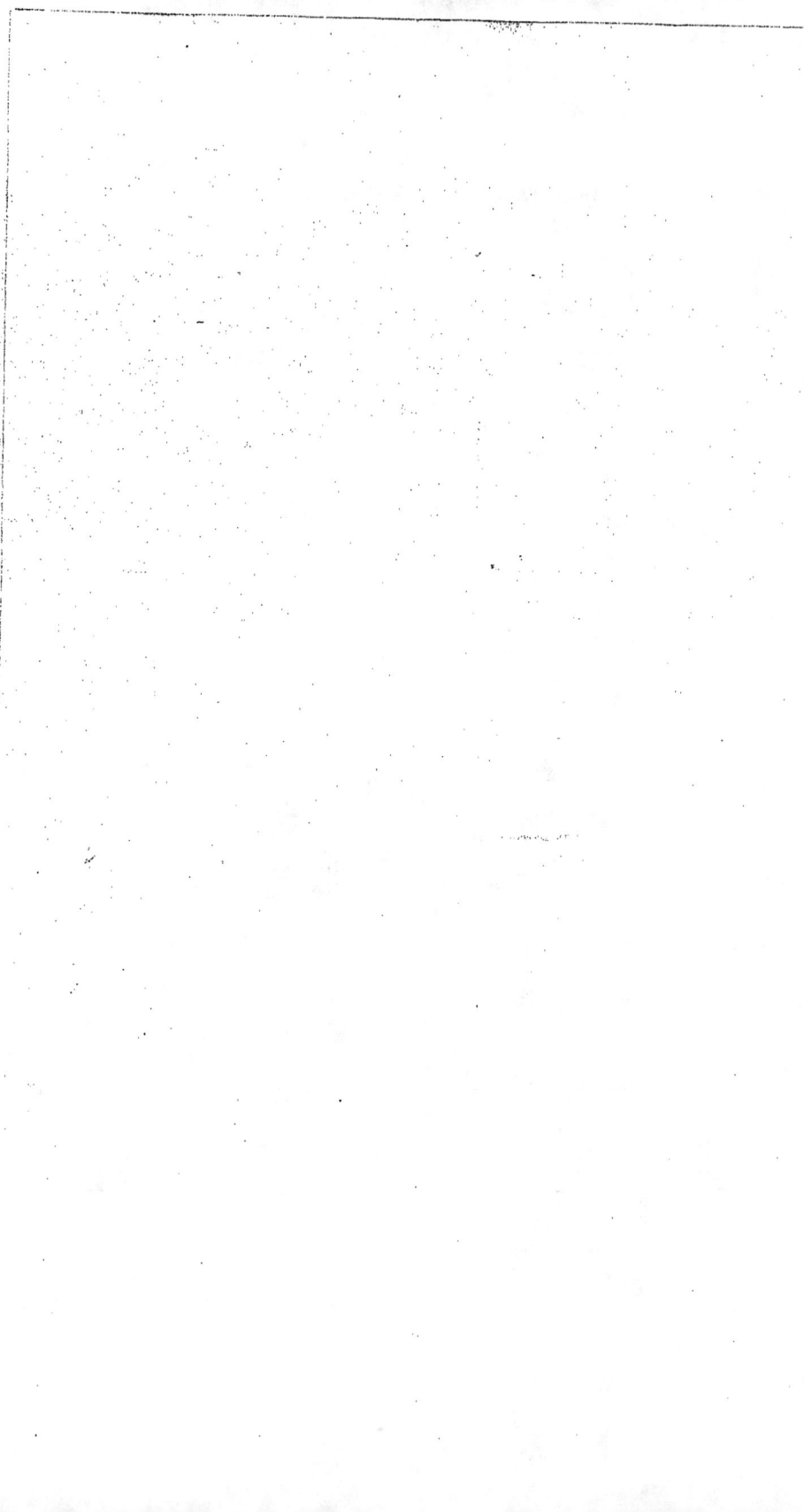

Plan de l'hôpital d'Aliénés de Lancaster.

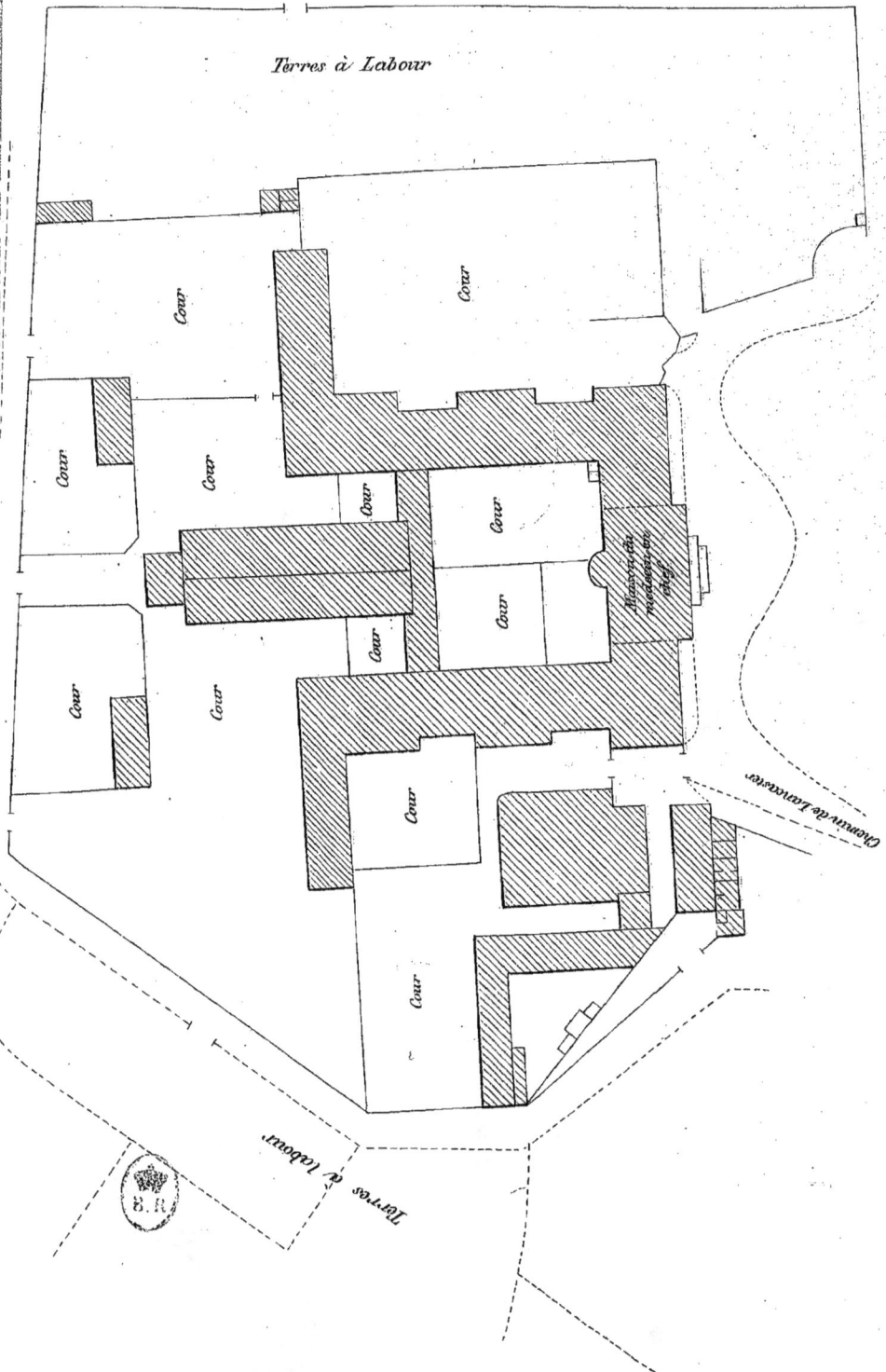

Terres à Labour

Cour

Cour

Cour

Cour

Cour

Cour

Cour

Cour

Cour

Cour

Cour

Cour

Cour

Cour

Chemin de Lancaster

Terres à labour

Plan d'une cour de l'hôpital d'Aliénés
de Lancaster.

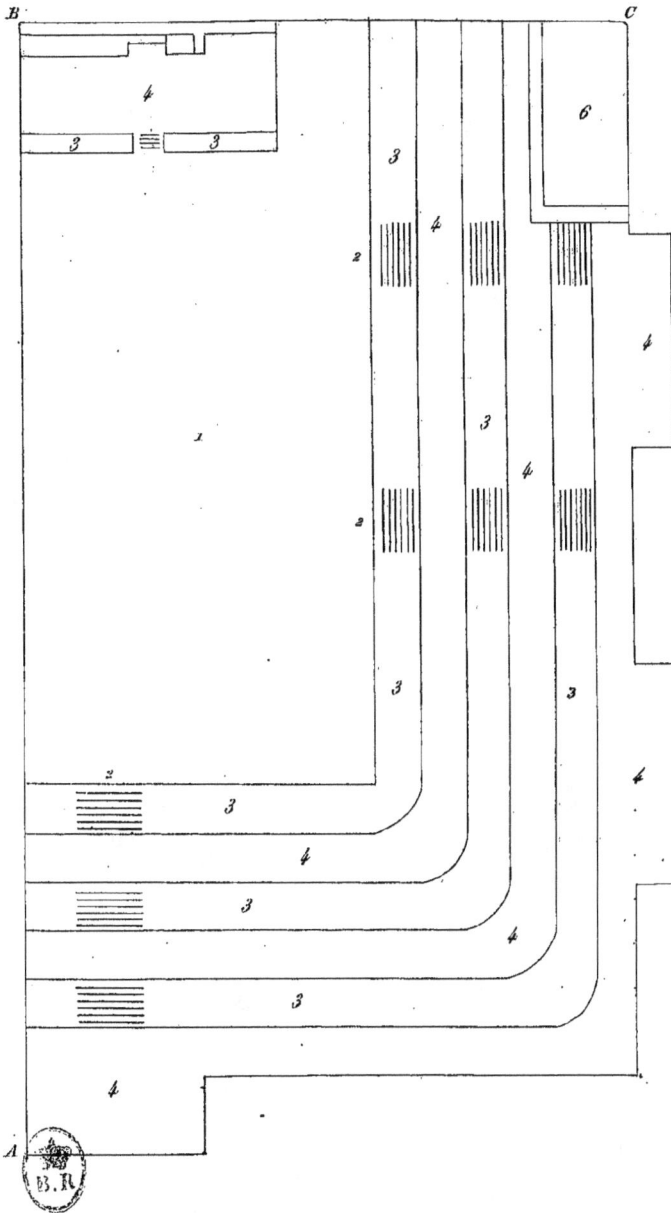

Longueur A.B. 200 pieds.
Largeur B C. 110 pieds.

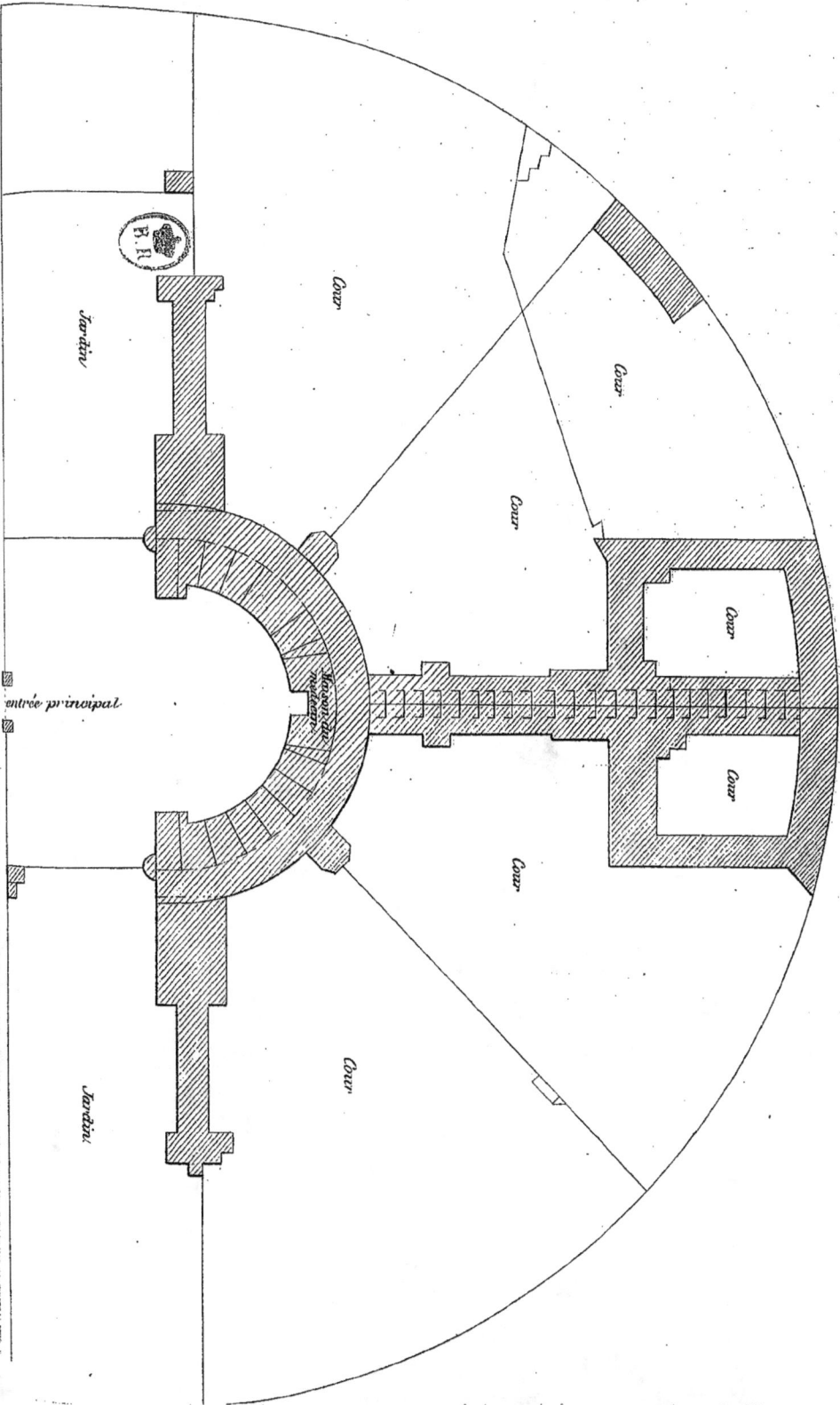

Plan de l'hôpital d'Aliénés de Glocester.

Jardin

Cour

Cour

Cour

Cour

Cour

B.R.

entrée principal

Cour

Cour

Cour

Cour

Jardin

Vue de l'hôpital d'aliénés de Nottingham.

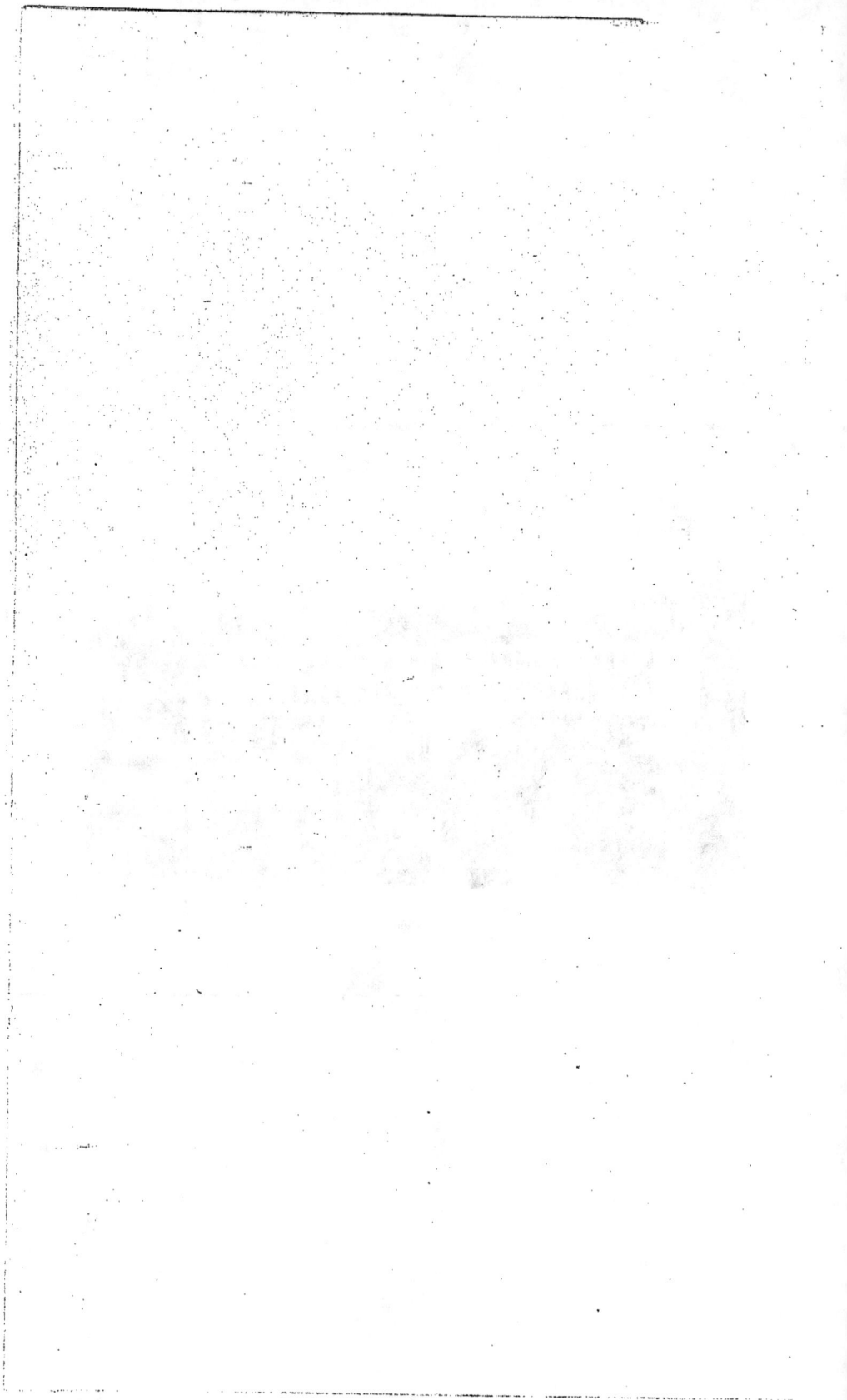

Plan du nouvel hospice de Charenton près Paris.

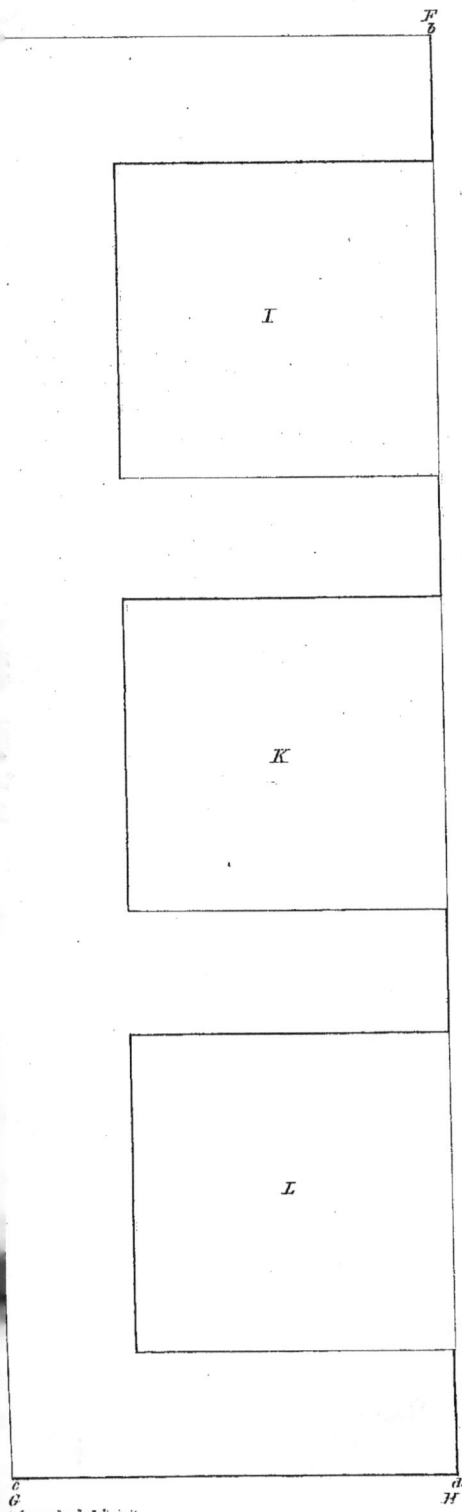

Fossé qui sépare les deux corps de bâtiments.

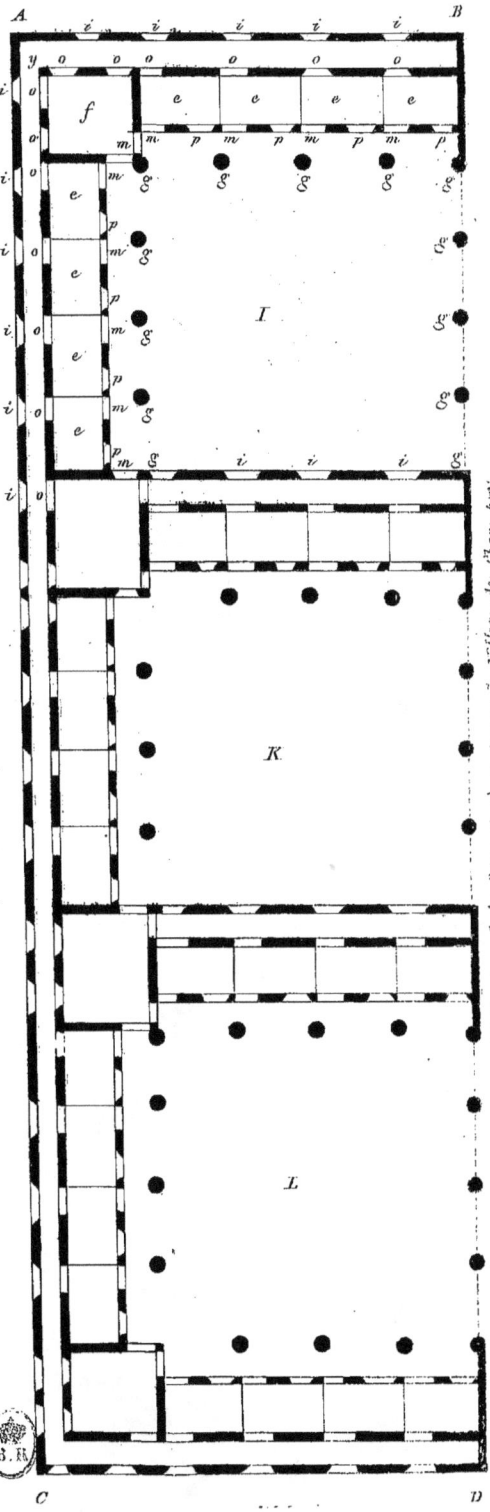

Vallée où coule la Seine et où se trouve le village de Charenton.

G
H
C
D

? Cronmelanck delineavit.

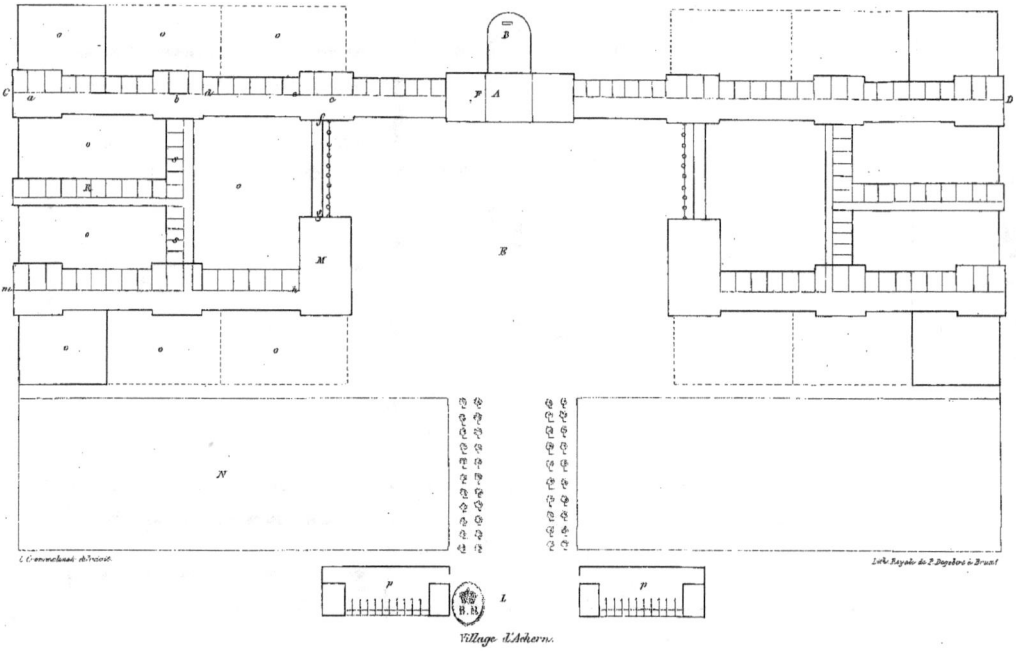

Village d'Achern.

Plan du nouvel hospice d'aliénés à Achern.

Fig. VIII.

Planche XIII.

Fig. I.

A   B

A   B

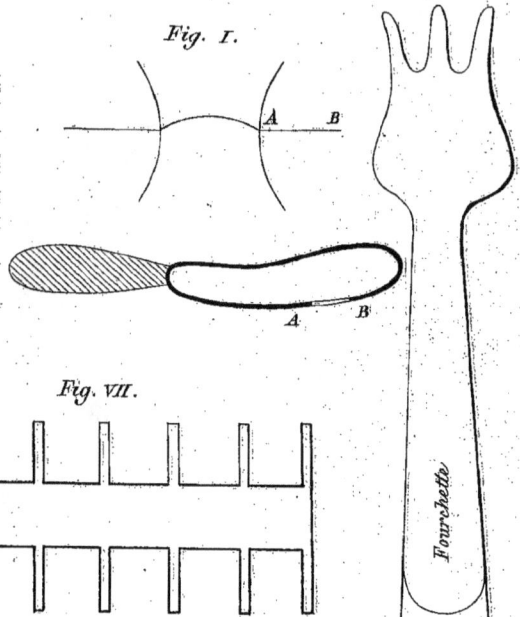

Fourchette

Fig. II.

Fig. V.

Fig. VII.

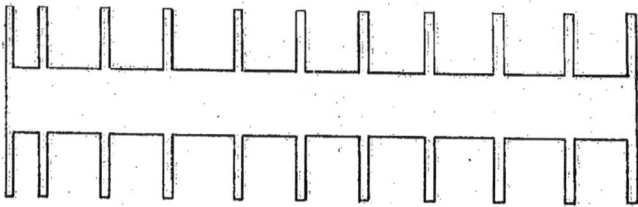

Fig. VI.

Fig. IV.

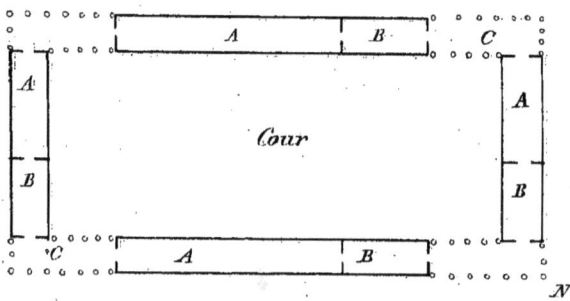

Cour

Fig. III.

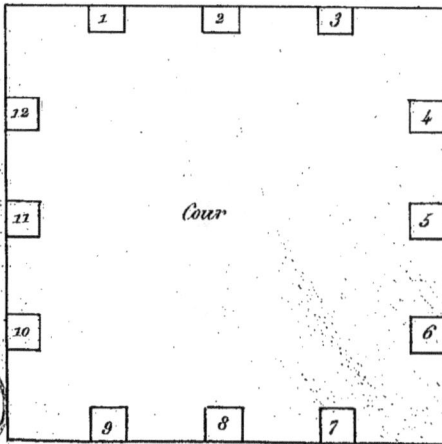

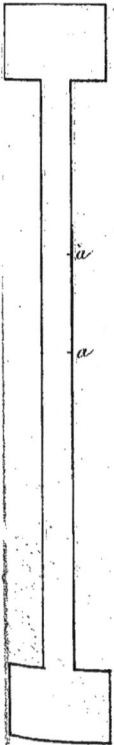

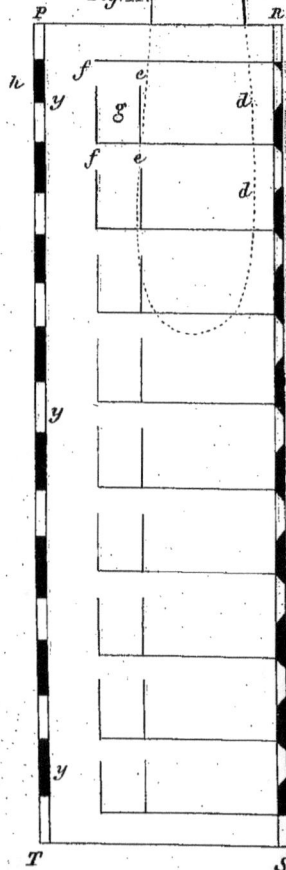

Cour

C. Grommelinck delinivit.

Lith. Royale de P. Degobert à Brux.t

Modèle de Croisées pour un hôpital d'aliénés.

N°1.

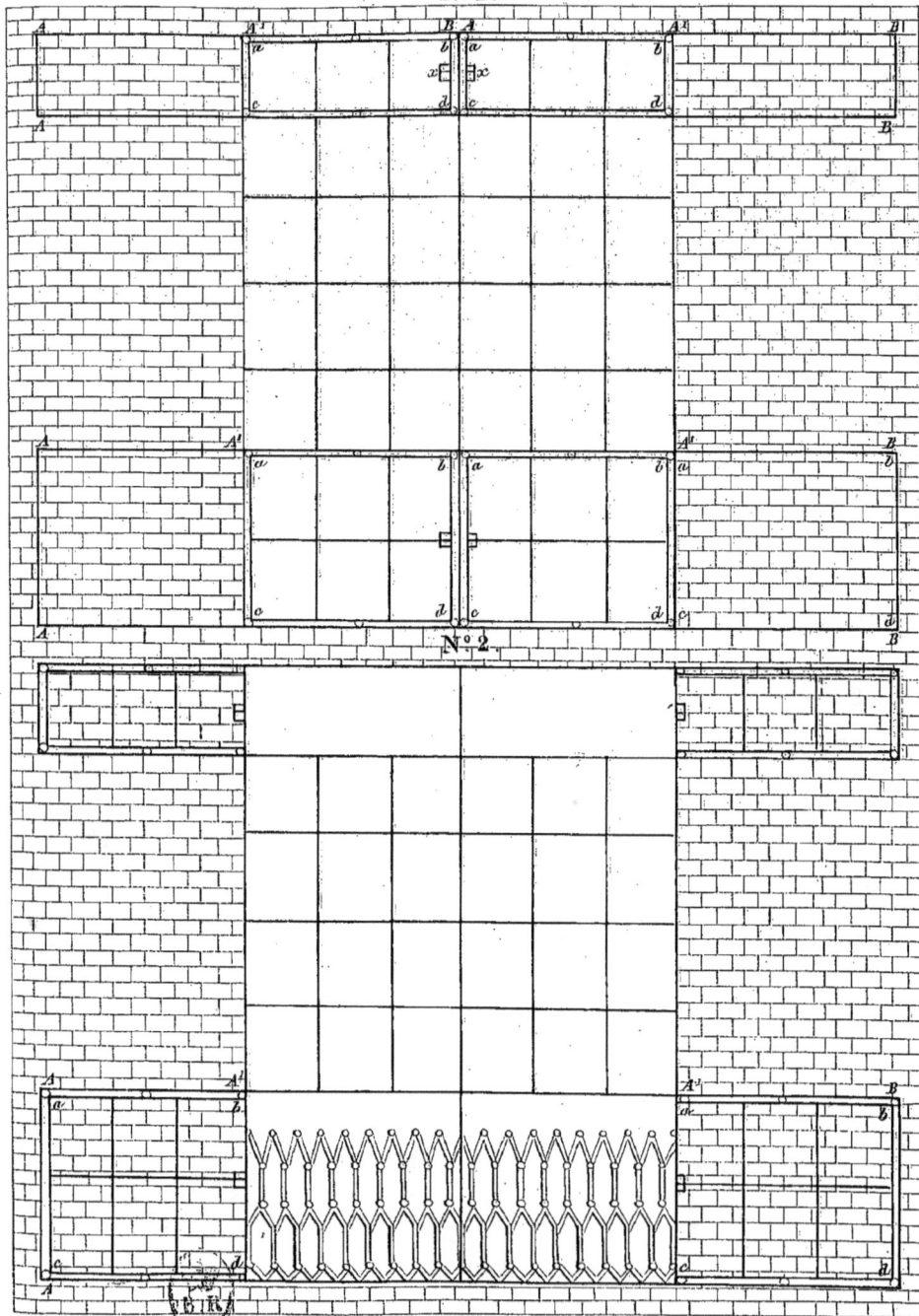

N°2

C. Crommelinck, sc. écrivit.

Lith. Royale de P. Degobert, à Bruxelles.

www.ingramcontent.com/pod-product-compliance
Lightning Source LLC
Chambersburg PA
CBHW070736270326
41927CB00010B/2015